# DER AKT IN DER PHOTOGRAPHIE
# THE STEREOSCOPIC NUDE
# LE NU STÉRÉOSCOPIQUE

First French edition published by

Hohenzollernring 53, D-5000 Köln 1
German translation: Ulrike Bischoff
English translation: Stephanie Giesen
Printed in Spain
ISBN 3-8228-9440-0

Serge Nazarieff

# DER AKT IN DER PHOTOGRAPHIE
# THE STEREOSCOPIC NUDE
# LE NU STÉRÉOSCOPIQUE

## 1850 – 1930

VORWORT VON JACQUES CELLARD
PREFACE BY JACQUES CELLARD
PRÉFACE DE JACQUES CELLARD

Benedikt Taschen

# INHALT · CONTENTS · SOMMAIRE

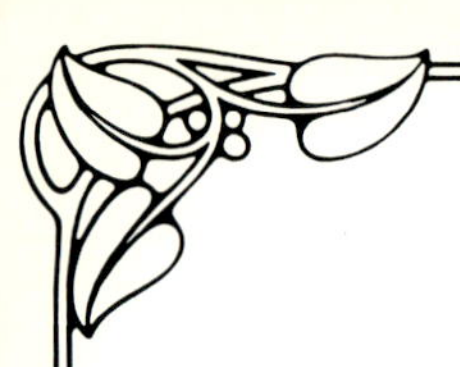

**Danksagungen**

Ich möchte an dieser Stelle den Sammlern meinen Dank aussprechen: Georges Aboucaya, Jackie Chery, Jean-Pierre Bourgeron, Giorgio Ginestra, Alain Kahn-Sriber, Jean-Pierre Lagarrigue, Gérard Lévy, Raymond Mary, Brian May, Gérard de Reinach-Cessac, Stephan Richter, Jonathan Steel und Roger Thérond, die mir ihre Sammlung zugänglich gemacht haben, um daraus die Dokumente zu reproduzieren, die für einen möglichst vollständigen Überblick über die stereoskopische Aktphotographie geeignet waren; mit ihrem freundlichen Entgegenkommen und ihrem Verständnis haben sie mir sehr geholfen, dieses Buch zu verwirklichen.
Mein aufrichtiger Dank gilt ebenso: Madame André Duschêne, Claude Givaudan, Léon Herschtritt, François Lepage und Jean-Claude Sieg für die Dokumente, die sie mir zur Verfügung gestellt haben und die für das Zustandekommen dieses Buches zum Teil unverzichtbar waren.

Schließlich möchte ich den folgenden Institutionen danken: der Nationalbibliothek; dem Museum Agfa-Gevaert, Leverkusen; dem Musée de la Photographie de Chalon-sur-Saône und dem Victoria und Albert Museum, London, deren Sammlungen es mir sehr erleichtert haben, Bilder dem einen oder anderen Photographen zuzuordnen.

**Acknowledgments**

I would like to thank the following collectors: Georges Aboucaya, Jackie Chery, Jean-Pierre Bourgeron, Giorgio Ginestra, Alain Kahn-Sriber, Jean-Pierre Lagarrigue, Gérard Lévy, Raymond Mary, Brian May, Gérard de Reinach-Cessacc, Stephan Richter, Jonathan Steel and Roger Thérond. They gave me access to their collections and allowed me to reproduce those documents which could give as panoramic an overview of the stereoscopic nude as possible. Their kindness and understanding were essential to the realisation of this book.

I would also like to extend my thanks to Madame André Duschêne, Claude Givaudon, Léon Herschtritt, François Lepage and Jean-Claude Sieg for the documentation they provided, some of which were quite indispensable to this study.

Finally, I wish to express my gratitude to the following institutions: The Bibliothèque nationale de Paris, the Agfa-Gevaert Museum of Leverkusen, the Museum of Photography of Chalon-sur-Saône and the Victoria and Albert Museum of London. Their collections were of great assistance in the attribution of photographic image to photographer.

**Remerciements**

Je tiens à remercier ici les collectionneurs: Georges Aboucaya, Jackie Chery, Jean-Pierre Bourgeron, Giorgio Ginestra, Alain Kahn-Sriber, Jean-Pierre Lagarrigue, Gérard Lévy, Raymond Mary, Brian May, Gérard de Reinach-Cessac, Stephan Richter, Jonathan Steel et Roger Thérond, qui m'ont permis d'accéder à leurs collections pour en reproduire les documents susceptibles de donner un panorama aussi complet que possible du nu stéréoscopique et qui, par leur gentillesse et leur compréhension, m'ont beaucoup aidé dans la réalisation de ce livre.

Je remercie également cordialement: Madame André Duschêne, Claude Givaudan, Léon Herschtritt, François Lepage et Jean-Claude Sieg pour les documents qu'ils m'ont fournis et qui ont été parfois indispensables à la réalisation de cette étude.

Enfin, je voudrais exprimer ma gratitude aux institutions suivantes: la Bibliothèque nationale, le musée Agfa-Gevaert de Leverkusen, le musée de la Photographie de Chalon-sur-Saône et le Victoria and Albert Museum de Londres, dont les collections m'ont considérablement facilité la tâche dans les attributions des images à tel ou tel photographe.

# VORWORT VON JACQUES CELLARD
# PREFACE BY JACQUES CELLARD
# PRÉFACE DE JACQUES CELLARD

Es fällt uns schwer, uns eine Gesellschaft vorzustellen, in der der Abscheu vor dem nackten Körper – insbesondere dem der Frau – das Bewußtsein aller und jedes einzelnen so tief geprägt hat, daß er sich nicht nur aus Parks, von öffentlichen Plätzen und Straßen verbannt sah (was sich im äußersten Fall noch rechtfertigen ließe), sondern auch und vor allem von dem Ort, der fremden Blicken am wenigsten ausgesetzt war: dem ehelichen Schlafzimmer.
Das liegt keineswegs sehr weit zurück: dreißig, allenfalls fünfzig Jahre. Das jeweilige Gewicht der ungenügenden Gründe, die die französische Gesellschaft des neunzehnten Jahrhunderts zu diesem Abscheu vor der Haut brachten, spielt kaum eine Rolle; Tatsache ist, daß er die Macht einer Selbstverständlichkeit erlangt hatte, als sei die Natur – und nicht die Menschen und Institutionen – dafür verantwortlich. Es fällt uns schwer: das heißt, wir haben Schwierigkeiten und empfinden Mitleid, wenn wir uns diese körperlose Einöde vorzustellen versuchen. Wohl wissen wir, daß ein Verbot, das so tief im Inneren des Wesens liegt, selbst den Gedanken an das Verbotene aus dem Bewußtsein verbannt. Doch können wir nicht glauben, daß Männer und Frauen, die uns räumlich und zeitlich so nah sind, sich ihr Leben lang einer so intimen Versagung unterwerfen konnten, ohne daß es zu einem Widerstand, einem Ausbruchsversuch geführt hätte.
Natürlich haben wir damit recht. So gefügig, wie sich die Phantasie in die ausgefallenste Mode schickt – wie Frauen in Säcke oder Fetzen zu kleiden –, kann sie nicht in allem sein. Ausgehend von einem flüchtig erblickten Knöchel, eine Wade und von hier aus einen Schenkel sich vorzustellen oder beim flüchtigen Anblick einer eng anliegenden Taille sich die Fülle der Hüften auszumalen war für unsere Väter eine vertraute Übung. Glücklicherweise (oder unglücklicherweise für sie) gaben sich viele nicht damit zufrieden.
Mehr schlecht als recht schuf die Malerei hier Abhilfe. Hier war wenngleich nicht alles, so doch wenigstens mehr erlaubt, vorausgesetzt, man kleidete den Akt – im übertragenen Sinne – in mythologischen oder exotischen Prunk. Das reichte freilich noch nicht unbe-

It is difficult today to imagine a society in which hatred of the naked body – in particular the naked female body – penetrated so deeply into the collective and individual consciousness that its depiction was not only banned from parks, squares and thoroughfares, but also from the most private and intimate of quarters: the marital bedroom.

Such a time is not so far removed from the present-day – thirty years, fifty at most. Of the many regrettable factors which inspired hatred of the flesh in 19th century France, it is of little importance which exerted the strongest influence. The fact remains that this hatred took on the quality of a natural phenomenon, as if man and society had nothing to do with it. Faced now with the wilderness into which the body was exiled, we feel both compassion and confusion. As we know, if something has been rejected at a level deep within one's being, the human mind will not allow itself to dwell on the rejected reality. We cannot accept however that men and women so close to ourselves in space and time could have lived with such a personal prohibition without making any attempt to go against it or to escape from it.

We would be right not to acccept such a myth. The imagination can adapt itself to the most absurd of fashions, such as clothing women in rags or sackcloth, but it has its own limitations. Our forefathers were used to trying to imagine a calf from a glimpse of ankle and a leg from a calf, or the fullness of hips from a briefly observed narrowness of waist.

Fortunately, or unfortunately perhaps for them, many were not satisfied with these fancies. Paintings helped to bridge the gap. Much was allowed so long as the nude was figuratively dressed in some showy or exotic remnant. This did not seriously restrict the artist. Venus rising from the waves, a nymph

Nous avons peine à nous représenter une société dans laquelle la haine du corps nu – celui de la femme essentiellement – imprégnerait si profondément la consciene de tous et de chacun qu'il s'en serait trouvé banni non seulement des parcs, des places et des passages (ce qui peut à l'extrême rigueur se justifier) mais encore et surtout du lieu le moins exposé à un regard étranger: la chambre conjugale.

Cela n'est pourtant pas bien loin de nous: trente ans, cinquante tout au plus. Peu importe le poids respectif des mauvaises raisons qui inspiraient à la société française du XIXe siècle cette horreur de l'épiderme; le fait est qu'elle avait pris la force d'une évidence, comme si la nature elle-même – et non les institutions et les hommes – en était responsable. Nous avons peine: c'est-à-dire que nous éprouvons, à nous représenter ce désert du corps, de la difficulté et de la compassion. Nous savons bien qu'un refus, quand il est à ce point intérieur à l'être, chasse de l'esprit la pensée même de la chose refusée. Nous ne pouvons croire cependant que des hommes et des femmes si proches de nous dans le temps et dans l'espace aient pu subir leur vie durant une interdiction aussi intime sans qu'il en soit résulté aucune résistance, aucune tentative d'y échapper.

Nous avons raison, bien sûr. Si docilement qu'elle se plie aux modes les plus aberrantes – comme d'habiller les femmes de sacs ou de haillons –, l'imagination ne peut tout faire. Supposer, à partir d'une cheville entr'aperçue, un mollet, et de là une jambe; ou la plénitude des hanches sur l'entrevue d'une taille bien prise, l'exercice était familier à nos pères.

Beaucoup, heureusement (ou malheureusement pour eux), ne s'en satisfaisaient pas. La peinture y suppléait tant bien que mal. On y pouvait, sinon tout, du moins beaucoup, à

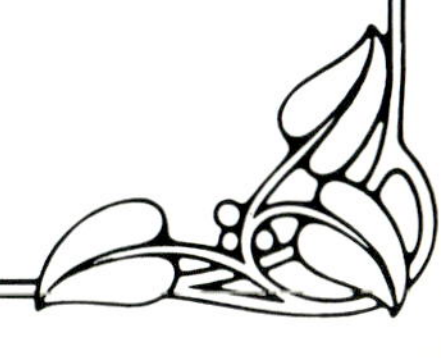

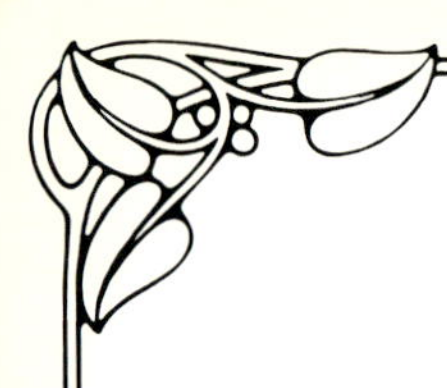

dingt aus. Schließlich sind eine Venus, die den Wellen entsteigt, eine Nymphe, die ein Faun überrascht, eine Odaliske im türkischen Bad oder selbst eine aufgelöste Magdalena am Fuße des Kreuzes in den Augen des Mannes immer auch gleichermaßen (und imaginär) begehrenswerte Frauen.
Das war es, was die Zensoren dieser Epoche nicht duldeten. Ob mythologisch oder exotisch, der Akt mußte vor allem fade sein. DEN Körper DER Frau schlechthin darzustellen – nun, sei es; einen Körper EINER Frau – nein! Das zeigte sich deutlich 1862, als das Bild *La femme aux bas roulés* von Courbet verächtliches oder verlegenes Lachen provozierte. Diese bis zu den Knien heruntergerollten Strümpfe ließen klar erkennen, von welcher Art Frauen – von welchen Kreaturen – der Maler sich inspirieren ließ. Noch stärker zeigte es sich im folgenden Jahr, als Manet es wagte, *Das Frühstück im Freien* auszustellen. Der Skandal entstand nicht um so viel Nacktheit; einige Schritte weiter stellten der berühmte Cabanel und seine Schüler der Öffentlichkeit zwanzig Akte vor, die noch nackter waren als der Akt von Manet – der, sitzend und zur Seite gewandt, durchaus züchtig war –; doch waren sie akademisch, das heißt versüßlicht, anständig, jungfräulich, frigide, alles in allem: „abgeflacht".
Maurice Denis sagte: „Ein Bild, das sind Farben, die in einer bestimmten Ordnung zusammengestellt sind." Ebenso setzt jedes Relief unterschiedliche räumliche Ausdehnungen voraus, die sich mehr oder weniger kapriziös in unserem Blickfeld winden oder ausbreiten. Eigentlich sind es diese Launen, die uns anziehen und uns fesseln. Wir sprechen angesichts eines Holzstoßes nicht von einem Relief, nicht einmal angesichts des Pantheons. Verschiedene Raumausdehnungen – eine Säule, ein Sturz, eine Dachschräge – sind zur Augenweide angebracht, was sie tatsächlich auch leisten, doch werden die Sinne ihnen nicht gerecht.
Sie verlangen nach Schnörkeln, Bögen und Rundungen oder zumindest nach der Illusion all dessen, da unser Auge nicht den feinen Spürsinn der Hand besitzt, die wahrheitsgemäß und gewissermaßen blind die harmonische Kontinuität der Präsenz – wie die des

surprised by a faun, an odalisque at a Turkish bath or even Mary Magdalen dishevelled at the foot of the cross: in the eyes of men all of these representations are women of equal and imaginable desirability. Which was exactly Which was exactly what the censors of the time could not tolerate. Mythic or exotic, the nude had to be, first and foremost, insipid. It was permitted to evoke **the** body of **the** female, but not **the** body of **a** female. This was made clear in 1862 when Courbet's *La femme aux bas roules* provoked embarrassed or horrified laughter. Those stockings rolled down to the knees indicated clearly the kind of woman, the kind of creature, which had inspired the painter. And things got worse the following year when Manet dared to exhibit *Le déjeuner sur l'herbe*. It wasn't the actual nudity which was scandalous. The illustrious Cabanel and his pupils presented to the public 20 nudes nuder than Manet's. Manet's nude was seated, turned to one side and chaste. But Cabanel's were formal studies – neat and tidy, virginal, honeyed-over, frigid and above all, "flattened".

"A tableau", said Maurice Denis "is a particular ordering of colours". In the same way, a relief implies various solid forms rolling and unrolling in a more or less capricious fashion within our visual field. It is this very capriciousness which attracts and retains our attention. A pile of logs cannot be described as a relief; nor can the Parthenon. Diverse forms – a column, a lintel, the slope of a roof – have been positioned with the aim of pleasing the eye. And they succeed in doing so; the senses however are not satisfied.

They demand spirals, curves and roundness, or at least the illusion of such, for the eye doesn't have the exploratory finesse of the hand which can feel – blindly in a sense – the harmonious continuity of a presence – such as that of the desired body – within the multiple dimensions of a given space. Although the eye cannot physically touch, it has the advantage that it can anticipate the pleasures the hand will experience.

condition d'habiller figurément le nu d'un quelconque oripeau mythologique ou exotique. Ce n'était pas encore bien contraignant. Après tout, une Vénus sortant de l'onde, une Nymphe surprise par un Faune, une odalisque au bain turc, ou même une Madeleine échevelée au pied de la croix, sont toujours vues par des yeux d'homme comme des femmes également (et imaginairement) désirables.

C'est ce que ne toléraient pas les censeurs de l'époque. Mythologique ou exotique, le nu devait être avant tout insipide. Evoquer LE corps de LA femme, soit; UN corps d'UNE femme, non.

On le vit bien en 1862, quand *La femme aux bas roulés* de Courbet provoqua des rires horrifiés ou gênés. Ces bas roulés aux genoux disaient clairement de quelles femmes – de quelles créatures – s'inspirait le peintre. Et plus encore l'année suivante, quand Manet se risqua à exposer *Le déjeuner sur l'herbe*. Le scandale ne vint pas pour autant du nu; à quelques pas de là, l'illustre Cabanel et ses élèves offraient au public vingt nus plus nus encore que celui de Manet – lequel assis et tourné de côté, était chaste –; mais académiques, c'est-à-dire sucrés, proprets, virginaux, frigides; et surtout, «aplatis».

«Un tableau, disait Maurice Denis, ce sonst des coleurs en un certain ordre assemblées.» De même, tout relief suppose des volumes divers, enroulés et déroulés plus ou moins capricieusement dans l'espace de notre vision. Ces caprices sont proprement ce qui nous accroche et nous retient. Nous ne parlons pas de relief à propos d'un empilement de bûches; ni même à propos du Parthénon. Des volumes dives – une colonne, un linteau, la pente d'un toit – y on bien été disposés pour le plaisir des yeux; ils le procurent en effet, mais les sens n'y trouvent pas leur compte.

Ils réclament des volutes, des galbes et des rondeurs; ou du moins l'illusion de tout cela car notre œil n'a pas la finesse exploratoire de

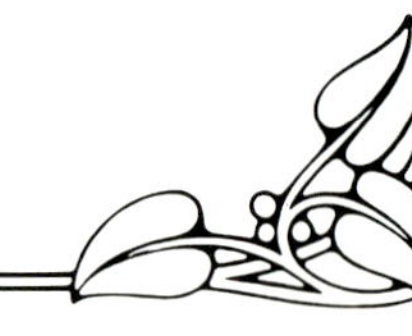

begehrten Körpers – in den verschiedenen Dimensionen eines Raumes prüft.
Wenn das Auge auch nicht tastet, so hat es doch gegenüber der Hand den Vorteil, daß es die ihr verheißenen Genüsse vorwegnehmen kann. Wenn es die Gestalt der Lenden oder des Busens weniger gut wahrnimmt als die Hand, dann weil es schon damit beschäftigt ist, sich von ihnen eine Vorstellung zu machen, die seinen Erwartungen entspricht. Mehr noch als eine homogene räumliche Ausdehnung erfaßt es bei der Betrachtung des Körpers die Zeichen, die er auf aufeinanderfolgenden Ebenen bietet und die vom begehrten Objekt auf eine mehr oder minder große Nähe der Erfüllung schließen lassen. Diese Vor- und Nachteile einer Darstellung des Körpers im Relief hat die amouröse Stereoskopie von Anfang an erfaßt und sich die suggestive Kraft zunutze gemacht. Sie weiß, daß nicht allein die Räumlichkeit unsere Erregung ausmacht. Sie entsinnt sich des freimütigen Ausspruchs, den Diderot Rameaus Neffen zuschreibt – und den er ihm im übrigen zum Vorwurf macht: „Ich liebe üppiges Fleisch, wenn es schön ist; doch was zuviel ist, ist zuviel. Und die Bewegung ist für die Materie so wesentlich . . ."
Von dieser Bewegung, die wir eben deshalb lieben, weil sie die Linien verschiebt, konnte die Stereoskopie – ebenso wenig wie das Relief – dem Auge einen naturgetreuen Eindruck vermitteln. Doch löst sie dieses Problem von vornherein besser: sie erfaßt sie im verheißungsvollsten Augenblick und läßt dem Betrachter so die Zeit, die Freiheit und die Lust, zu dem eingefangenen Moment ein „Vorher" und ein „Nachher" zu suchen, mit dem er sein Verlangen weckt und stillt.
Einige solcher Momente werden durch eine lange Tradition in der Malerei bevorzugt, so zum Beispiel das Verlassen des Bades, für das die **Susanna im Bade** von Tintoretto um 1550 das vollkommenste Exempel bildet.
Hier ist alles bereits vorhanden, was die amouröse Stereoskopie wiederentdeckte, indem sie das Relief hinzufügte: das zärtliche Abtrocknen des Fußes, das zum Heben eines Schenkels zwingt; das sorgfältig gerichtete Haar, Zeichen der Ordnung in der Unordnung des dargestellten Körpers; der Schmuck und

Though the eye may be unable to feel the curve of the breast or of the loins, this is not its primary concern. It is busy moulding them to fit its expectations. Rather than experiencing the body as a single homogenous form, the eye seeks out isolated indications, presented at different visual depths, of the distance between the objects of desire and the fulfilment of desire.

The suggestive force of the advances and retreats offered by a nude seen in relief has always been well understood by the amorous science of stereoscopy. Stereoscopy is aware however that voluminousness is not all that we seek. It is worth remembering that Diderot, while himself maintaining a disapproving stance, had Rameau's nephew remark: "I like plumpness when it is beautiful. But too much is too much. And the movement of the subject is so important."

This movement, which we value precisely because it causes a change in outline, cannot truly be provided in stereoscopy. Neither can stereoscopy genuinely recreate three dimensions. But it goes one better. It captures the promise of movements and thereby affords the spectator the time, the freedom and the personal indulgence of searching for the instant "before" and the instant "after", which means desire is both aroused and satiated.

Several of these "special moments" have a long standing pictorial tradition. The emergence from the bath is one such moment, of which the most accomplished execution is Tintoretto's "Susanna and the Elders", from around 1550.

One has in this painting all the factors which amorous stereoscopy would later adopt and present in relief. The caressing stroke of the foot which necessitates the raising of the thigh; the carefully arranged hair – a touch of order contrasting with the disorder of the

la main qui, elle, éprouve véritablement et en quelque sorte aveuglément la continuité harmonieuse d'une présence – celle du corps désiré – dans les multiples dimensions d'un espace.

Cependant, si l'œil ne palpe pas, il a sur la main l'avantage d'anticiper les bonheurs promis à celle-ci. S'il ressent moins bien qu'elle le modelé des reins ou des seins, c'est qu'il est d'abord occupé à se faire d'eux une représentation qui s'ajuste à son attente. Plutôt qu'un volume homogène, il saisit dans le corps contemplé les signes, présentés sur des plans successifs, d'une proximité plus ou moins grande de ces objets du désir à son accomplissement.

Ces avancées et ces reculs du relief d'un corps, la stéréoscopie amoureuse en a dès l'origine compris et utilisé le pouvoir suggestif. Elle sait que les volumes ne sont pas tout dans notre émoi. Elle se souvient que Diderot prête au Neveu de Rameau, en la lui reprochant d'ailleurs, cette franche déclaration: «J'aime les chairs quand elles sont belles; mais aussi, trop est trop. Et le mouvement est si essentiel à la matière . . .»

Ce mouvement, que nous aimons précisément parce qu'il déplace les lignes, la stéréoscopie, ne peut pas – pas plus que du relief – en donner à l'œil une perception fidèlement réaliste. Mais d'emblée, elle fait mieux: elle le saisit dans son moment le plus prometteur, et laisse ainsi au voyeur le temps, la liberté et le goût de chercher à l'instant saisi un «avant» et un «après» par lesquels il éveille et apaise son désir.

Quelques-uns de ces moments sont privilégiés par une longue tradition picturale. Ainsi celui de la sortie du bain, dont l'exemple le plus achevé est la *Suzanne et les Vieillards* du Tintoret, vers 1550.

Tout y est déjà de ce que retrouvera, en y ajoutant le relief, la stéréoscopie amoureuse:

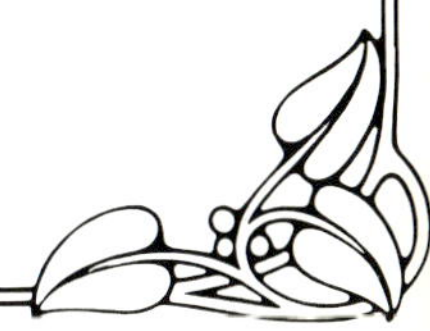

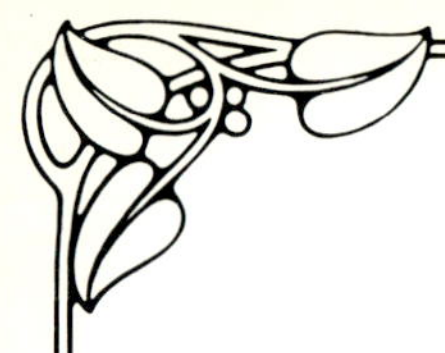

die Perlen und vor allem die Erregung eines doppelten Voyeurismus: der der beiden Greise, die von je einem Ende einer Anstandsmauer der entkleideten Schönen einen Blick zuwerfen, der gewissermaßen zweifach – stereoskopisch – ist; und den der Susanna selbst, die in einem schrägstehenden Spiegel einen Teil ihres Körpers betrachtet, der weder Kopf noch Fuß sein kann.
In diesem Bildband gibt es mindestens drei Susannen. Eine posiert mit gesenkten Augen vor einem nett gemalten italienischen Hintergrund (Seite 39). Eine andere spielt in derselben Haltung, doch in einem entschieden bürgerlichen Rahmen (Seite 21) die in ihrer Intimität überrascht werdende Schöne; zu ihrer Rechten zeigt eine Gefährtin, die von hinten aufgenommen ist, den Alten ein Vollmondhinterteil, das für die Epoche nichts Übertriebenes hatte (wenn man so sagen darf) und das heute an der Grenze des „Zuviel ist Zuviel" Diderots liegt. Die dritte schließlich, bereits mehr als zur Hälfte angekleidet, bietet dem Betrachter unter dem Vorwand, sich einen Strumpf überzuziehen, einen Anblick, dessen Freizügigkeit die Bravheit des Hutes Lügen straft, der auf dem Bett liegt (Seite 81).
Ein anderes bei unseren Photographen beliebtes Thema ist die Schöne ohne Gesicht. Aus der Anwesenheit wird hier Abwesenheit. Scheinbar ungeachtet des doppelten Blicks, den das Objektiv als Ersatz für das Auge des Betrachters auf sie richtet, streckt sich die Schöne halb sitzend, halb auf der Seite liegend auf einer Art Prunkbett (oder Liebeslager?) aus, einen Arm angewinkelt auf einem Kissen, den anderen ausgestreckt am Körper. Hier verzettelt sich das Auge nicht darin, die illusorische Komplizenschaft eines Blickes zu suchen. Es genügt ihm, sich an den Formen zu weiden, die sich zu beiden Seiten des vollkommenen Bogens wollüstig drapieren, der sich vom höchsten Punkt des (immer sittsamen) Haares aus über die Wirbellinie spannt, um bei den Knien zu münden, die bereit sind, sich einen Spalt weit zu öffnen (Seite 66 und 67).
Wenn das Haar sich löst, sich ergießt und herabfällt (Seite 65), beherrscht die Haarflut das Bild. Über die Wölbung der Lenden gebreitet, fast auf dem weißen Laken endend,

body; the jewels and pearls; and above all the delight of double voyerism: the two old men who, from different positions behind a conveniently placed wall, observe the naked beauty, their double viewing creating double stereoscopy. And Susanna herself examines in an obliquely positioned mirror a part of her anatomy which can be neither her head nor her feet.

The Susannas in our album number at least three. One of them, eyes cast down, is posed before a pleasant Italian-style canvas (page 39). Another, in the same pose, but placed in an obviously bourgeois setting (page 21), feigns surprise at being caught at an intimate moment. A companion to her right, seen from behind, presents a moon-like relief to the old men which could not be called exorbitant for the times, but which today could well be described by Diderot's "too much is too much". The third one, already half-dressed, employs the pretext of rolling on a stocking in order to give the observer a look, the indiscreet nature of the action belying the propriety of the wide-brimmed that on the bed (page 81).

Another theme favoured by our photographers is that of the faceless beauty. Apparently indifferent to the lens' double scrutiny (the lens being the viewer's fellow conspirator) the beauty poses on her side, half sitting, half lying on a kind of ceremonial (connubial?) bed. One arm is folded back against a cushion, the other lies along her side. The eye does not waste any time searching for the illusory collusive gaze. It satiates itself instead on the voluptuously ordered swells and dips (see pages 66 and 67) which together create the perfect arc, sweeping down from the crown of the coiffeur (always neat and tidy) to trace the hallowed pathway and end at the knees – which hesitate permanently at the point of parting.

Should the hair be unpinned and allowed to flow freely (page 65), its luxuriant fall will dominate the tableau. Spreading out over the loins and onto the white sheet, it divides the

l'essuyage caressant du pied, qui oblige à tenir levée une cuisse; la coiffure soigneusement composée, signe d'ordre dans le désordre du corps proposé; les bijoux et les perles; et surtout l'exaltation d'un double voyeurisme: celui des deux vieillards qui, de part et d'autre d'un mur de convenance, posent sur la belle dénudée un regard qui se trouve être ainsi doublement ... stéréoscopique; et celui de Suzanne elle-même, contemplant dans un miroir oblique une partie de son corps qui ne peut être ni la tête, ni les pieds.

Les Suzanne de notre album sont au moins trois. L'une, les yeux baissés, pose devant une toile peinte gentiment italienne (page 39). Une autre, dans la même attitude mais dans un décor résolument bourgeois (page 21), joue à la Belle surprise dans son intimité; à sa droite une compagne, saisie de dos, offre aux vieillards un relief ... lunaire qui, pour l'époque, n'avait rien d'exorbitant (si nous osons dire), et qui est aujourd'hui à la limite du «trop est trop» de Diderot. La troisième enfin, déjà plus qu'à demi-vêtue, a trouvé le prétexte d'un bas qu'elle enfile pour offrir au voyeur une ... enfilade dont la liberté dément la sagesse de la capeline posée sur le lit (page 81).

Un autre thème favori de nos photographes est celui de la belle sans visage. La présence s'y fait absence. Apparemment indifférente au double regard que l'objectif, pourvoyeur du voyeur, pose sur elle, la belle est demi-assise demi-couchée sur un quelconque lit de parade (ou de pariade?), de côté, un bras replié sur un coussin, l'autre étendu le long du corps. L'œil ici ne se disperse pas à chercher la complicité illusoire d'un regard. Il lui suffit de se rassasier de ces volumes voluptueusement ordonnés (ainsi pages 66 et 67) de part et d'autre de l'arc parfait qui part du sommet de la coiffure (toujours sage), pour aboutir, en suivant le sillon sacré, aux genoux prêts à s'entrouvrir.

Que la coiffure se dénoue, s'épanche et ruisselle (page 65), et le flot des cheveux

teilt sie das Bild in zwei Teile: auf der einen Seite das Gesicht (uns zugewandt), die Arme und der Busen; auf der anderen mit einem doppelten Grübchen das, was mit dem Wort zu benennen unschicklich ist, von welchem indessen Georges Bataille sagte *(Historie de l'œil)*, daß es für ihn „bei weitem die schönste Bezeichnung für die Geschlechtsteile" sei; und Verlaine *(Hombres)*, als er über die Frau sprach, daß es „ihr zur Ehre gereicht, wenngleich es ein wenig fettleibig ist".
Fettleibig? Das kommt darauf an. Die Kallipygen (wie die auf Seite 72 mit langen auf die Hüften herabfallenden Haaren) lassen uns lächeln, wie es die Zeugnisse einer prähistorischen Epoche tun können; so viel Macht besitzt das Reich der Mode über den Geschmack. Doch über das Verlangen? Finden wir die junge Frau auf Seite 62 heute weniger reizend als vor hundert Jahren, mit ihren vollkommenen Brüsten, dem erregenden Schwung der Hüften (einer Erregung, die die Blässe ihrer Haut noch steigert), den züchtig hinter dem Ohr gehaltenen Zöpfen und einem Blick, der zu eindeutig ist, um ganz anständig zu sein, mit dem leicht gelockten Schamhaar?

Nehmen wir diesem Band nicht im voraus den Reiz des Neuen. Überlassen wir es den Lesern und Leserinnen, zu beurteilen, ob sie ihre suggestive Kraft im Lauf eines Jahrhunderts und mehr behalten haben. Ich für meinen Teil bin davon überzeugt. Wenn ich bei einigen Seiten verweile, taucht plötzlich eine Einzelheit auf (eine Rose, ein Diadem, ein Spiegel), eine Haltung (sich anbietend, zur Schau stellend, unschuldig) und schließlich eine Phantasie, die ihre Funktion als Projektion des Ewig Weiblichen auf der Bildfläche unseres Verlangen nie eingebüßt haben.
Wer würde glauben, daß diese räumlichen und lebendigen Akte von gestern sind? Dazu wäre notwendig, daß der mächtigste unserer Triebe – der zu lieben – nicht zu allen Zeiten bestünde, in der Vergangenheit ebenso wie in der Zukunft. Den Göttern sei Dank, daß dies nicht so ist.

Jacques Cellard

scene in two: on one side, the face (turned towards us), the arms and the breasts; on the other, graced with two dimples, that part of the body which it is not polite to designate by name but which has in Georges Bataille's opinion *(Historie de l'œil)* "far and away the prettiest of the names for the sexual parts of the body". And Verlaine *(Hombres)* claimed that he revered women "even when a touch obese".

Obese? That is a matter of opinion. These Kallyipygoi (see example on page 72, long hair flowing down to the loins) amuse us as accounts from pre-historic times night do. Which simply demonstrates the sway which fashion has over taste. But does fashion also determine desire? Do we find the young woman pictured on page 62 less attractive today than we would have done 100 years ago? How do we respond today to the perfect breasts, the disturbing pose (all the more disturbing due to the whiteness of the skin, the locks of hair modestly tucked behind one ear and a gaze too blatantly faultless to be quite honest) and the discreet curls of the pubis? But let us not pillage this album any further. It is up to you, the reader, to judge if the power of suggestion has remained intact over the last 100 years.
Personally, I am already convinced. I can turn to any page and see a detail (a rose, a diadem, a mirror), a pose (inviting, flaunting, innocent) and above all a fantasy, one which to this day gives outward expression to our desires and our concept of the eternal feminine.

Can these three-dimensional, living nudes be merely a curiosity left over from days gone by? If our most powerful instinct, the desire to love, were transient and perishable, with no claim to past or future, this could be true. But, the gods be praised, such is not the case.

Jacques Cellard

prend place dans le tableau. Epandus dans le creux des reins et finissant à peine sur le drap blanc, ils partagent la scène en deux: d'un côté, le visage (celui-ci tourné vers nous), les bras et les seins; de l'autre, creusé d'une double fossette, ce qu'il n'est pas décent de nommer de ce mot dont Georges Bataille disait cependant *(Histoire de l'œil)* qu'il était pour lui «de beaucoup le plus joli des noms du sexe»; et Verlaine *(Hombres)*, parlant de la femme qu'il «… lui fait honneur, encore qu'un brin obèse.»

Obèse? C'est selon. Ces Callipyges (ainsi celle de la page 72, aux longs cheveux ruisselants sur les reins) nous font sourire comme peuvent le faire les témoignages d'une époque préhistorique; tant est puissant l'empire de la mode sur le goût. Mais sur le désir? Trouvons-nous aujourd'hui moins adorable qu'il y a cent ans la jeune femme de la page 62, aux seins parfaits, au déhanchement troublant (d'un trouble qu'accentuent encore la blancheur de sa peau, les tresses ramenées pudiquement sur l'oreille et un regard trop transparent pour être tout à fait honnête), au sexe discrètement frisé?

Ne déflorons pas davantage cet Album. C'est à vous, lecteurs ou lectrices, de juger si leur pouvoir suggestif est resté intact à travers un siècle et plus. Pour ma part, j'en suis certain. A quelque page que je m'y arrête, j'en vois surgir tel détail (une rose, un diadème, un miroir), telle attitude (offerte, exhibée, innocente) et en définitive tel fantasme qui n'ont pas cessé d'être les projections, sur l'écran de notre désir, de l'Eternel Féminin.

D'hier, ces nus en relief et en mouvment? Qui le croira? Il faudrait pour cela que le plus puissant de nos instincts, celui d'aimer, ne fût pas de tous les temps, passés comme à venir. Les Dieux en soient loués, cela n'est pas.

Jacques Cellard

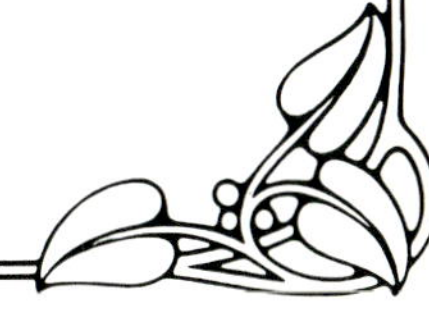

# EINLEITUNG
# INTRODUCTION
# INTRODUCTION

Dokumente zusammenzustellen wie diese unter Tausenden ausgewählten Aktphotographien bedeutet, durch die Auswahl seinen eigenen Geschmack zum Ausdruck zu bringen. Dieses Buch erhebt daher keinen Anspruch auf Objektivität, da ich aus all diesen Bildern solche berücksichtigt habe, die mir einen ästhetischen Wert zu haben schienen über die Widerspiegelung einer Epoche hinaus, der ich mich nur über Lektüre und Gemälde nähern konnte.

Dieser Bildband versucht, ein so vollständiges Bild wie möglich von den technischen Ausdrucksmöglichkeiten der stereoskopischen Aktphotographie zu geben, von ihren Anfängen bis hin zum letzten Aufflackern ihrer Popularität zu Beginn des Zweiten Weltkrieges. Indem es ihre unterschiedlichsten Aspekte zeigt, faßt es einen wesentlichen Teil der Geschichte der Aktphotographie zusammen, der sich über fast hundert Jahre erstreckt hat, da die Wegbereiter der Erfolgsphotographen der Belle Epoche fast alle von der Stereoskopie – dem Gipfel des Voyerismus – fasziniert waren und an der Rekonstruktion des dreidimensionalen Bildes gearbeitet haben, der nur das Kino gerecht geworden ist.

Die Stereoskopie bietet die Möglichkeit, mit Hilfe eines brillenartigen Apparates mit Prismengläsern (dem Stereoskop) ein Paar ganz leicht unterschiedlicher Bilder so zu sehen, daß sich ein einziges dreidimensionales Bild ergibt. Man kannte den stereoskopischen Effekt schon etwas vor der Entdeckung, die Daguerre am 19. August 1839 in einem Bericht an die Akademie der Wissenschaften der Öffentlichkeit vorlegte: die Photographie auf einer versilberten Kupferplatte; eine Erfindung, die sehr bald seinen Namen trug – die Daguerreotypie –, die jedoch aus seiner Zusammenarbeit mit Niepce seit dem Jahr 1829 hervorging.

Die Photographie machte es der Stereoskopie möglich, sich weiterzuentwickeln und mehr zu werden als eine kuriose Anwendung der Optik, durch die man mit Lineal und Zirkel konstruierte geometrische Körper räumlich sichtbar machen konnte.

When putting together any kind of documentary compilation one reveals personal preferences through the choices one makes. Therefore, this collection of nude photographs, selected from among thousands, makes no claim to objectivity. From among many possible prints, I retained those which I felt had aesthetic value and at the same time reflected a time in our history which I could otherwise only apprehend through books and paintings.

This collection attempts to provide as complete an overview as possible of the technical expression given to the stereoscopic nude, from its early beginnings to its final leap forward in popularity at the eve of the Second World War. By presenting many diverse aspects of the subject, the book summarizes an important chapter in the history of nude photography over a period of nearly 100 years. One must remember that the predecessors of those photographers who were successful during the Belle Epoque were nearly all fascinated by stereoscopy, the ulitmate form of voyeurism, and laboured to recreate the three-dimensional image which only cinema would finally truly achieve.

Stereoscopy is the process by which an optical instrument with two prismatic eye glasses causes two images to „fuse" with one another to form a single three-dimensional image. The two images must differ only very slightly and have previously been coupled together. Awareness of the stereoscopic effect dates from shortly before Daguerre revealed his discovery of the photographic process in a report to the Académie des Sciences on August 19, 1839. Daguerreotype photography, produced on a silver-coated copper plate, was soon given his name although it actually developed from his association, since 1829, with Niepce.

Rassembler des documents, tels ces photos de nus sélectionnées parmi des milliers, c'est, par le truchement du choix, exprimer ses goûts. Ce livre ne prétend donc pas à l'objectivité puisque, parmi tant d'images, j'ai retenu celles qui m'ont semblé avoir une valeur esthétique tout en reflétant une époque que je n'ai pu approcher qu'à travers les lectures et la peinture.

Ce livre tente de donner une vision aussi complète que possible des expressions techniques du nu stéréoscopique depuis ses débuts jusqu'à ses derniers sursauts de popularité à la veille de la Seconde Guerre mondiale. Il résume, en montrant ses aspects les plus divers, une partie importante de l'histoire de la photographie de nu durant presque cent ans, car des précurseurs aux photographes à succès de la Belle Époque, presque tous ont été fascinés par la stéréoscopie, sommet du voyeurisme, et ont travaillé à la restitution de l'image en trois dimensions dont le cinéma seul a eu raison.

La vue stéréoscopique est un moyen de voir, à l'aide d'un appareil binoculaire à lentilles prismatiques (le stéréoscope), deux images couplées très légèrement différentes se convertir en une seule image en trois dimensions. La connaissance de l'effet stéréoscopique est un peu antérieure à la découverte que Daguerre fit connaître publiquement le 19 août 1839 dans un rapport à l'Académie des sciences: la photographie sur une plaque de cuivre argentée, invention qui a rapidement porté son nom, la daguerréotypie, mais qui est le fruit de son association dès 1829 avec Niepce.

C'est la photographie qui a permis à la stéréoscopie de se développer pour devenir plus qu'une curieuse application d'optique qui faisait voir en relief des solides géométriques dessinés à la règle et au compas.

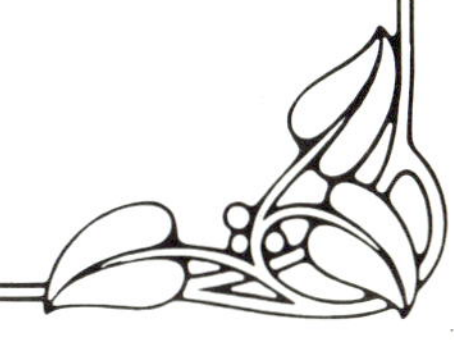

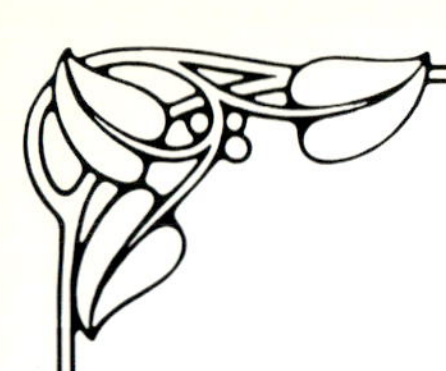

1838 setzte Wheatstone die sechs Jahre zuvor von Mayo aufgestellte Theorie um und baute einen Apparat mit Spiegeln, der zwei Bilder desselben Objekts zu einem einzigen verbinden und ihm damit den Anschein der natürlichen Räumlichkeit geben sollte.

1844 erfand Brewster ein Linsenstereoskop, das das Spiegelstereoskop ersetzen sollte; doch trotz seiner Bemühungen hatte diese Erfindung in England keinen Erfolg. Im Frühjahr 1850 brachte Brewster ein von London, einem Optiker in Dundee, gebautes Stereoskop nach Paris sowie ein Doppelporträt von Dr. Adamson. Er führte das Instrument, das Porträt und einige stereoskopische Proben Abbé Moigno, M. Soleil und dessen Schwiegersohn Duboscq vor, bedeutenden Optikern, die den Wert des neuen Geräts sofort erkannten. Duboscq stellte unverzüglich eine große Stückzahl für den Handel her: in diesem Frühjahr 1850 begann das Abenteuer der stereoskopischen Photographie.

Die ersten Träger für diese Bildpaare waren die Daguerreotypen, die man zunächst auf zwei getrennten Platten aufnahm, wobei man den Standort des Aufnahmegeräts leicht veränderte. Um die beiden Bilder auf eine nacheinander belichtete Platte zu bekommen, kam man dann auf die Idee, das Objektiv in eine Führung zu legen, in der es sich seitlich verschieben ließ. Da der Aufnahmevorgang immer noch langwierig war, konnte es auch hier noch vorkommen, daß das Modell sich zwischen den beiden Aufnahmen bewegte, was häufig zu erheblichen Abweichungen führte. Sie beeinträchtigten den stereoskopischen Effekt jedoch nicht. 1852 begann man, Aufnahmegeräte mit zwei Objektiven zu bauen: die stereoskopische Kamera von Ninet, die zwei praktisch identische Bilder lieferte.

Diese Weiterentwicklung der Verfahren ermöglicht es, die stereoskopischen Daguerreotypen ungefähr zu datieren. Die Datierung ist einfacher, wenn man die Bilder zum Reinigen aus dem Rahmen genommen hat, weil man dann sieht, ob die beiden Bilder auf getrennten Platten oder auf einer Platte sind.

Photography gave stereoscopy the means to develop beyond being just a quaint optical effect which converted geometrical shapes made with a ruler and compass into geometrical solids.

In 1838, Wheatstone put into practice the theory which Mayo had formulated six years previously. He constructed an instrument using mirrors which could make two separate images of a single object combine with one another in such a way that an impression of natural relief was achieved. In 1844, Brewster invented a stereoscope using lenses instead of mirrors, but despite his best efforts the invention did not prove successful in England. In the spring of 1850, Brewster brought to Paris a stereoscope which had been constructed by London, a Dundee optician, and a photographic portrait in stereo of Dr. Adamson. He demonstrated the instrument, the portrait and a few examples of stereoscopy to Abbot Moigno, Mr. Soleil and his son-in-law, Duboscq. All were eminent opticians who immediately appreciated the value of the new device. Duboscq promptly had a large number constructed for commercial sale and thus began, in the spring of 1850, photography's adventure into stereoscopy.

Daguerreotypes proved early examples of these images. They were produced on two separate plates using slightly different shot angles. Then, in order to have both images on a double exposed single plate, the lens was simply allowed to slide laterally to the next position. Since the whole operation still took some time to execute, the model often moved between takes, with the result that the two images differed noticeably. But this did not detract from the stereoscopic effect. In 1852, cameras with two lenses were developed – Ninet's stereoscopic box – which gave two almost identical images.

The development of the photographic procedure allows us to approximately date stereo-

En 1838, Wheatstone met en pratique des théories formulées six ans plus tôt par Mayo et construit un appareil à miroirs destiné à confondre en une seule deux images d'un même objet pour lui donner l'apparence du relief naturel.

En 1844, Brewster invente un stéréoscope lenticulaire pour remplacer le stéréoscope à miroirs, mais malgré ses efforts, cette invention ne remporte aucun succès en Angleterre. Au printemps 1850, Brewster apporte à Paris un stéréoscope construit par London, opticien à Dundee, ainsi qu'un portrait en stéréo du Dr Adamson. Il montre l'instrument, le portrait et quelques épreuves stéréoscopiques à l'abbé Moigno, à M. Soleil et à son gendre Duboscq, opticiens éminents qui saisissent aussitôt la valeur du nouvel appareil. Duboscq en construit immédiatement un très grand nombre pour le commerce: de ce printemps 1850 date le début de l'aventure stéréoscopique en photographie.

Les daguerréotypes ont été les premiers supports de ces images doubles qui ont été d'abord produites sur deux plaques séparées en déplaçant un peu l'appareil de prises de vues. Puis, pour avoir les deux images sur une seule plaque exposée en deux temps, on a eu l'idée de fair coulisser latéralement l'objectif. L'opération restant lente, là encore le modèle a pu bouger entre les deux prises de vues qui présentent souvent des différences considérables. Celles-ci ne nuisent pas à l'effect stéréoscopique. En 1852, on commence à construire des appareils de prises de vues à deux objectifs: chambre stéréoscopique de Ninet, ce qui donne deux images pratiquement identiques. C'est cette évolution des procédés qui permet de dater approximativement les daguerréotypes stéréoscopiques. La datation est plus facile lorsque les images ont été désencadrées pour les nettoyer, car on voit alors si les deux images sont sur des plaques séparées ou une

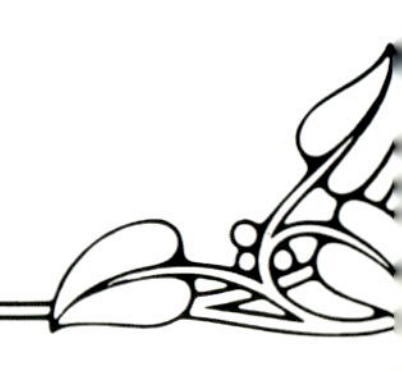

Die Daguerreotypen waren kostspielige Bilder, die keine Serienproduktion zuließen. Sicher hat man dieses Verfahren wegen des kostbaren Aussehens der Bilder und der Möglichkeit, sie aufs feinste zu kolorieren wie Miniaturen, bis ins Jahr 1855 beibehalten. Doch schon seit 1852 hat man stereoskopische Aktphotographien auf mit Silbersalzen beschichtetem Papier hergestellt. Die Kolorierungen sind von schlechter Qualität, und erst nachdem man das Kollodium und die Herstellung von Abzügen auf Albuminpapier technisch beherrschte, finden sich einige Meisterwerke der Polychromie. Diese ersten Aktphotographien auf Papier, Zeigenossen der Daguerreotypen, sind Raritäten, die man häufig auseinandergeschnitten hat, um sie unter Sammlern zu tauschen, die eine größere Zahl von Sammelstücken besitzen wollten – auf Kosten ihrer Originalität.
Ab 1854 sind Abzüge auf Albuminpapier allgemein üblich. Da sie sehr empfindlich waren, ging man dazu über, sie mit koloriertem Wachspapier zu versehen, nachdem Duboscq 1855 auf die Idee kam, die Rückwand des Stereoskopkastens abzunehmen und durch ein Mattglas zu ersetzen, was es möglich machte, den Abzug von hinten erhellt zu betrachten. Aus dieser Zeit stammen vermutlich die ersten Stereoskopambrotypen, Positive auf kollodiumbeschichteten Glasplatten, die man durch Unterbelichtung erhielt.
1856 veröffentlichte d'Olivier eine ansehnliche Reihe von stereoskopischen Aktphotographien, die zum Verkauf bestimmt waren. Die Abzüge auf Glanzpapyrus sind sehr sorgfältig ausgeführt und häufig geschickt koloriert.
Mit der Pariser Kommune scheint die französische Stereoskopie (die den Großteil der uns bekannten Aktphotographien hervorgebracht hat) in Vergessenheit geraten zu sein, und erst 1885 erfuhr die stereoskopische Aktphotographie eine Wiederbelebung.
Im Laufe der Belle Epoche nahmen die Aktstudien zu, und die stereoskopischen Aktphotographien waren nicht länger nur das Vergnügen einiger Auserwählter. Die Photographen brachten Phantasiebilder an eine immer größere Öffentlichkeit, die sie sich zu

scopic daguerreotypes. Dating is much easier when the photographs have been taken out of their frames for cleaning as then it is obvious if one or two plates were used. Daguerreotypes were expensive and could not be produced en masse. This quality of being both rare and precious, combined with the possibility of colouring them with great subtlety (in particular the miniatures), almost certainly explains why daguerreotypes continued to be made up to 1855. But from 1852 on, stereoscopic nudes could be produced on salted paper. The colouring was, however, of an inferior quality; it is only with the mastery of the use of collodion and printing onto albumen paper that polychromy was raised to an art form. These first nudes on paper, contemporaries of the daguerreotypes, are very rare and were often cut in two for the benefit of short-sighted collectors who simply wanted to possess as many examples of the art as possible.

After 1854, most prints were made on albumen paper. These prints were very delicate and were backed by coloured wax paper. Then in 1855 Duboscq had the idea of replacing the solid bottom of the stereoscopic box with a ground-glass screen. This allowed the images to be studied in transparency. It is probably from this time that stereoscopic ambrotypes date – positive prints on collodion-coated glass plates, obtained by overexposure.

In 1856, d'Oliver published an extensive series of stereoscopic nudes for commercial sale. Printed on glossy papyrus paper they are executed with great skill and often very cleverly tinted.

The majority of the stereoscopic nudes which we know today were produced in France. At the time of the Paris Commune interest in stereoscopy seemed to fade away, but it revived once more in 1885.

plaque unique. Les daguerréotypes sont des images coûteuses, qui ne permettent pas la production en série. Sans doute à cause de leur aspect précieux, de la possibilité de les colorier avec subtilité, telles des miniatures, le procédé s'est poursuivi jusqu'en 1855. Mais dès 1852, des nus stéréoscopiques ont été réalisés sur papier salé. Les coloriages sont de mauvaise qualité et il faut attendre la maîtrise du collodion et les tirages sur papier albuminé pour retrouver quelques chefs-d'œuvre de polychromie. Ces premiers nus sur papier, contemporains des daguerréotypes, sont des images rares qui ont souvent été découpées en deux pour être échangées entre collectionneurs désireux de posséder un plus grand nombre de documents au détriment de leur originalité.

A partir de 1854, les tirages se font généralement sur papier albuminé. Ceux-ci, très fins, vont être doublés d'un papier ciré colorié lorsque Duboscq, en 1855, a l'idée d'enlever le fond de la boîte stéréoscopique pour le remplacer par un verre dépoli qui permet l'examen des vues par transparence. De cette époque datent probablement les premiers ambrotypes stéréoscopiques, tirages positifs sur plaques de verre au collodion obtenus par surexposition.

En 1856, d'Olivier publie une série importante de nus stéréoscopiques destinés à la commercialisation. Tirés sur papyrus glacé, ils sont d'une grande finesse d'exécution et souvent habilement teintés.

Avec la Commune, la stéréoscopie française (qui a produit la majeure partie des nus que nous connaissons) semble tomber dans l'oubli, et il faut attendre 1885 pour que le nu stéréoscopique revive.

Durant la Belle Époque, les études académiques se multiplient et les nus stéréoscopiques cessent d'être le plaisir de quelques élus. Les photographes apportent à un public toujours

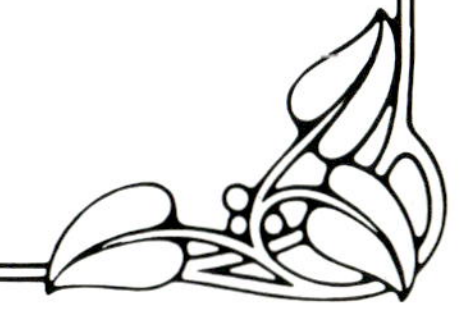

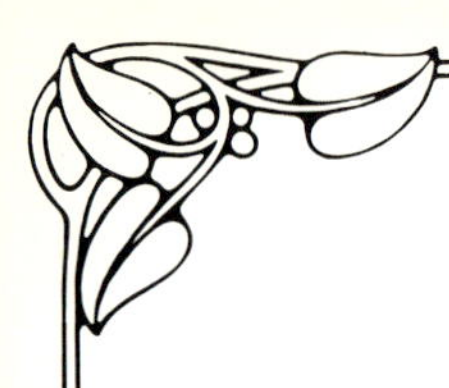

eigen machte, und der Voyeurismus breitete sich aus, bis er in den Freizeitbeschäftigungen den Platz einnahm, den später das Kino übernahm. Die Frau beherrschte eine Männerwelt, die sich amüsieren wollte. Erotik und Pornographie breiteten sich explosionsartig aus.

Auf technischer Ebene ersetzten nach und nach Abzüge auf Papier, das mit Bromsilbergelatine beschichtet war, die Abzüge auf albuminiertem Papier. Auch die stereoskopische Aktphotographie wurde stärker verbreitet und erlebte ihr goldenes Zeitalter. Man gab sie auf photomechanisch hergestellten Postkarten heraus oder in serienmäßigen Abzügen auf Chlorbromidbasis. Ein Photograph, Recknagel, gab eine kleine Zeitschrift heraus, die zweimal im Monat erschien, „Le Stéréo-nu"; in jeder Nummer waren zwölf Bilder, die die Käufer herausschneiden konnten, um sie im Stereoskop zu betrachten (1905 – 1907).

Um 1905 brachten die Fortschritte in der Bauweise der Stereoskope einen neuen Aufschwung für Abzüge auf Glas, die trotz ihrer Zerbrechlichkeit viel Erfolg hatten, weil die von hinten erhellten Bilder den Eindruck erweckten, die Tiefenwirkung des stereoskopischen Effekts zu erhöhen.

Der Erste Weltkrieg unterbrach die schönen Tage der Aktphotographie in der Stereoskopie vorübergehend; mit den goldenen zwanziger Jahren gewannen sie dann wieder an Beliebtheit. Doch erlebte das Zeitalter der Garçonne auch ein rapide zunehmendes Auftreten sado-masochistischer Phantasien, und die Stereoskopie nahm die Illustrationen Hérouarts in den erotischen Moderomanen wieder auf. Das „Verascope" von Jules Richard, das großen Erfolg hatte, ermöglichte kleinere Aufnahmen, die unterderhand am Pigalle, in Soho oder auf dem Kurfürstendamm angeboten wurden. In Deutschland brachte man für die Soldaten Aktphotographien nach germanischem Ideal heraus, in Stereoskopie mit einem zusammenklappbaren Bildbetrachter. Der Zweite Weltkrieg brachte den Untergang der Stereoskopie.

Serge Nazarieff

During the Belle Epoque, nude studies became widely available and stereoscopic nudes ceased to be only for the pleasure of a chosen few. The photographs gave an ever increasing public new fantasies which it soon made its own, and voyeurism became a popular pastime, supplanted only by the advent of cinema. The female form obsessed a world of men who wanted to be entertained. There was an explosion of eroticism and pornography. At the technical level, the prints on albumen paper were slowly replaced by prints on gelatine silver bromide paper. The stereoscopic nude entered its golden age, appearing on photo-engraved postcards or printed as a series on chloro-bromide paper. A photographer called Recknagel edited a small bi-monthly publication called "Le Stereo-Nu", (1905 – 1907), which offered in each issue 12 images which could be cut out and viewed.

Around 1905, developments in the construction of stereoscopes caused printing on glass to be reintroduced. Although the plates were fragile, they proved popular since the transparency appeared to increase further the depth of field created by the stereoscopic process.

The First World War momentarily interrupted the hey day of the stereoscopic nude, but in the Roaring Twenties it gained popularity once more. The "Garconne" era also saw the explosion of sado-masochistic fantasies and stereoscopy was used to reproduce illustrations by Hérouart from the fashionable erotic novels of the time. Jules Richard's "Verascope", which was already extremely successful, allowed much smaller images to be viewed, these being sold from the inside of raincoats at Pigalle, Soho or on the Kurfürstendamm. For the benefit of German soldiers, stereoscopic images of the ideal German nude were produced, complete with folding viewer. But the Second World War sounded the death toll for the art of stereoscopy.

Serge Nazarieff

plus nombreux des fantasmes qu'il fait siens et le voyeurisme se développe jusqu'à occuper dans les loisirs cette place que prendra plus tard le cinéma. La femme obsède un monde d'hommes qui veulent s'amuser. On vit une explosion d'érotisme, de pornographie.

Sur le plan technique, les tirages sur papier albuminé sont peu à peu remplacés par des tirages au gélatino-bromure d'argent. Mais on popularise aussi le nu stéréoscopique qui vit son âge d'or. Il est édité en cartes postales photogravées, ou tiré en série au chlorobromure. Un photographe, Recknagel, se fait éditeur d'une petite revue bimensuelle, «Le Stéréo-nu», qui permet à ses acheteurs de découper les douze vues de chaque numéro pour les visionner (1905 – 1907).

Vers 1905, les progrès dans la construction des stéréoscopes relancent les tirages sur verre qui, malgré leur fragilité, connaissent un grand succès parce que la vision par transparence donne l'impression d'augmenter le champ de profondeur de l'effet stéréoscopique.

La Première Guerre mondiale vient interrompre momentanément les beaux jours du nu en stéréoscopie qui va retrouver sa vogue avec les Années Folles. Mais l'époque de la Garçonne est aussi un temps de l'explosion des fantasmes sado-masochistes et la stéréoscopie reprend les illustrations d'Hérouart dans les romans érotiques à la mode. Le «Verascope» de Jules Richard, qui connaît un immense succès, permet de prendre des vues plus petites qui sont proposées sous le manteau à Pigalle, à Soho ou sur le Kurfürstendamm. En Allemagne, pour les soldats, on édite en stéréoscopie avec une visionneuse pliable, les nus de l'idéal germanique. La Seconde Guerre mondiale marque l'agonie de la stéréoscopie.

Serge Nazarieff

**Vorbemerkung:** Wir haben nur wenig Gewißheit darüber, wer die Urheber der stereoskopischen Aktphotographien sind, da sowohl die Daguerreotypen als auch die Abzüge auf Papier oder Glas anonym sind, was sich aus der Tatsache erklärt, daß die Autoren häufig die Schikanen der Polizei fürchteten. Die ersten Photographen haben, wie es scheint, im Bewußtsein des Wertes ihrer Bilder ihre Arbeiten indirekt mit einem charakteristischen Gegenstand „signiert", der sich von einem Bild zum anderen wiederfindet und uns heute erlaubt, sie in Serien zusammenzustellen, die sich demselben Künstler zuordnen lassen. So wird jedes Bild zum Glied in einer Kette, die uns manchmal den Autor erkennen läßt aufgrund eines Bildes, das den Stempel des Photographen trägt.

Wenn unter dem Bild nur der Name des Photographen erscheint, bedeutet das, daß es entweder ausnahmsweise seinen Namen trägt oder daß es einer anderen Photographie hinreichend ähnlich ist, die in der Nationalbibliothek von Paris offiziell unter seinem Namen eingetragen ist, so daß kein Zweifel an seiner Urheberschaft besteht. Steht hinter dem Namen des Photographen „(Zuschreibung)", so bezieht sich dies lediglich auf den Autor. Die Zuschreibung erfolgt aufgrund einer Analyse der Studios, die aus den Bildern durch die Teppiche, Tapeten, Spiegel und die vom Photographen aufgestellten Gegenstände rekonstruiert werden können. Folgt auf den Namen des Photographen ein (?), bedeutet dies eine nicht belegte Wahrscheinlichkeit. Die Art der Bildkomposition, der Pose des Modells (sofern sie von den herkömmlichen Aufnahmen abweicht), der Beleuchtung legt hier auf den ersten Blick den Namen dieses Photographen nahe. Wenn schließlich ein Bild ohne Namen aufgeführt ist, ist der Photograph anonym geblieben. Die Numerierung der Bilder bezieht sich auf die technischen Anmerkungen am Ende des Buches.

**Preliminary remark:** As far as authorship of the stereoscopic nude is concerned, we can be certain of very little. Both the daguerreotypes and the prints on paper and glass were for the most part unsigned, largely due to the fact that the authors often worked in fear of police harassment. The early photographers, conscious of the value of the prints they were creating, often "signed" their work indirectly by having a particular object appear in all of their photographs. By identifying such "signatures", we can group images together and attribute them to a certain artist. Each print can therefore become a link in a chain which will lead us to the identity of the author, the final reference being the print which bears the photographer's mark.

When only the photographer's name appears beneath the print, it is either because, exceptionally, the print was signed or because this print is so similar to the one officially registered at the Bibliothèque nationale de Paris that there can be not doubt as to the author. When a photographer's name is followed by "(attribution)", authorship was attributed by the writer of this book. The attribution is the result of careful examination of the photographic studios of the carpets, hangings, mirrors and various objects used by the photographer. When the photographer's name is followed by (?), a probability of authorship exists, but no clear indications are available.

The general composition of the image, the somewhat unconventional pose of the model, the use of light, and other elements can suggest a name. Finally, if the photograph has no name beneath it, its anonymity remains intact. The numbers given beneath photographs refer to the technical notes at the back of the book.

**Avertissement:** Nous n'avons que peu de certitudes en ce qui concerne la paternité des nus stéréoscopiques, car aussi bien les daguerréotypes que les tirages sur papier ou sur verre sont pour la plupart anonymes, ce qui s'explique par le fait que souvent leurs auteurs on craint les tracasseries policières. Les premiers photographes, conscients de la valeur des images qu'ils faisaient, ont souvent, semble-t-il, «signé» indirectement leurs travaux par la présence d'un objet caractéristique qui se retrouve d'une image à l'autre, ce qui nous permet aujord'hui de les grouper en séries que l'on peut attribuer à un même artiste. Ainsi chaque image devient le maillon d'une chaîne qui nous fait parfois découvrir l'auteur, la référence étant l'image qui porte le cachet du photographe.

Lorsque le nom du photographe figure seul sous l'image, c'est soit parce qu'elle porte exceptionnellement son nom, soit parce qu'elle est assez semblable à un autre tirage, lui déposé légalement à la Bibliothèque nationale de Paris, pour ne laisser aucun doute sur son auteur. Lorsque le nom du photographe est suivi de «(attribution)», celle-ci n'engage que l'auteur. Elle est le résultat d'une investigation dans les studios que les images restituent avec leurs tapis, leurs tentures, leurs miroirs et les objets qui y ont été placés par le photographe. Lorsque le nom du photographe est suivi de (?), cela indique une probabilité sans référence. C'est la manière de composer l'image, de faire poser le modèle (lorsque celle-ci sort des voies conventionnelles), de ménager les lumières qui suggère de prime abord ce nom. Enfin, si l'image ne porte pas de nom, c'est que son anonymat demeure. Les numéros figurant sous chaque image renvoient aux notes techniques en fin d'ouvrage.

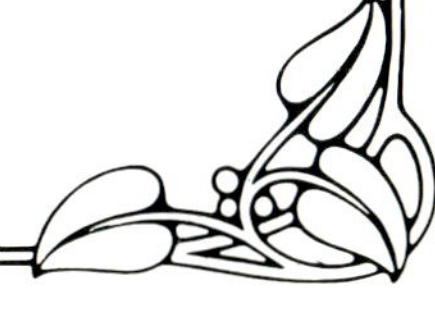

# DIE ANFÄNGE EINER KUNST
## (1850 – 1855)
## DIE DAGUERREOTYPIE

---

# THE BIRTH OF AN ART FORM
## (1850 – 1855)
## DAGUERREOTYPES

---

# LES DÉBUTS D'UN ART
## (1850 – 1855)
## LA DAGUERRÉOTYPIE

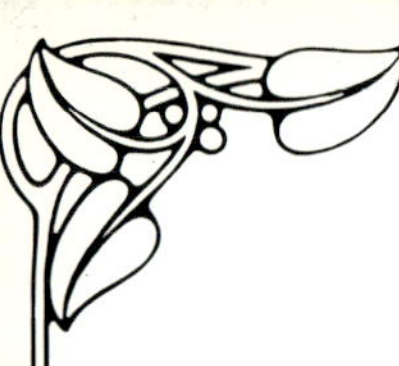

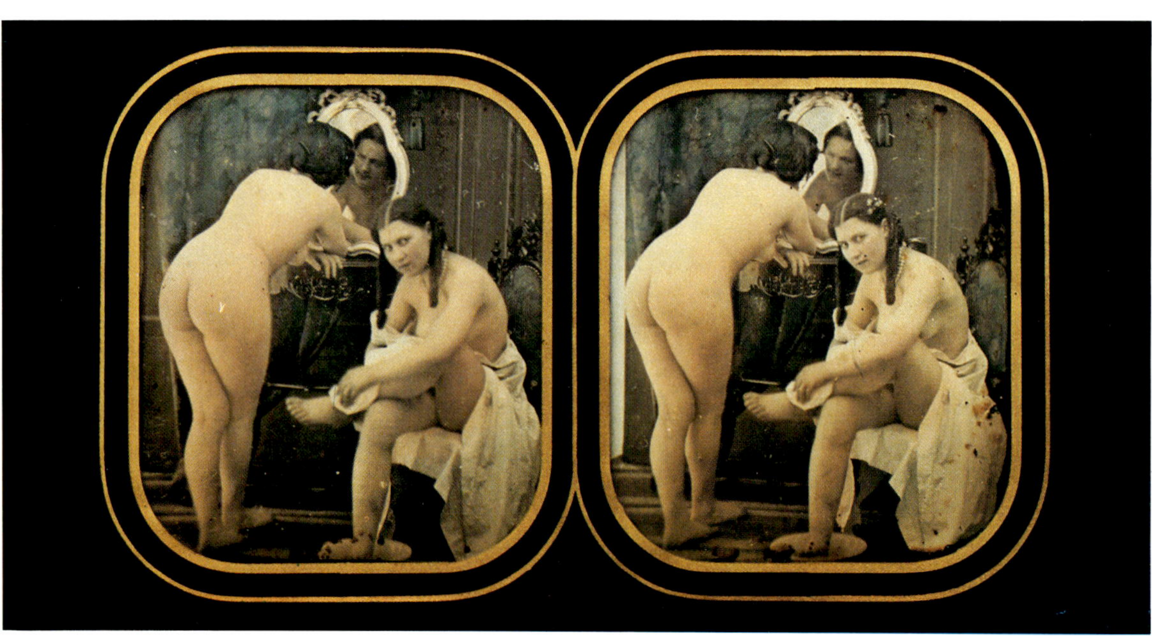

*1. Auguste Belloc (vers 1854).*

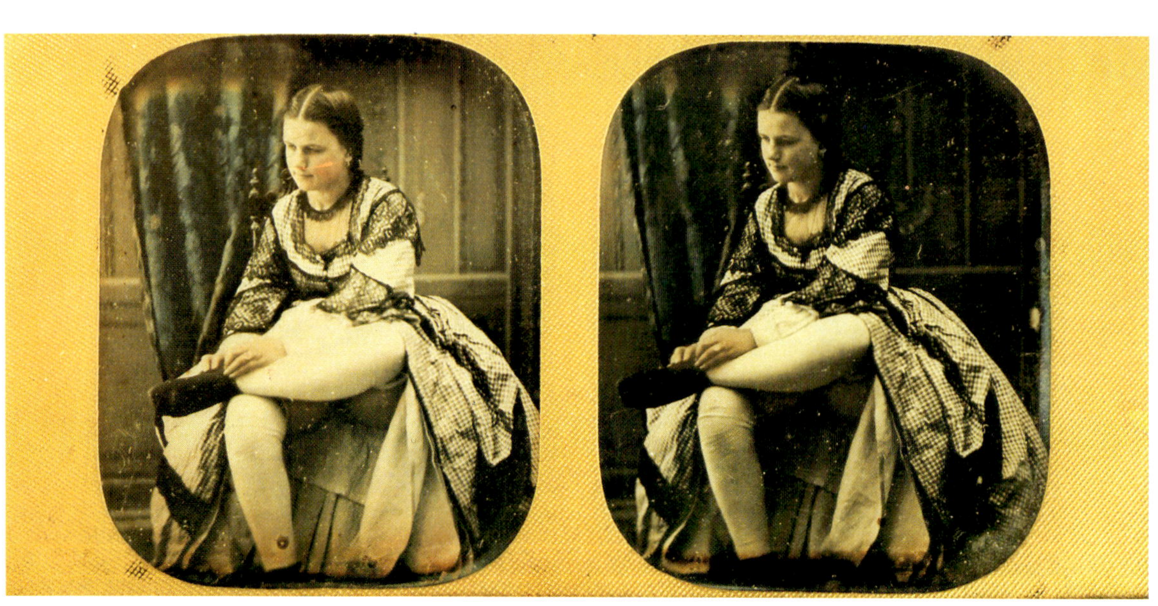

*2. Auguste Belloc (vers 1854).*

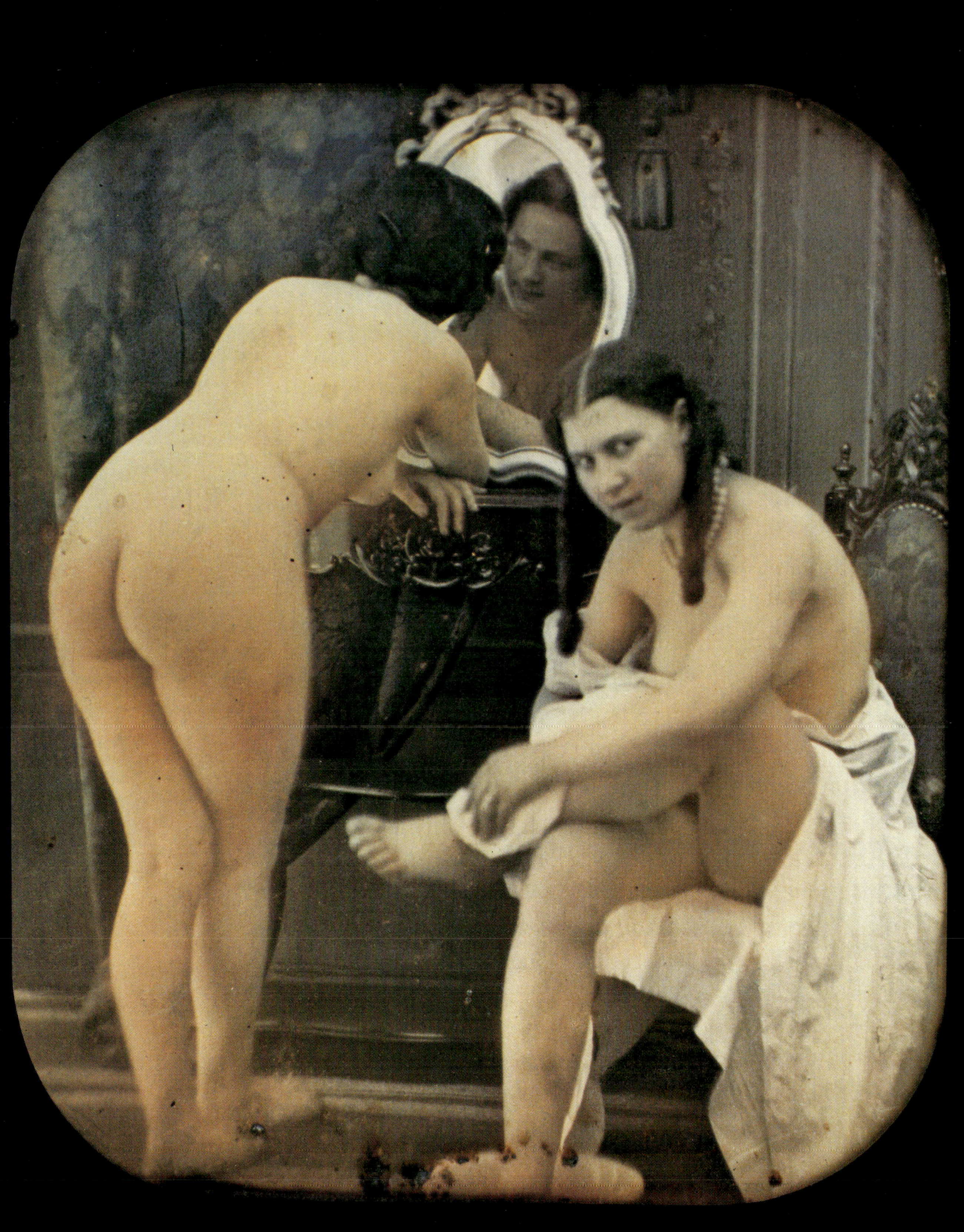

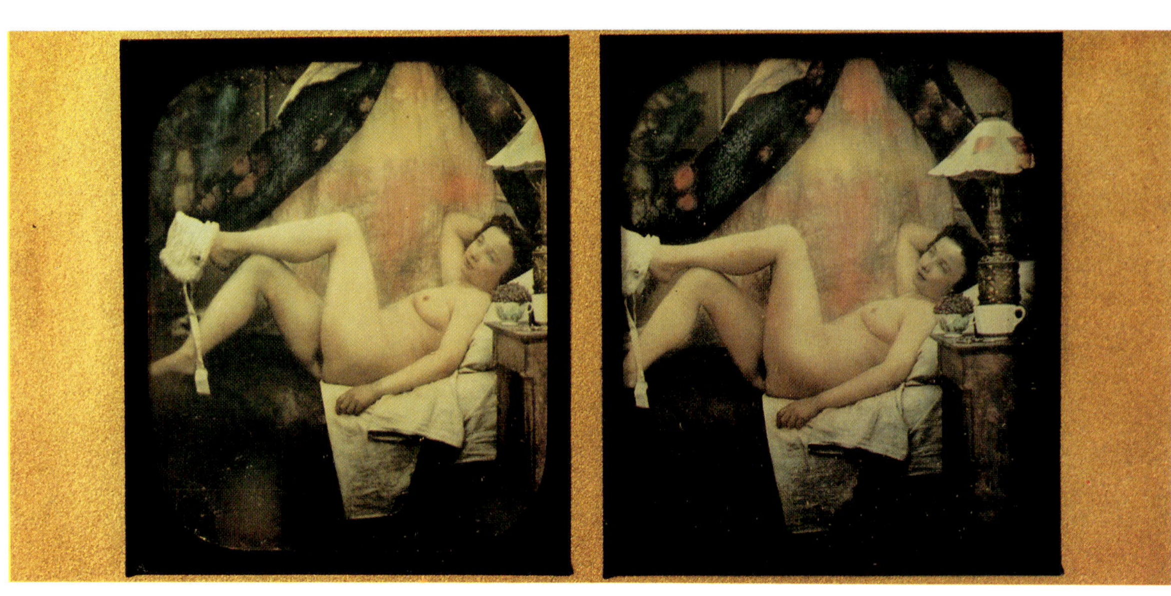

*3. Auguste Belloc (vers 1854).*

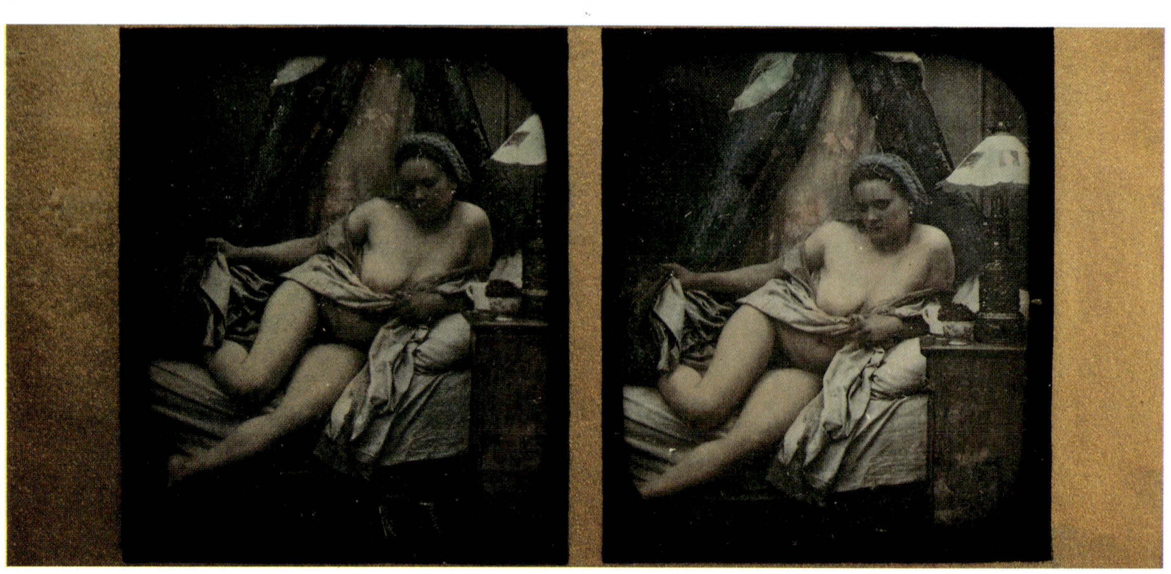

*4. Auguste Belloc (vers 1854).*

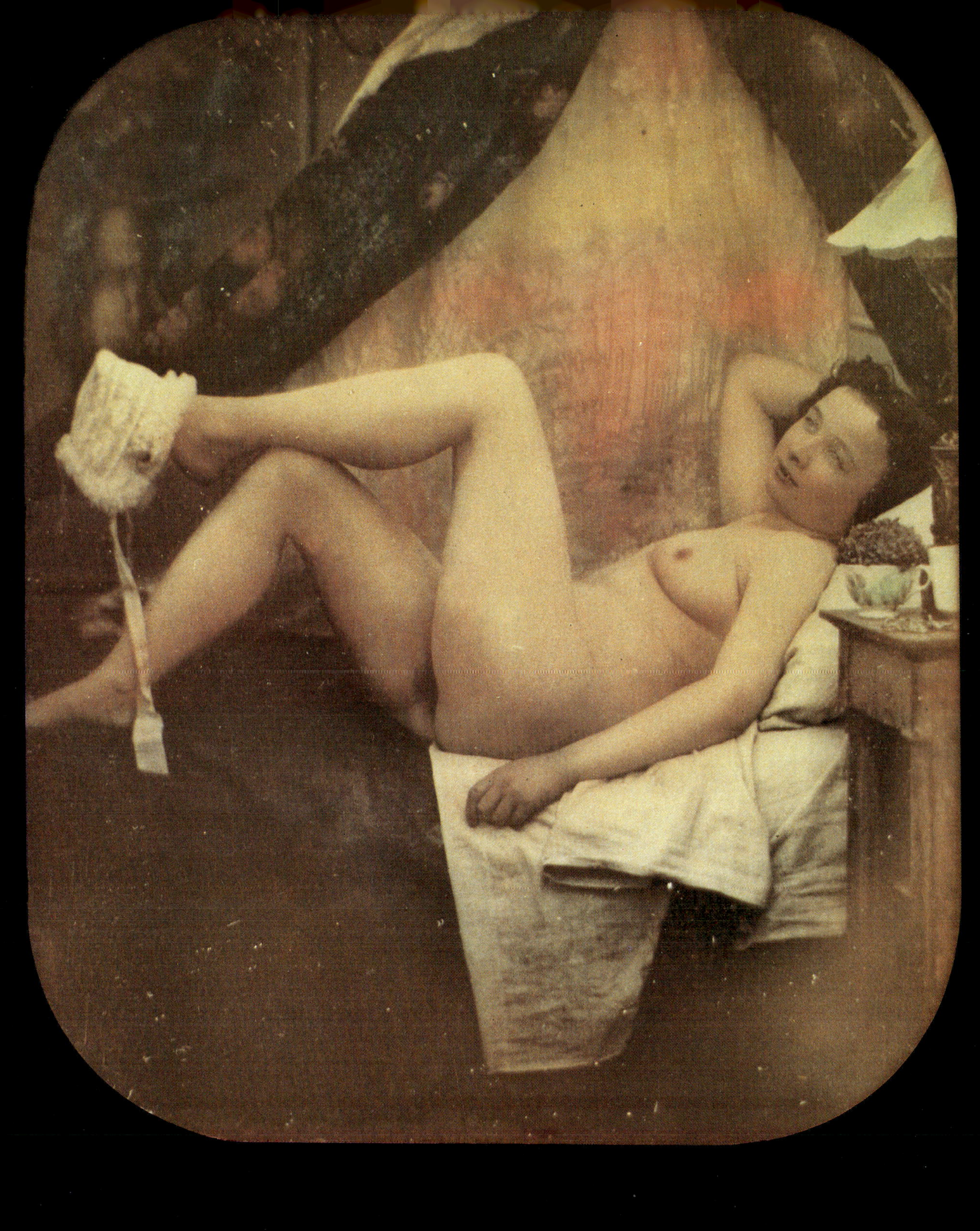

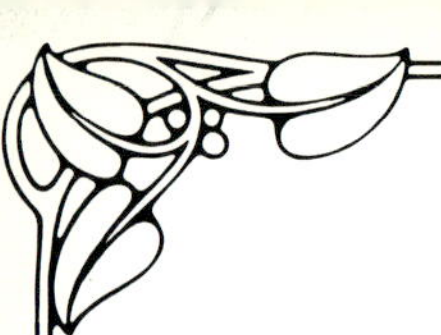

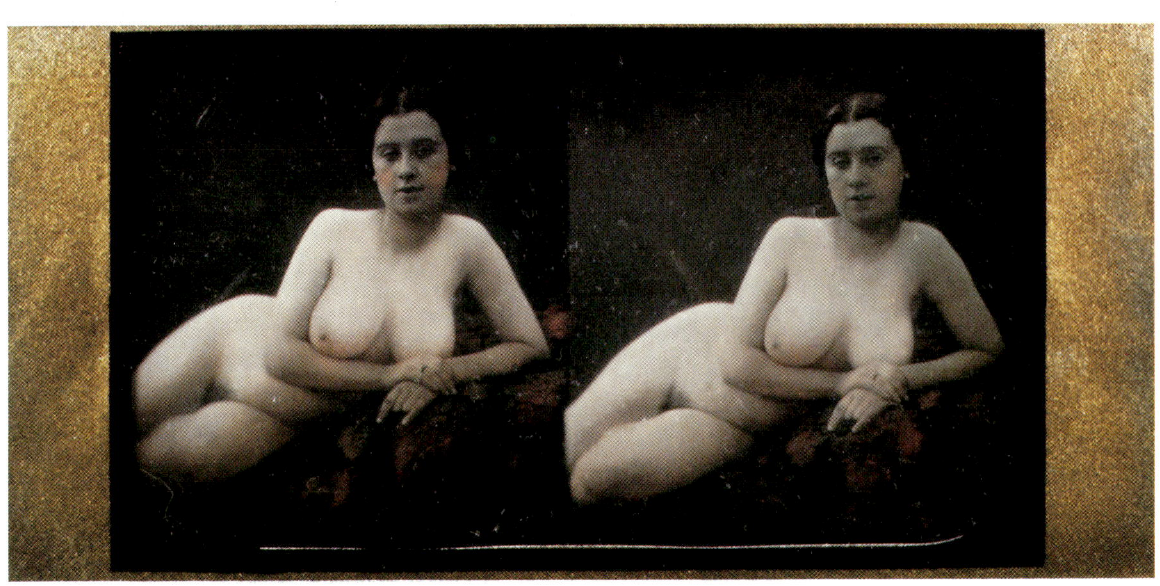

5. *Attribué à Auguste Belloc (vers 1854).*

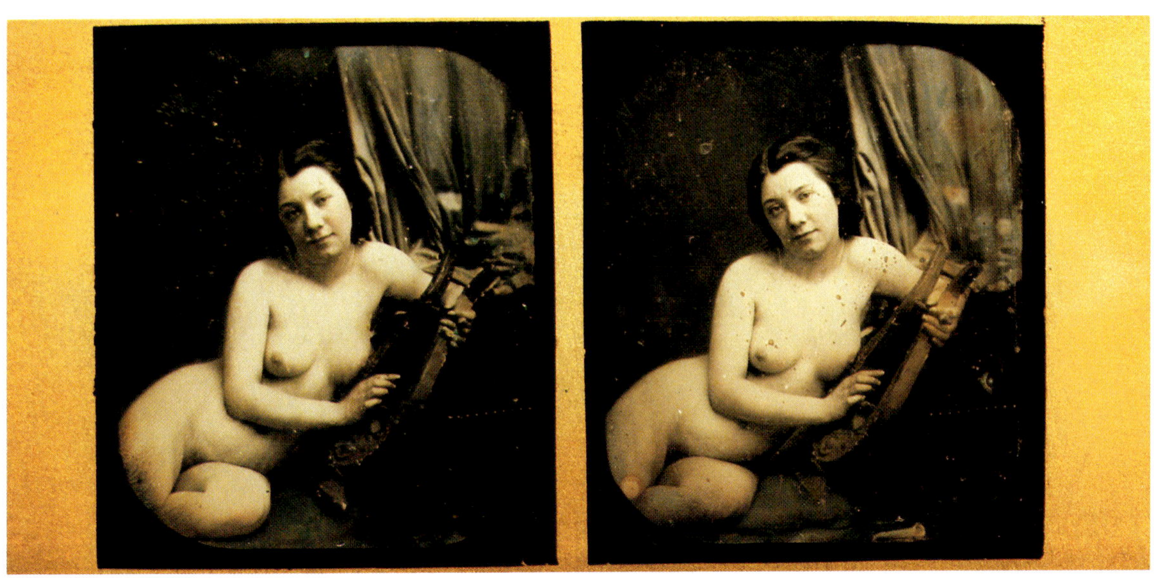

6. *Attribué à Auguste Belloc (vers 1854).*

*Ci-contre : Auguste Belloc (vers 1854).*

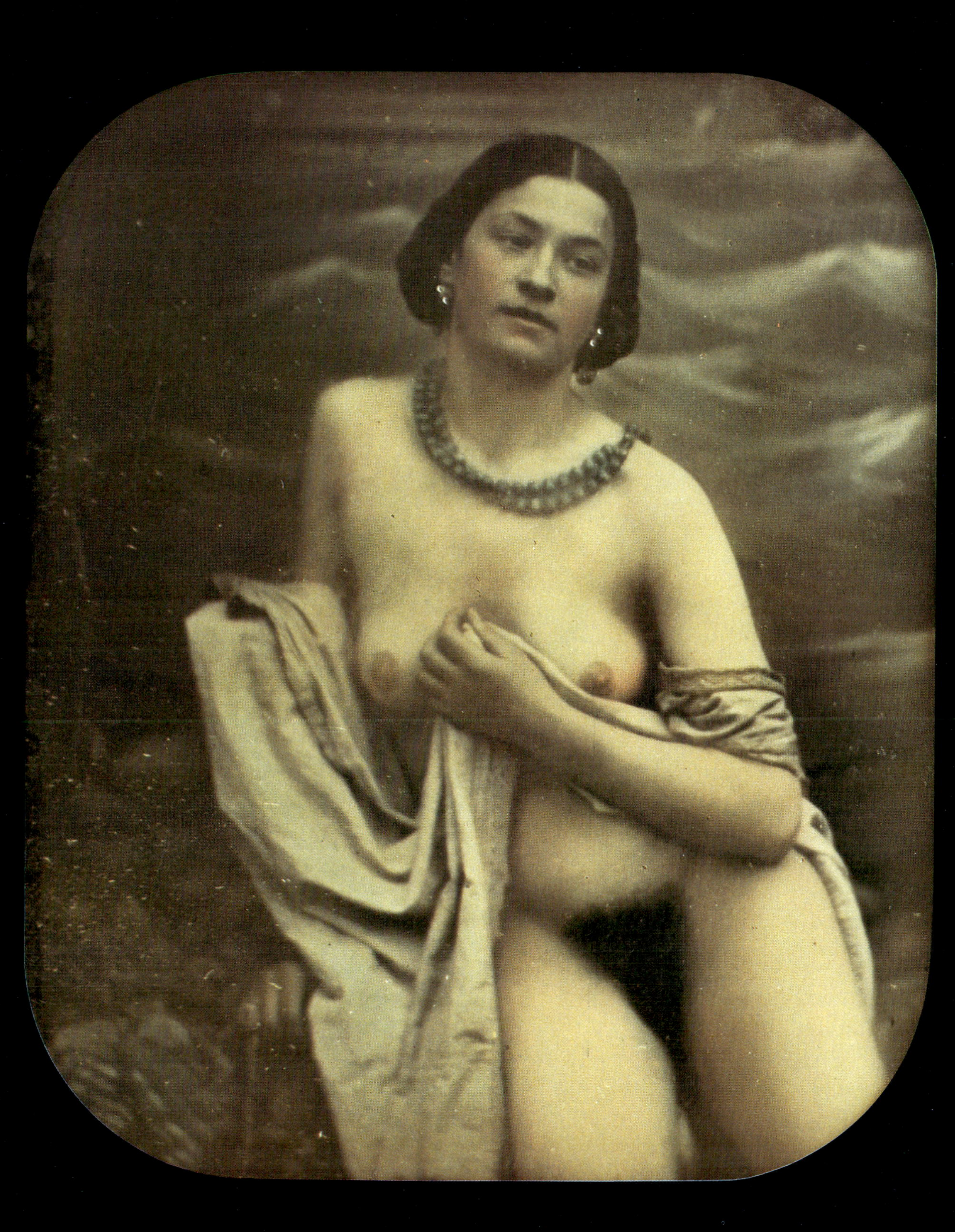

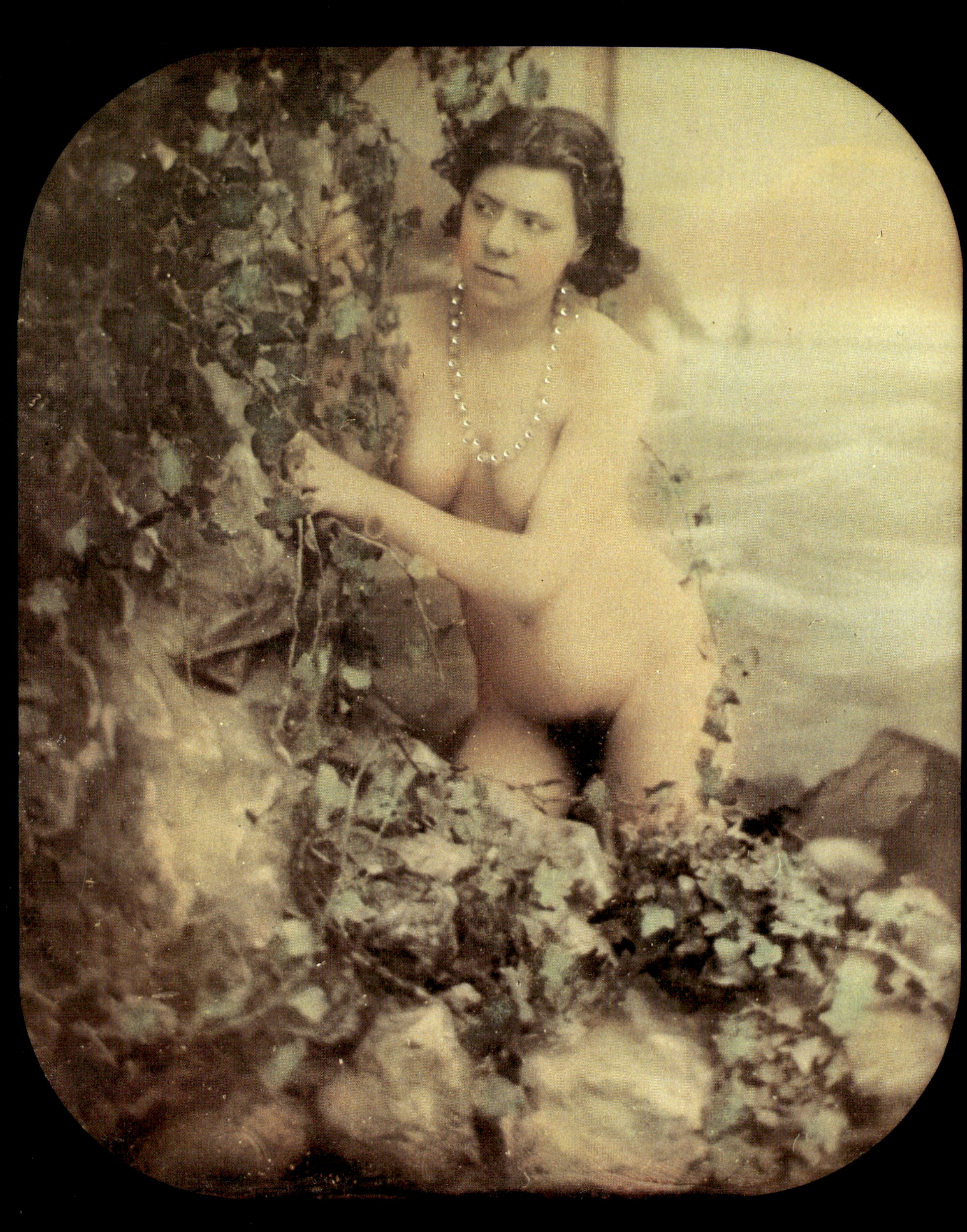

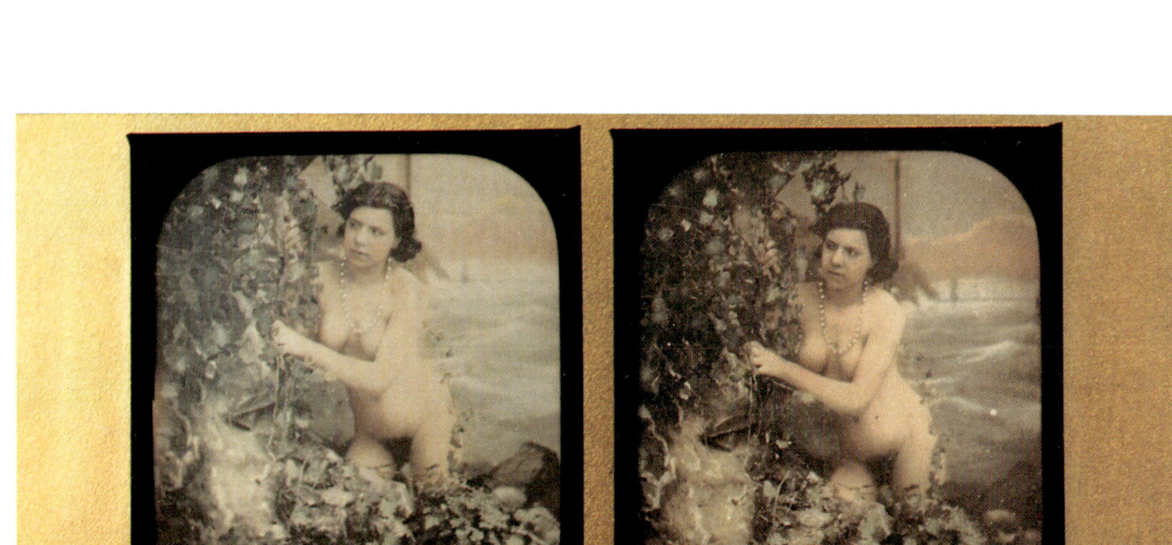

7. *Auguste Belloc (vers 1854).*

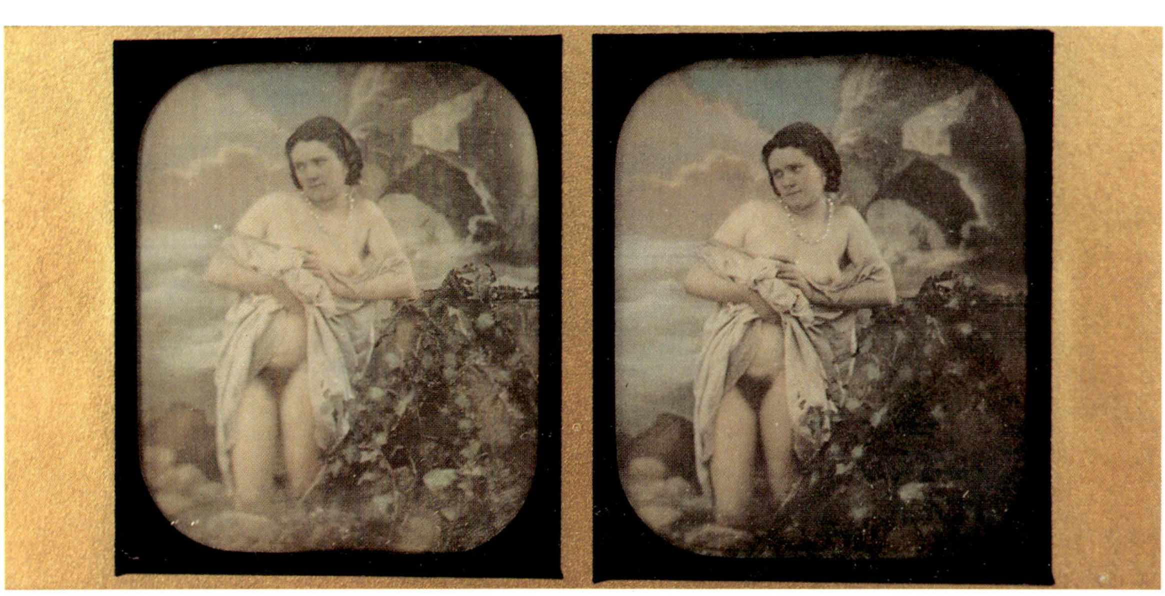

8. *Auguste Belloc (vers 1854).*

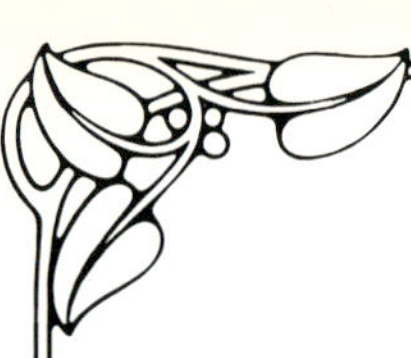

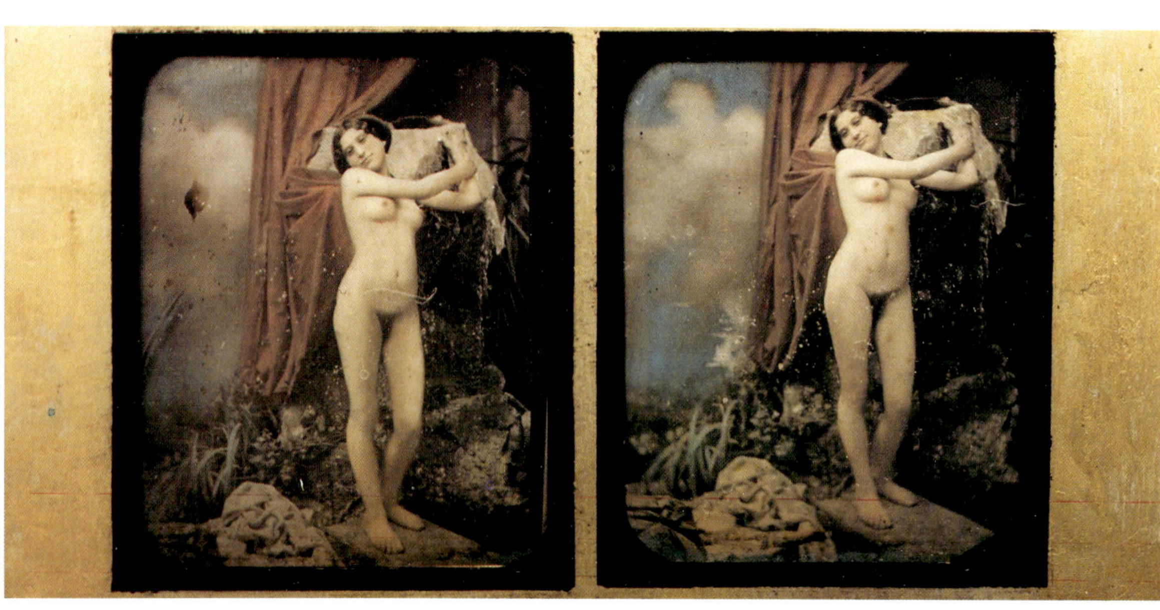

9. *Auguste Belloc (vers 1855).*

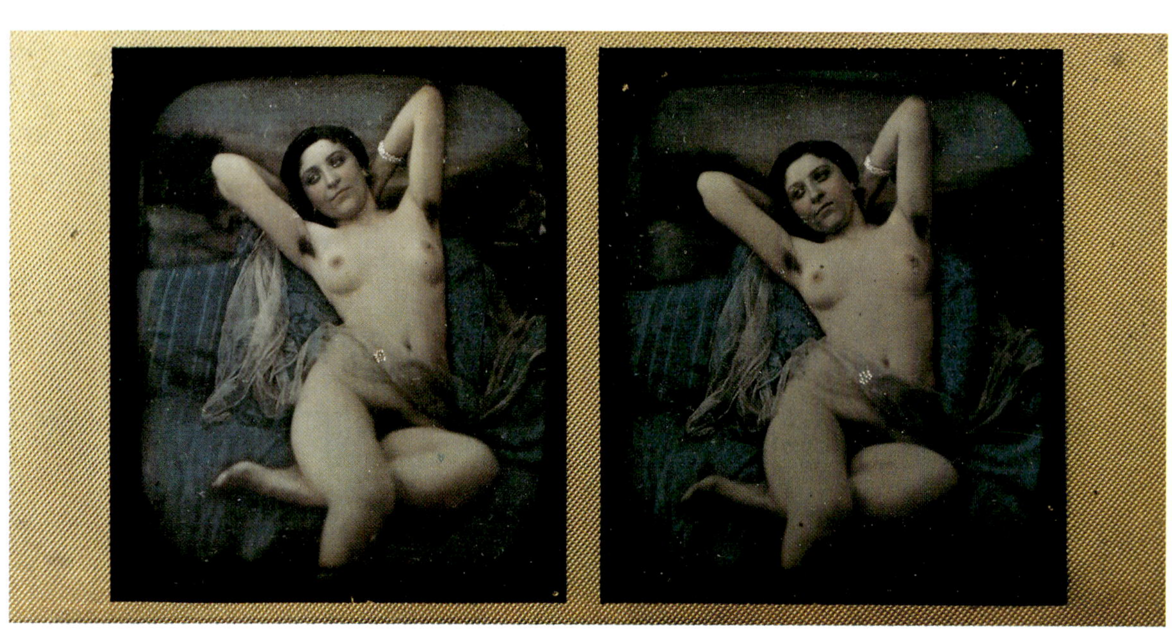

10. *Auguste Belloc (vers 1855).*

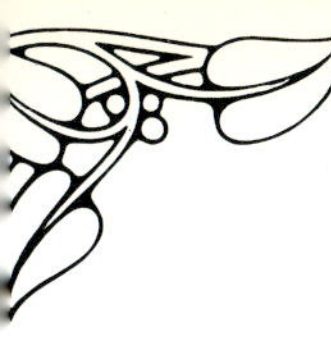

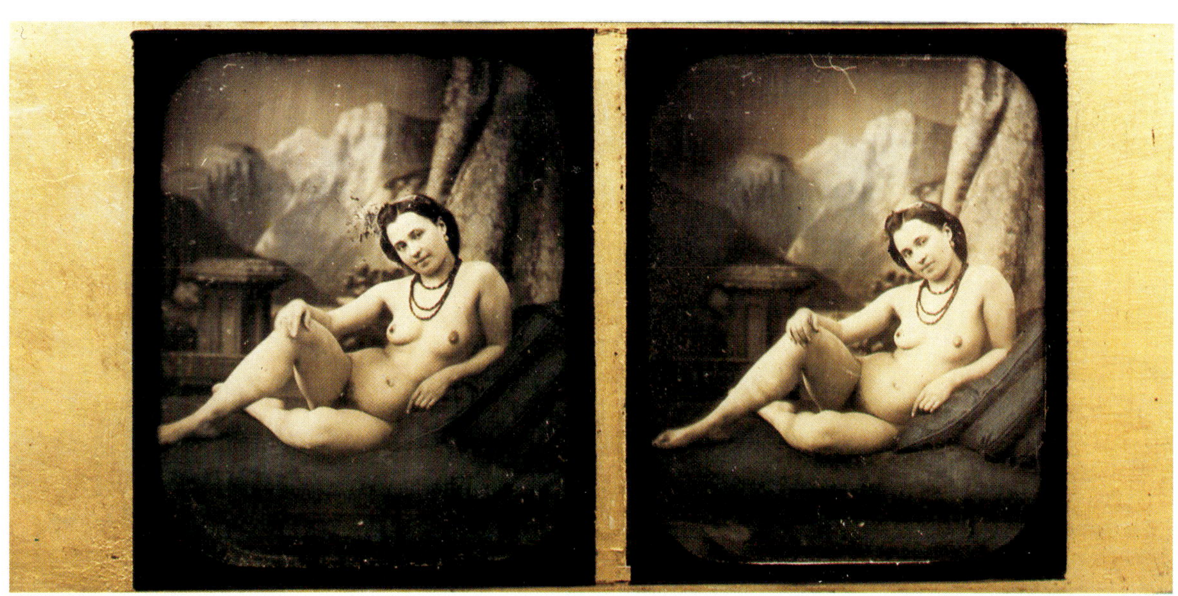

*11. Attribué à Auguste Belloc (vers 1854).*

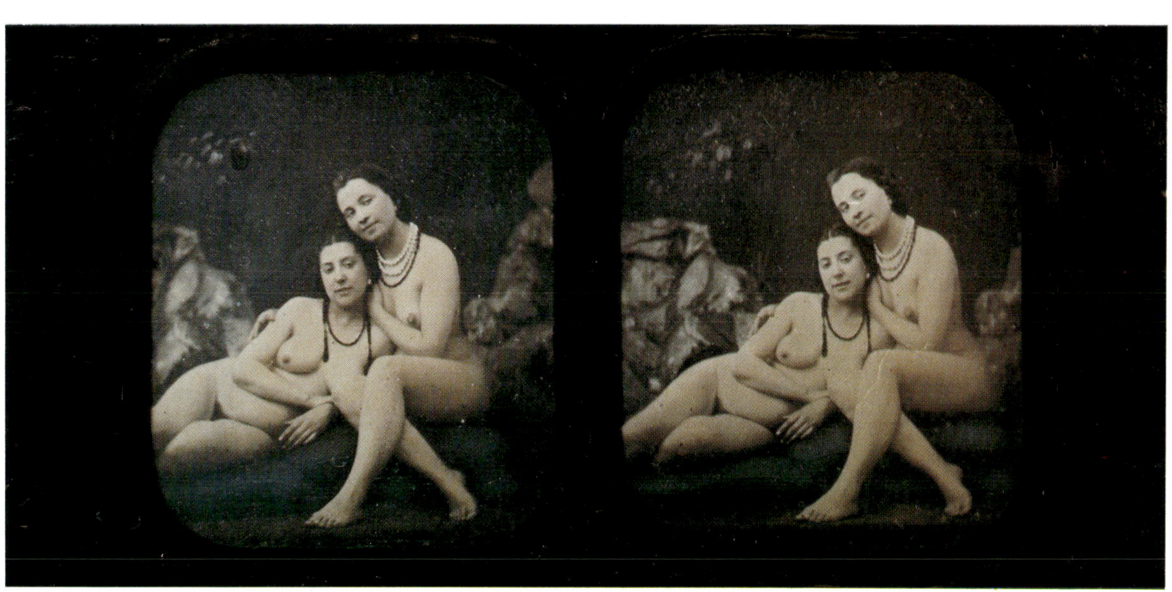

*12. Attribué à Auguste Belloc (vers 1854).*

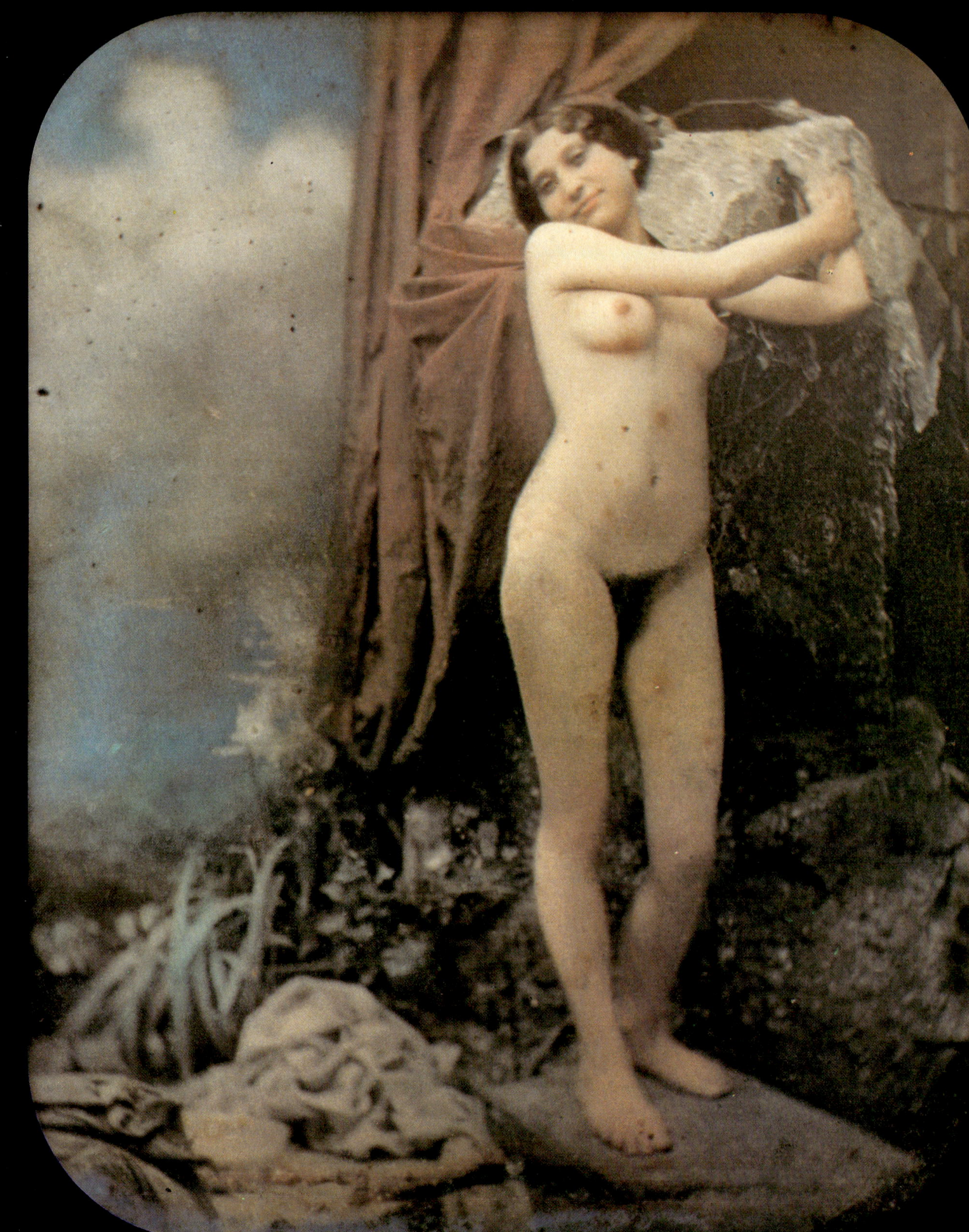

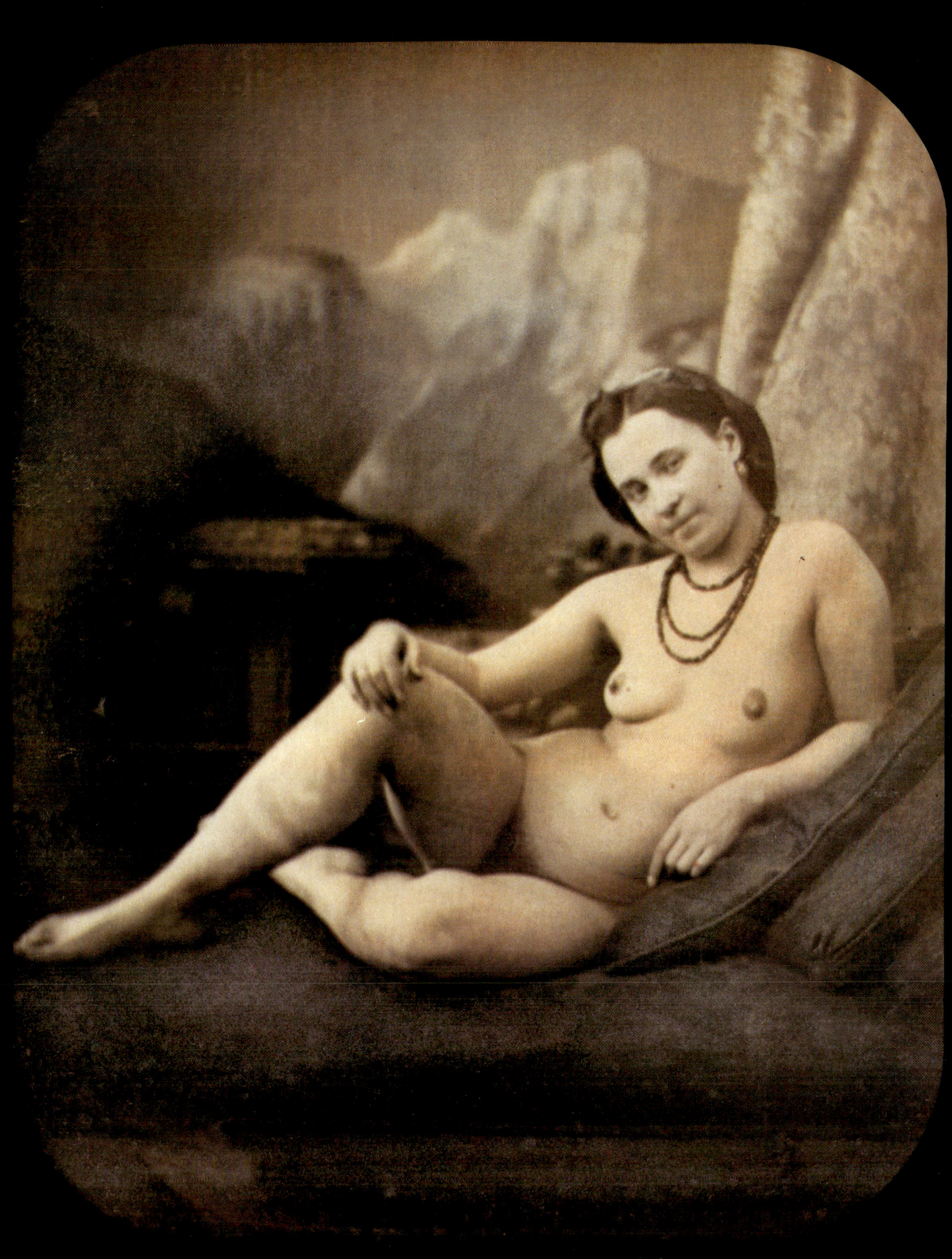

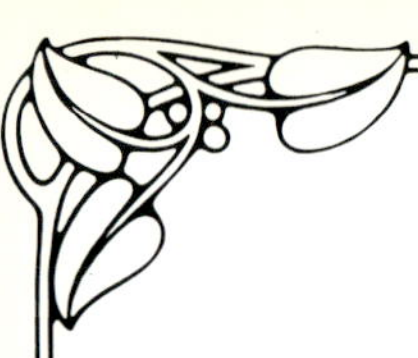

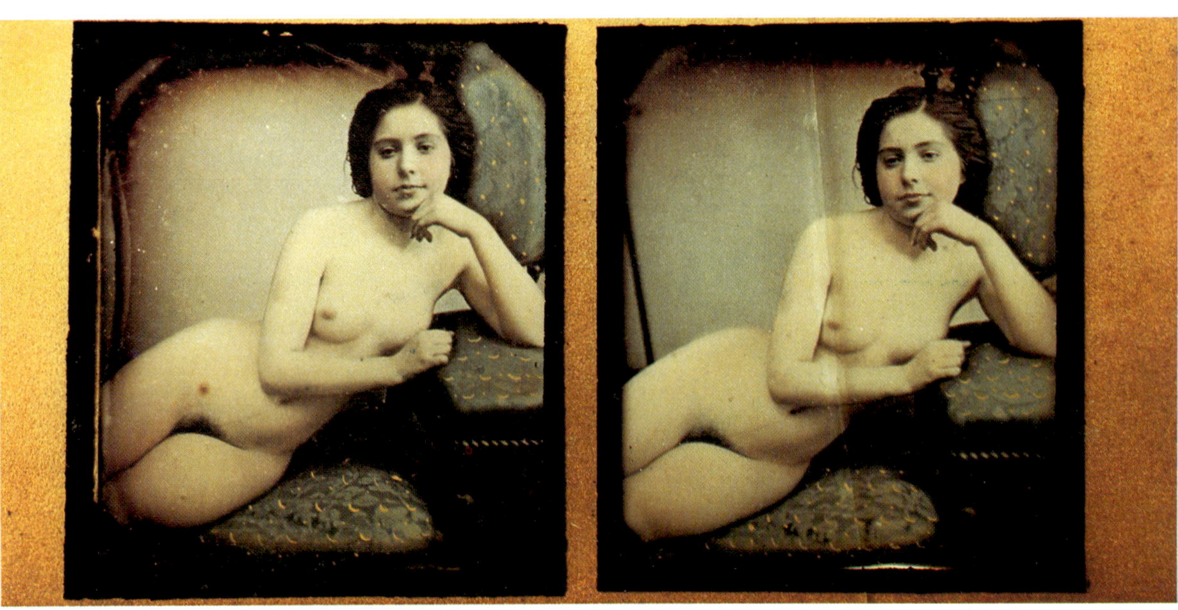

*13. Auguste Belloc (vers 1854).*

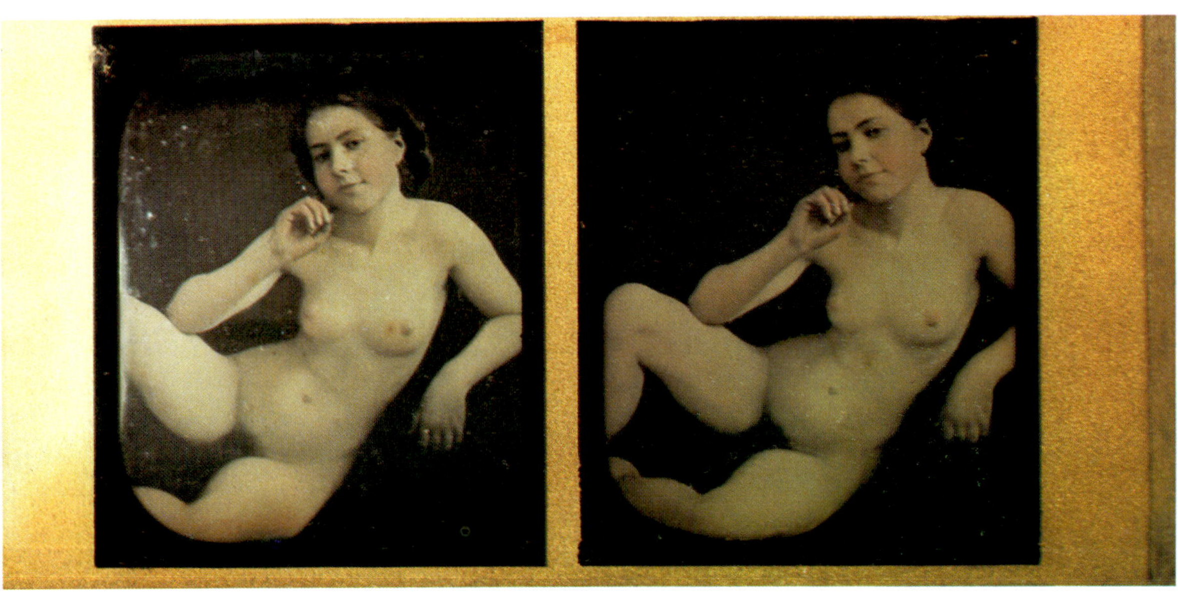

*14. Attribué à Auguste Belloc (vers 1854).*

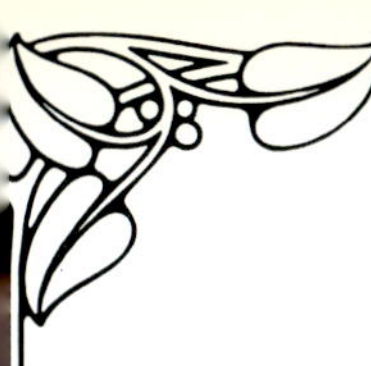

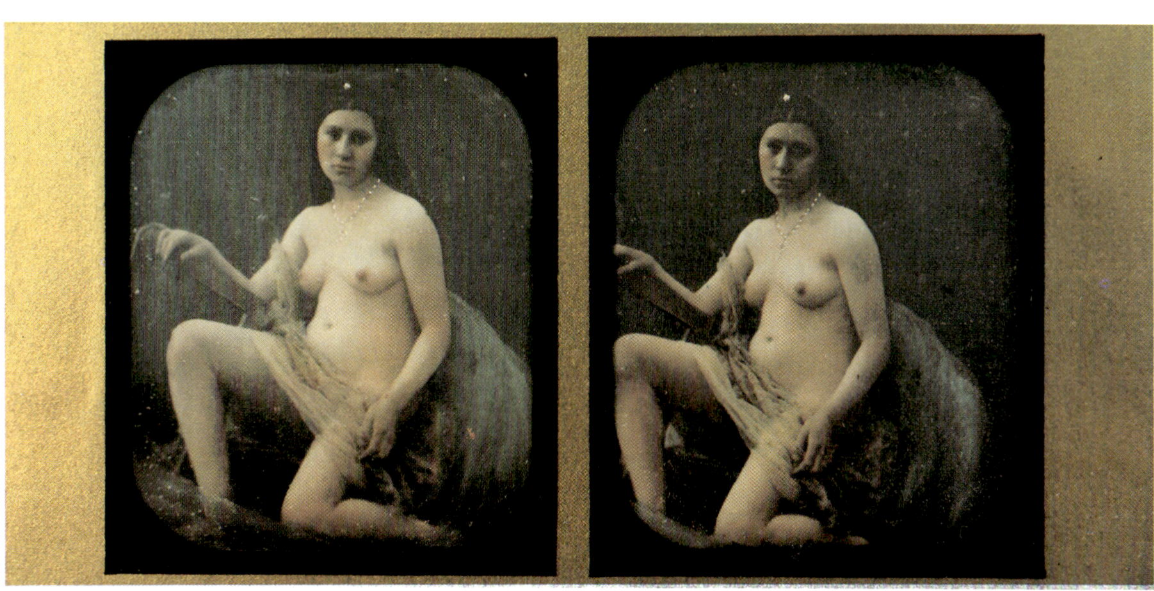

*15. Attribué à Auguste Belloc (vers 1854).*

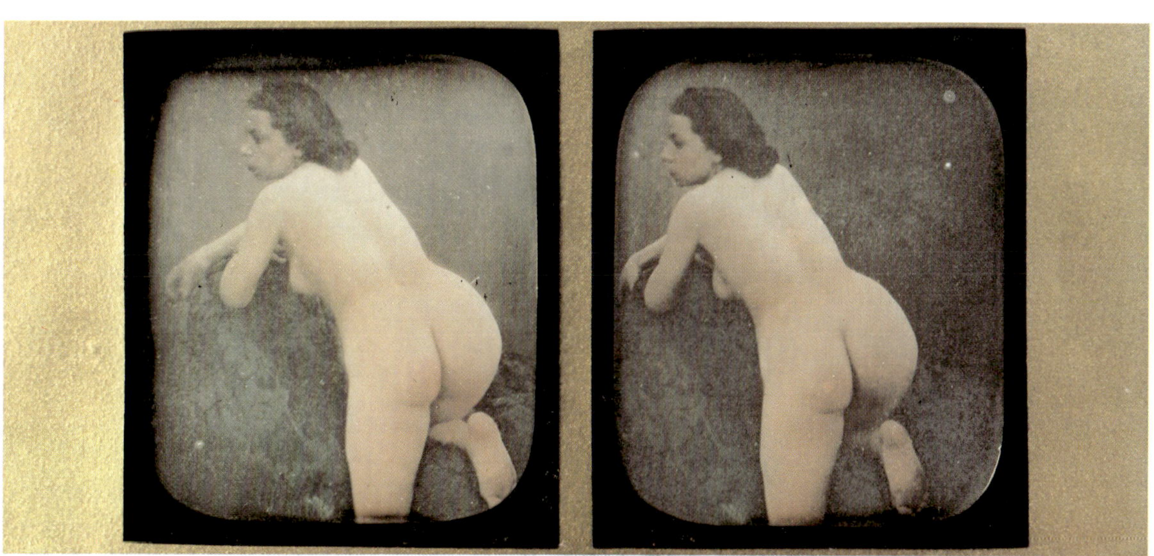

*16. Auguste Belloc (vers 1854).*

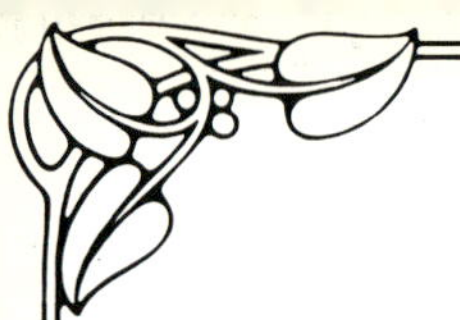

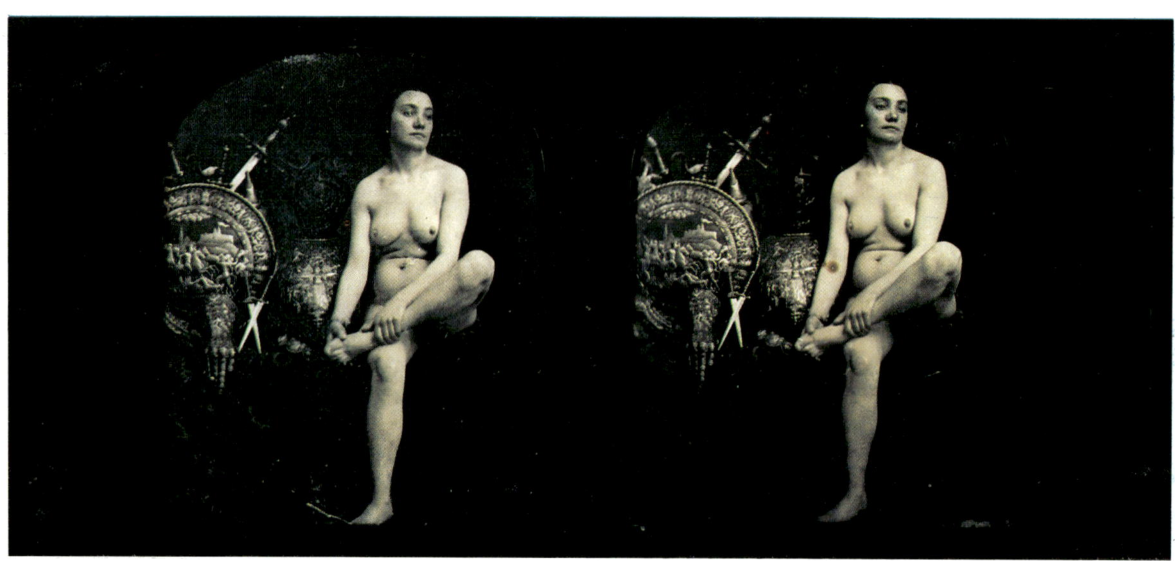

*17. Bruno Braquehais (vers 1852).*

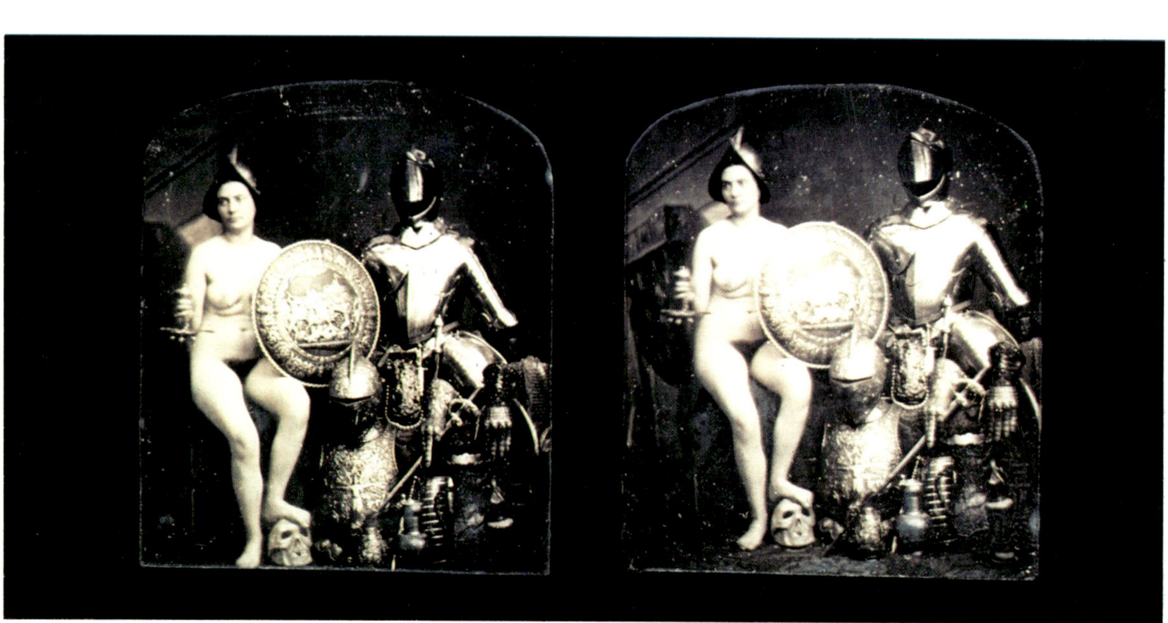

*18. Bruno Braquehais (vers 1852).*

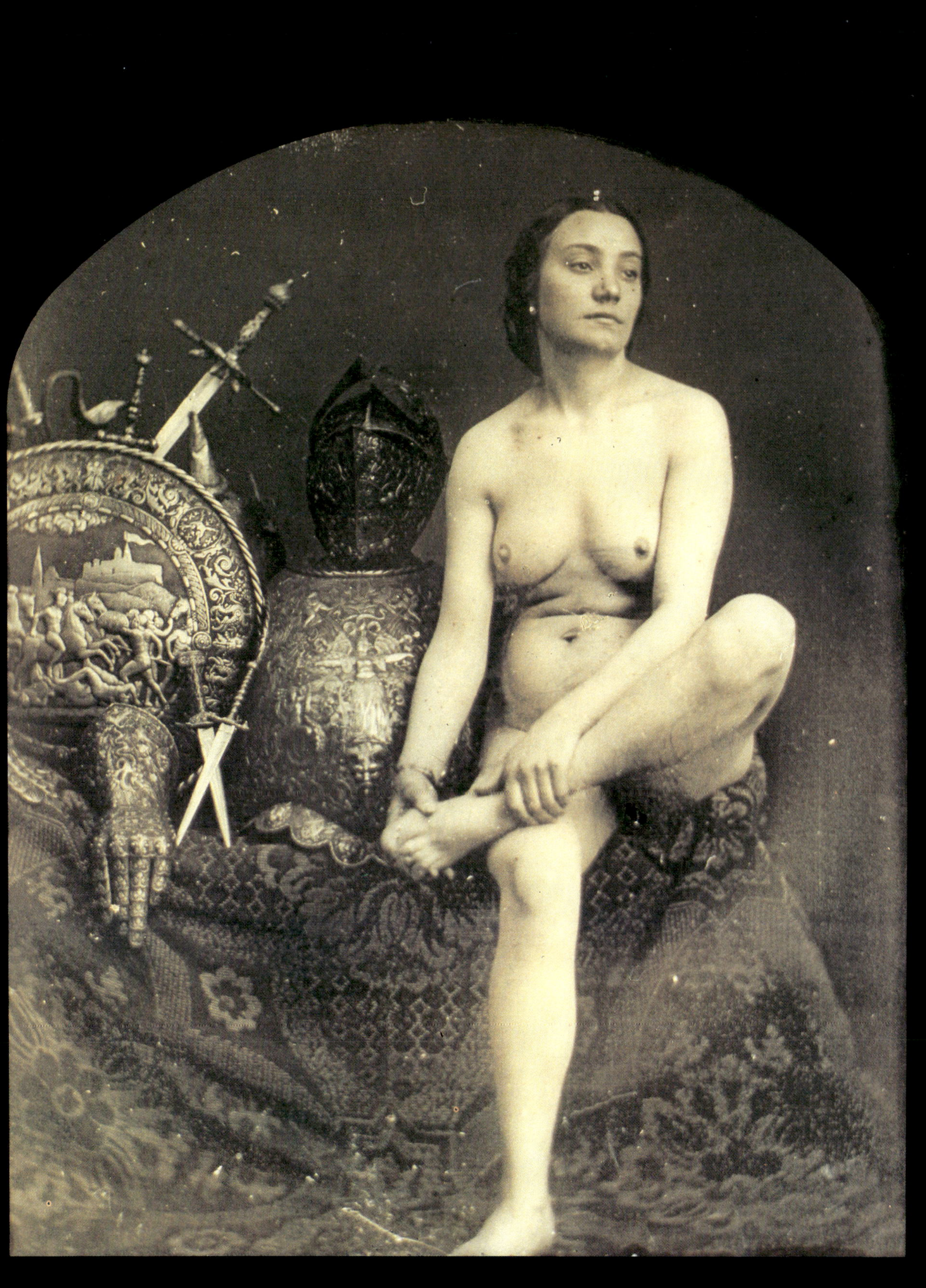

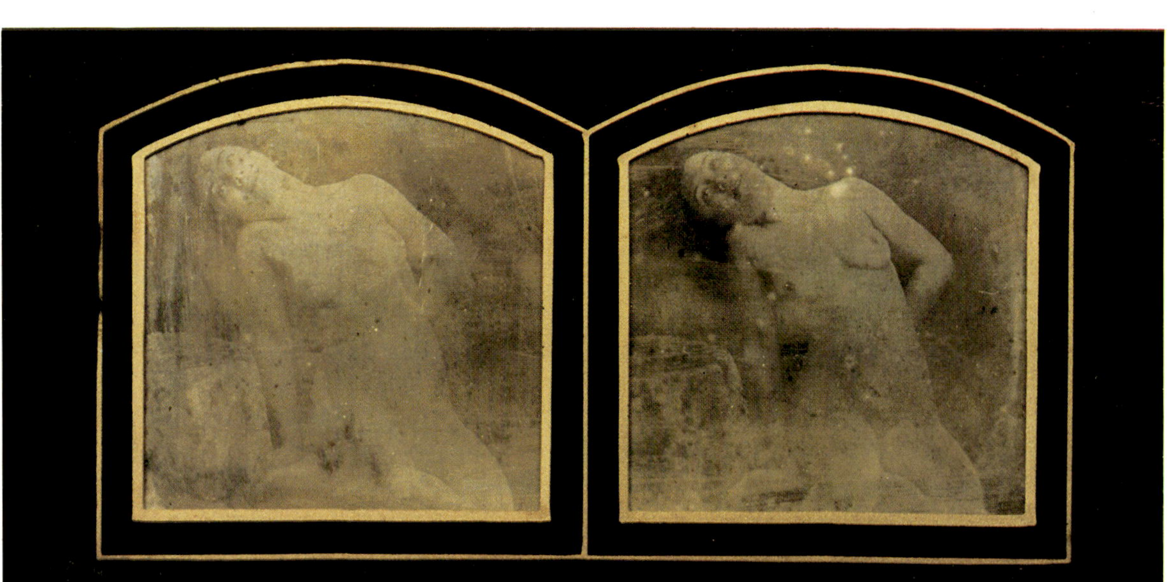

*19. Attribué à Eugène Durieu (vers 1851).*

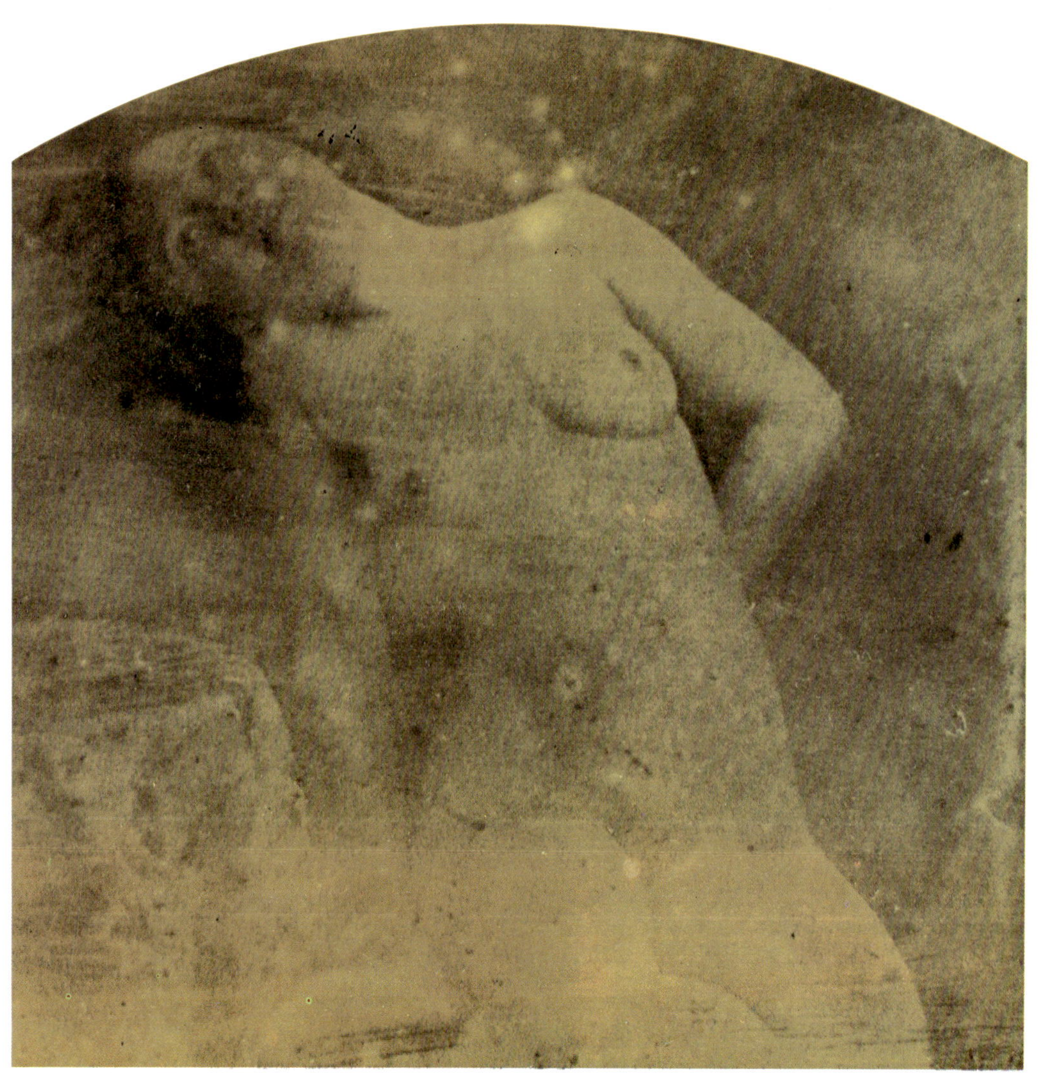

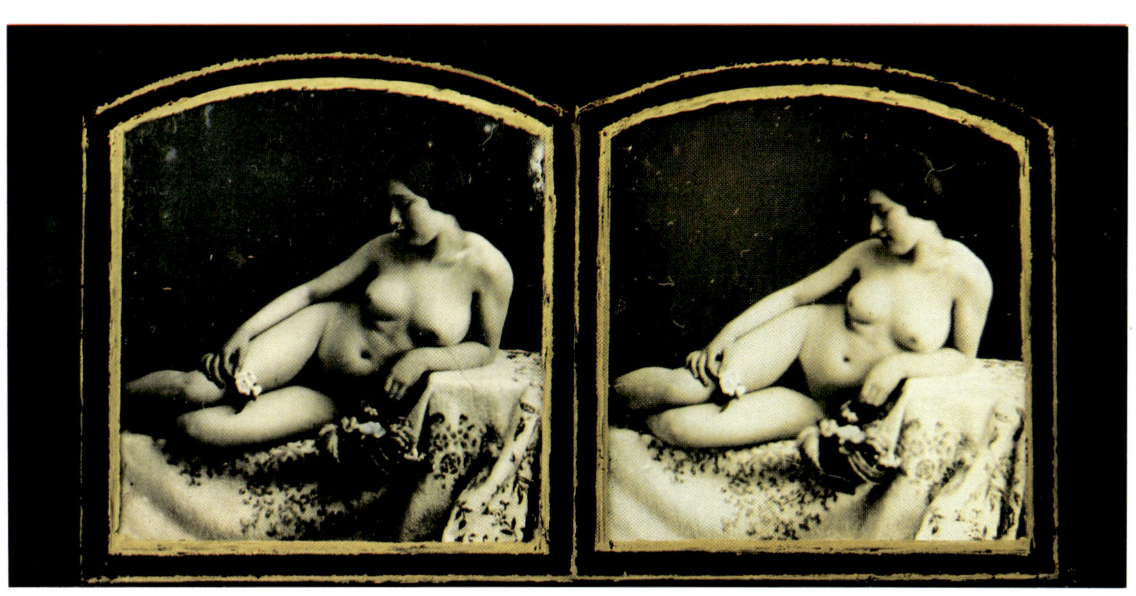

*20. Attribué à Eugène Durieu (vers 1852).*

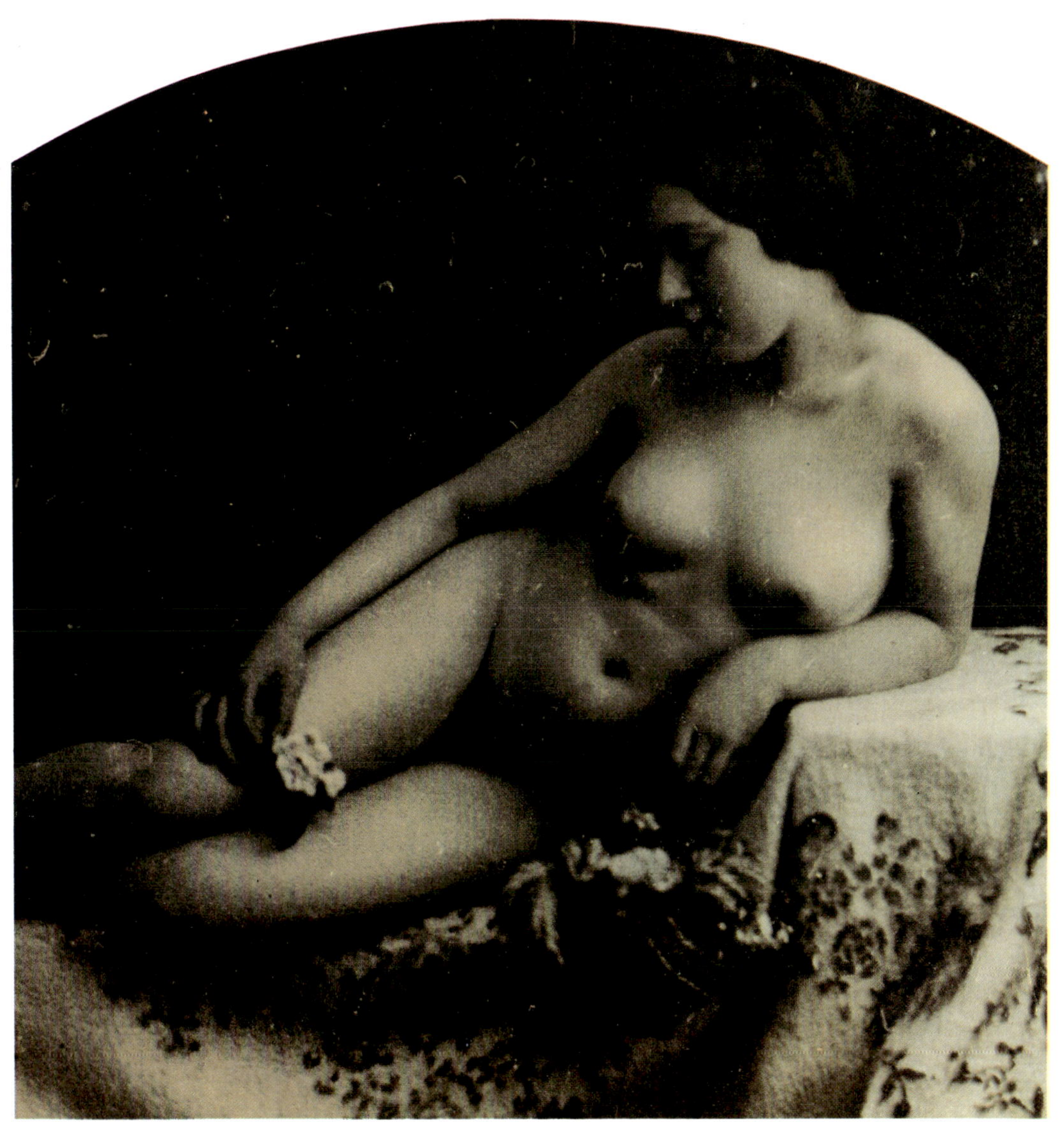

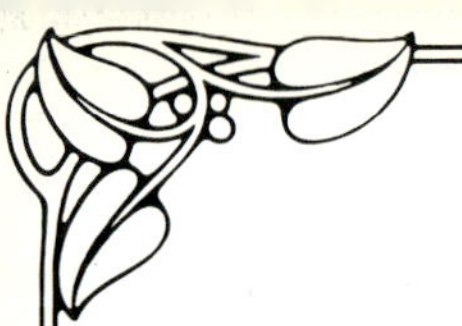

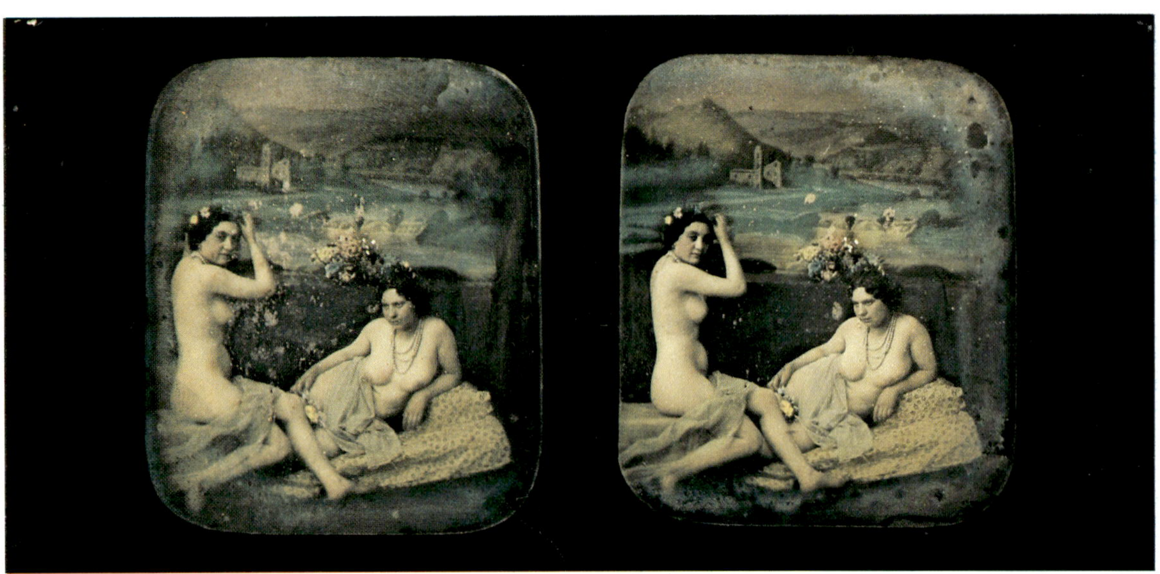

*21. F. Jacques Moulin (vers 1853).*

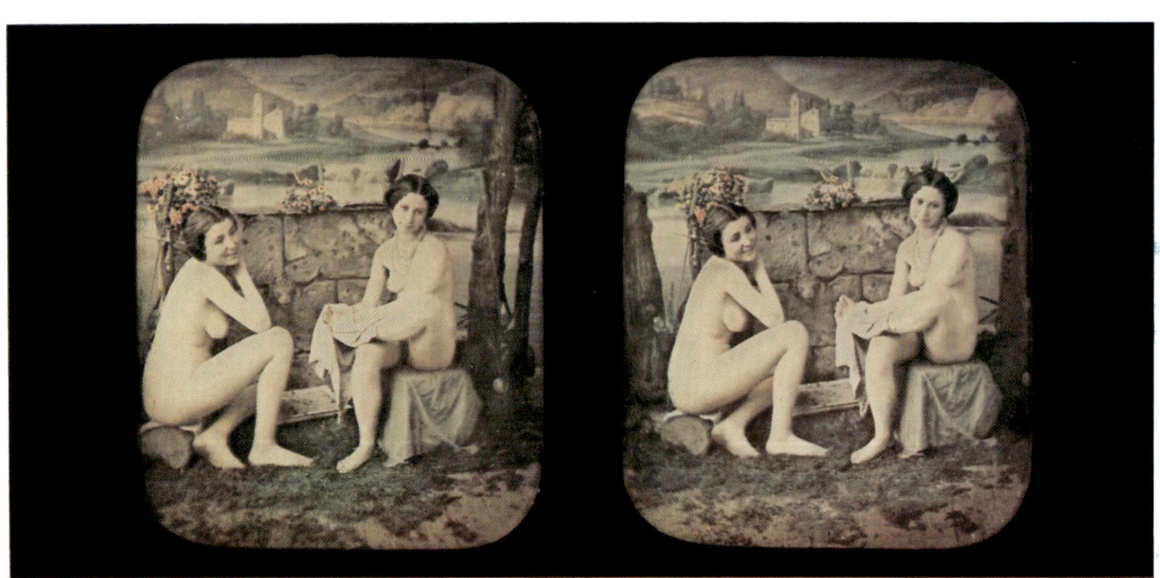

*22. F. Jacques Moulin (vers 1853).*

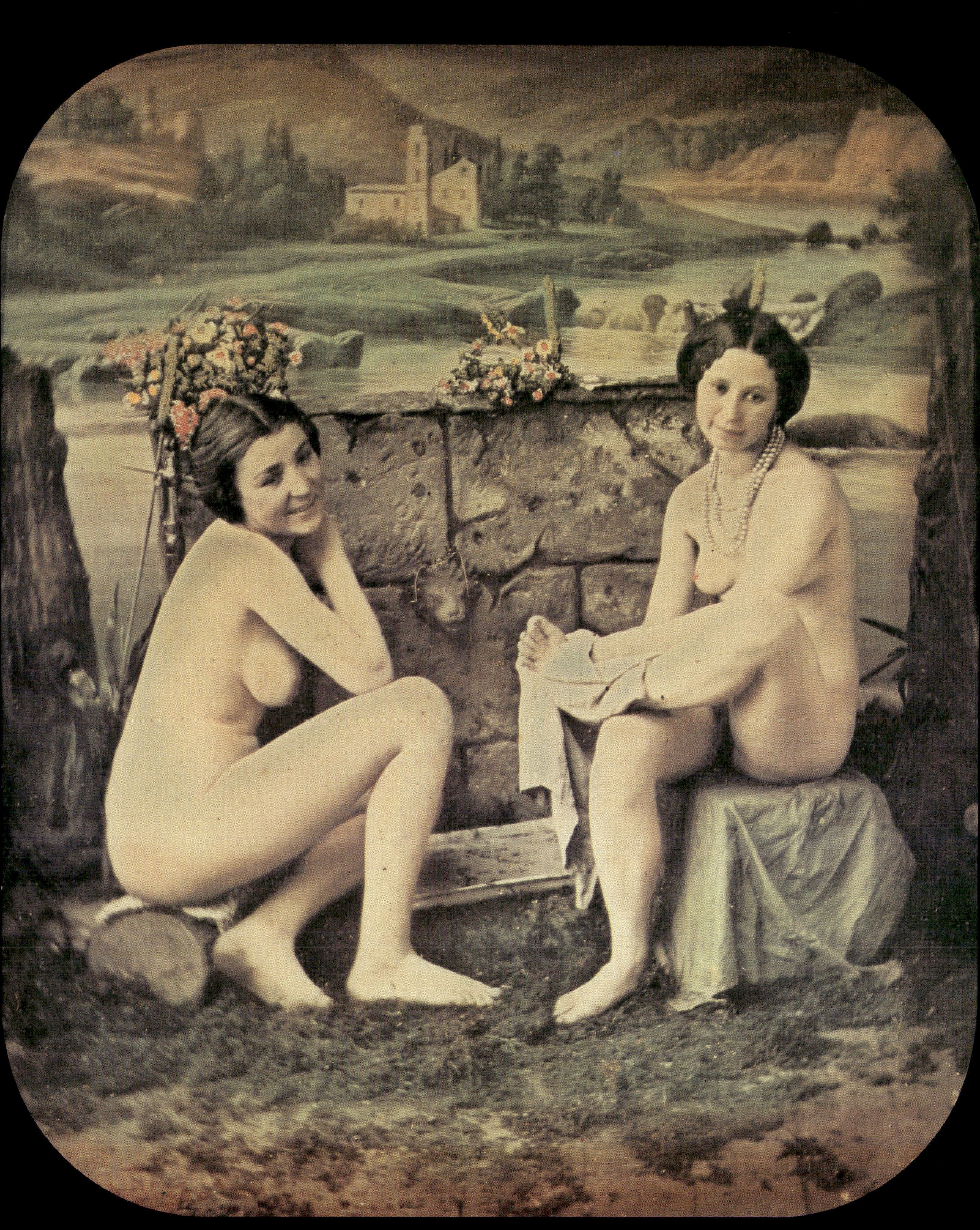

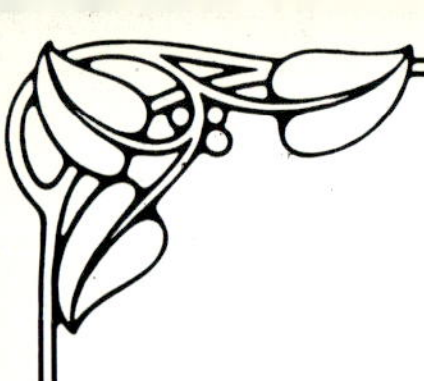

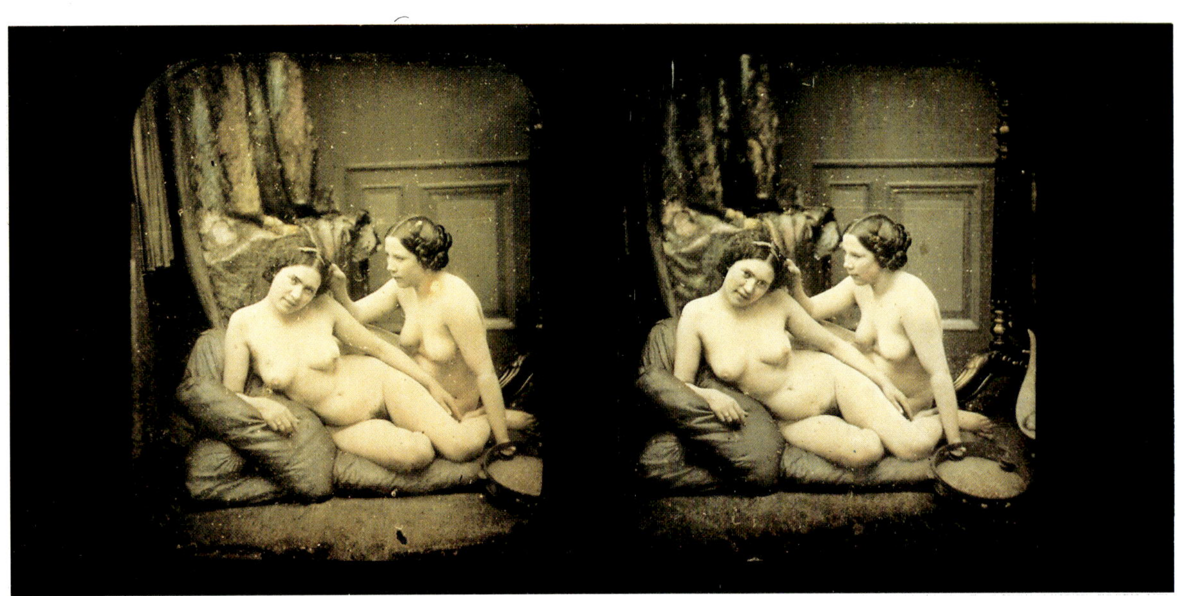

*23. F. Jacques Moulin (vers 1854).*

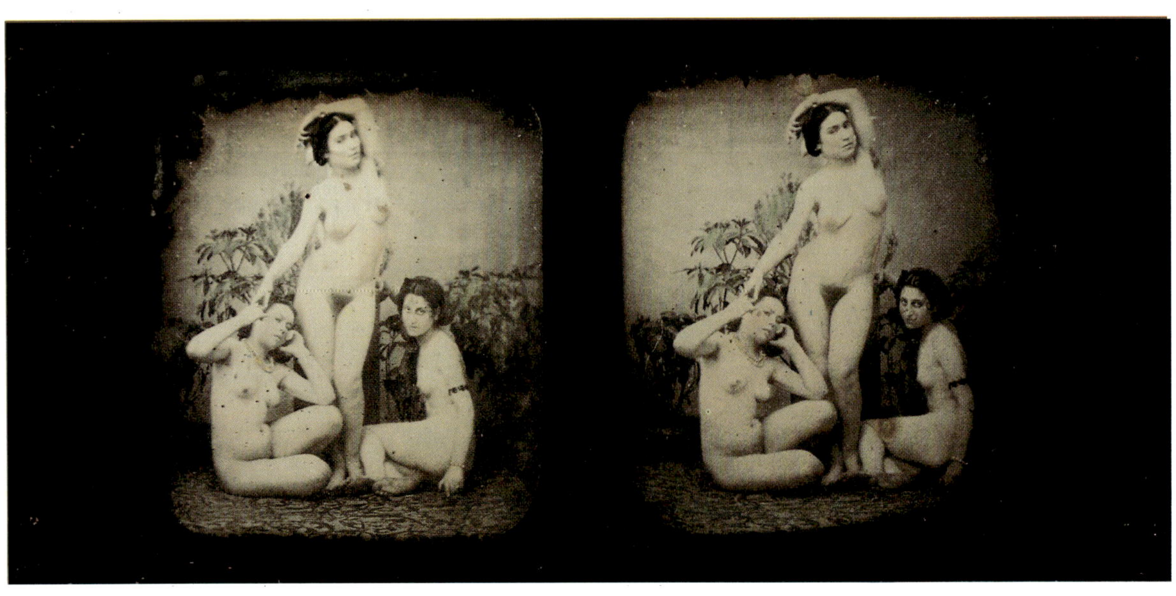

*24. Attribué à F. Jacques Moulin (vers 1852).*

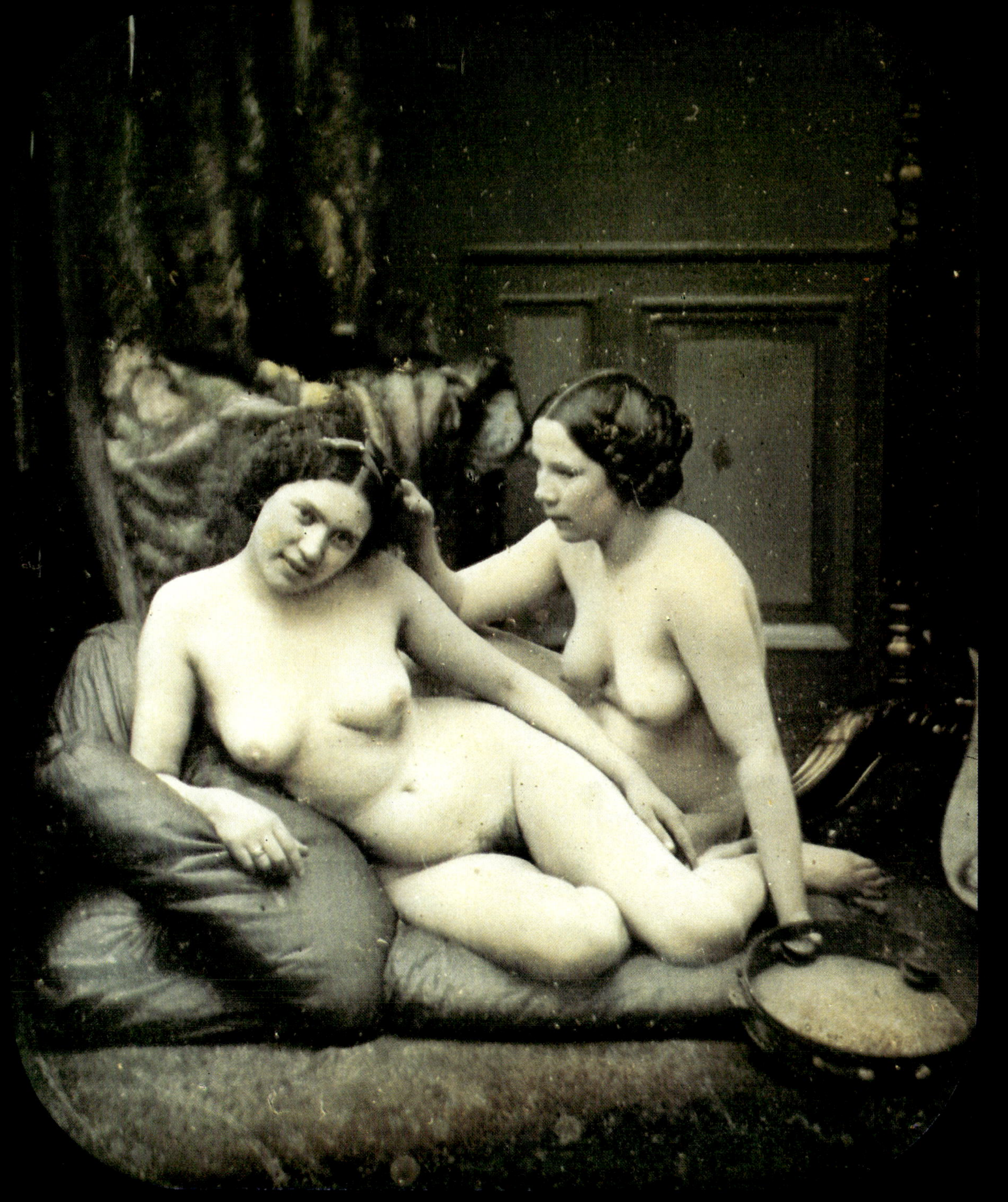

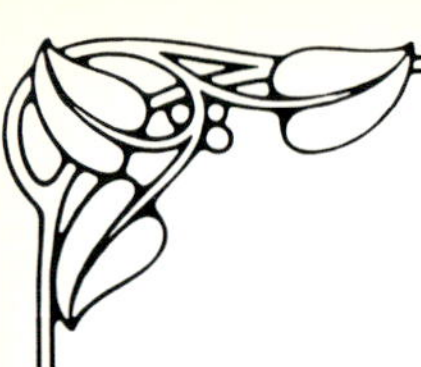

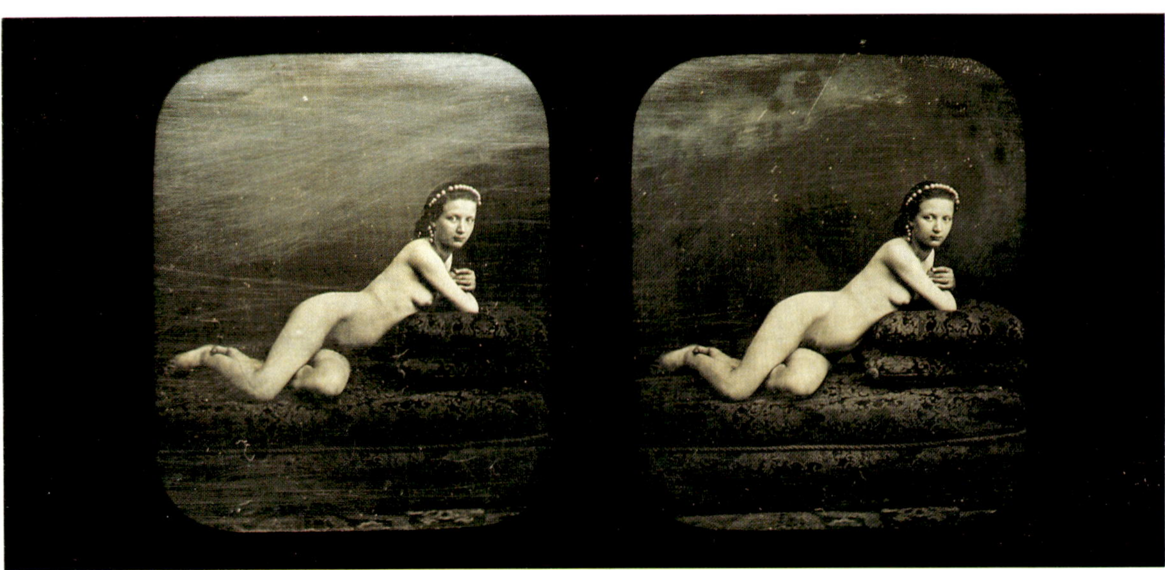

*25. F. Jacques Moulin (vers 1852).*

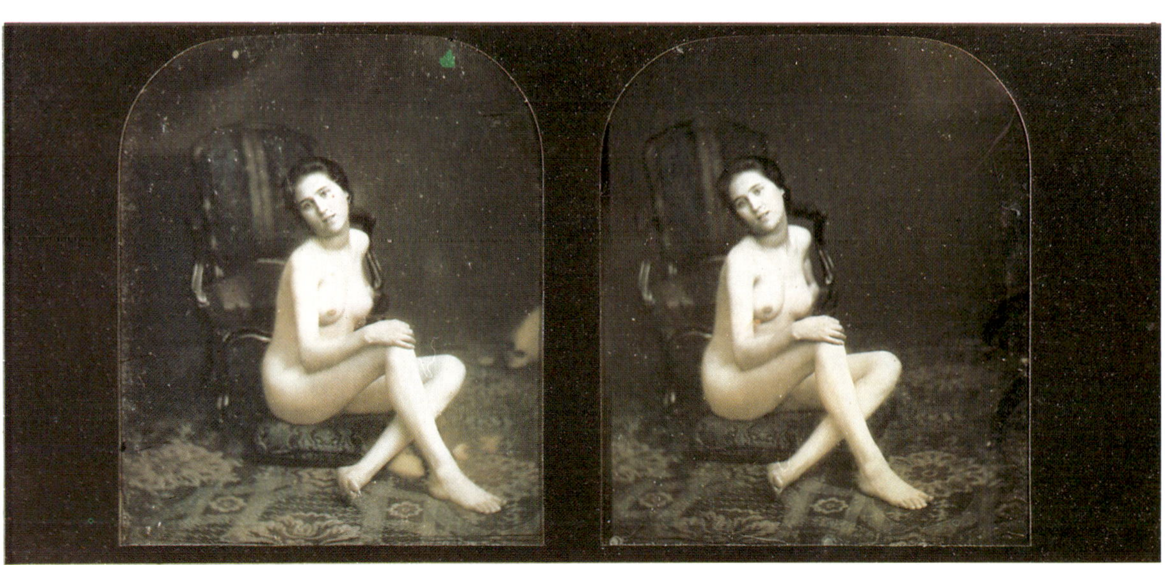

*26. F. Jacques Moulin (vers 1852).*

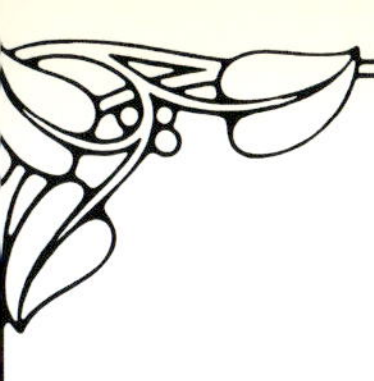

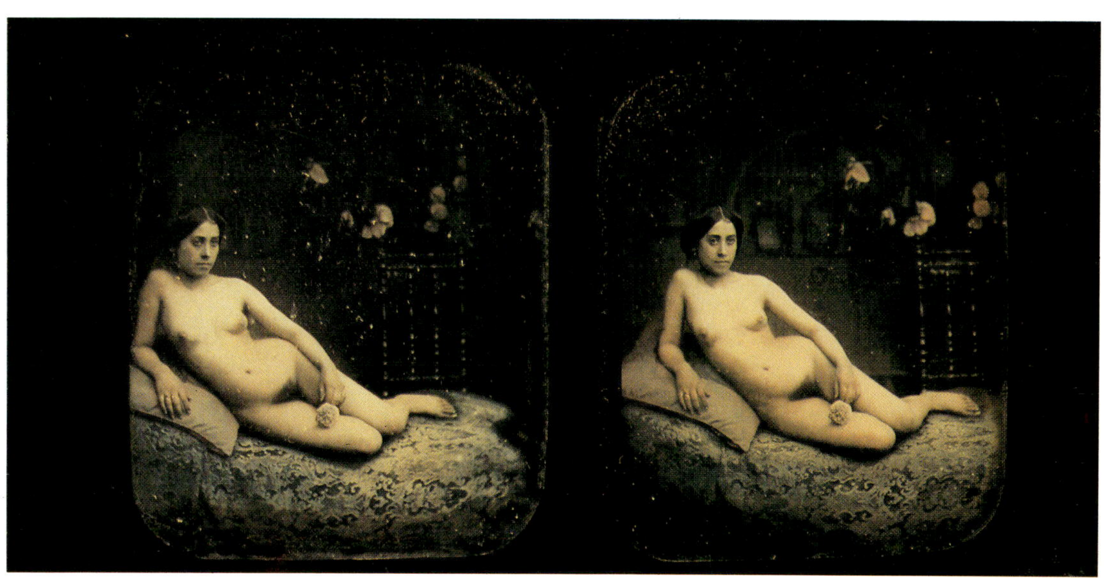

*27. F. Jacques Moulin (vers 1852).*

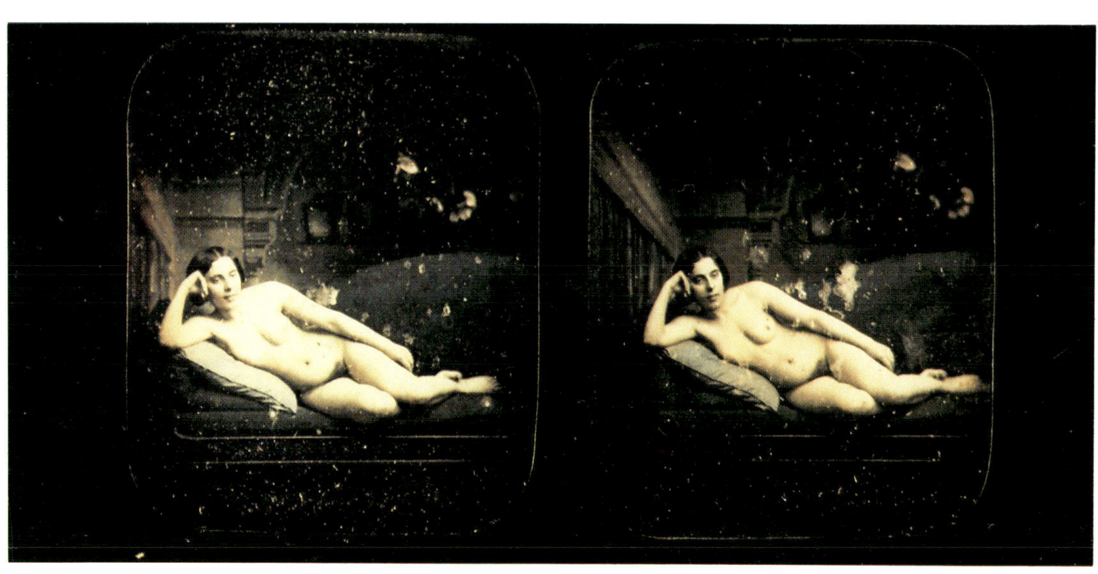

*28. F. Jacques Moulin (vers 1852).*

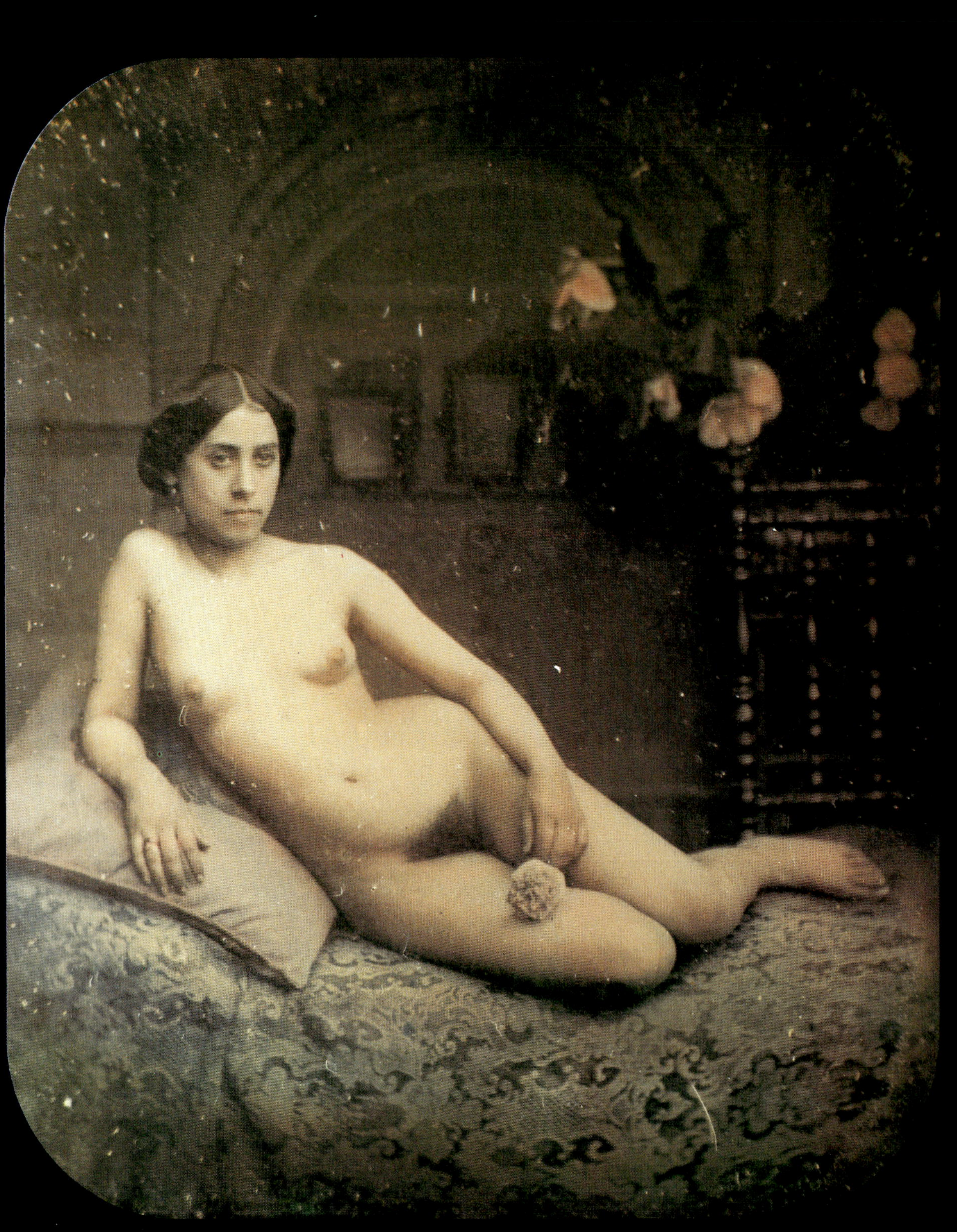

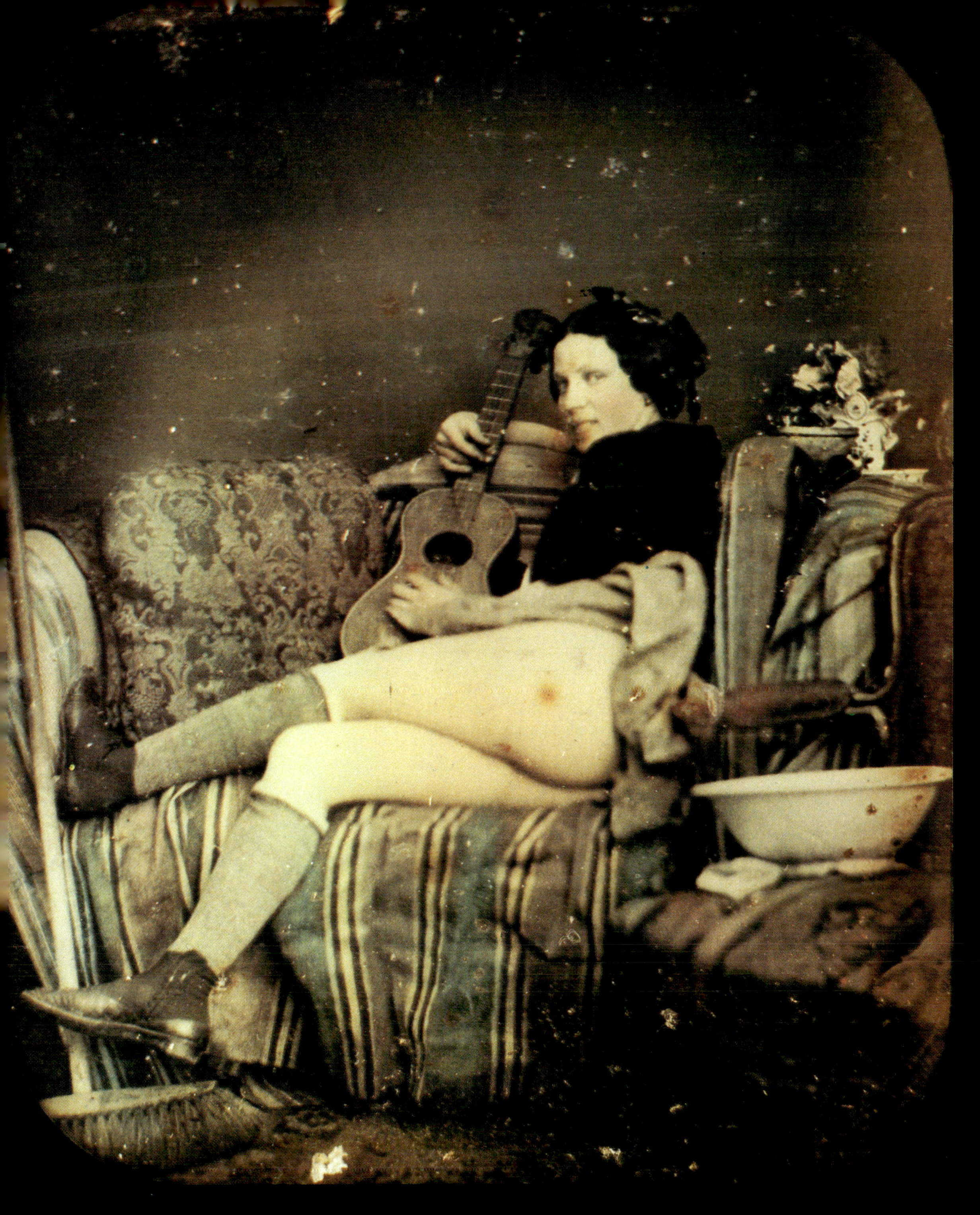

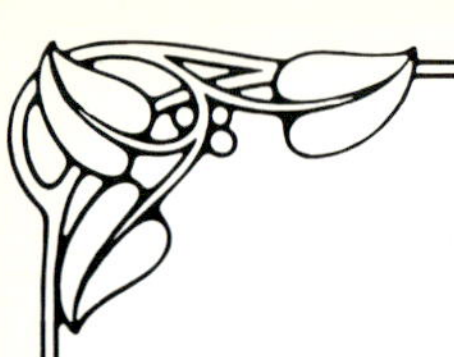

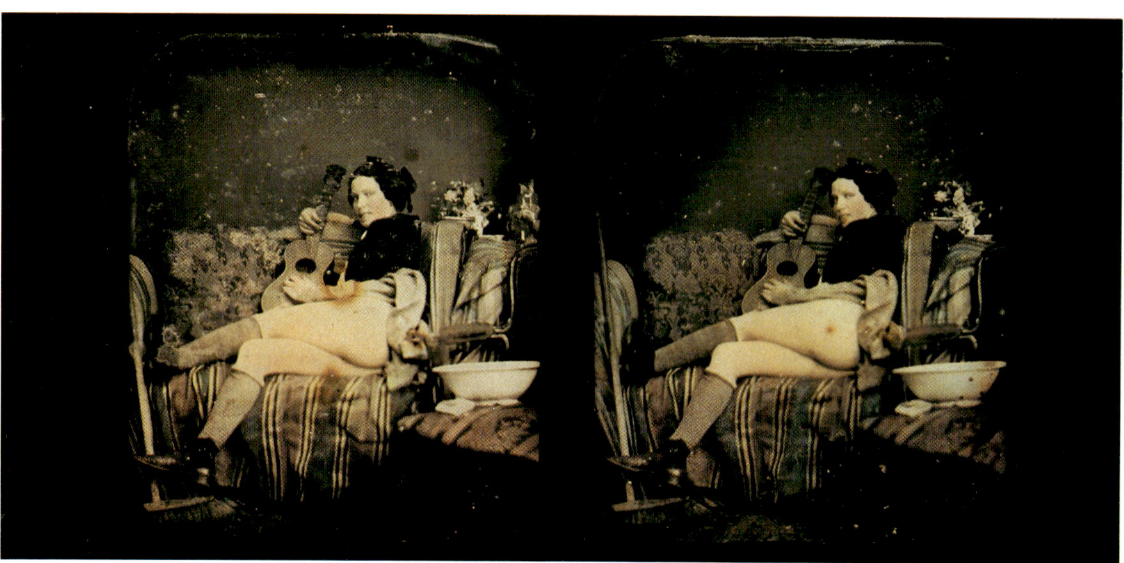

*29. F. Jacques Moulin (vers 1852).*

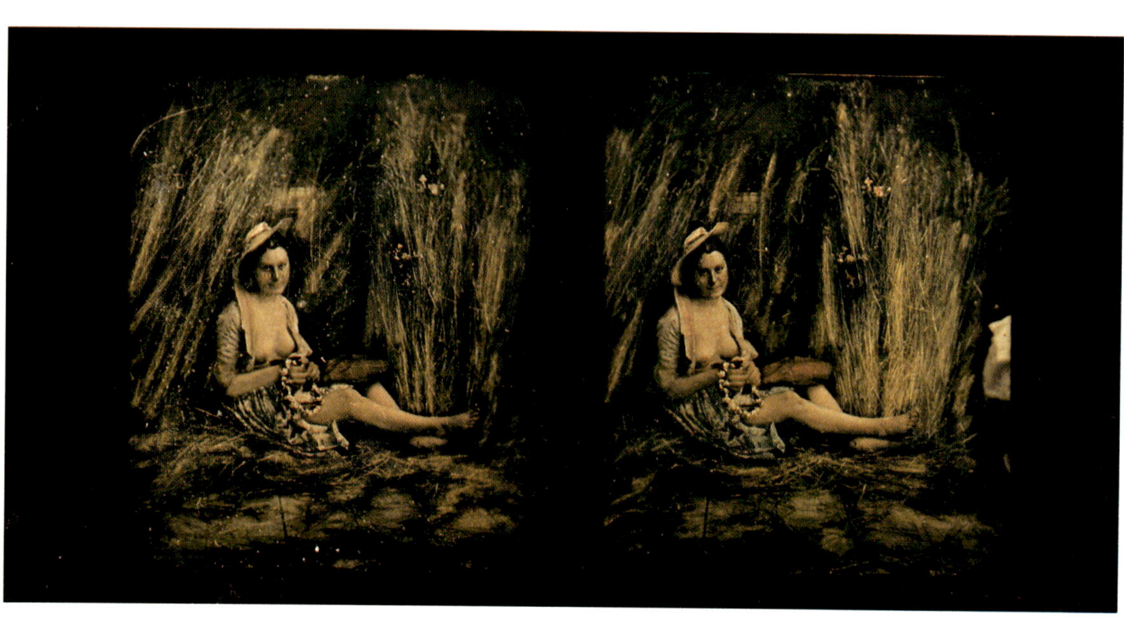

*30. F. Jacques Moulin (vers 1854).*

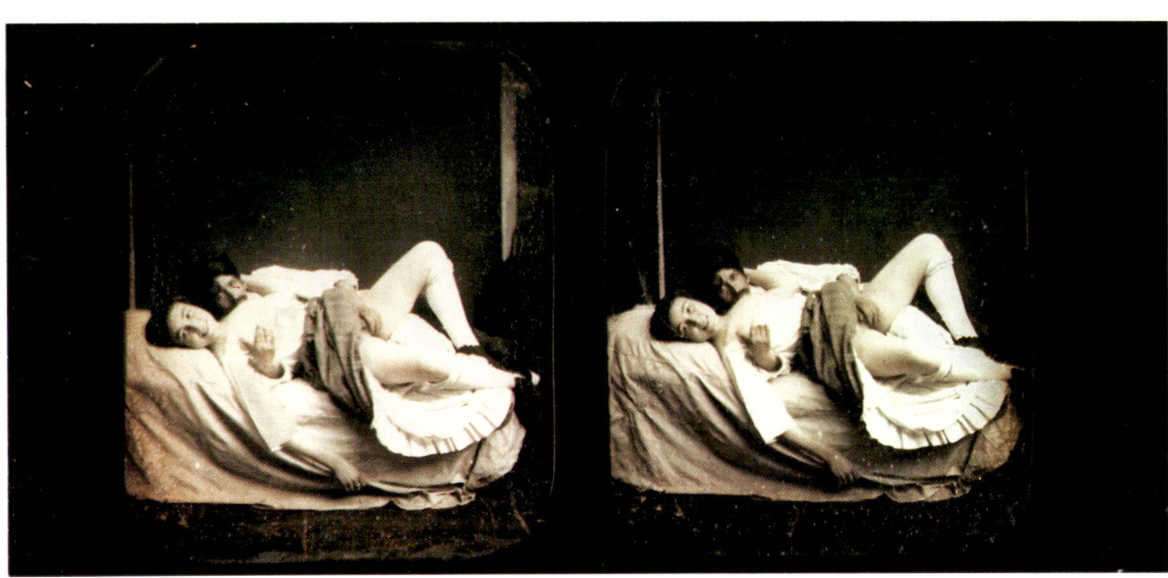

*31. Attribué à F. Jacques Moulin (vers 1851).*

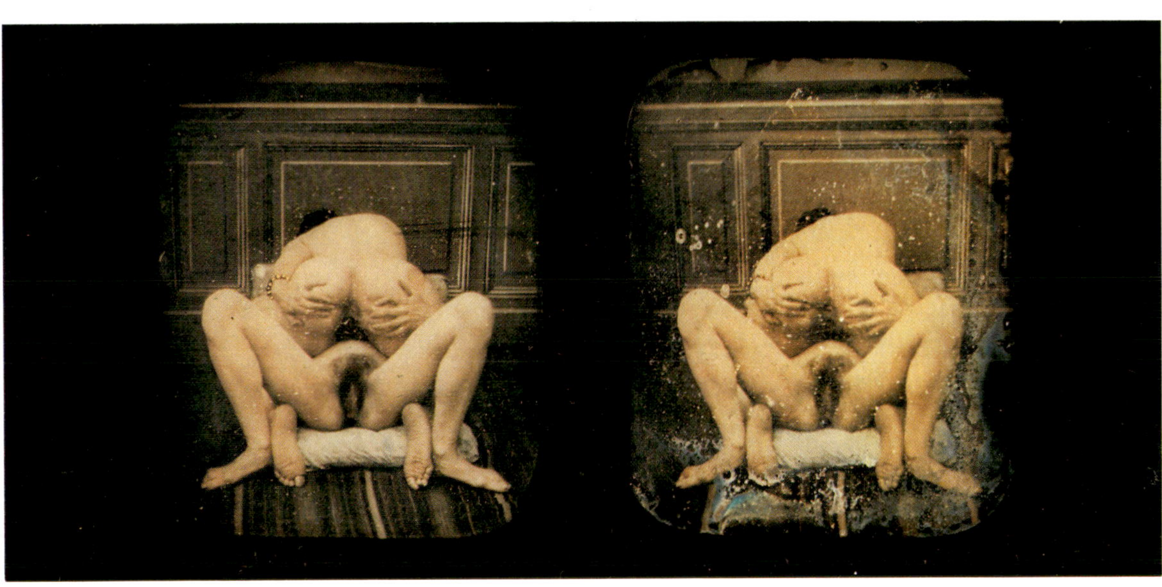

*32. Attribué à F. Jacques Moulin (1851 ?).*

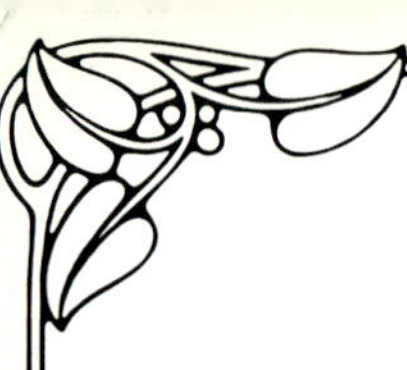

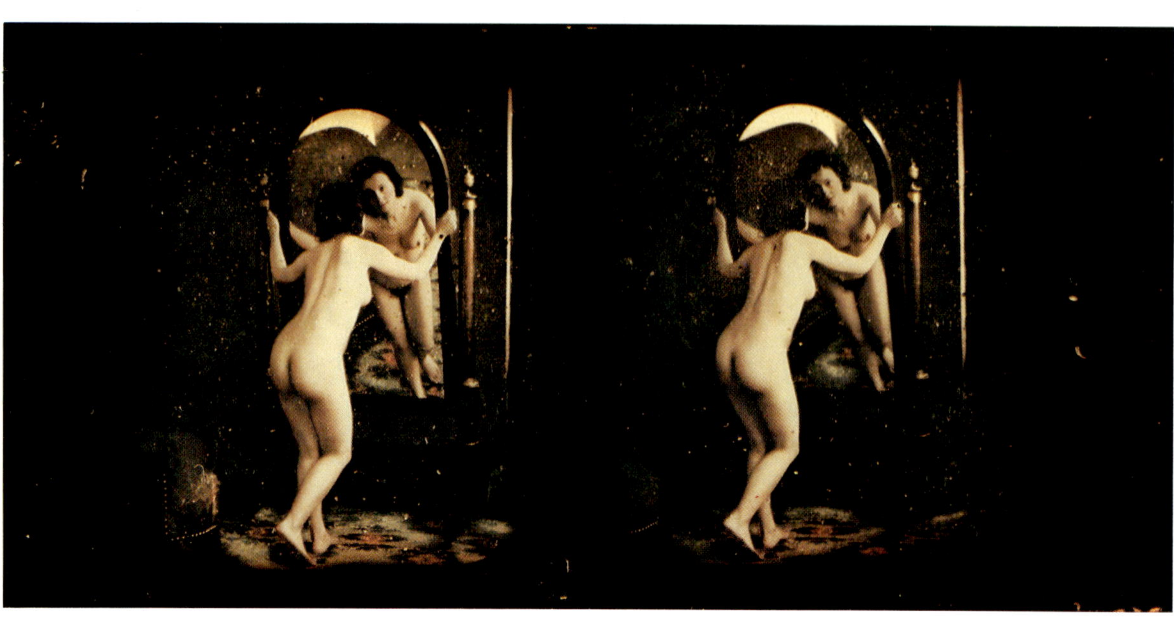

*33. F. Jacques Moulin (vers 1854).*

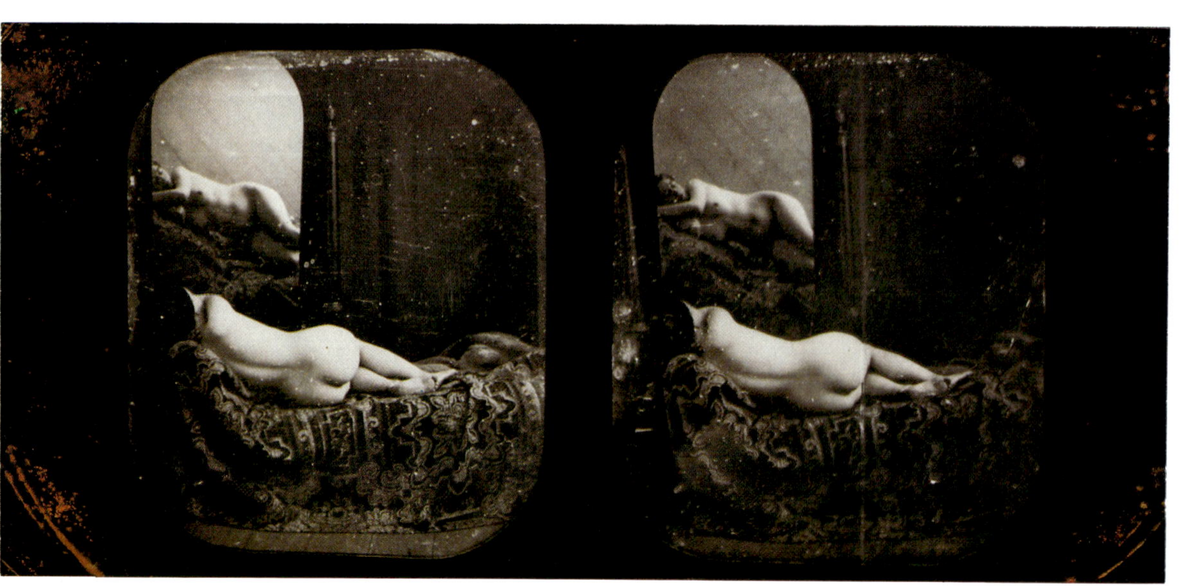

*34. F. Jacques Moulin (vers 1854).*

*Ci-contre : F. Jacques Moulin (vers 1854).*

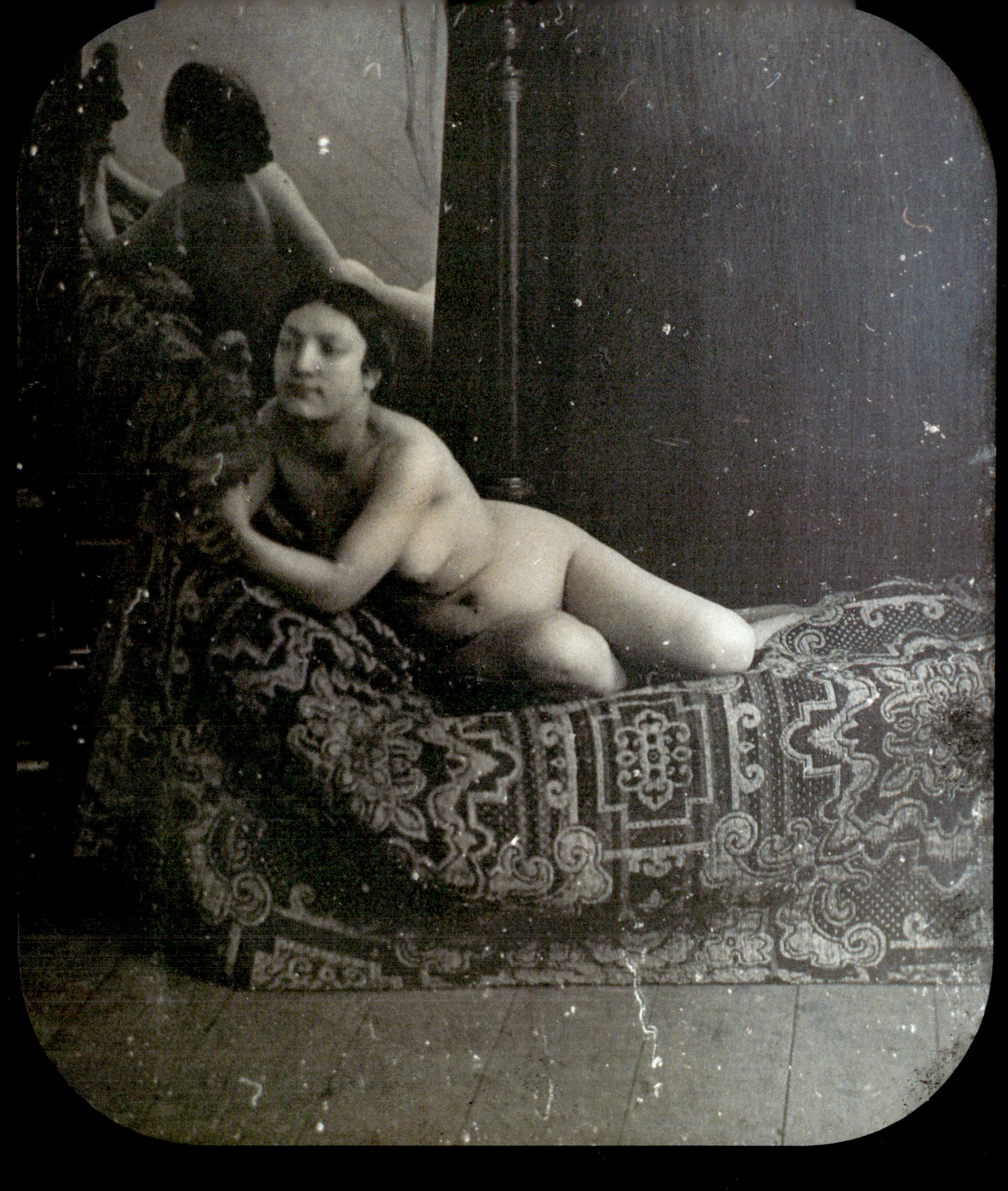

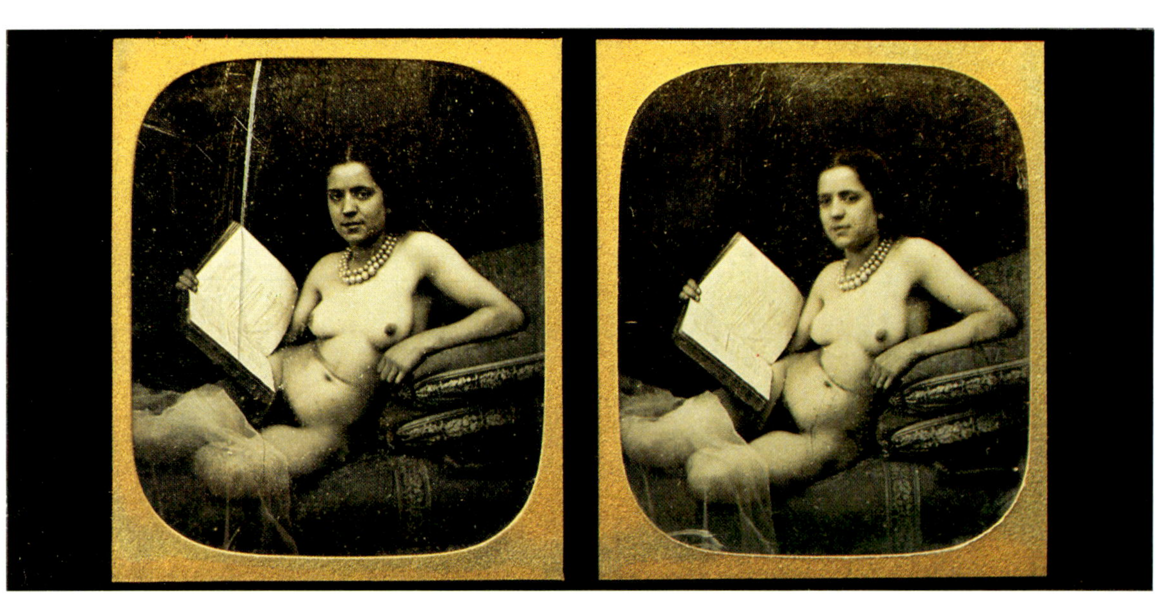

*35. Louis-Camille d'Olivier (vers 1854).*

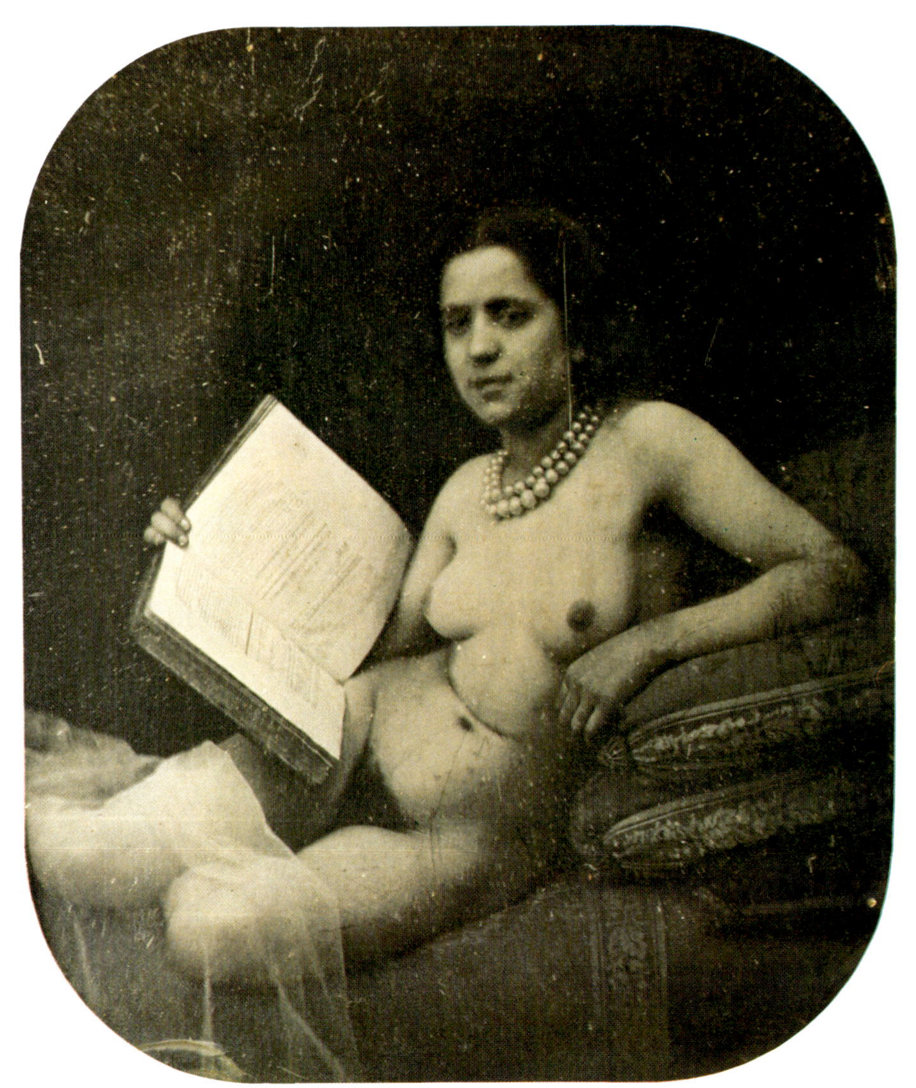

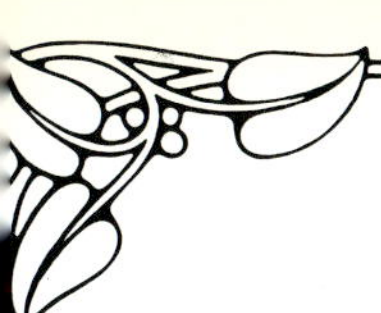

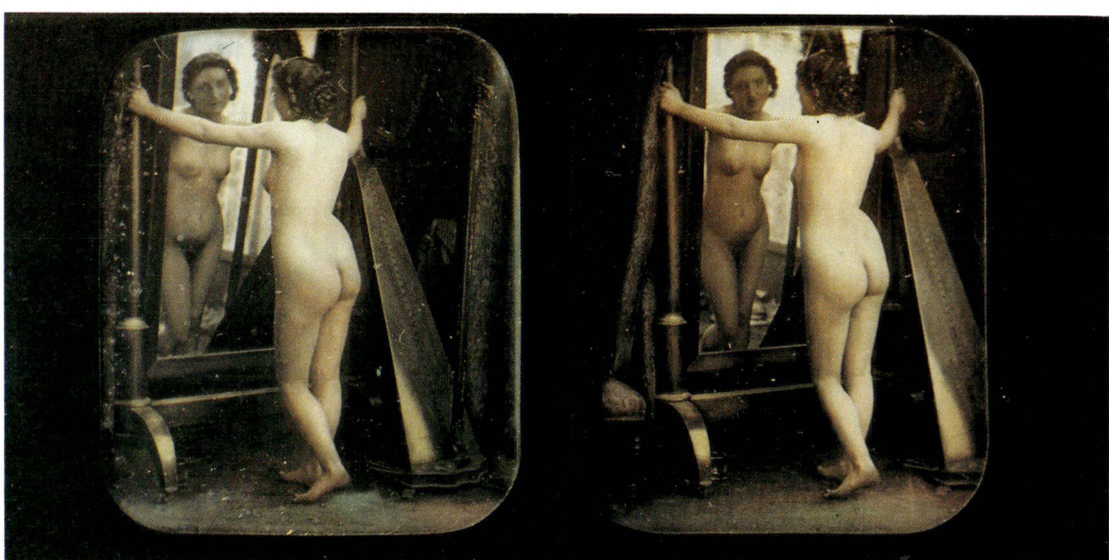

*36. Louis-Camille d'Olivier (vers 1855).*

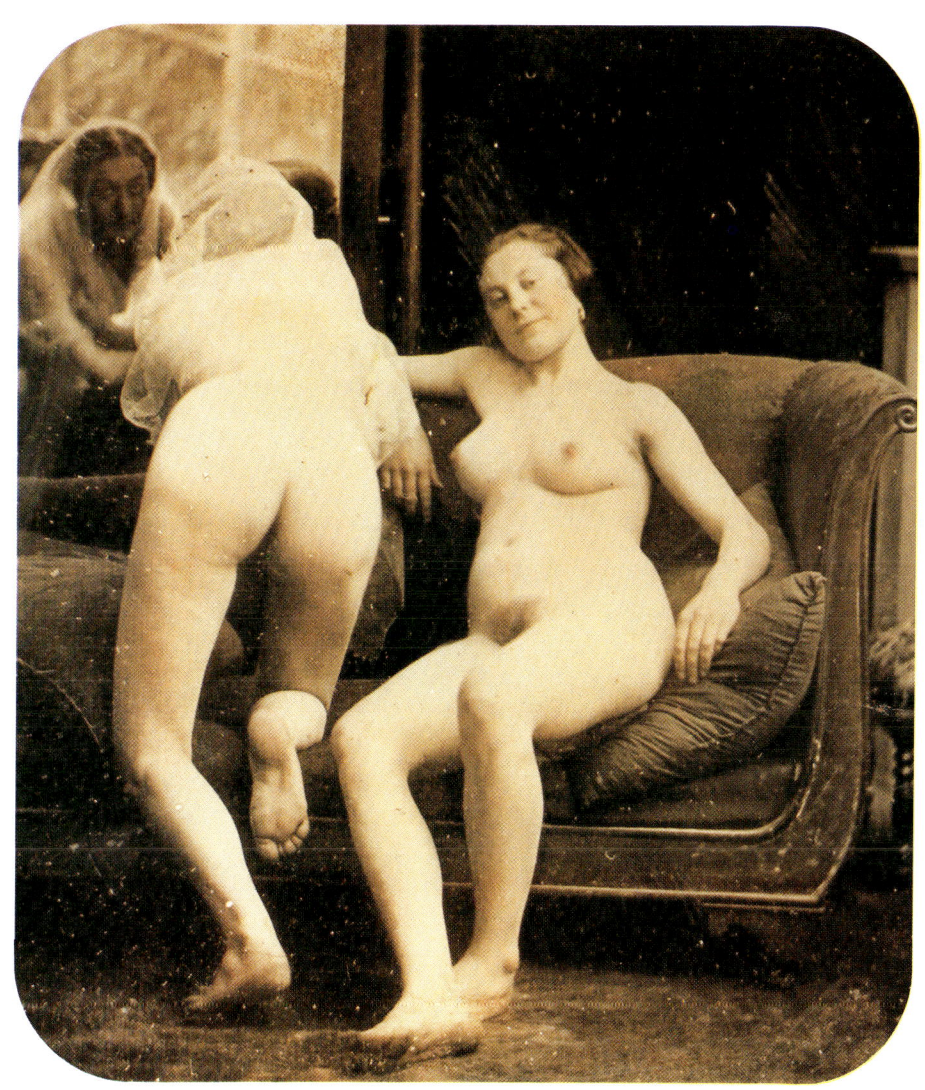

*37. Louis-Camille d'Olivier (vers 1855).*

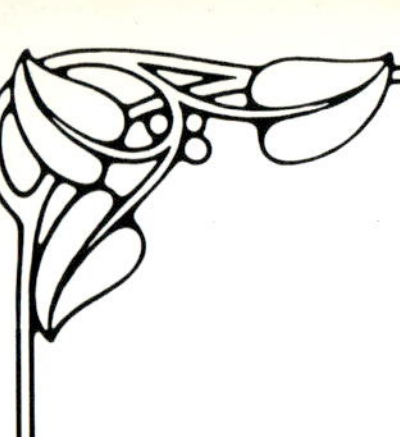

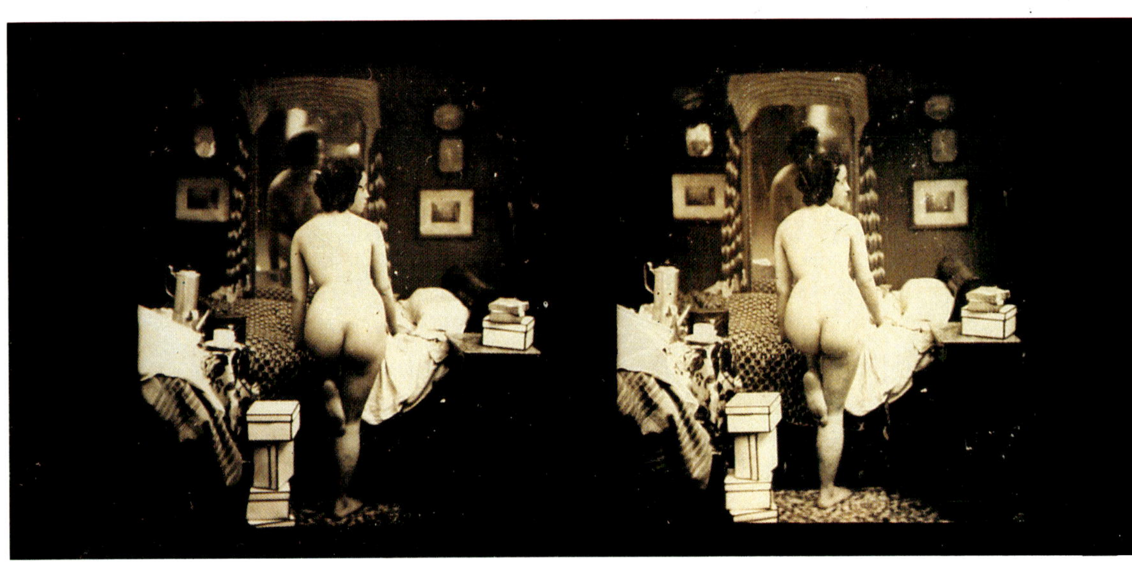

*38. Au nom de A. Richebourg (vers 1854).*

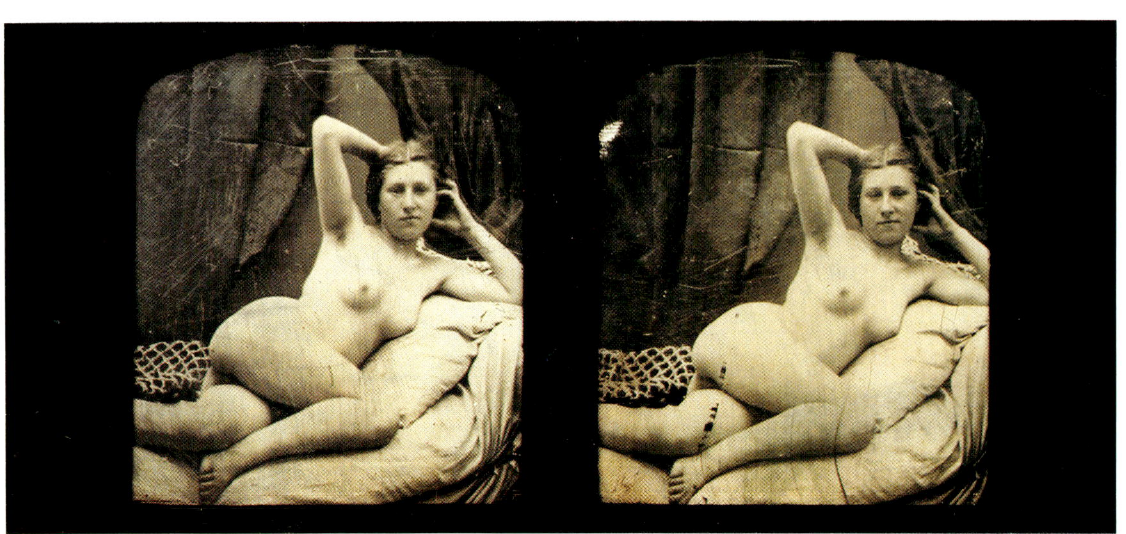

*39. Anonyme (vers 1854).*

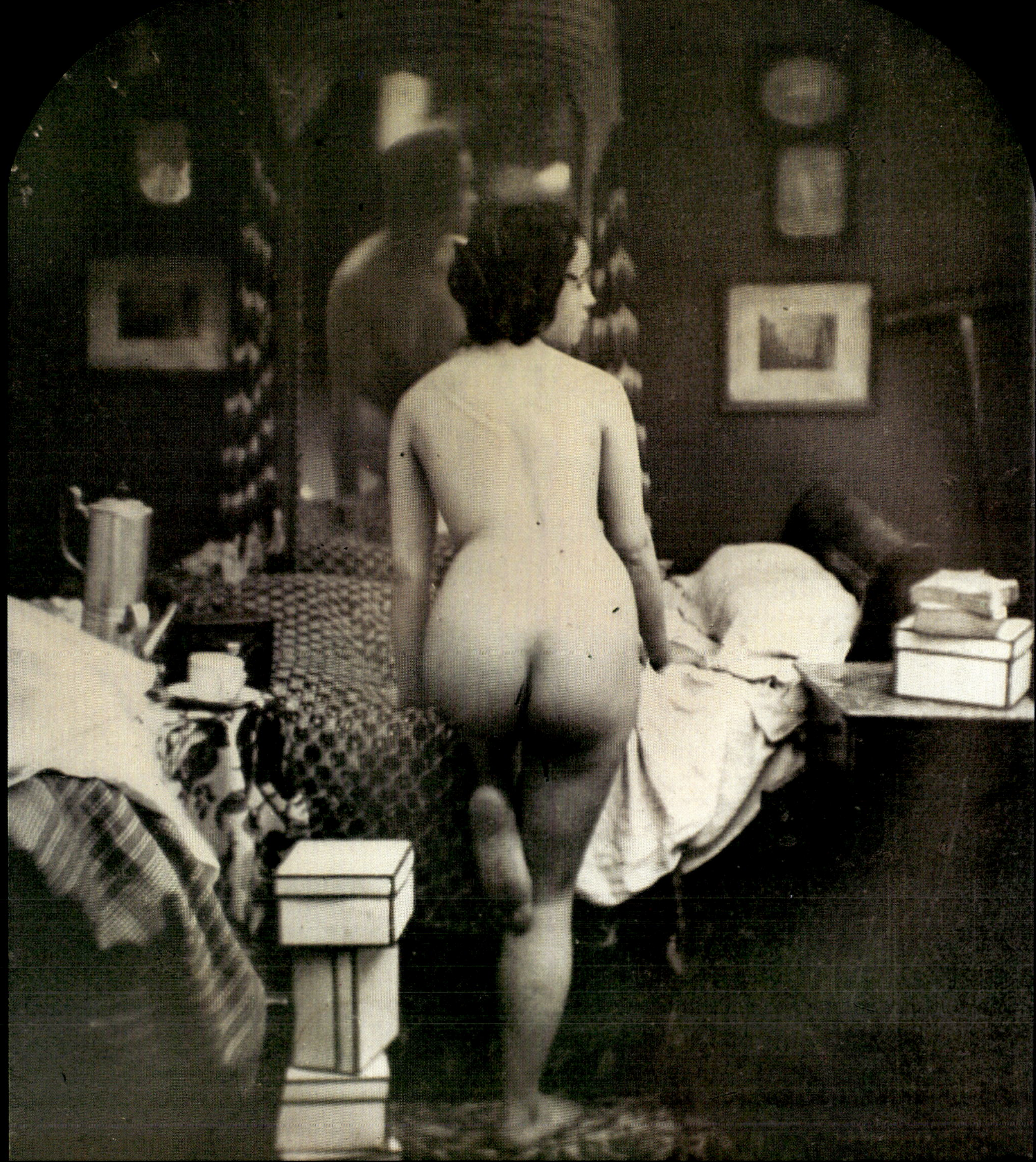

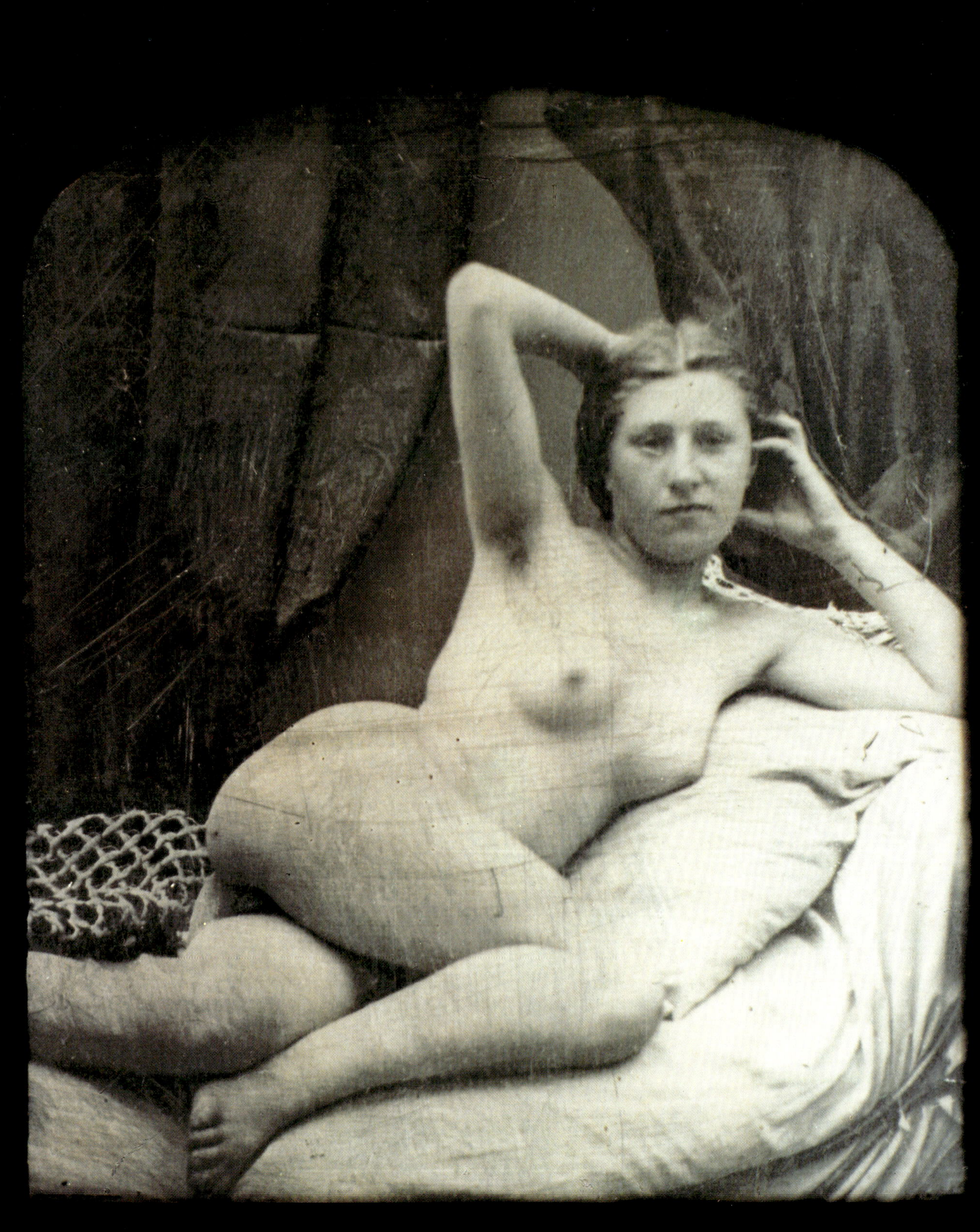

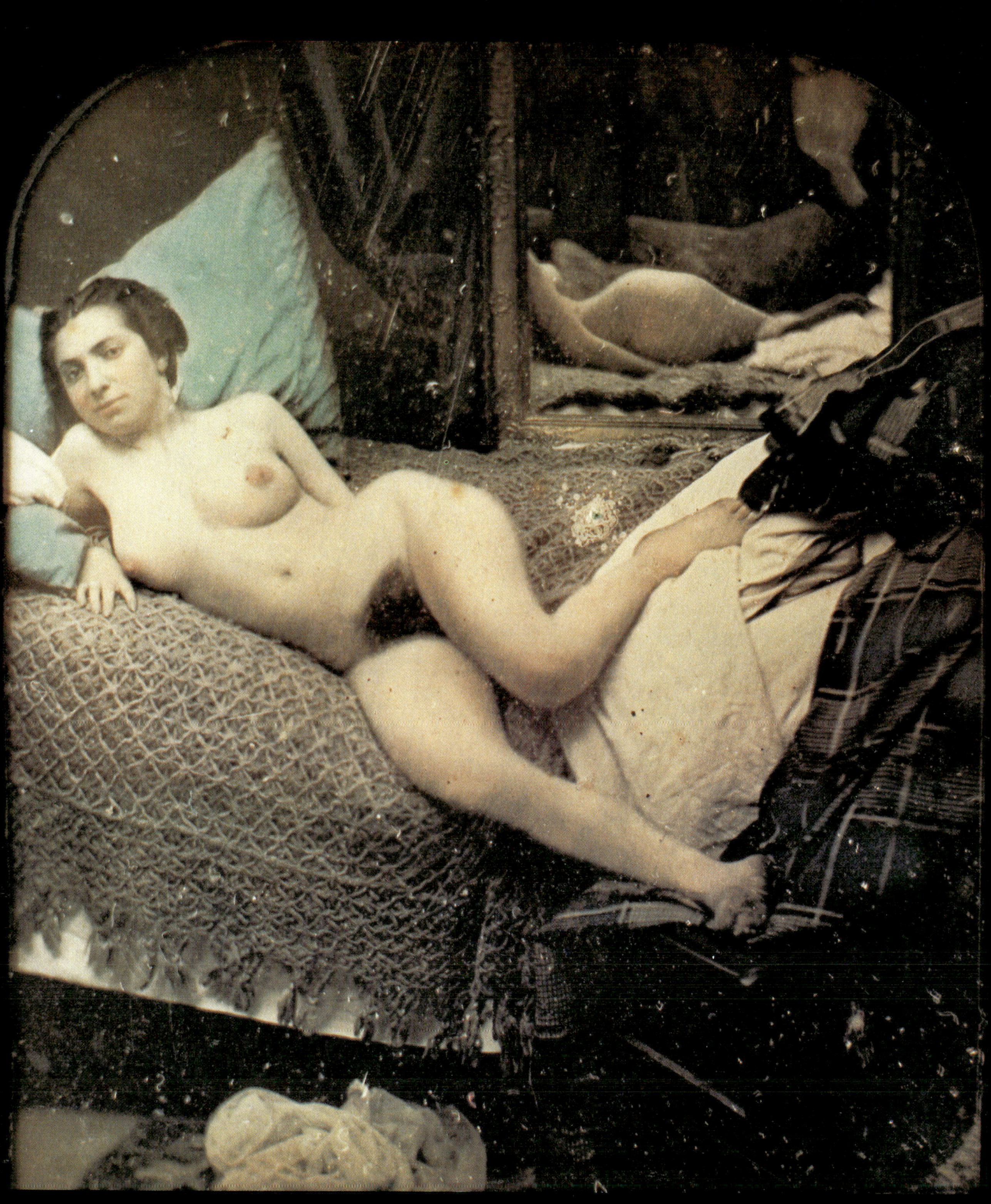

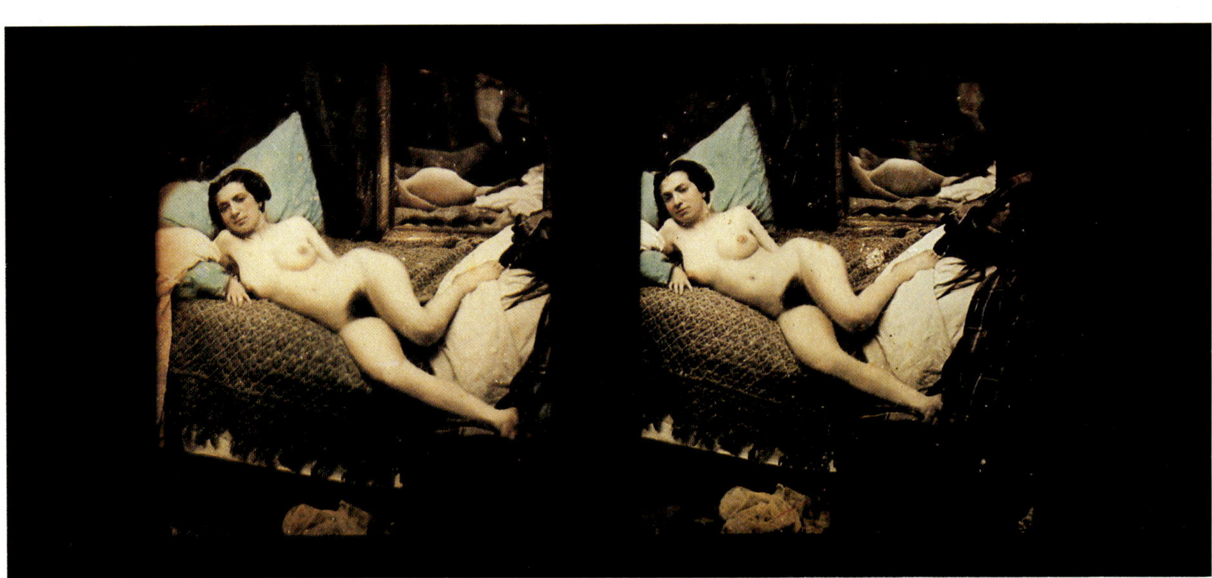

*40. Anonyme (vers 1854).*

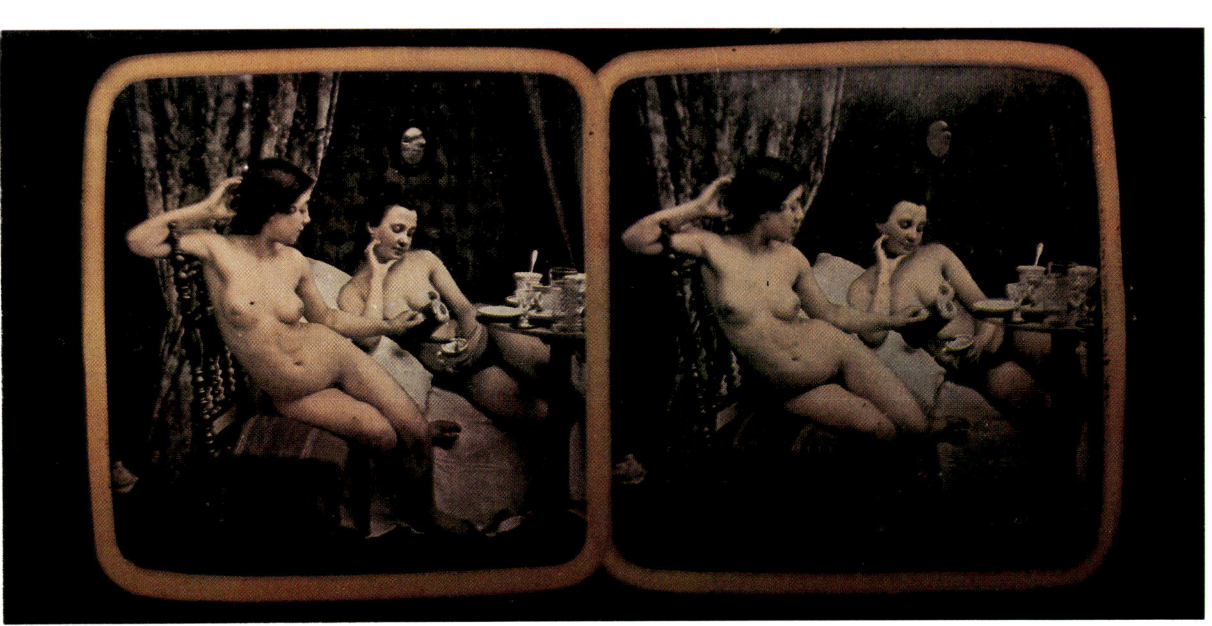

*41. Anonyme (vers 1854).*

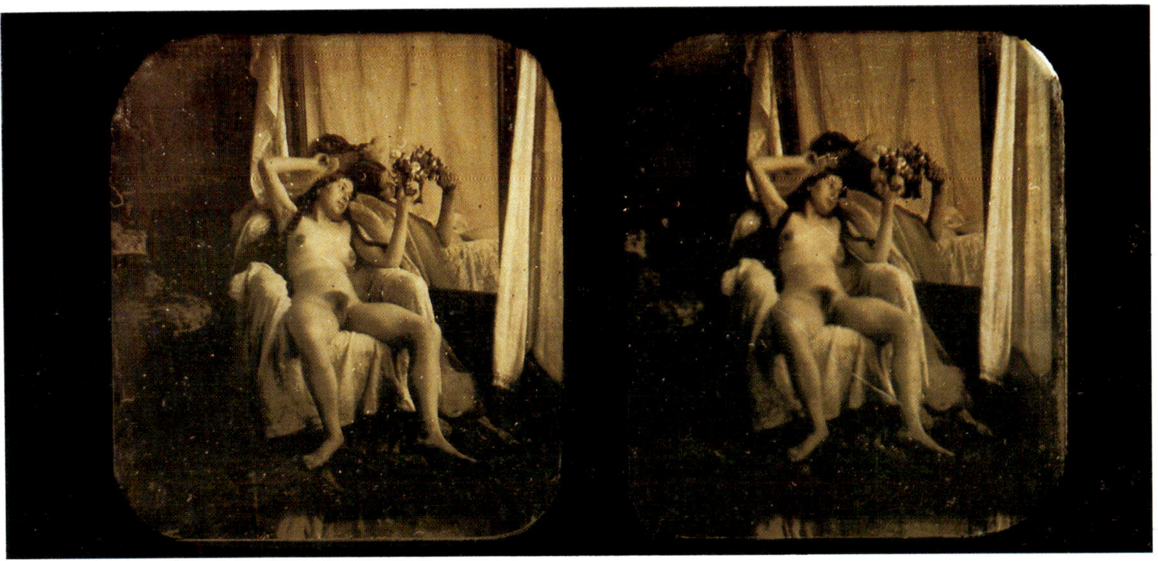

*42. Anonyme (vers 1854).*

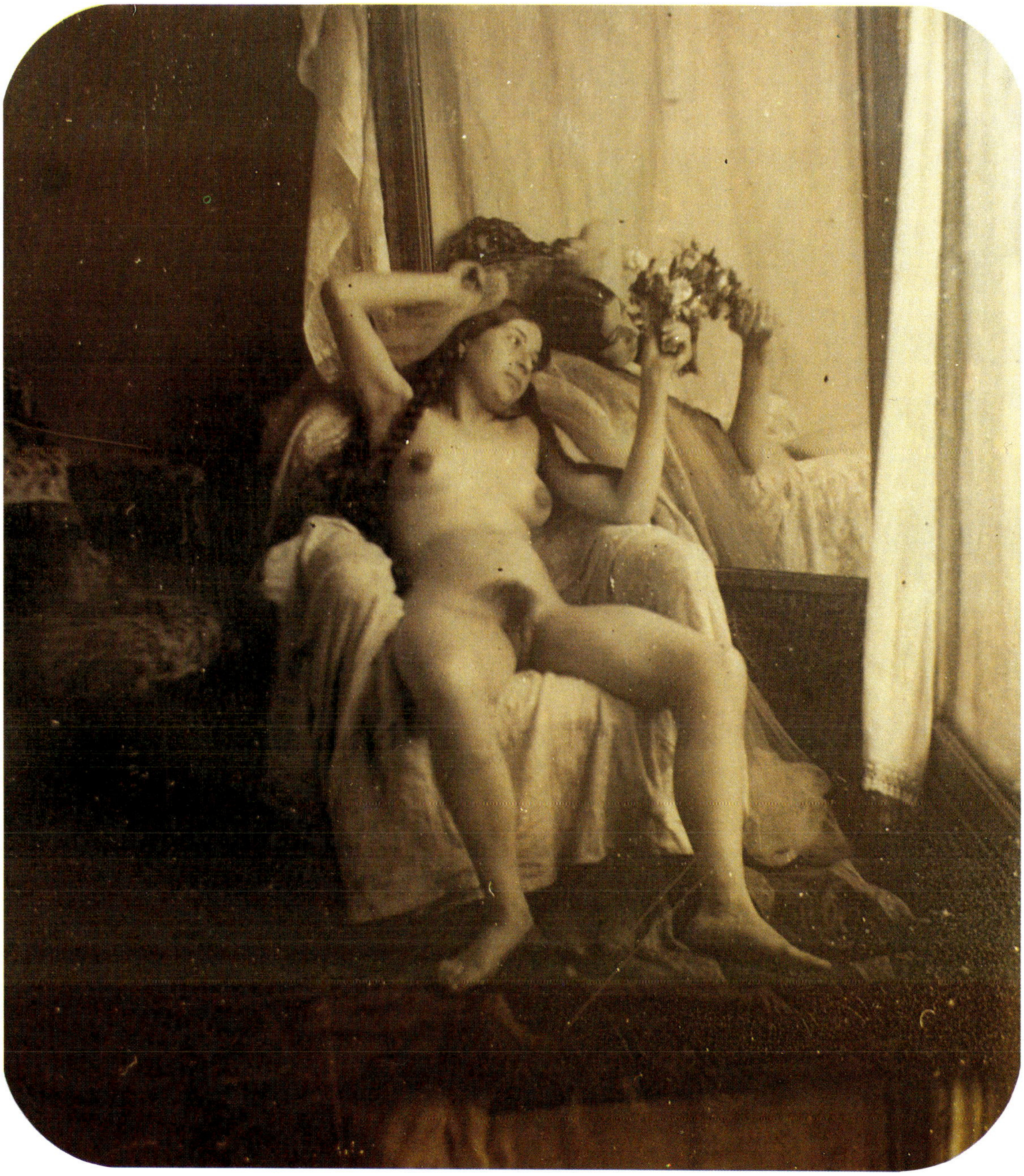

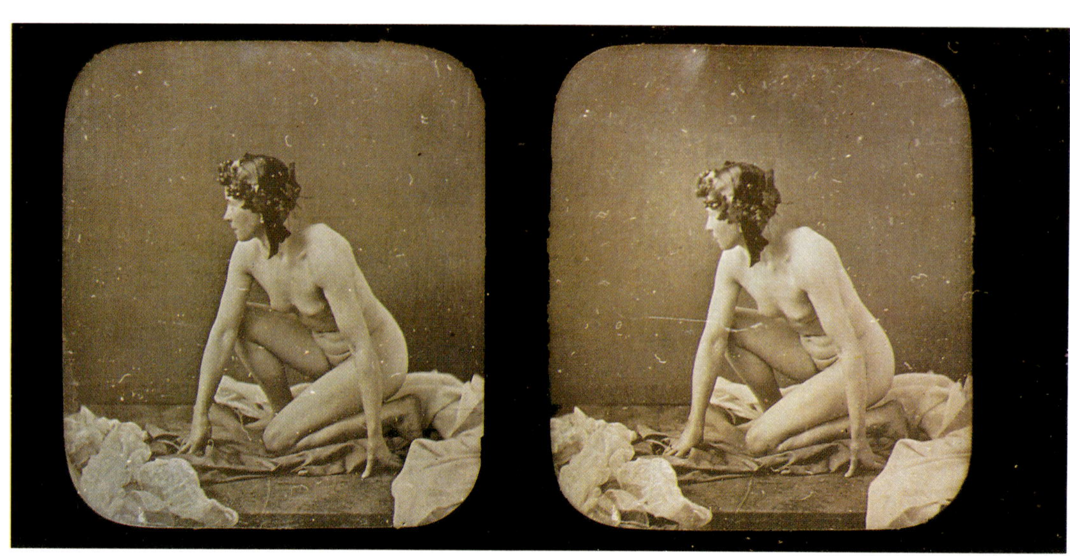

*43. William Thompson (vers 1853).*

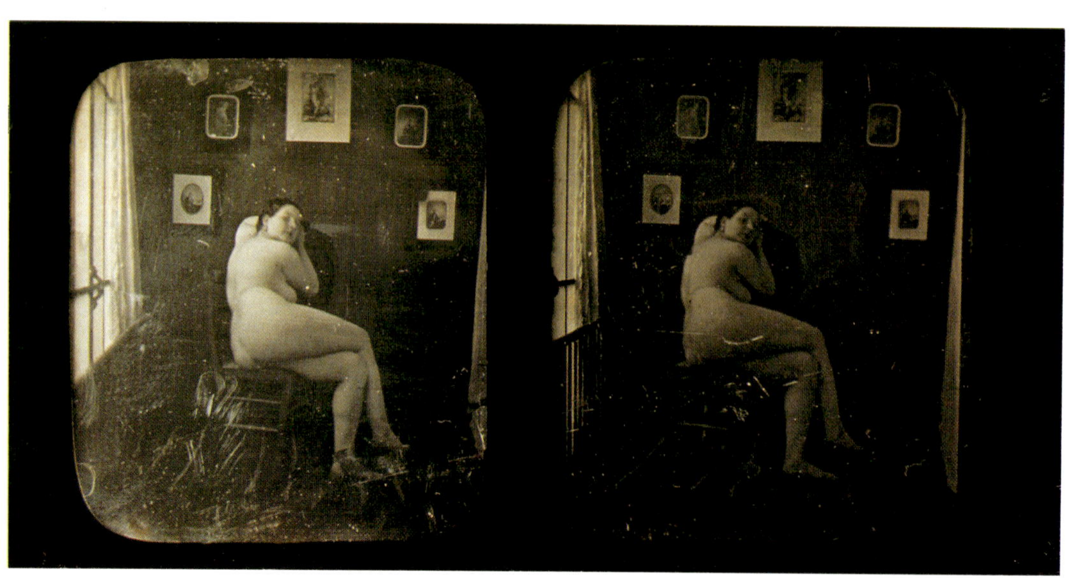

*44. William Thompson (vers 1853).*

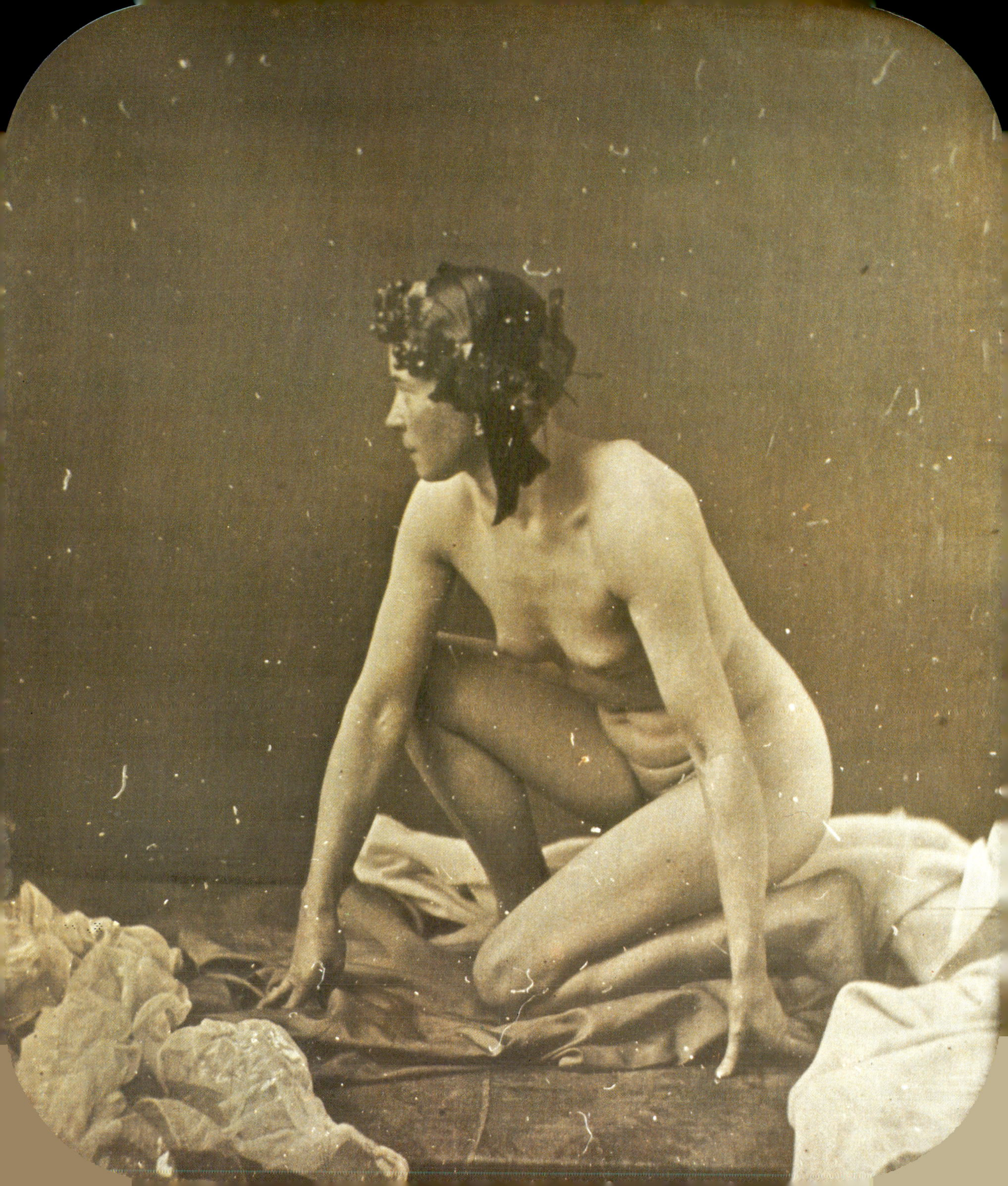

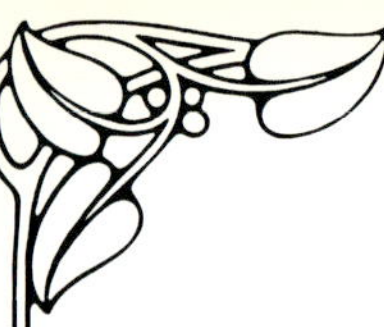

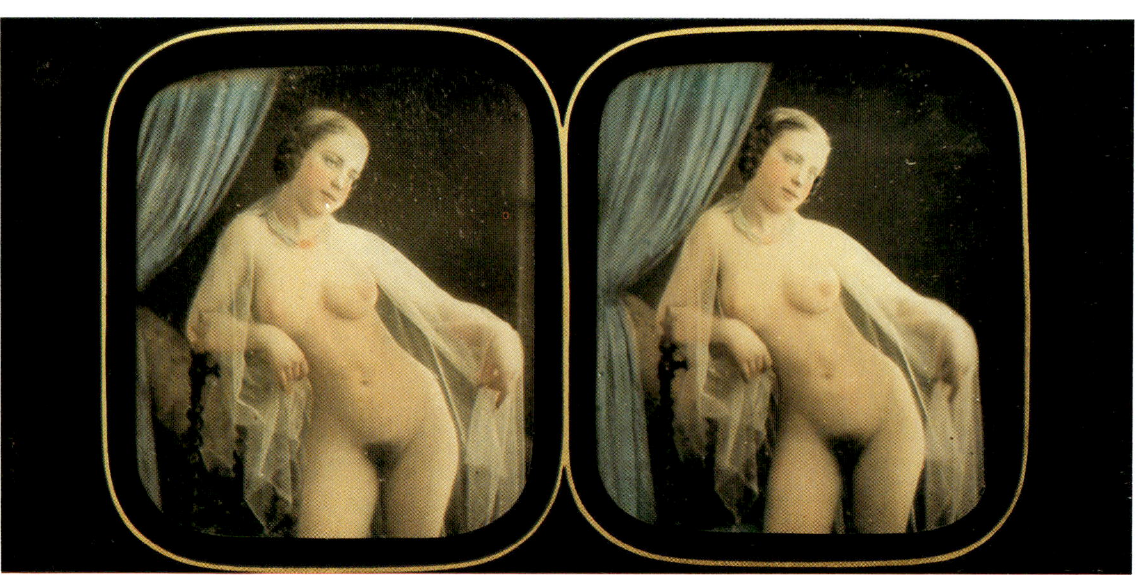

*45. Anonyme (1852-1853).*

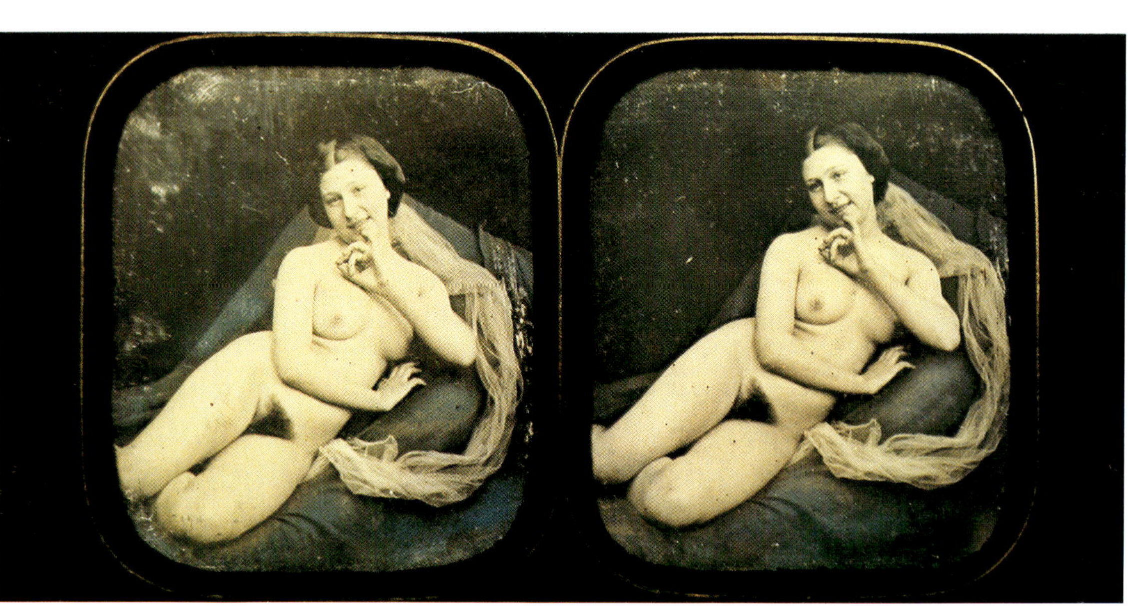

*46. Anonyme (1852-1853).*

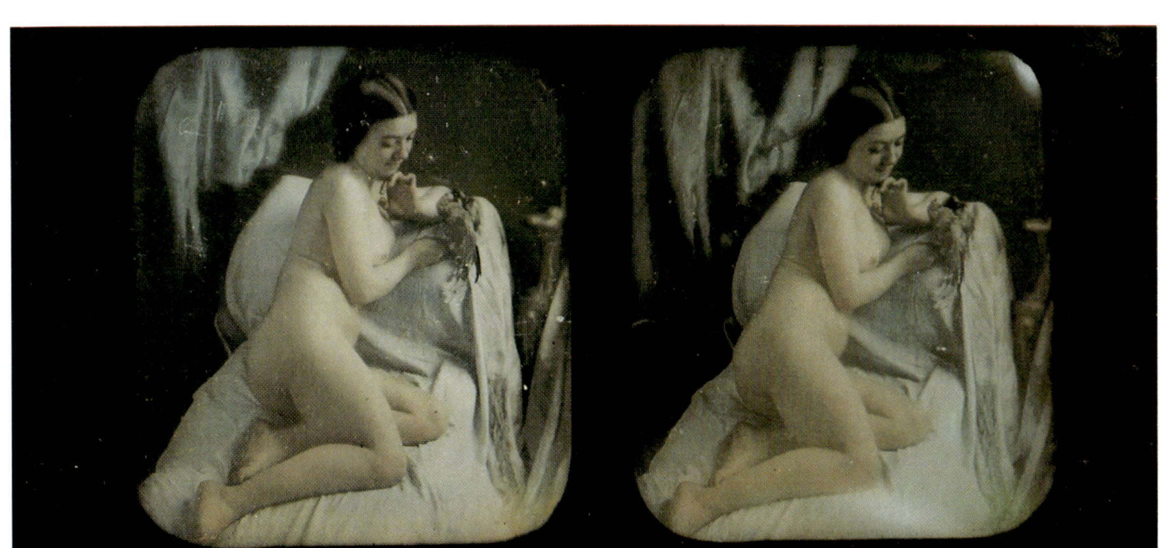

*47. Anonyme (1852-1853).*

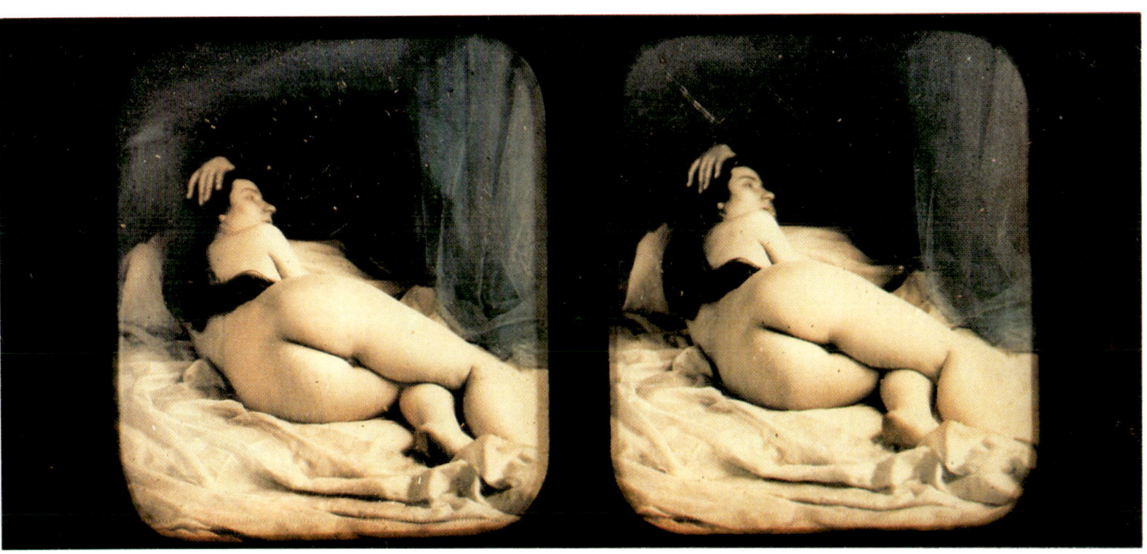

*48. Anonyme (1852-1853).*

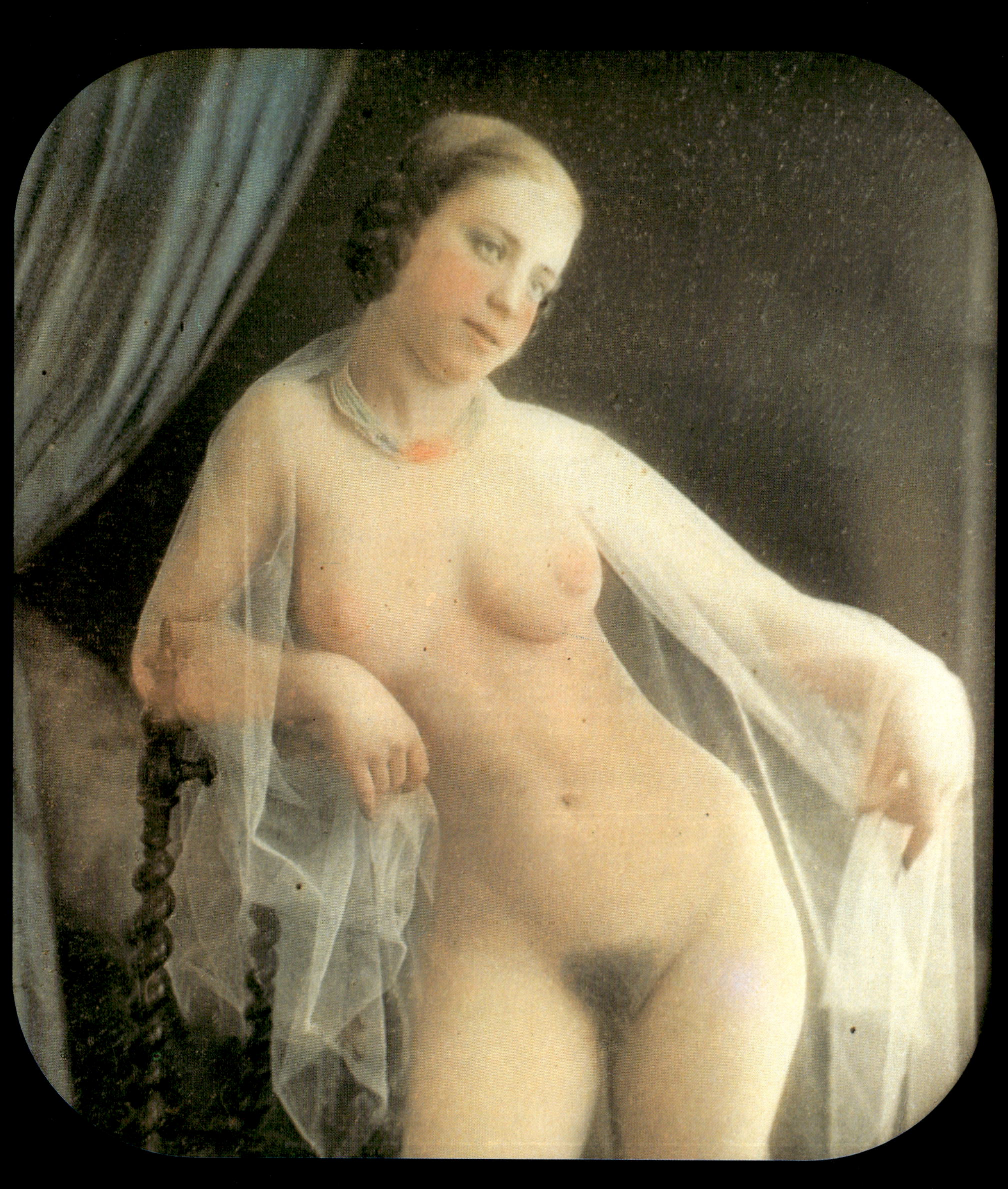

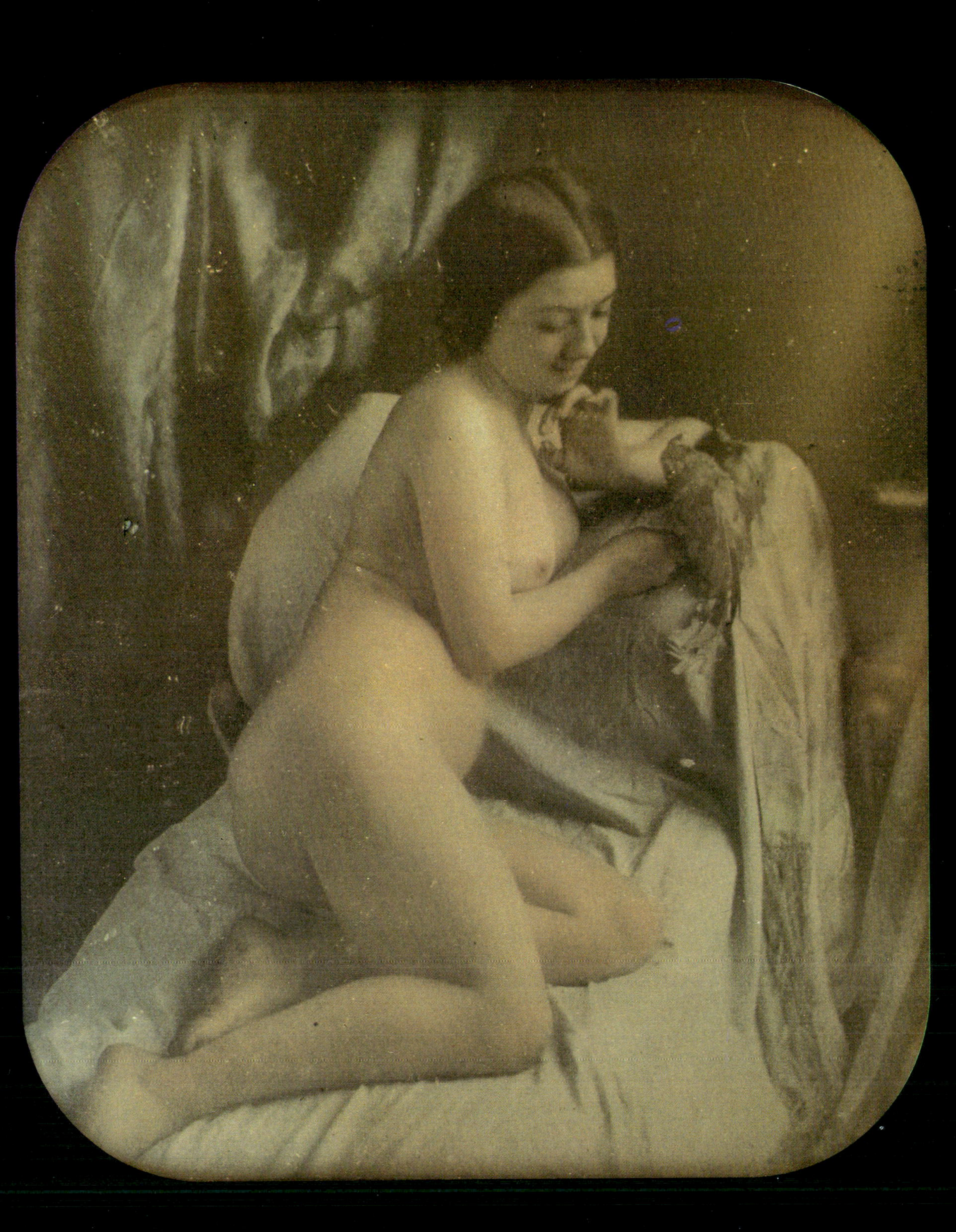

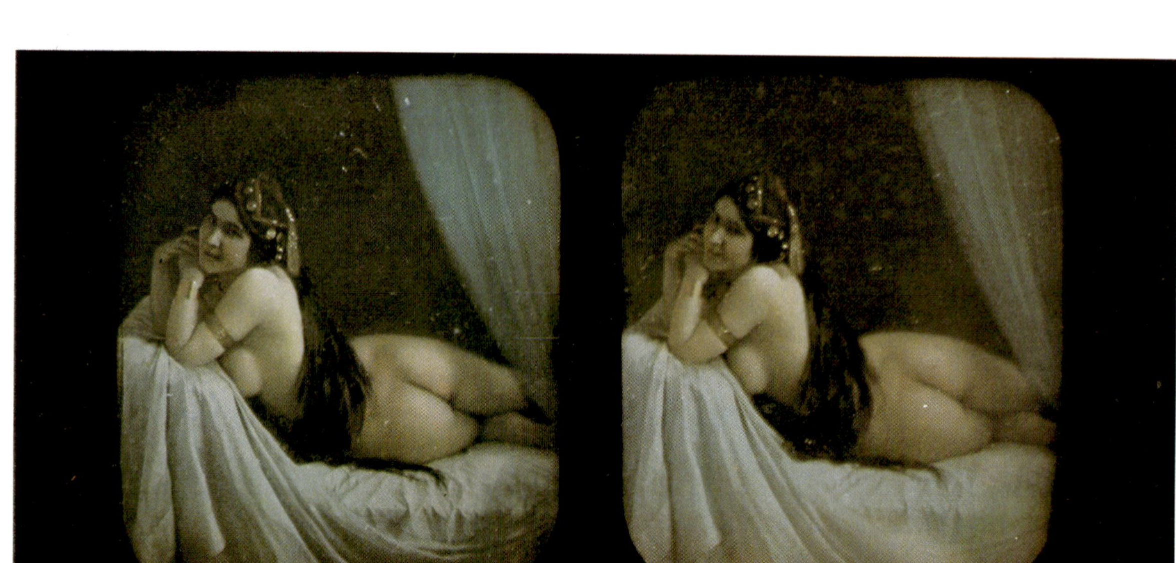

*49. Anonyme (1852-1853).*

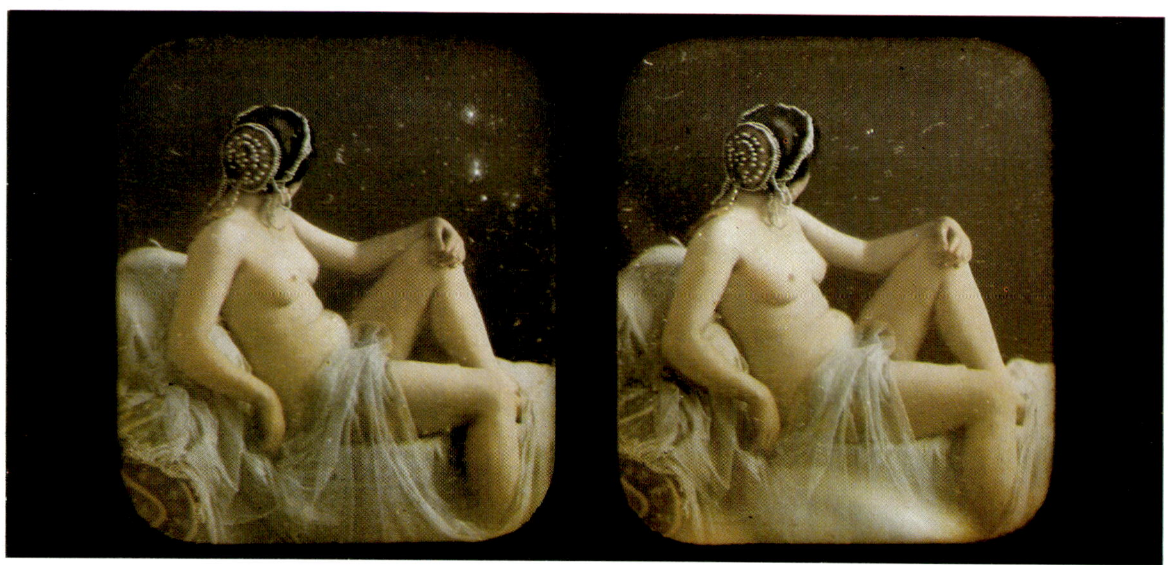

*50. Anonyme (1852-1853).*

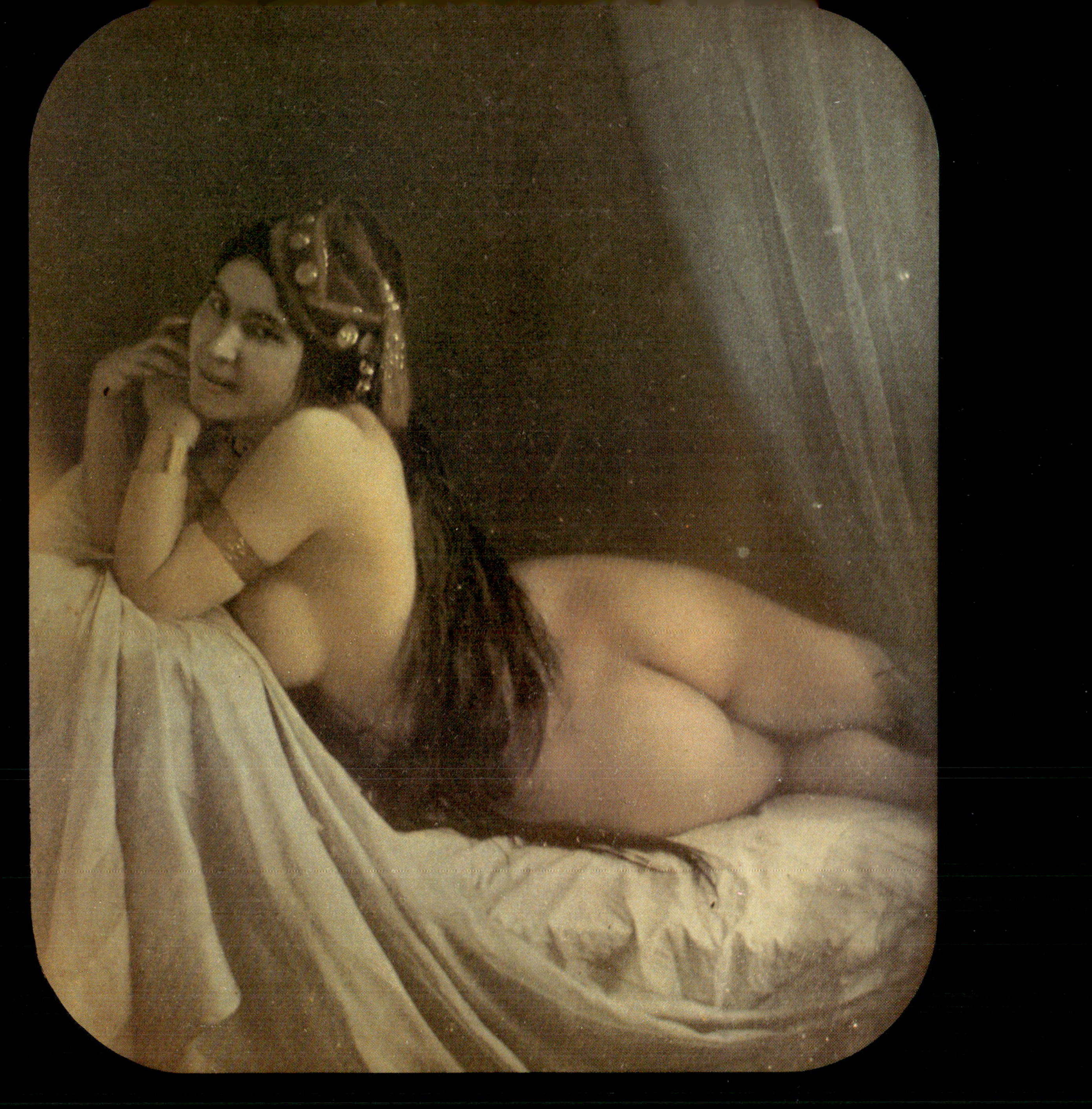

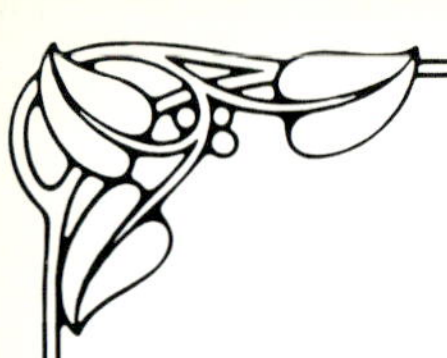

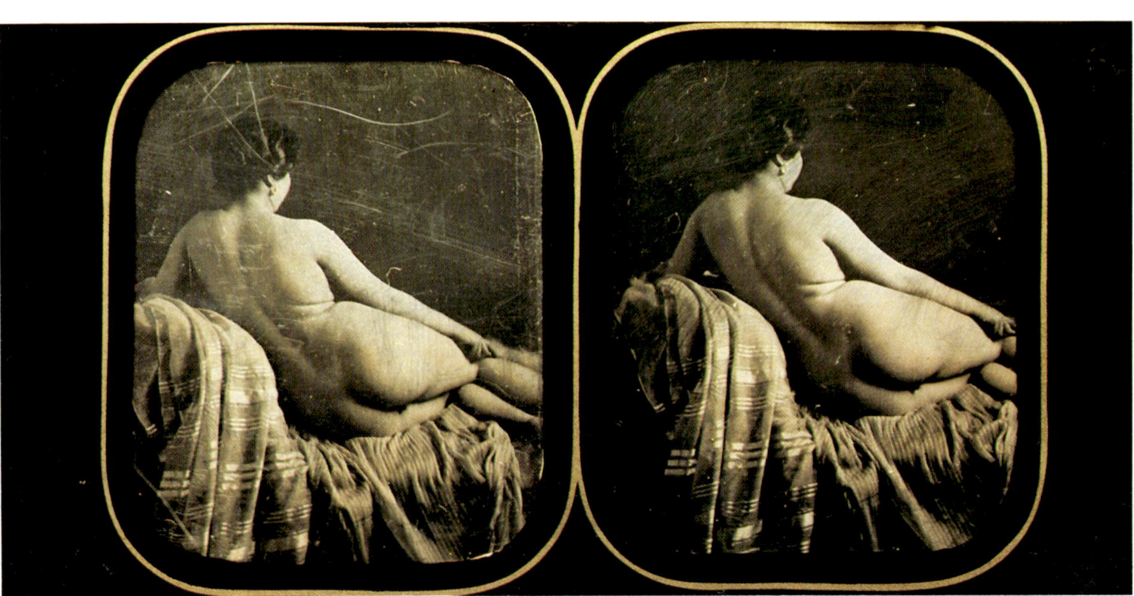

*51. Anonyme (vers 1852).*

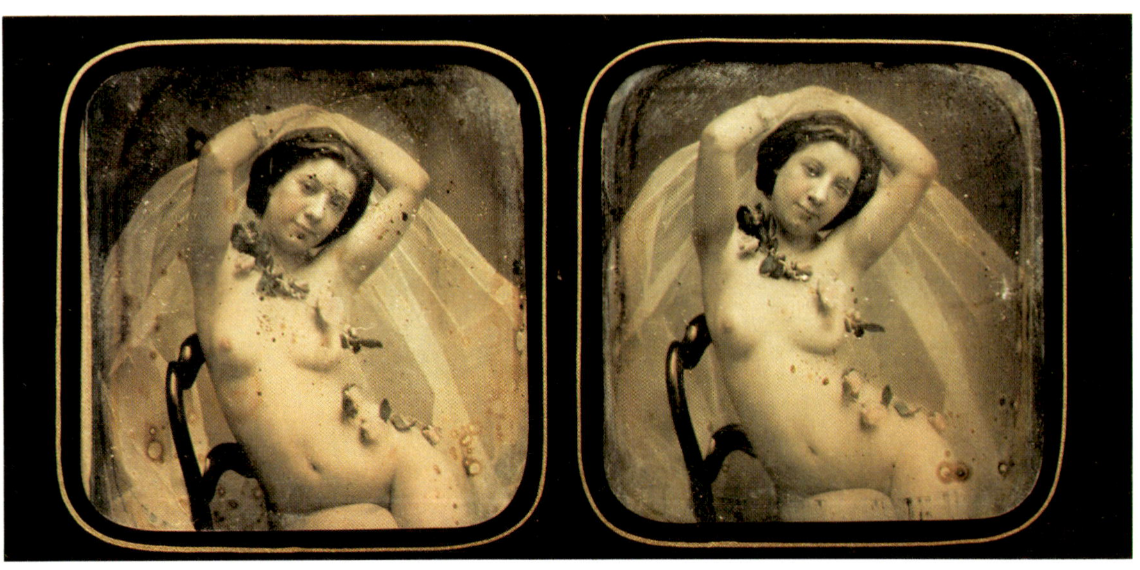

*52. Anonyme (vers 1853).*

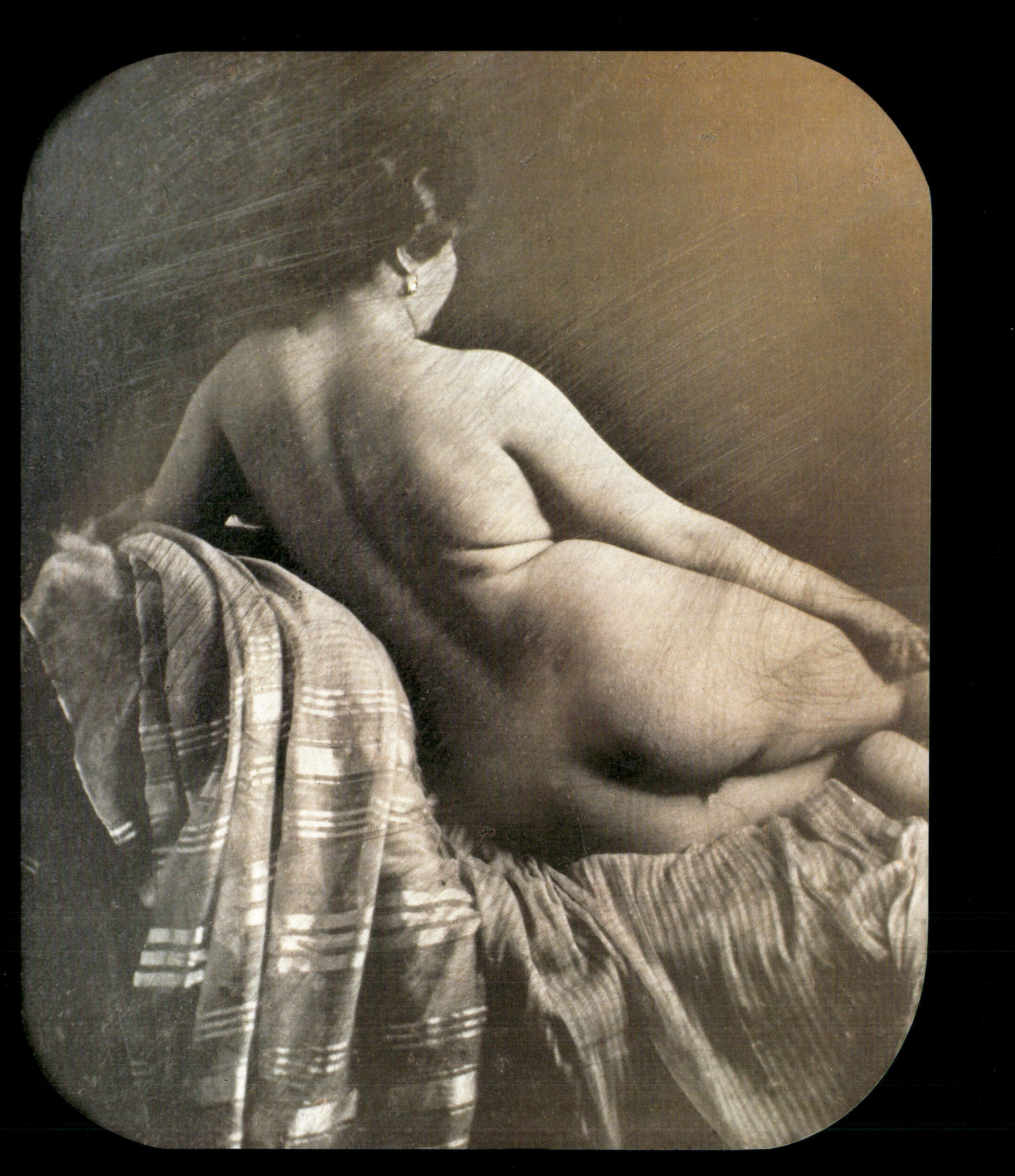

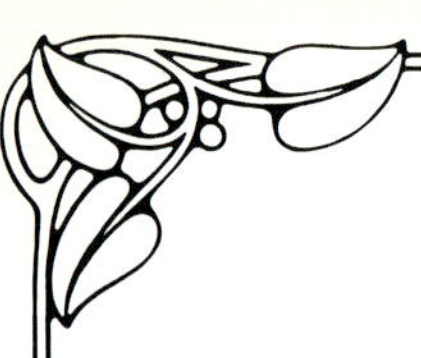

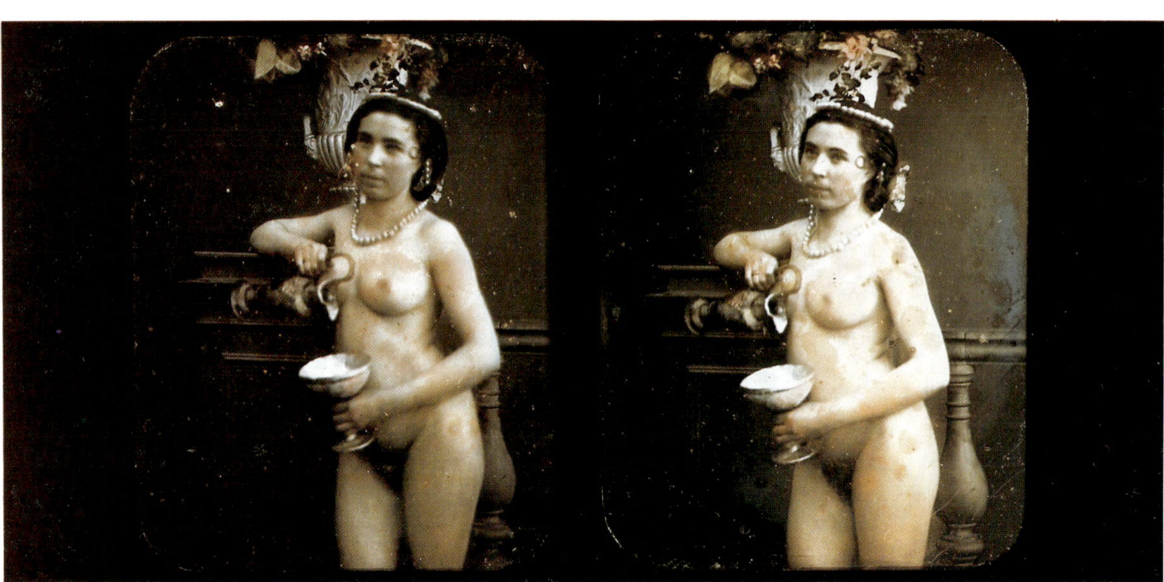

53. *Anonyme (1852-1854).*

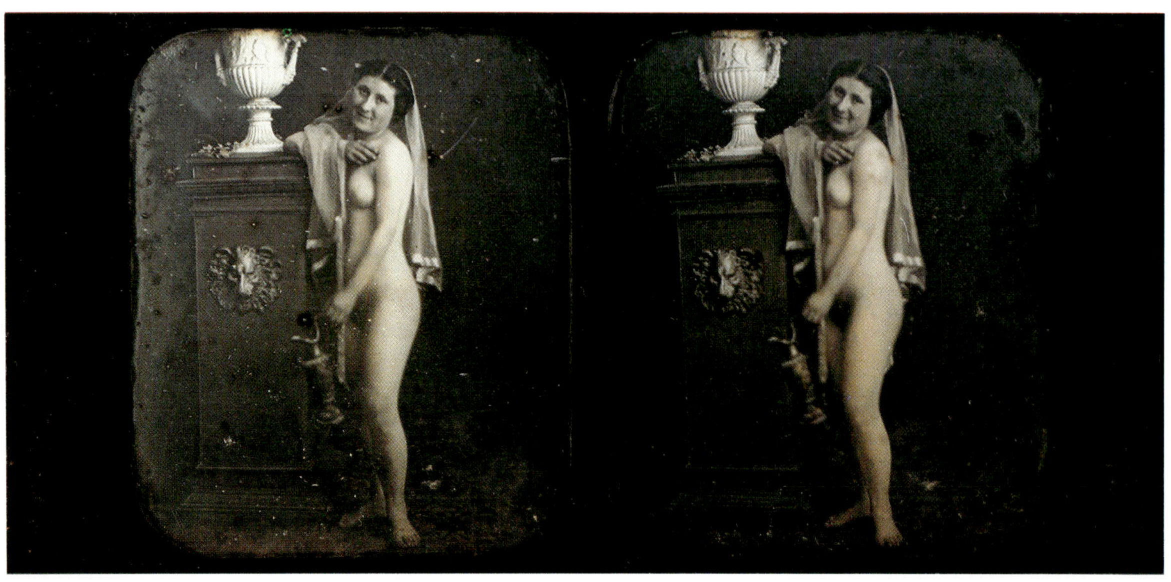

54. *Anonyme (1852-1854).*

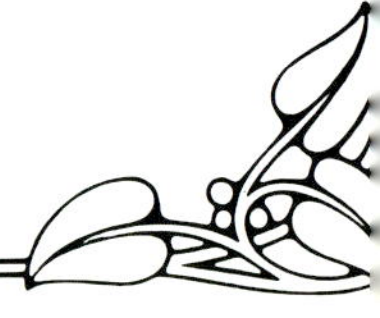

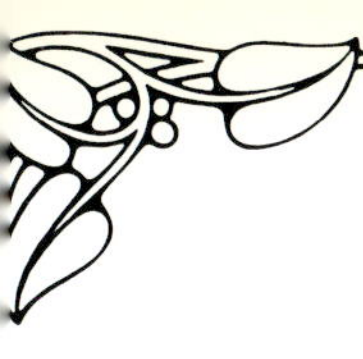

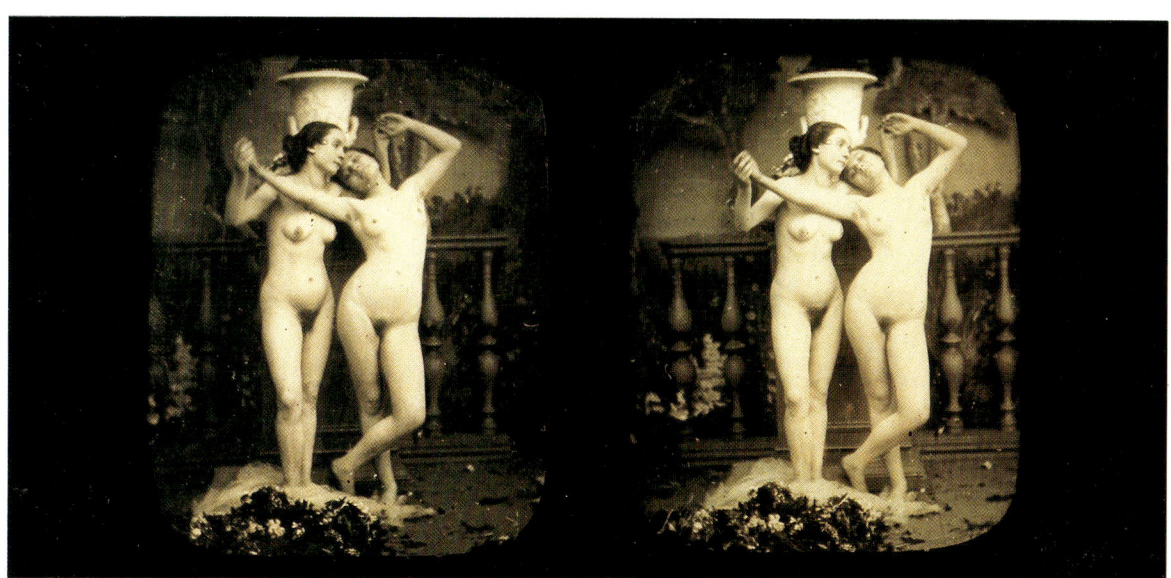

55. *Anonyme (1852-1854).*

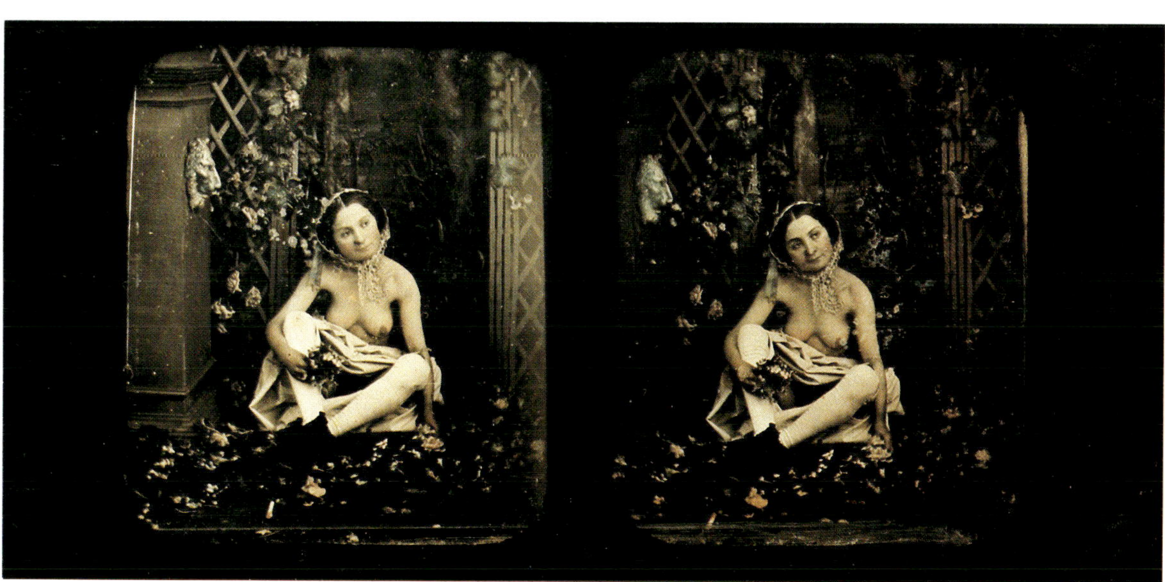

56. *Anonyme (1852-1854).*

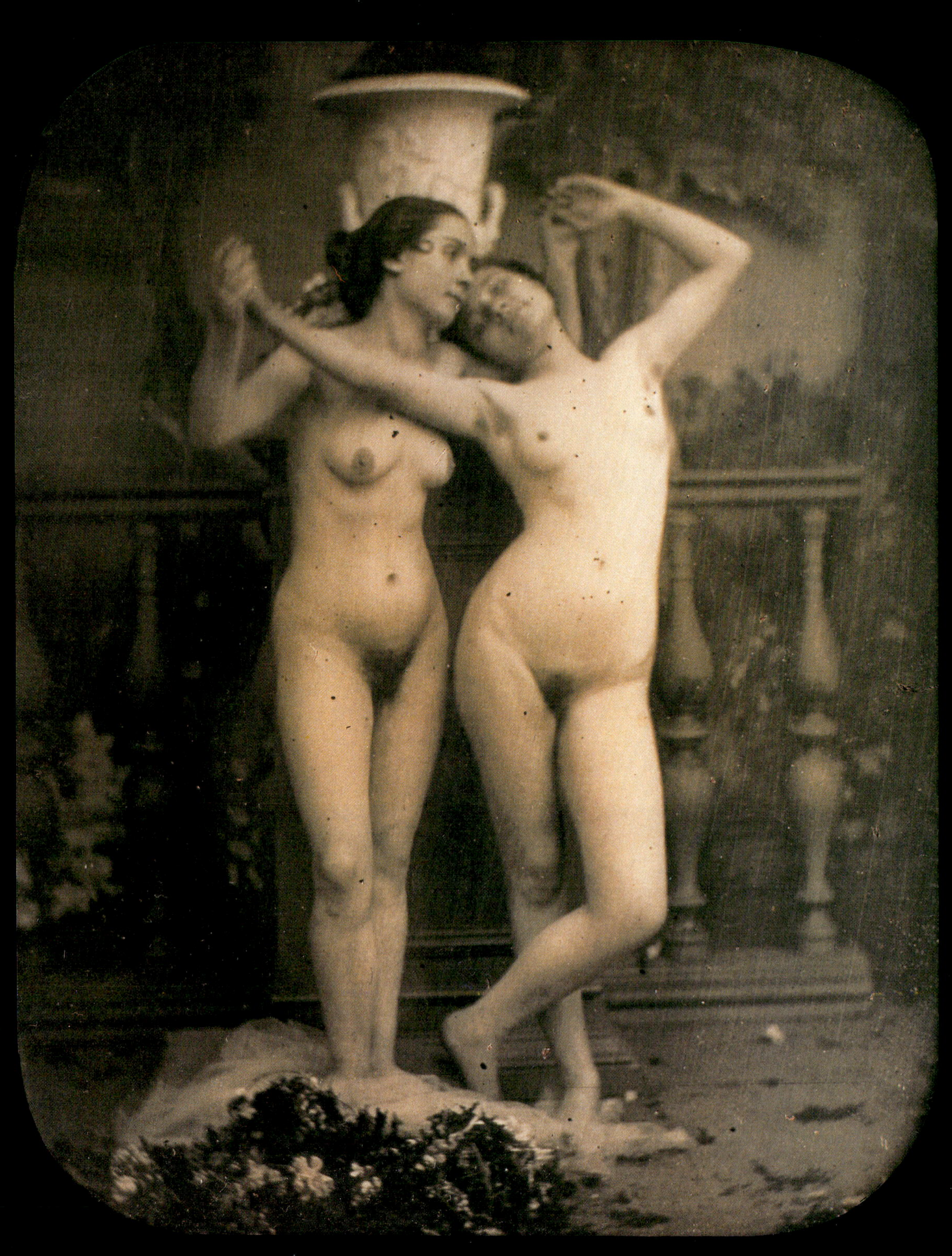

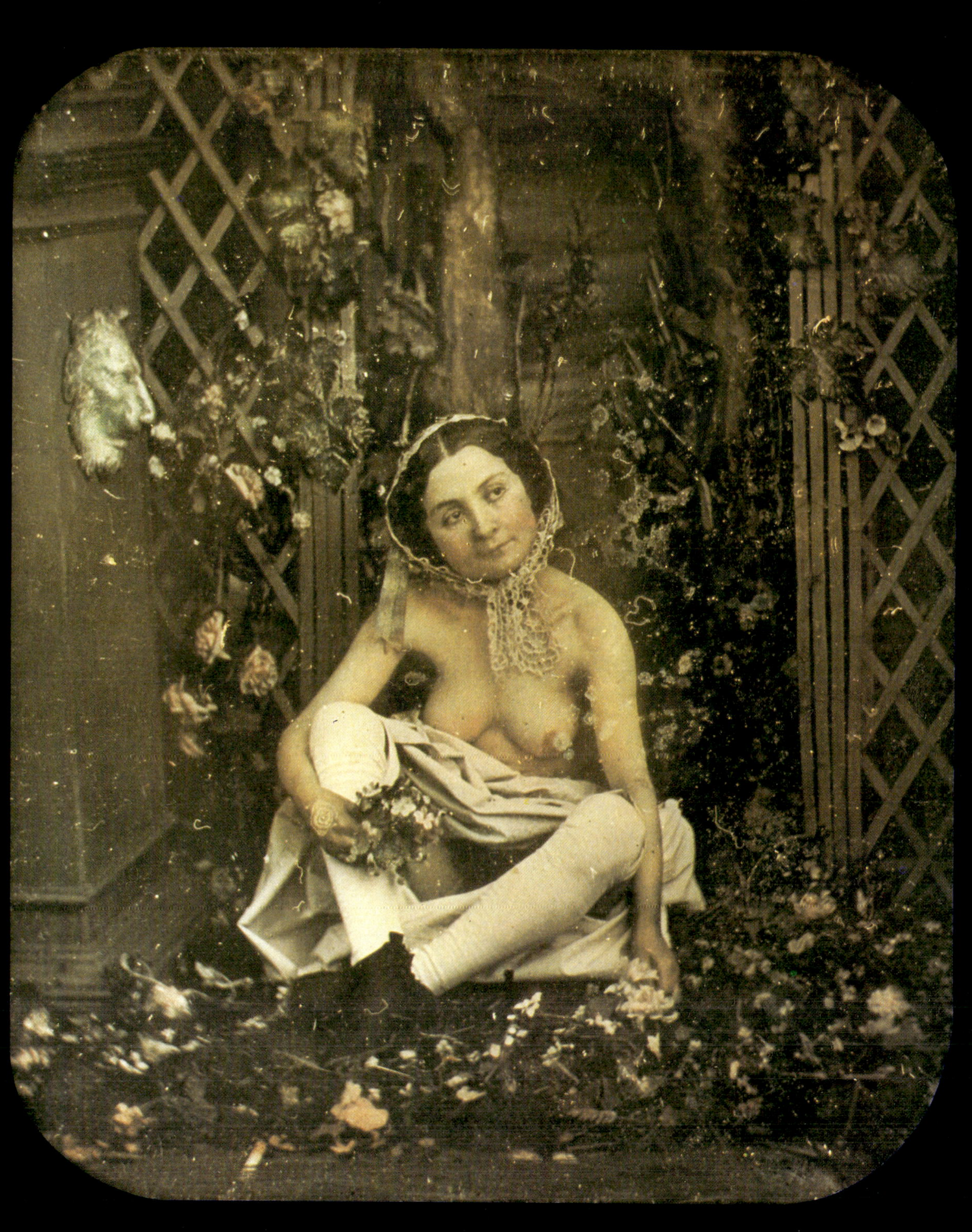

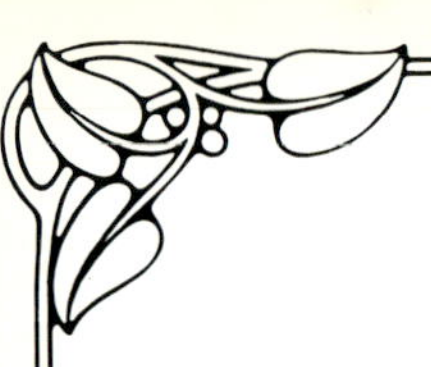

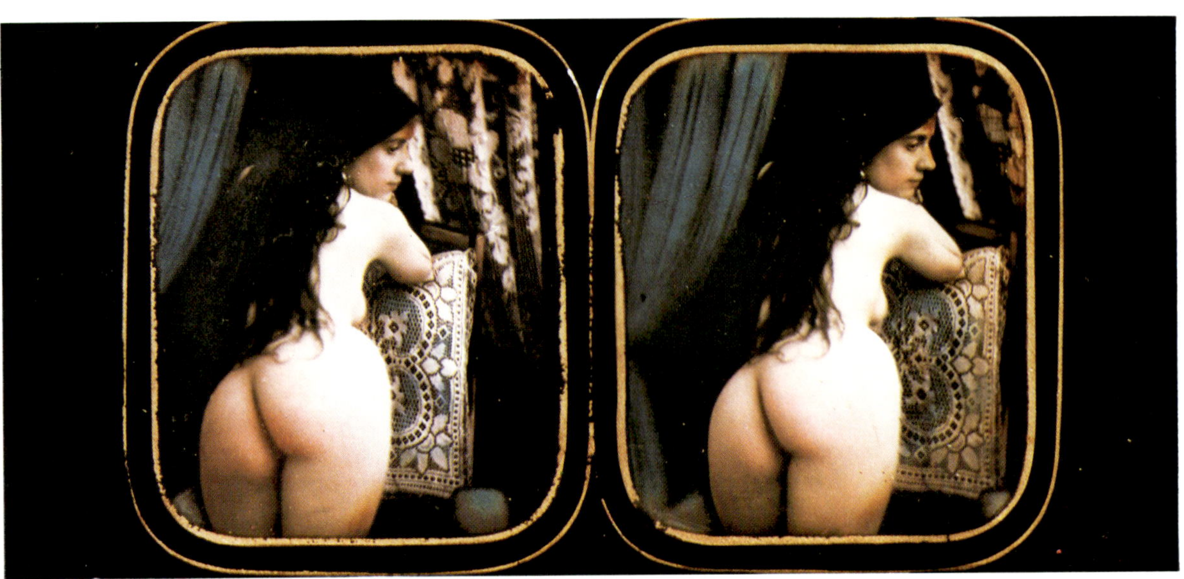

57. *Anonyme (vers 1854).*

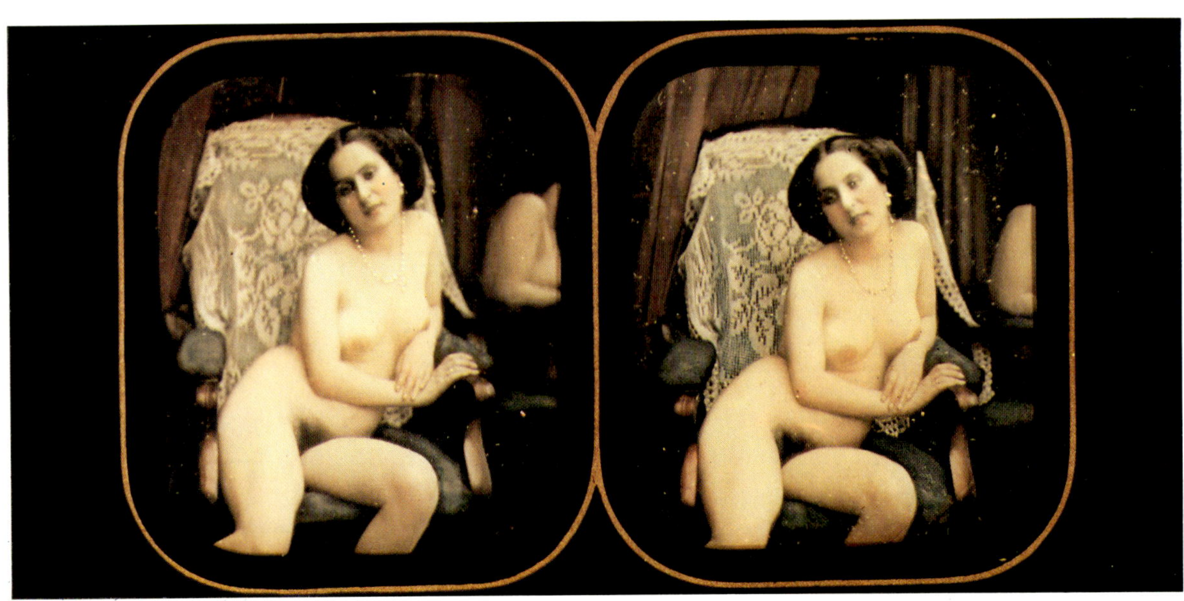

58. *Anonyme (vers 1854).*

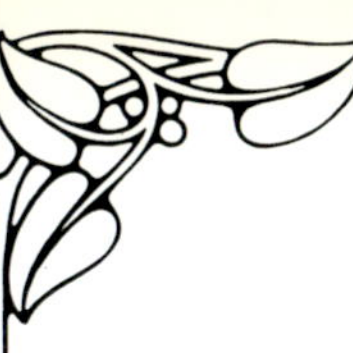

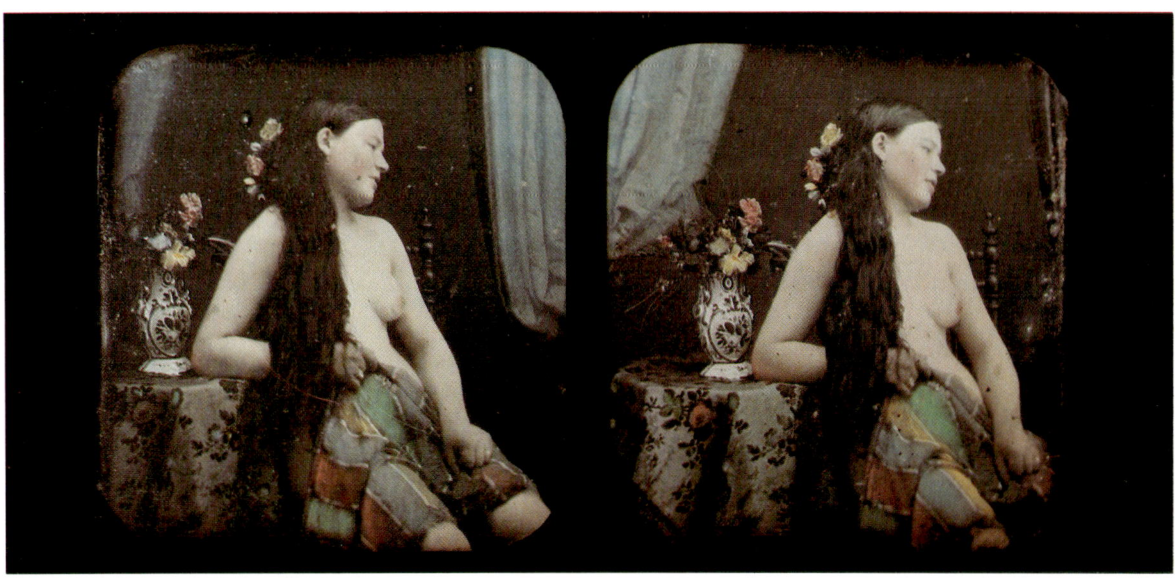

*59. Anonyme.*

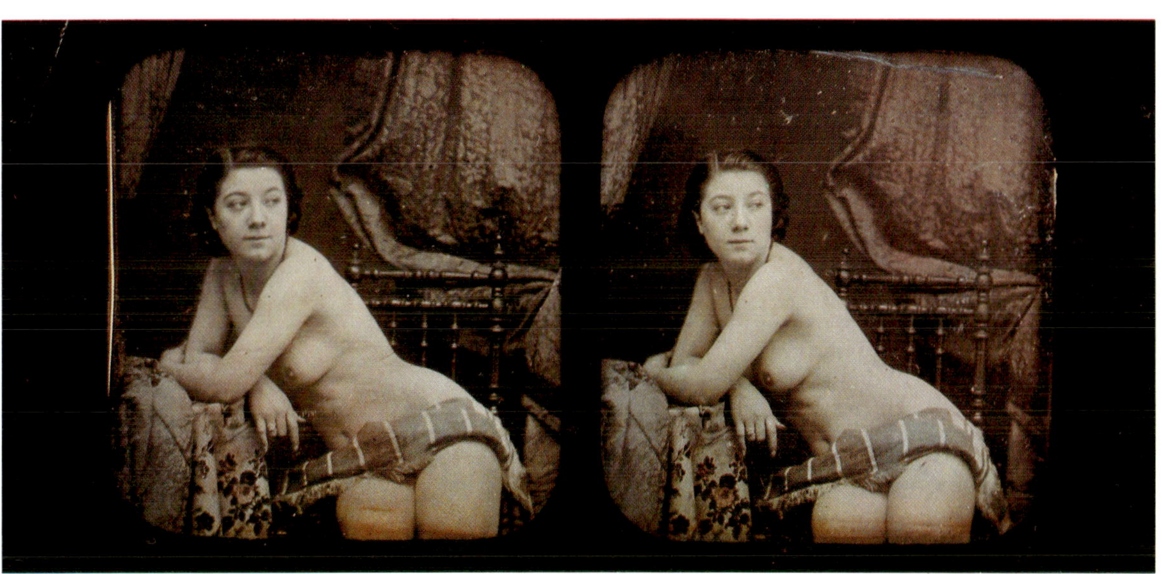

*60. Anonyme.*

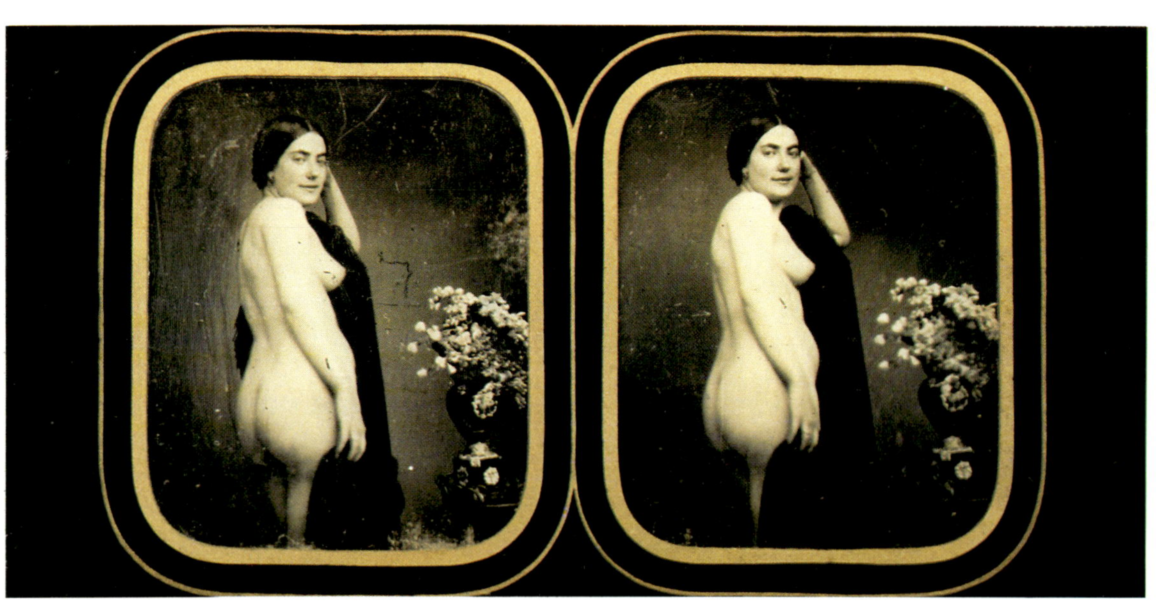

*61. Anonyme (vers 1852).*

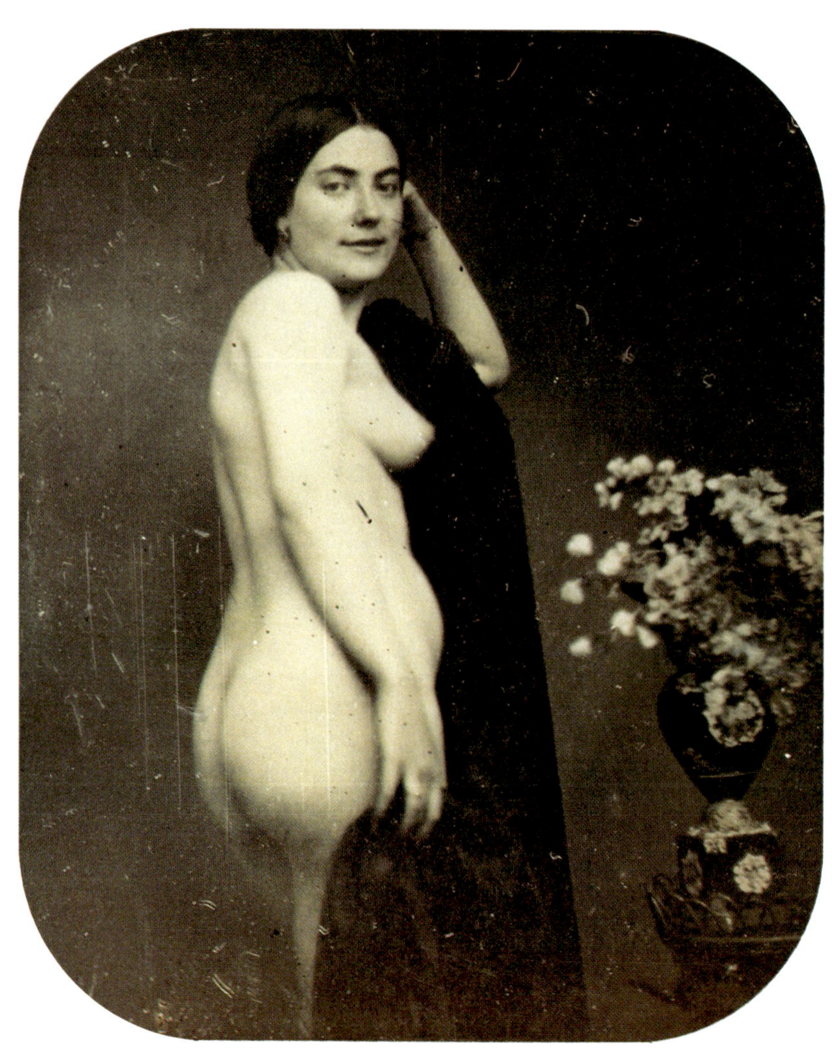

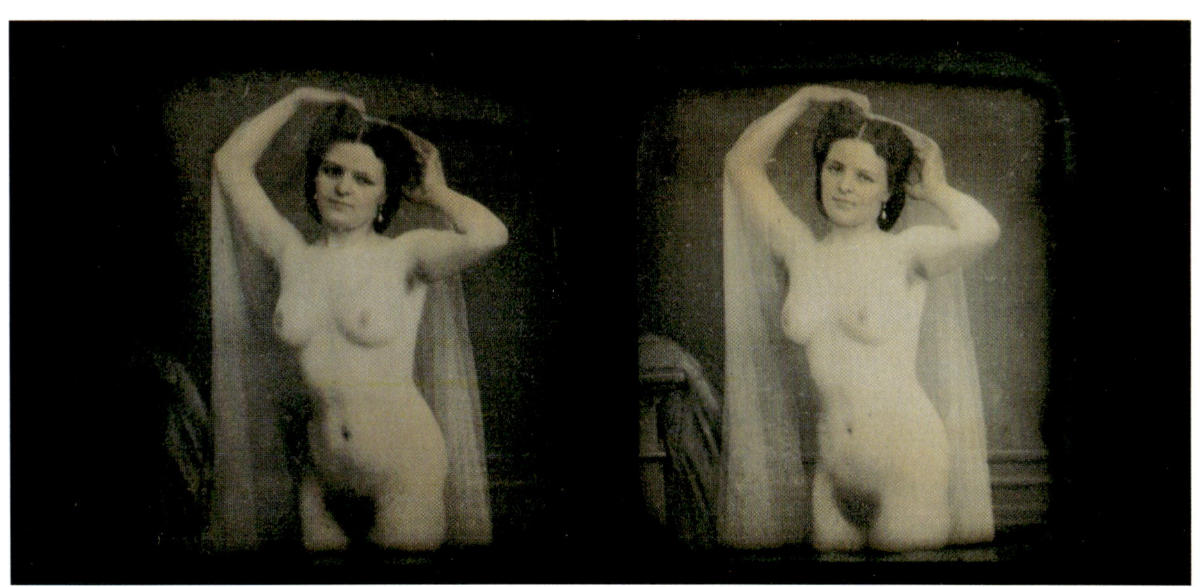

*62. Anonyme (vers 1853).*

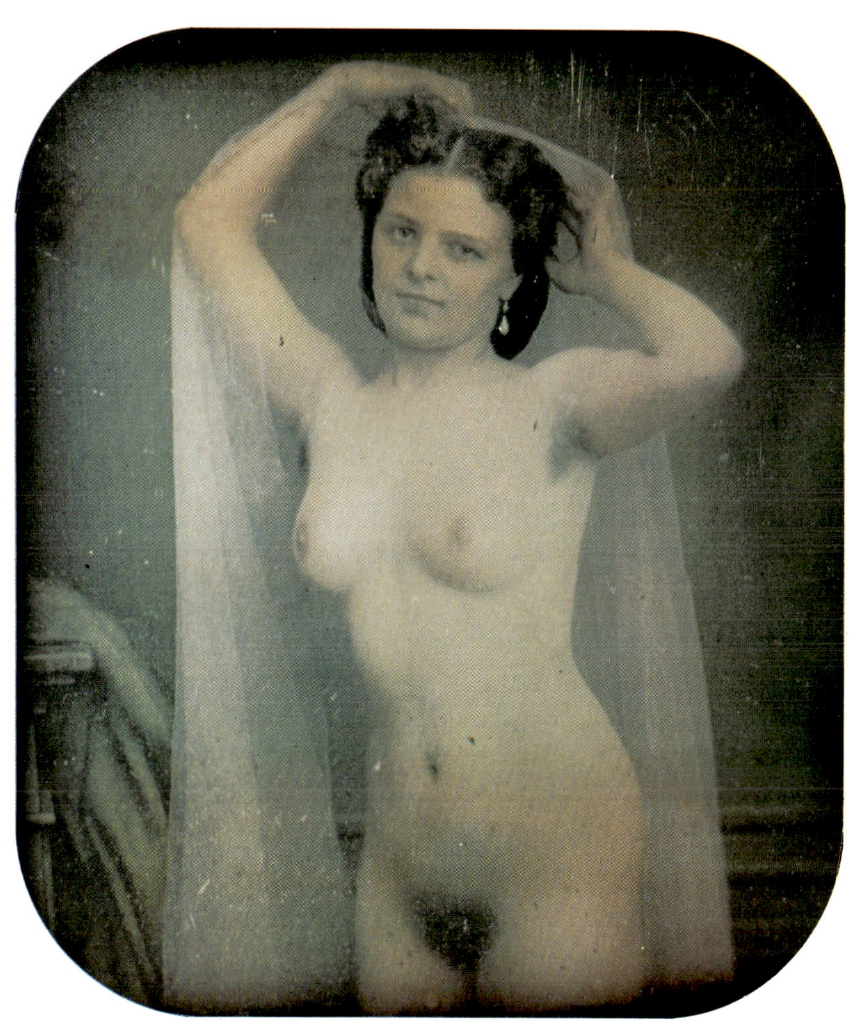

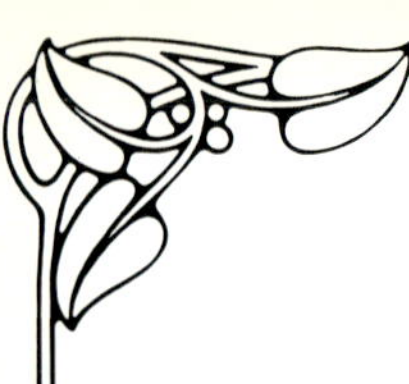

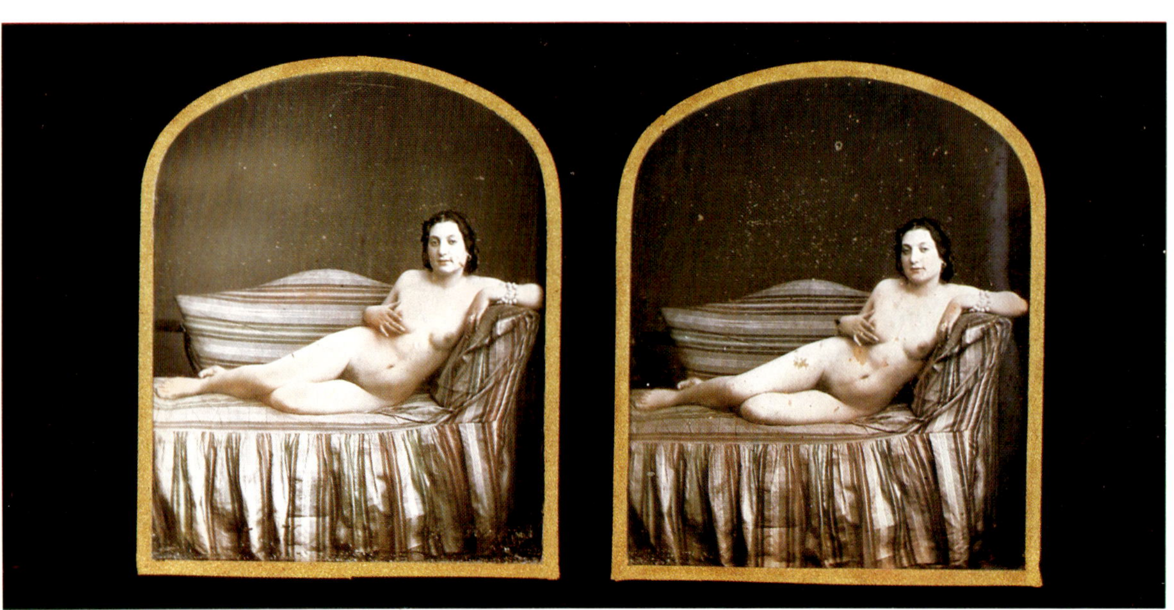

*63. Anonyme (vers 1854).*

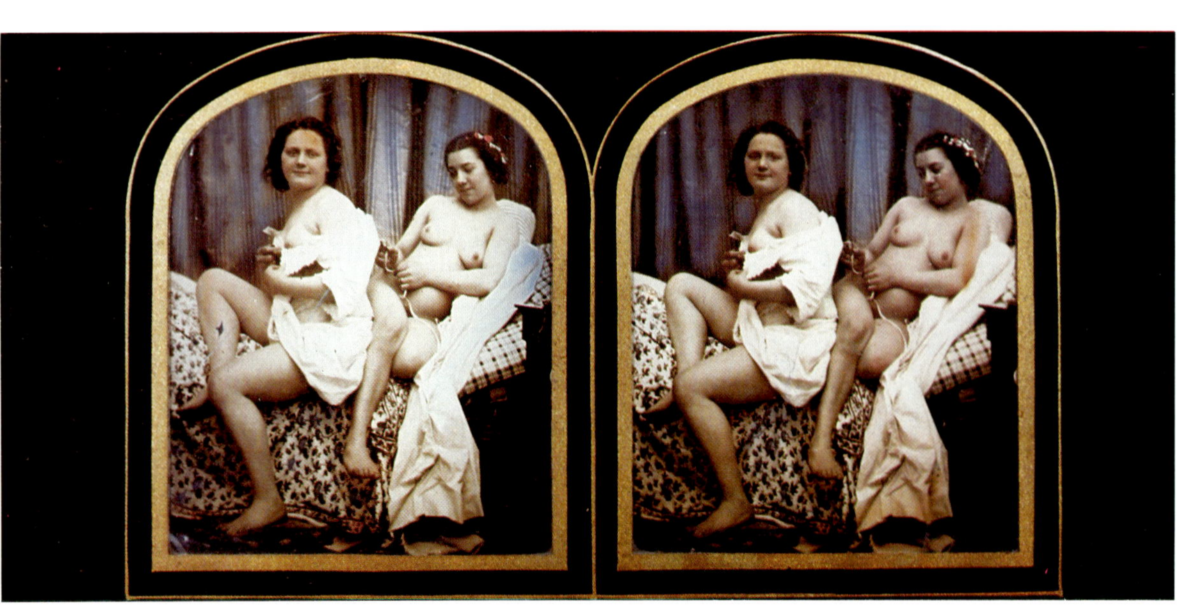

*64. Anonyme (vers 1854).*

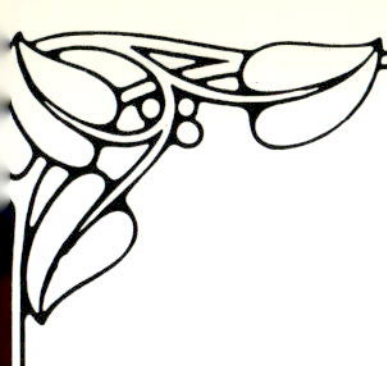

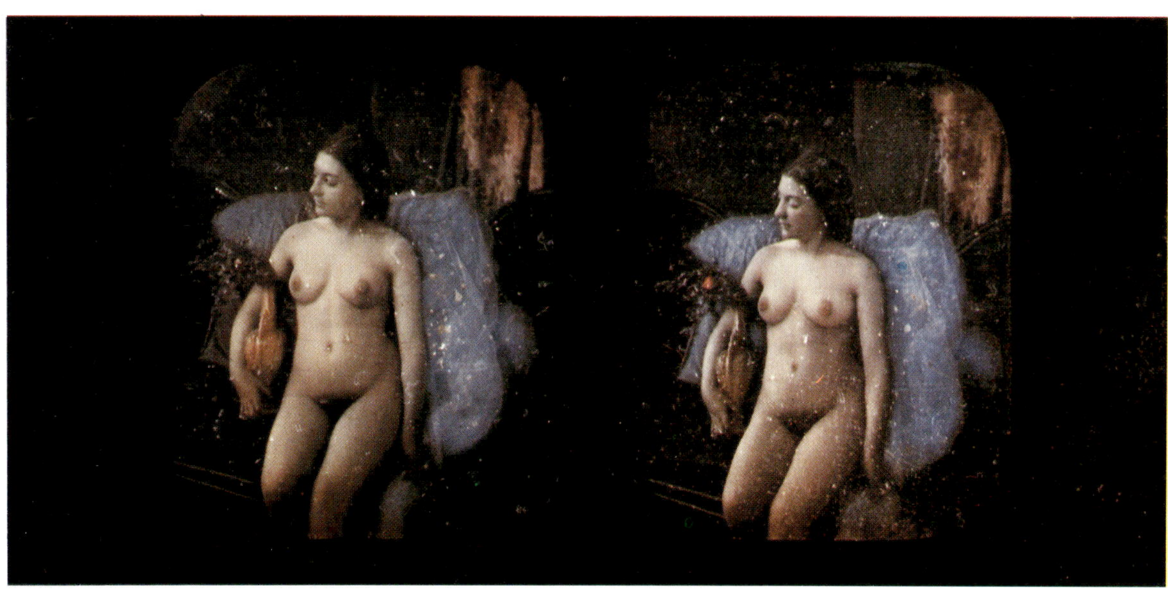

65. *Anonyme (vers 1854).*

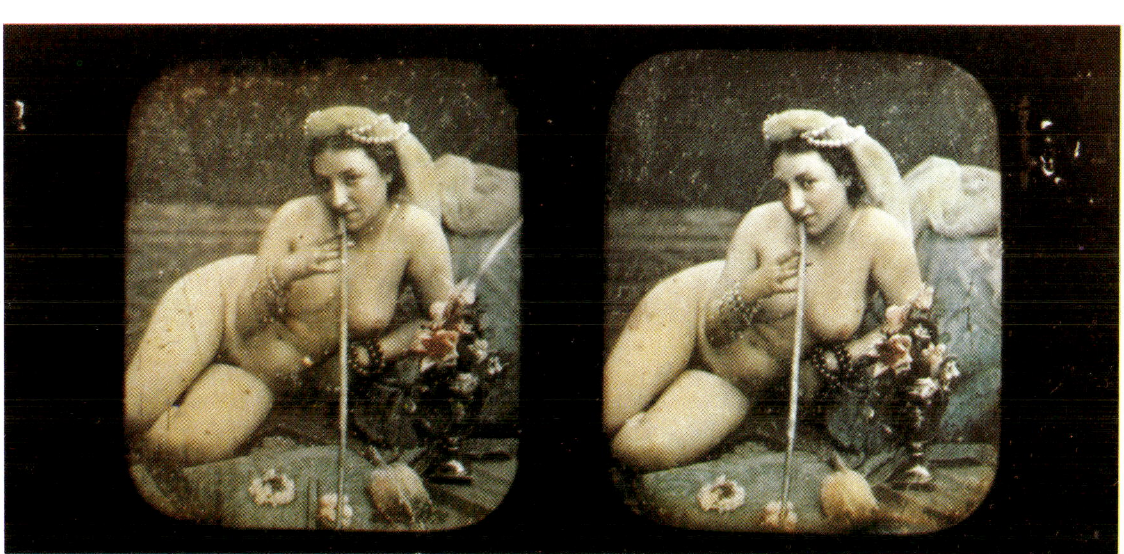

66. *Anonyme (vers 1854).*

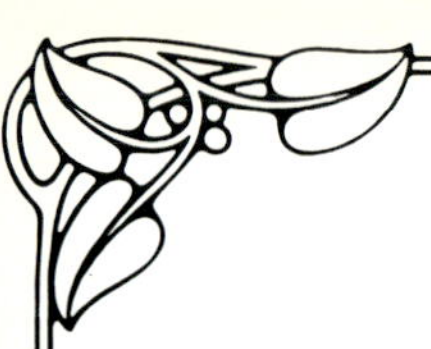

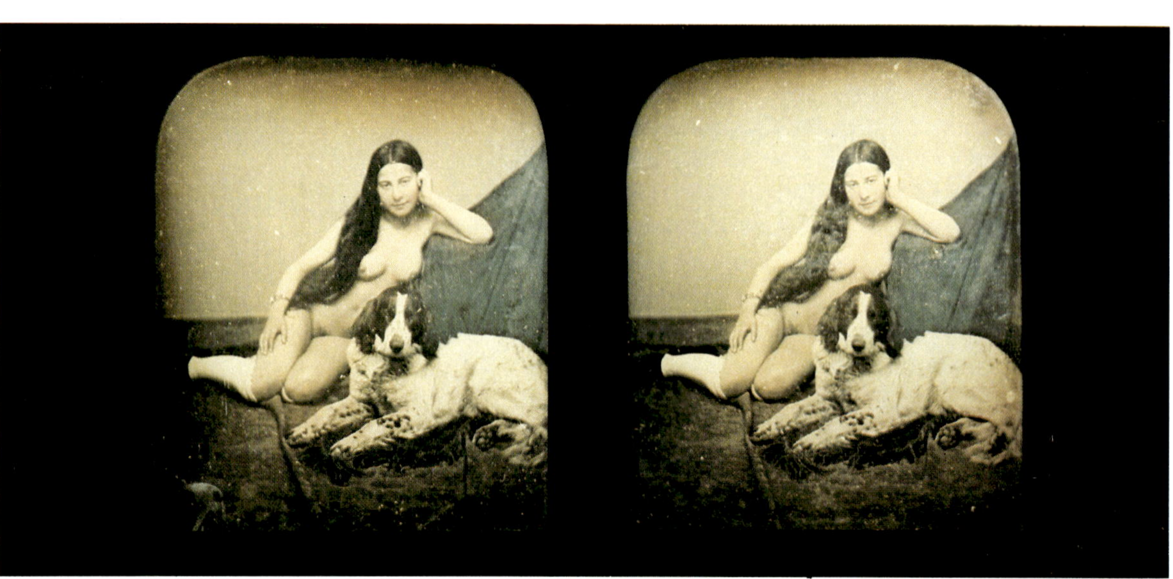

*67. Anonyme (vers 1853).*

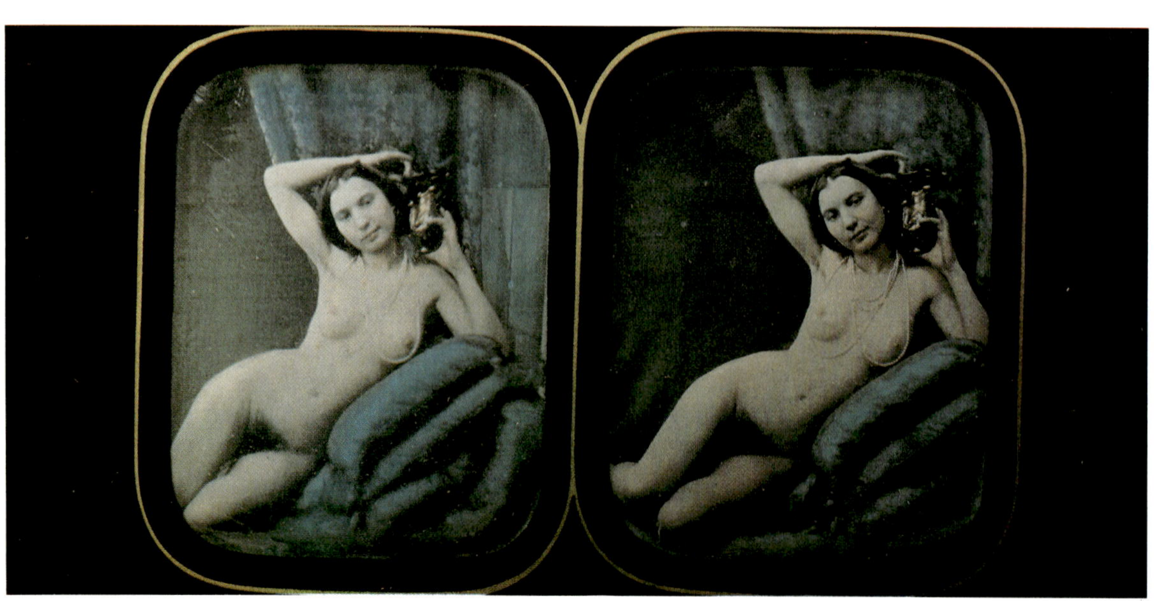

*68. Anonyme (vers 1854).*

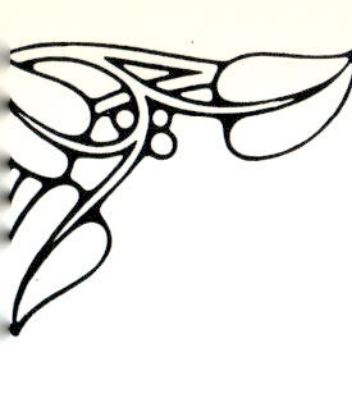

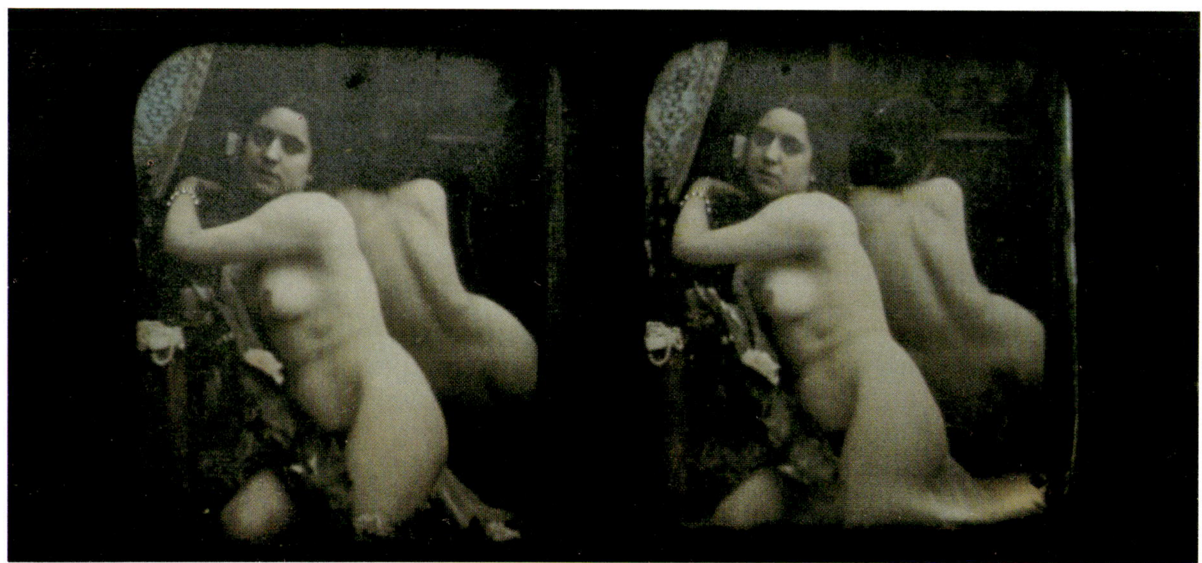

69. *Anonyme (vers 1854).*

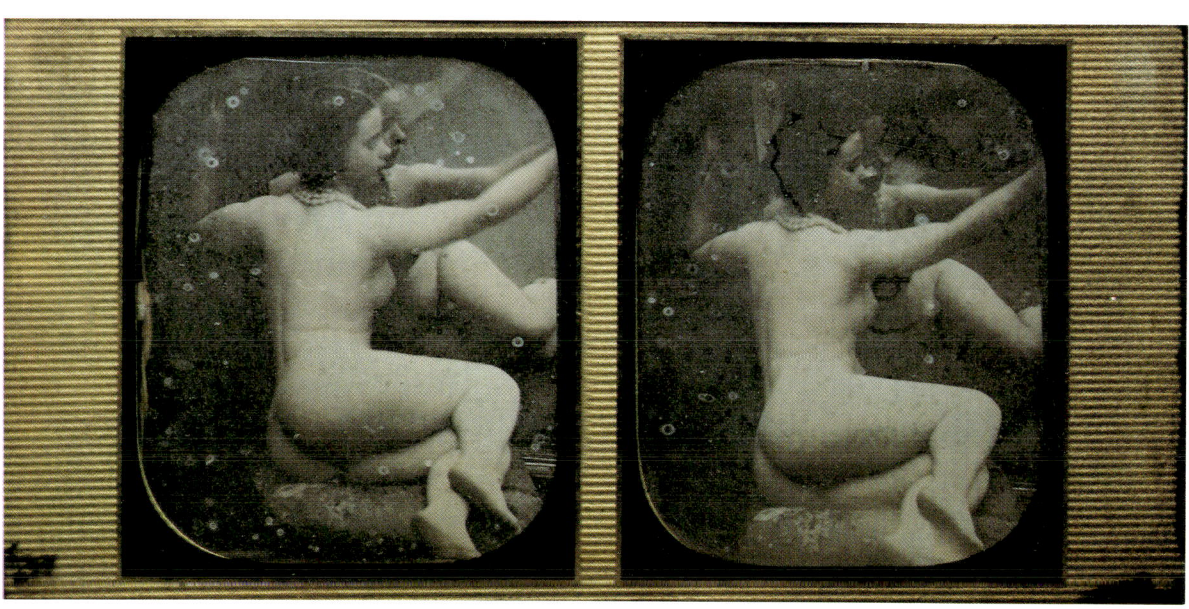

70. *Anonyme (vers 1854).*

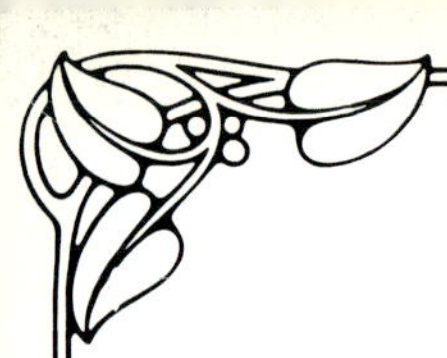

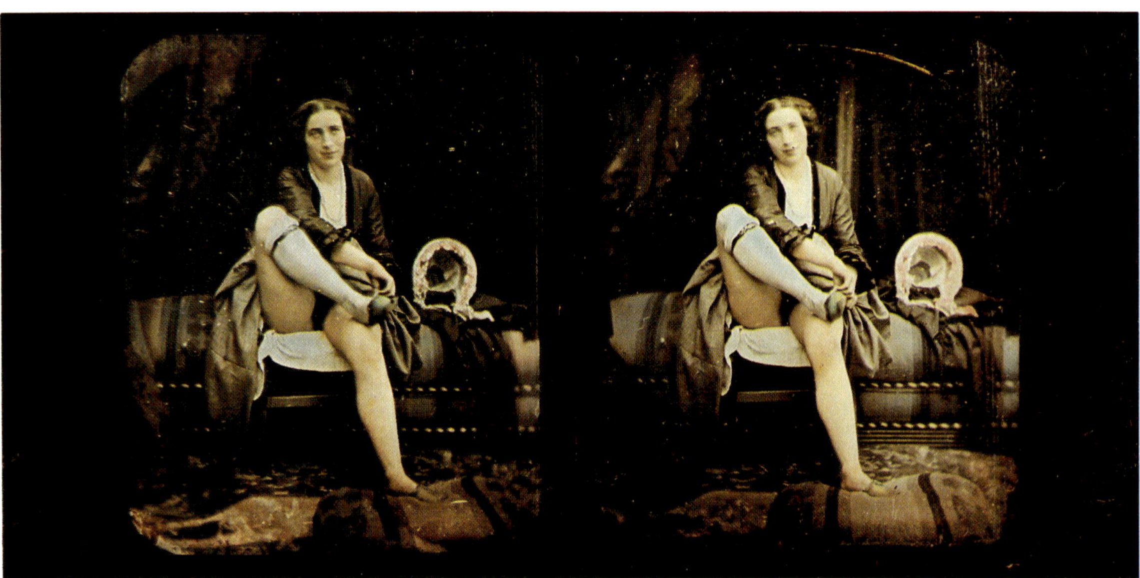

*71. Anonyme (vers 1854).*

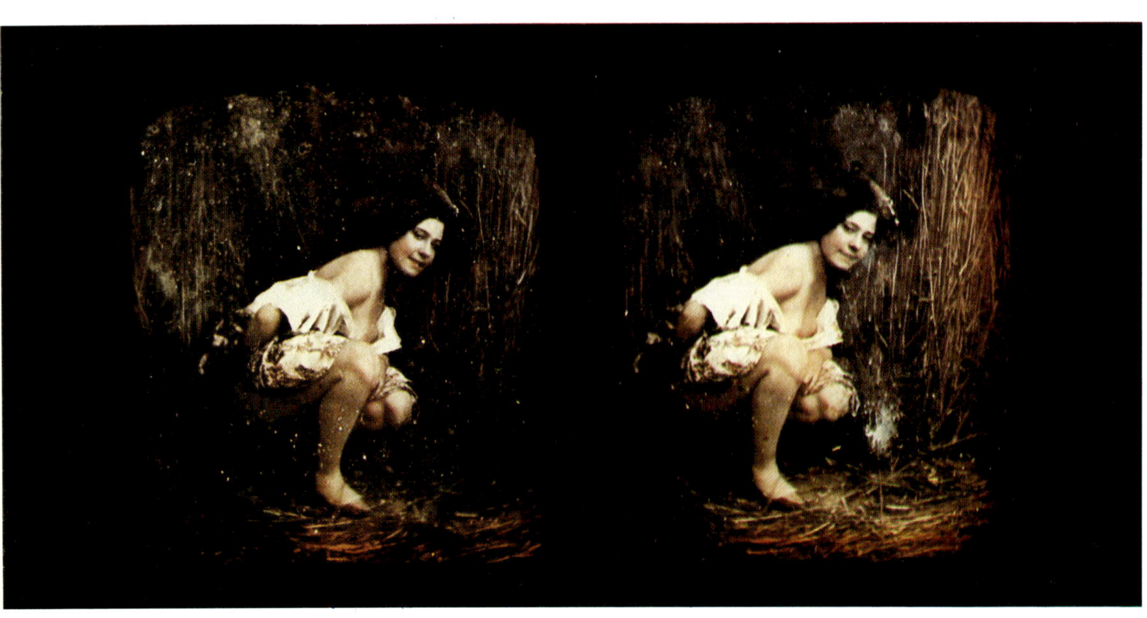

*72. Anonyme (vers 1853 ?).*

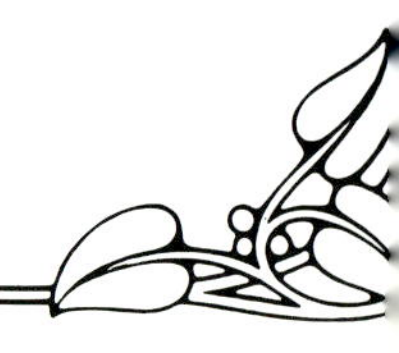

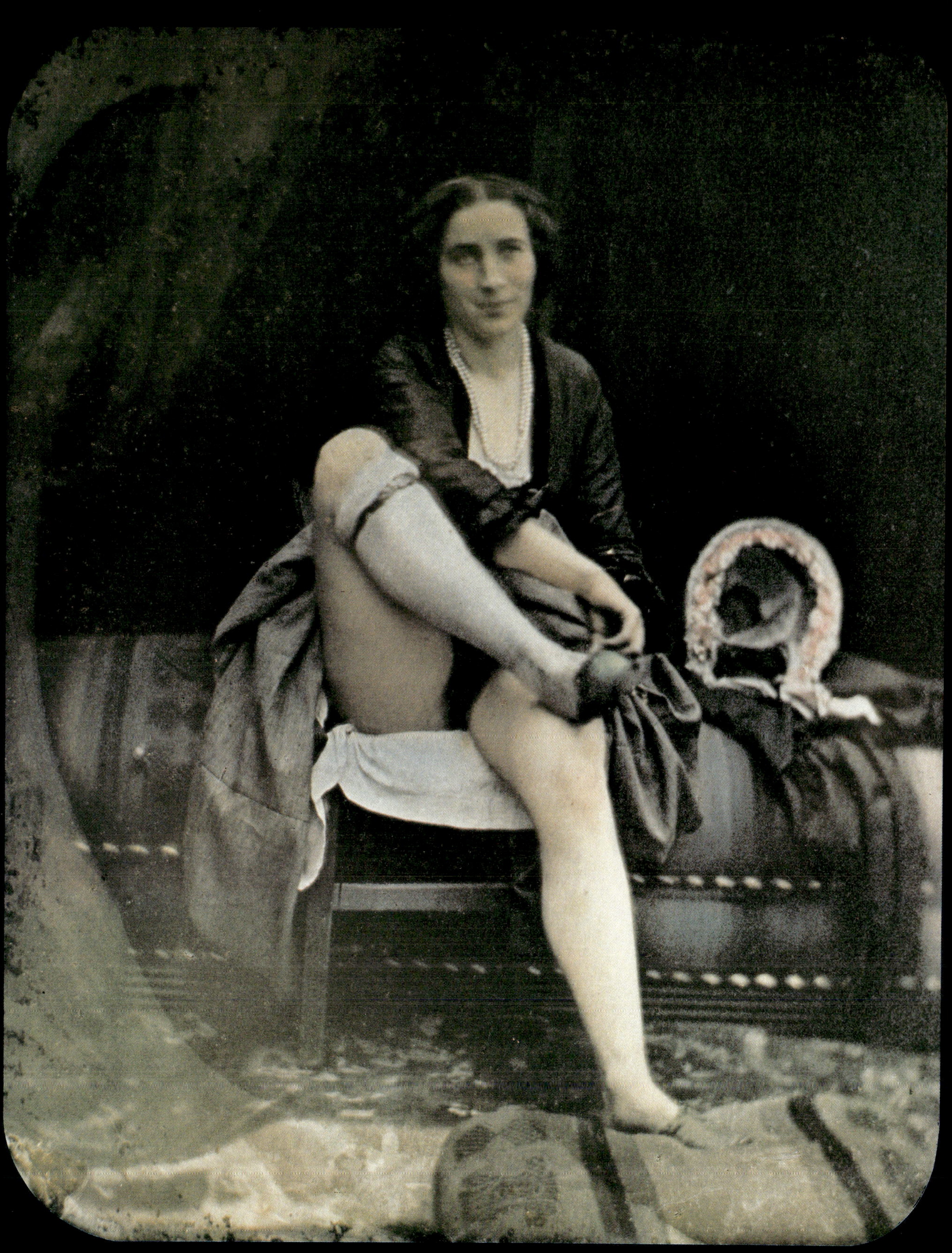

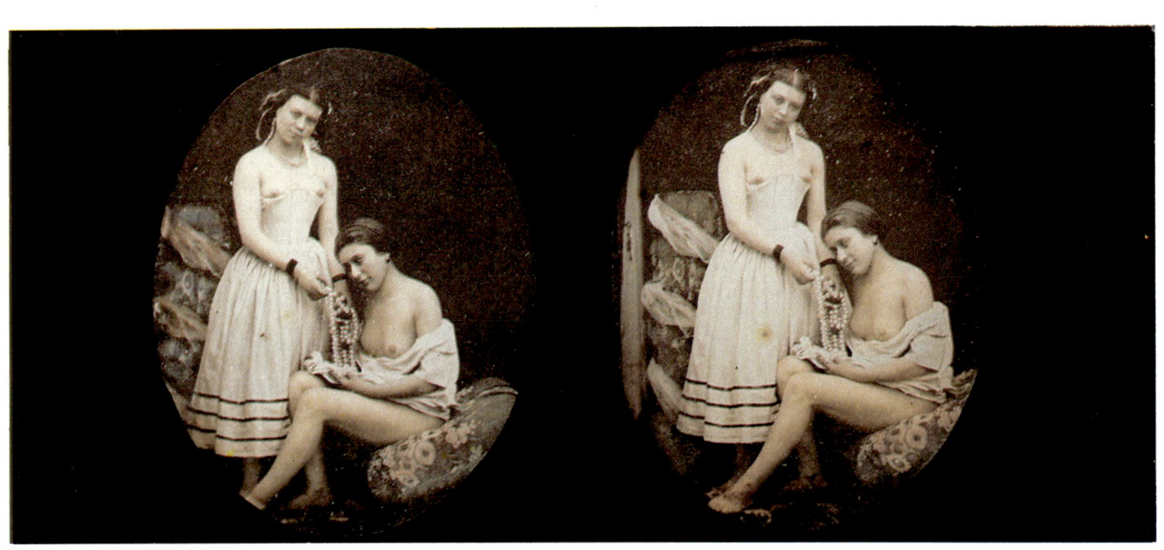

*73. Anonyme (vers 1854).*

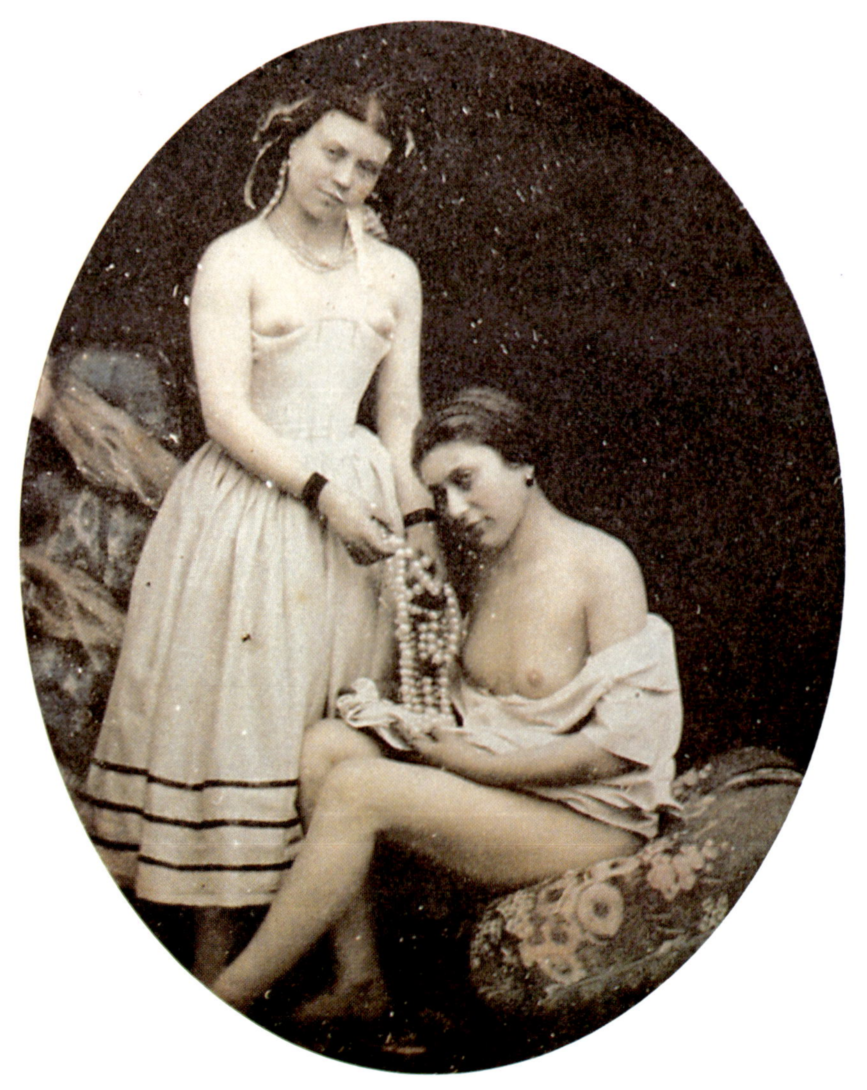

# DAS ZWEITE KAISERREICH
## (1852 – 1870)
## AKTSTUDIE UND PORNOGRAPHIE

---

# THE SECOND EMPIRE
## (1852 – 1870)
## THE FORMAL NUDE STUDY AND PORNOGRAPHY

---

# LA SECOND EMPIRE
## (1852 – 1870)
## ACADÉMIE ET PORNOGRAPHIE

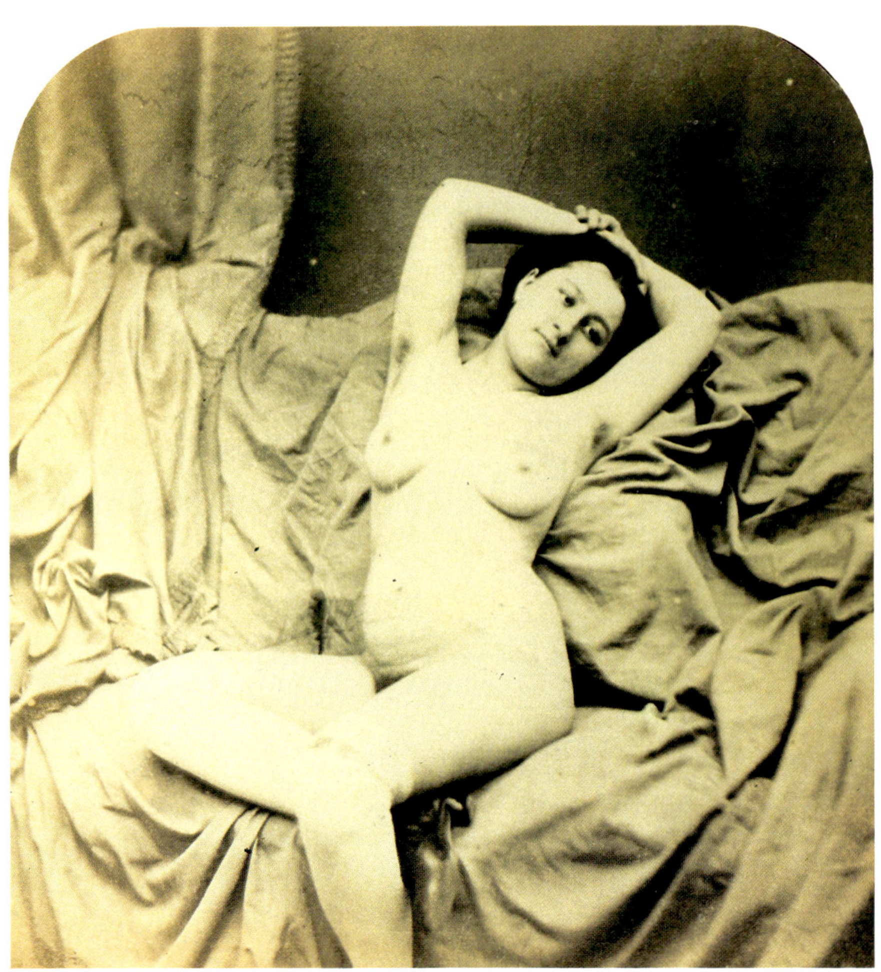

*74. Auguste Belloc (vers 1854).*

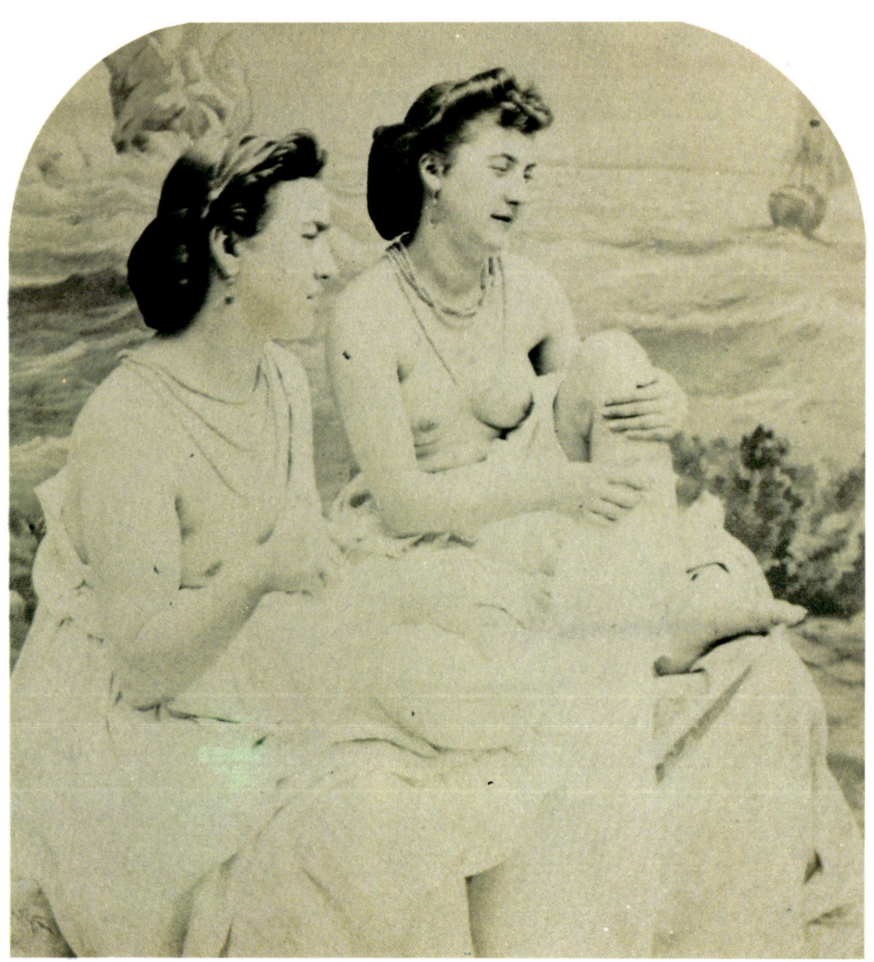

*75. Auguste Belloc (vers 1854).*

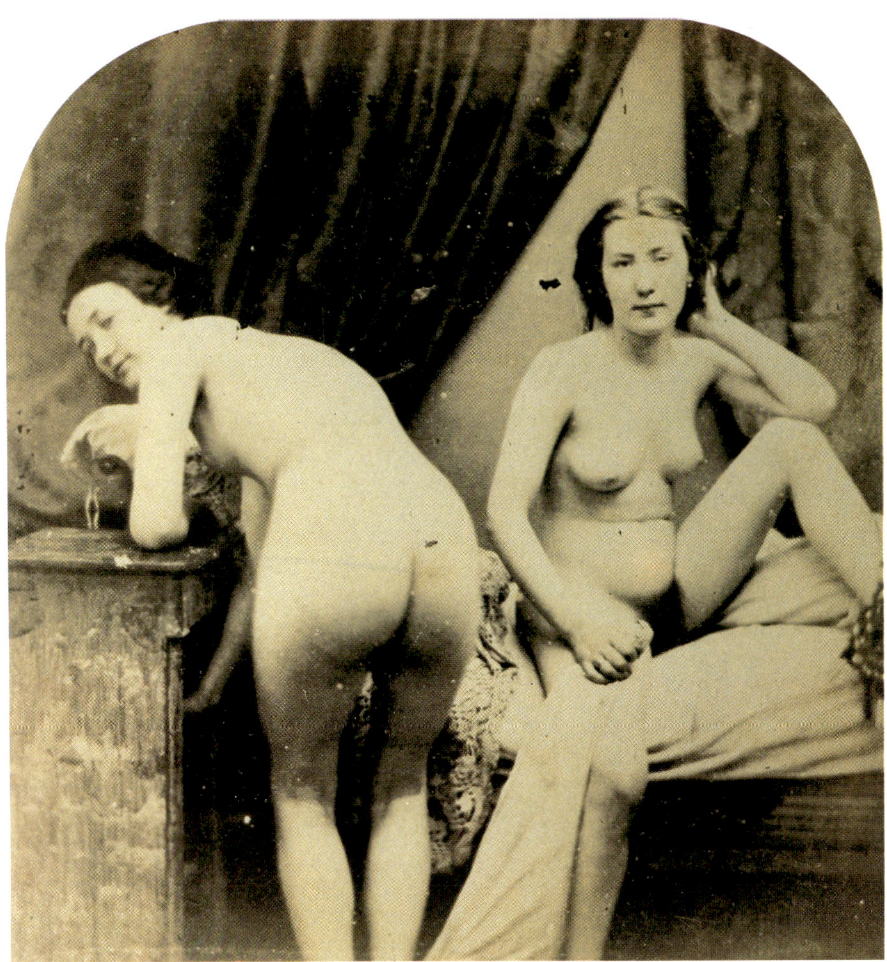

*76. Auguste Belloc (vers 1854).*

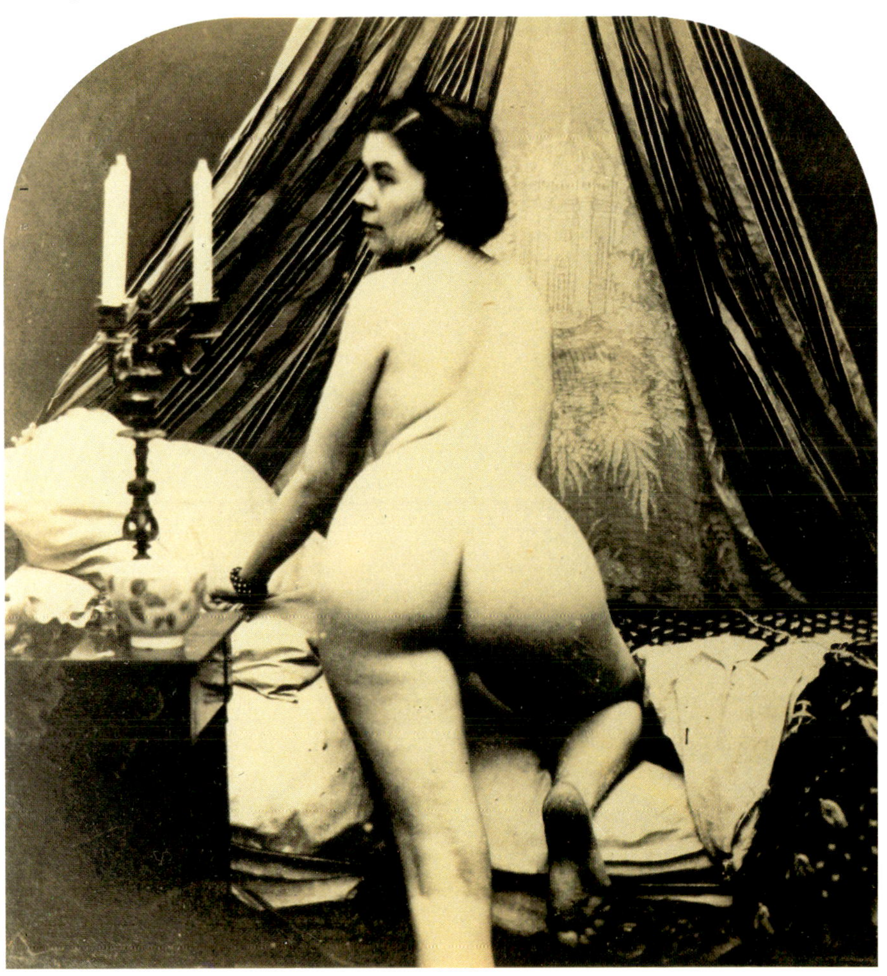

*77. Auguste Belloc (vers 1854).*

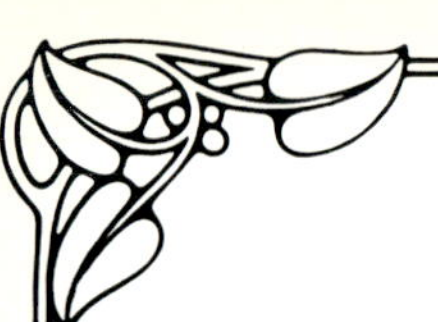

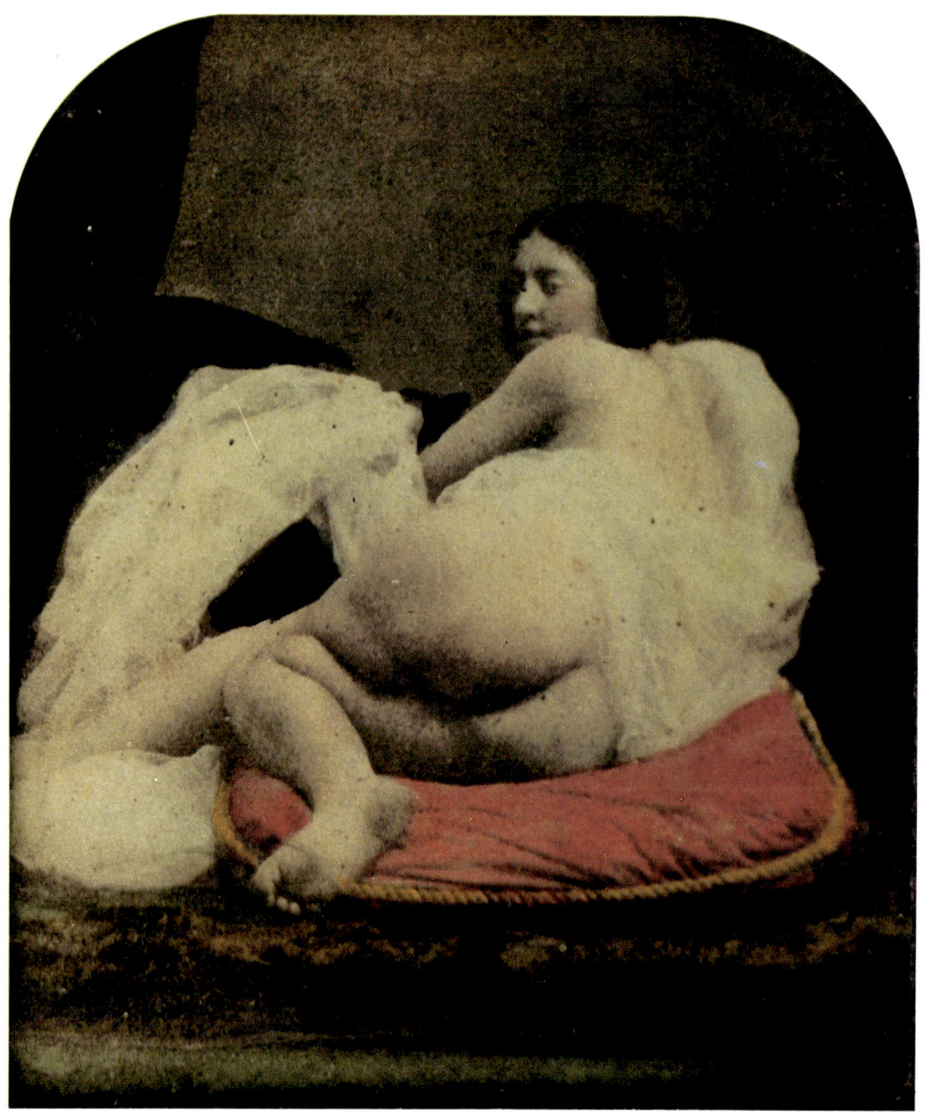

*78. Auguste Belloc (vers 1854).*

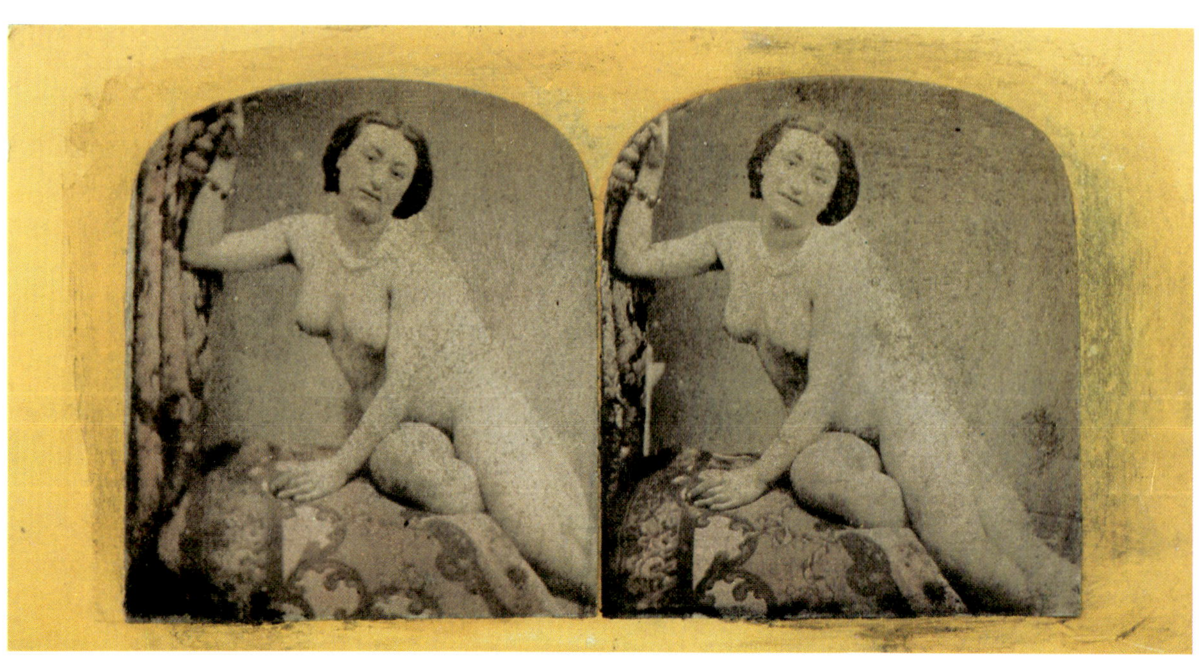

*79. Auguste Belloc (vers 1854).*

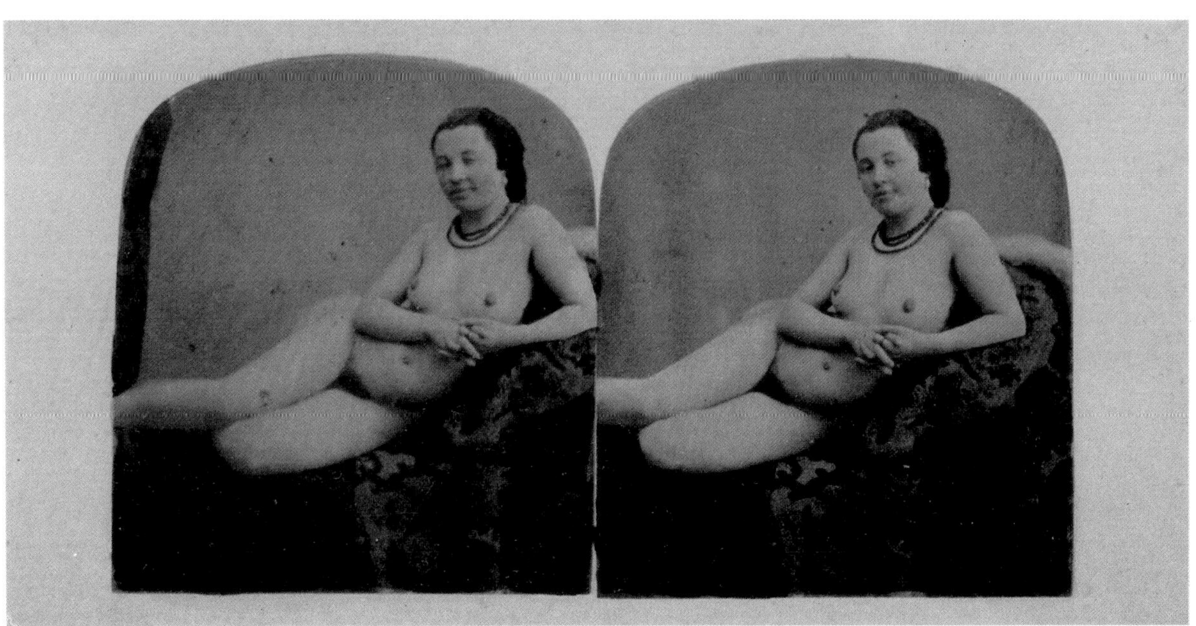

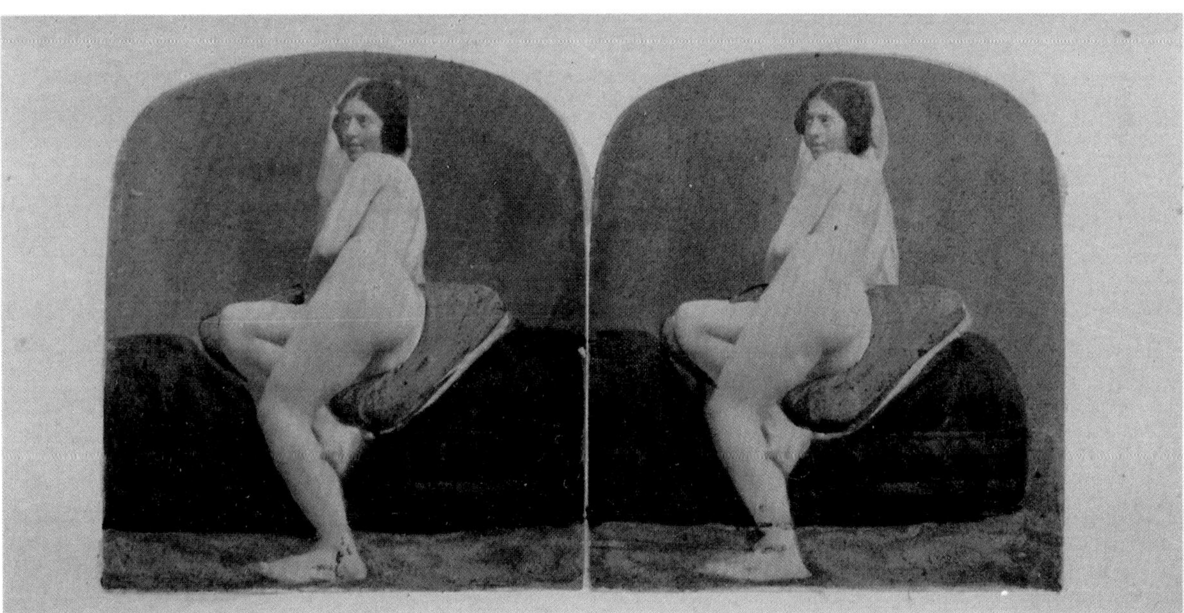

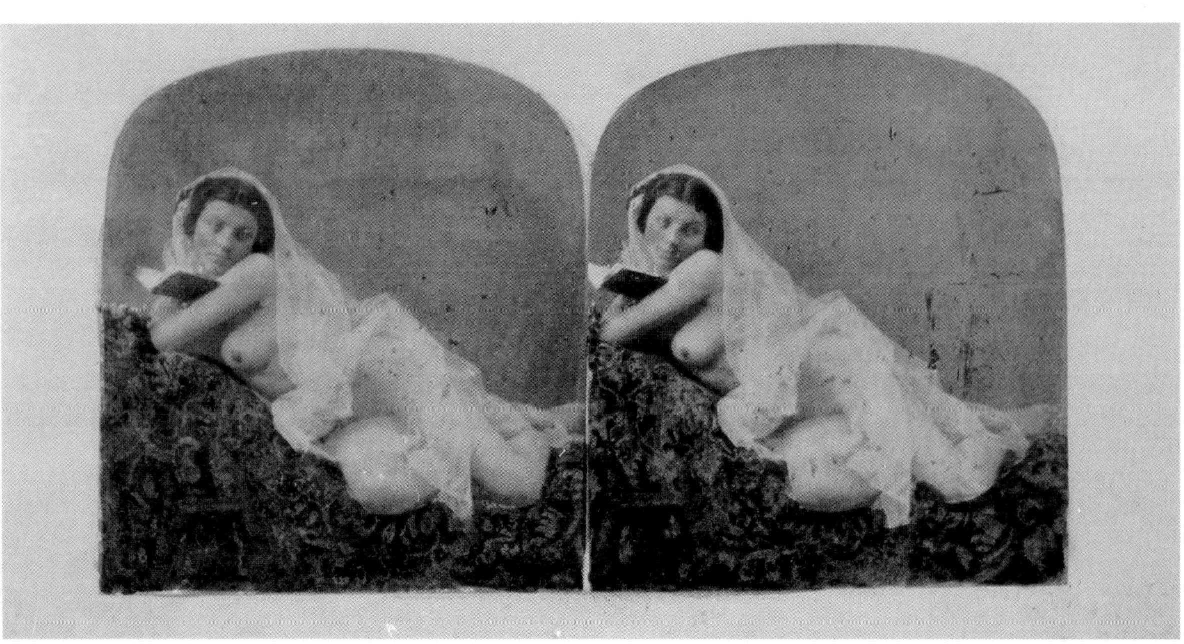

*80.81.82. Auguste Belloc (vers 1854).*

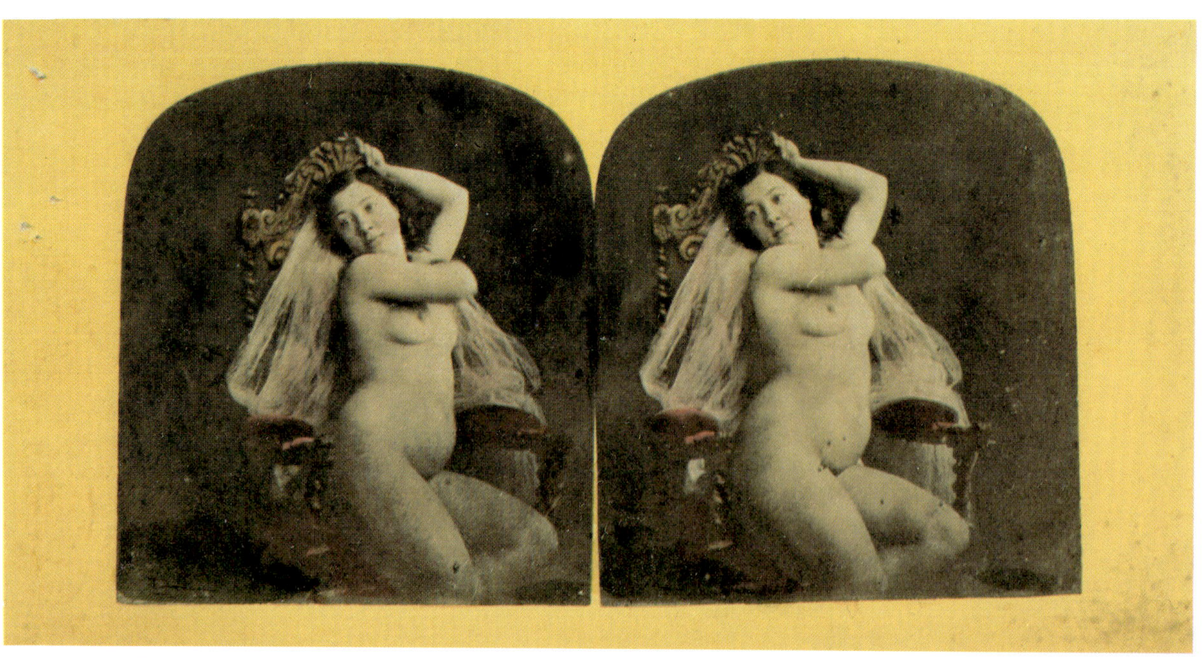

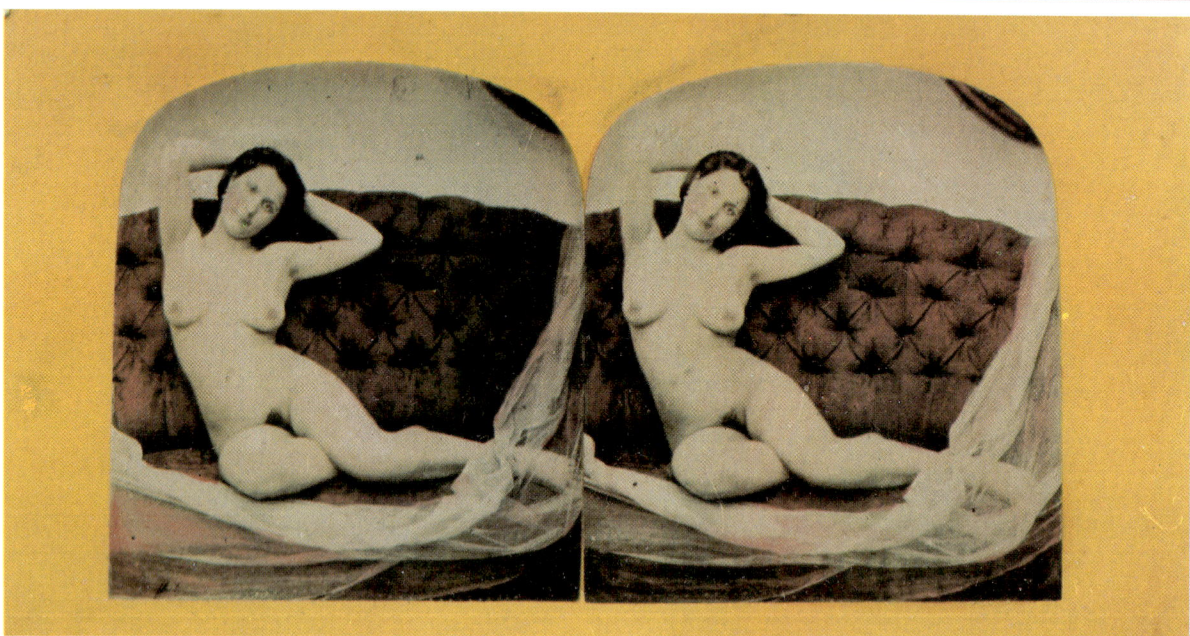

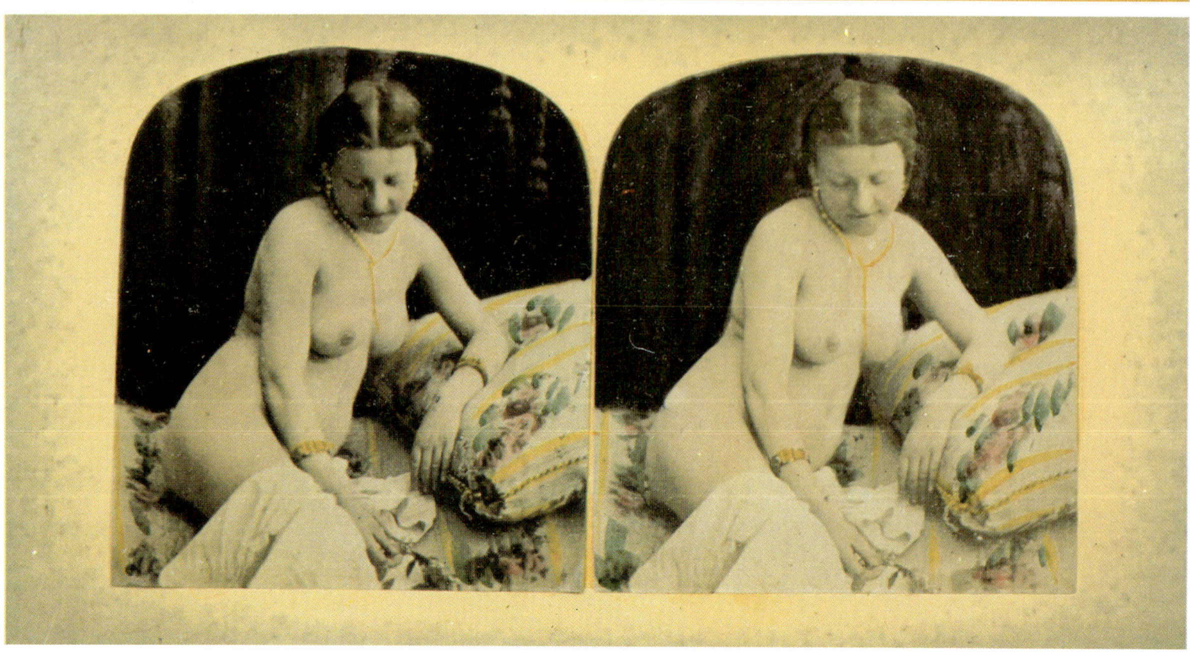

*83.84.85. Auguste Belloc (vers 1854).*

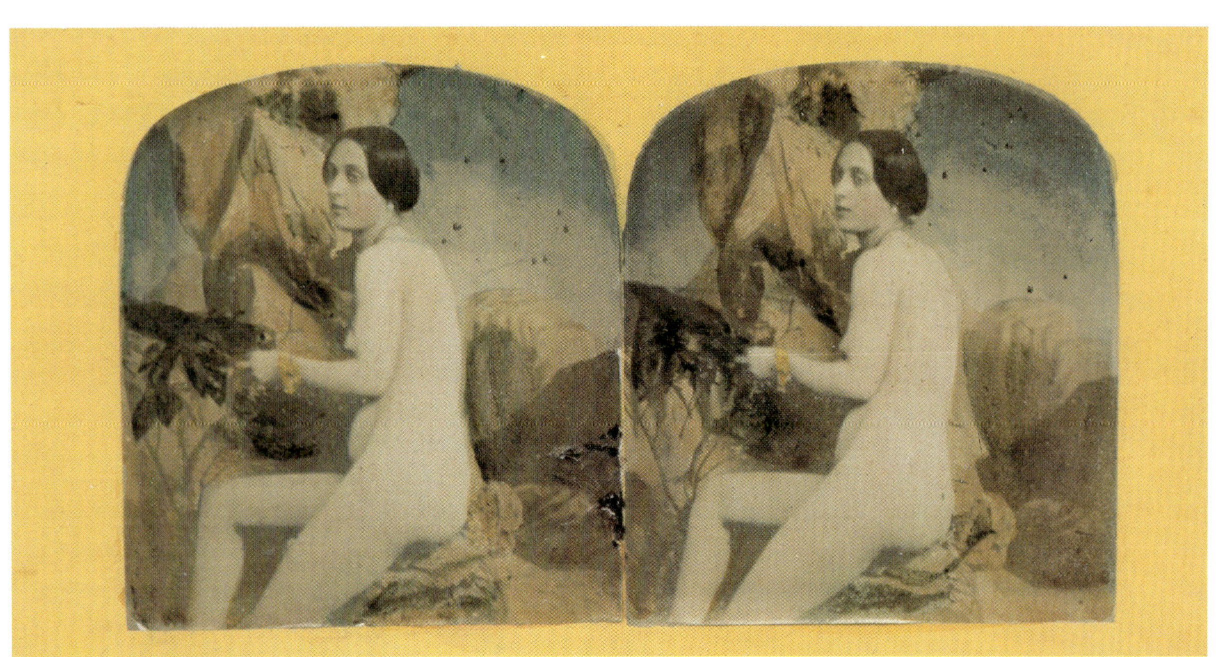

*86. Auguste Belloc (vers 1854).*

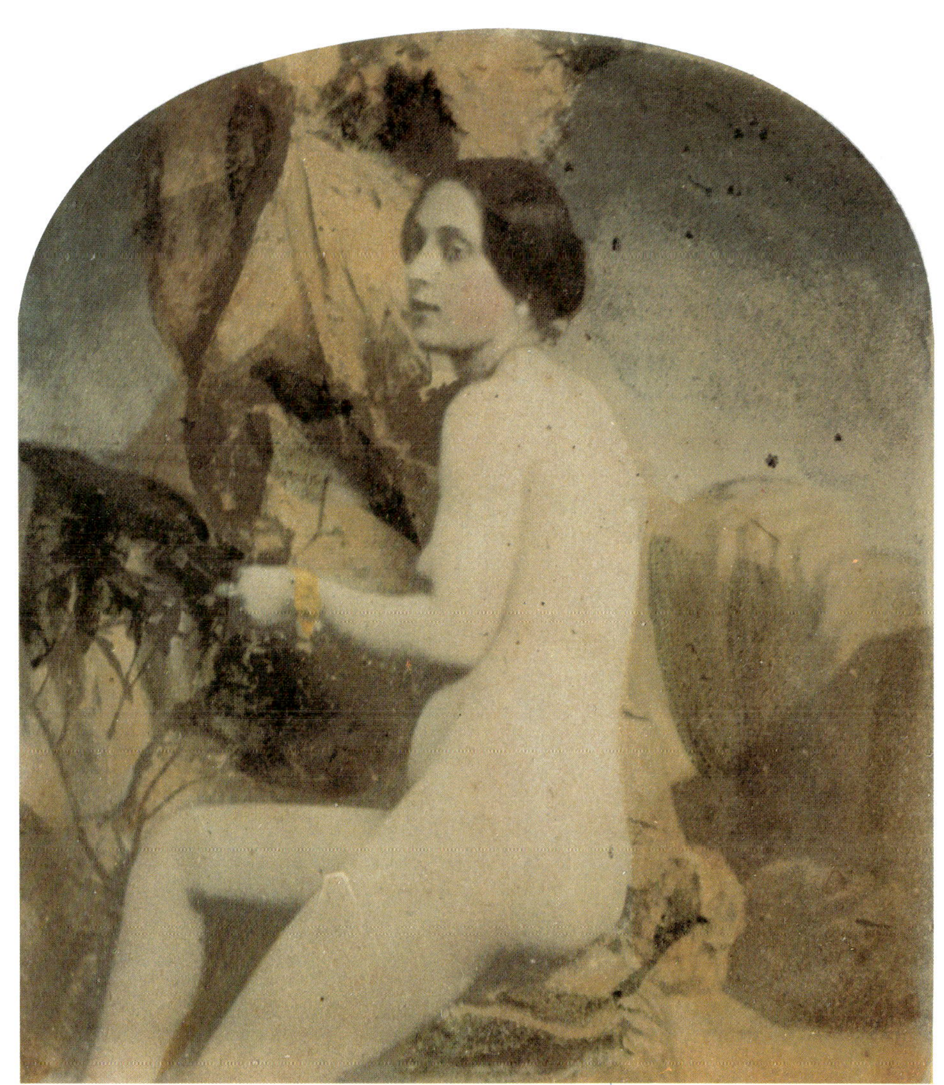

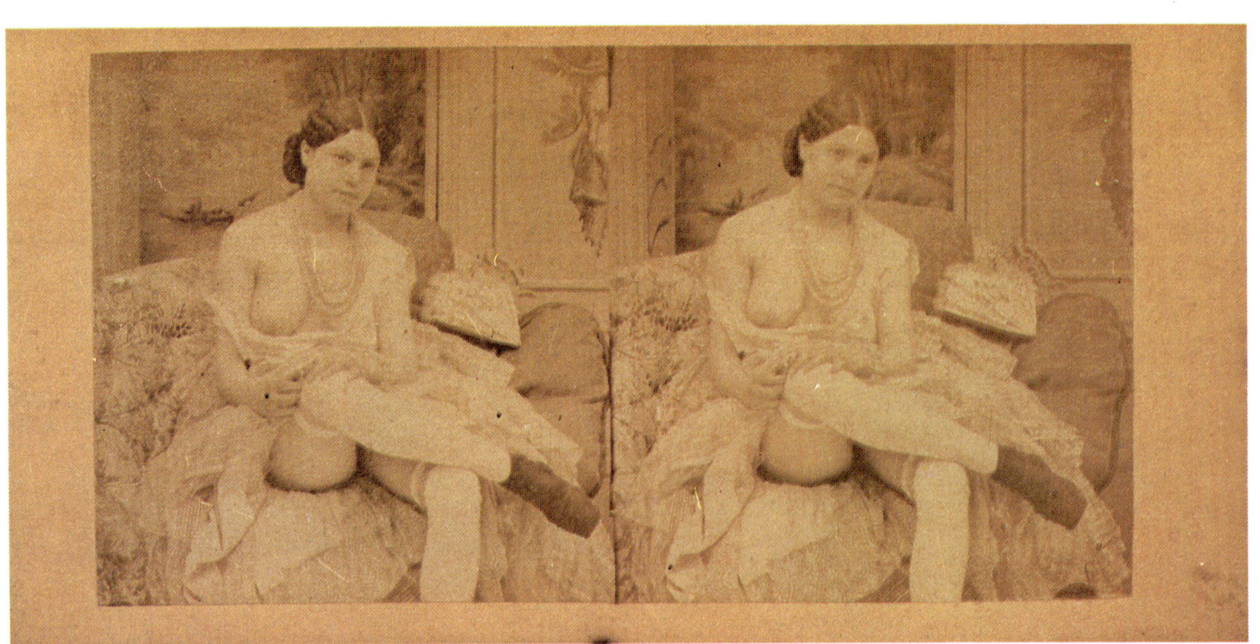

*87. Auguste Belloc (vers 1854).*

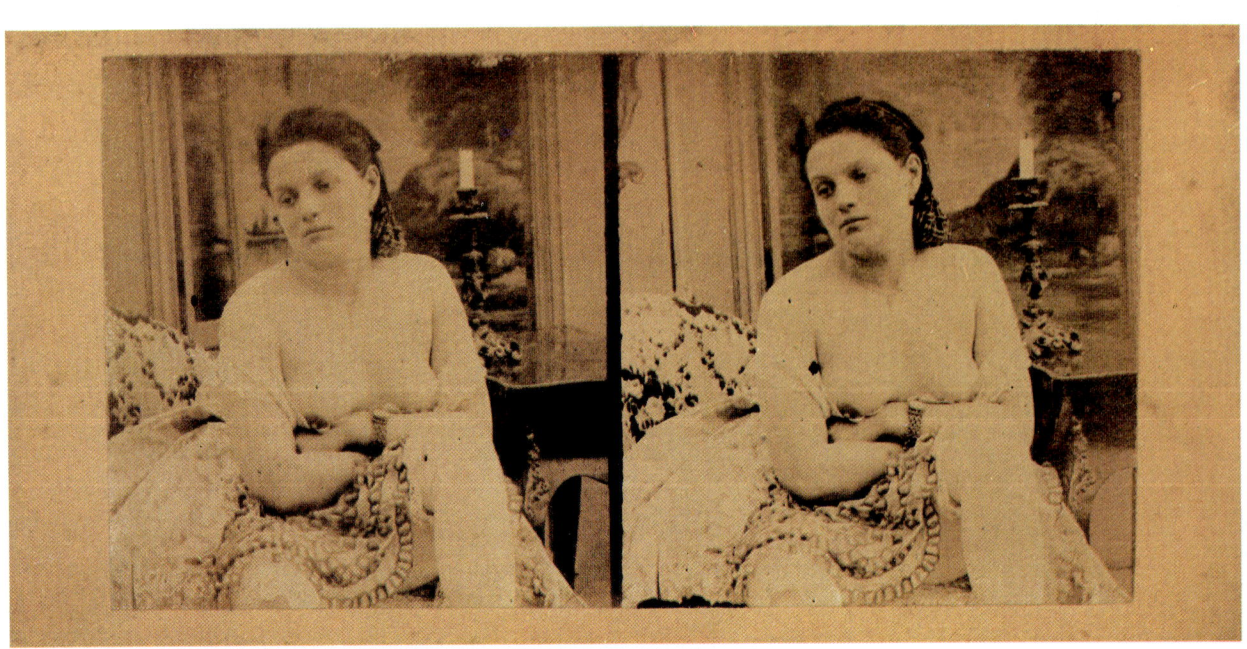

*88. Auguste Belloc (vers 1854).*

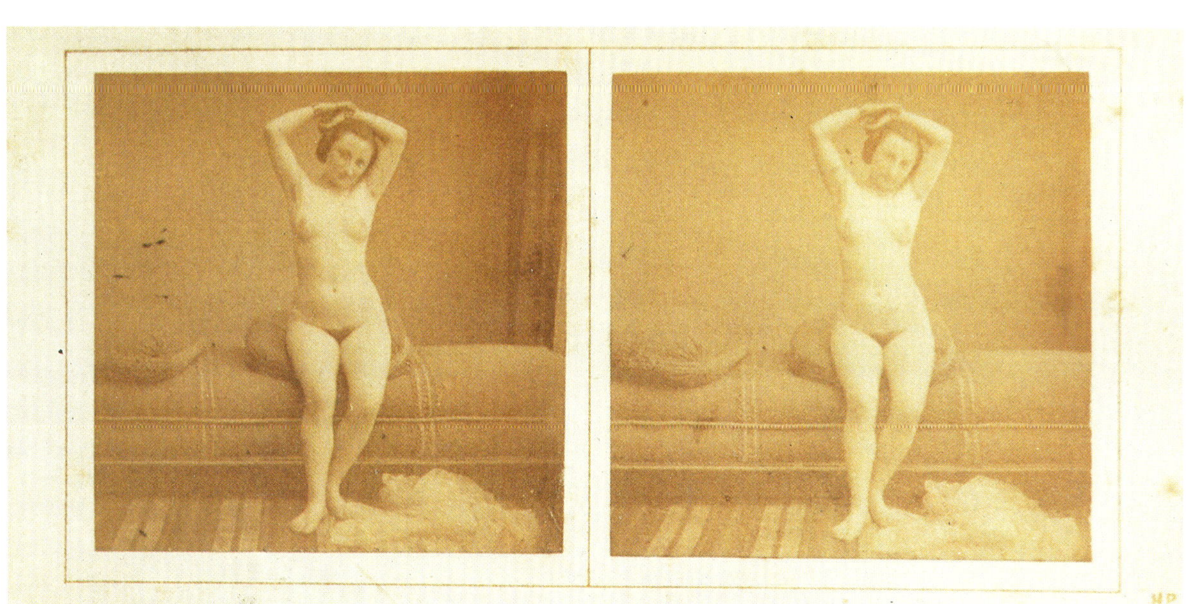

*89. Auguste Belloc (vers 1854).*

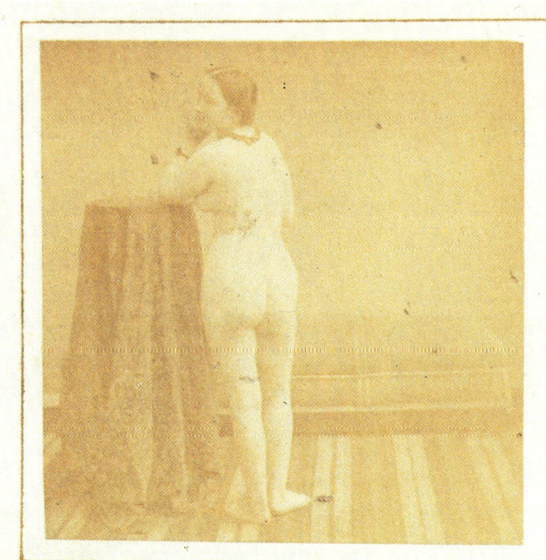
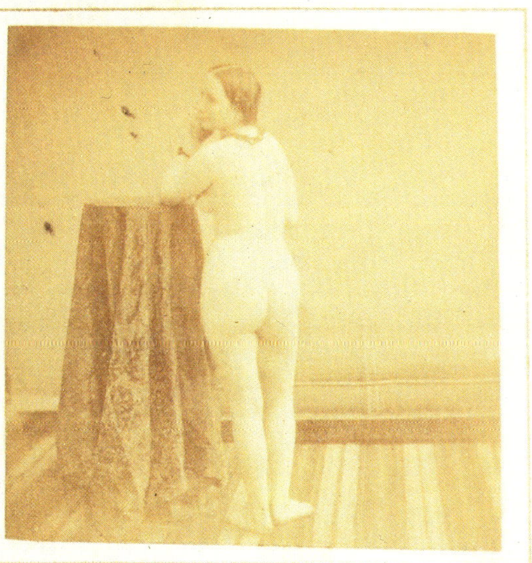

*90. Auguste Belloc (vers 1854).*

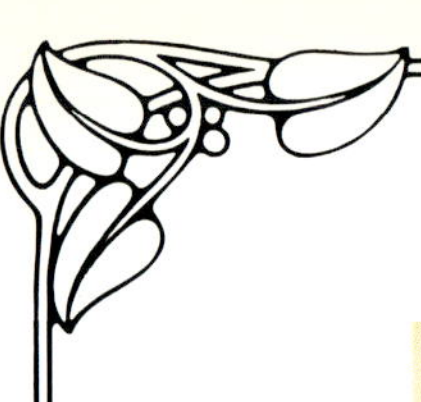

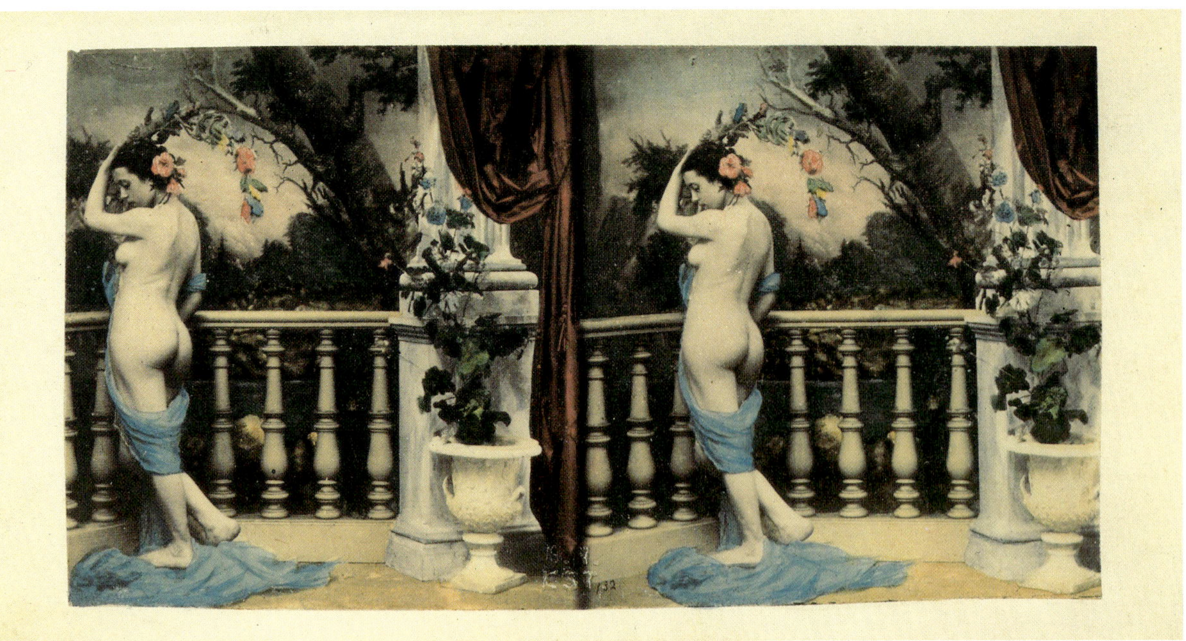

*91. Auguste Belloc (vers 1855).*

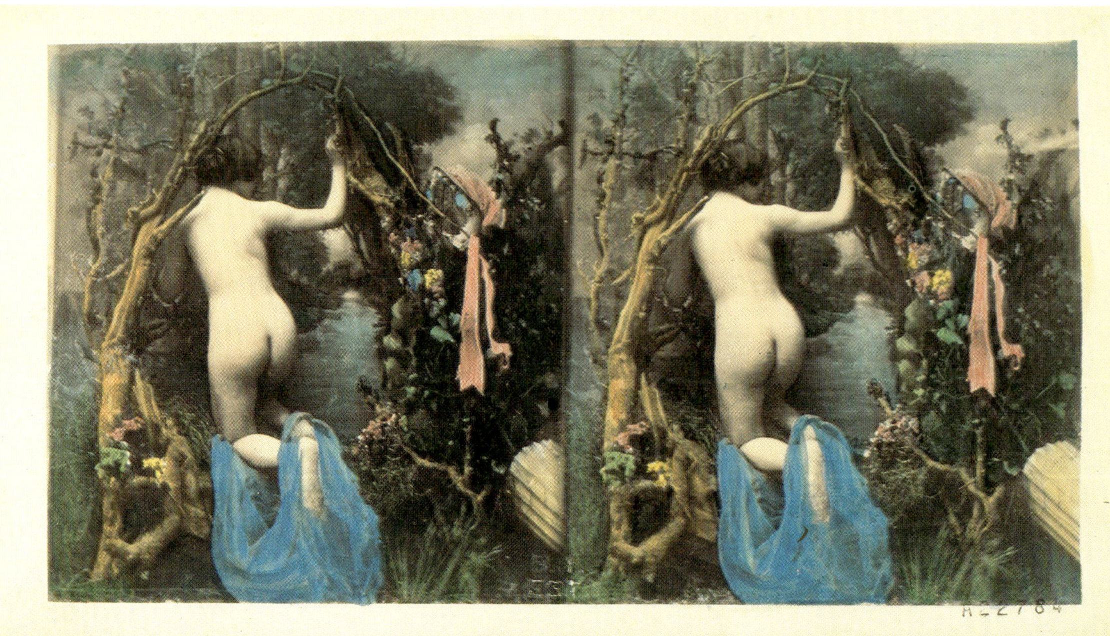

*92. Auguste Belloc (vers 1855).*

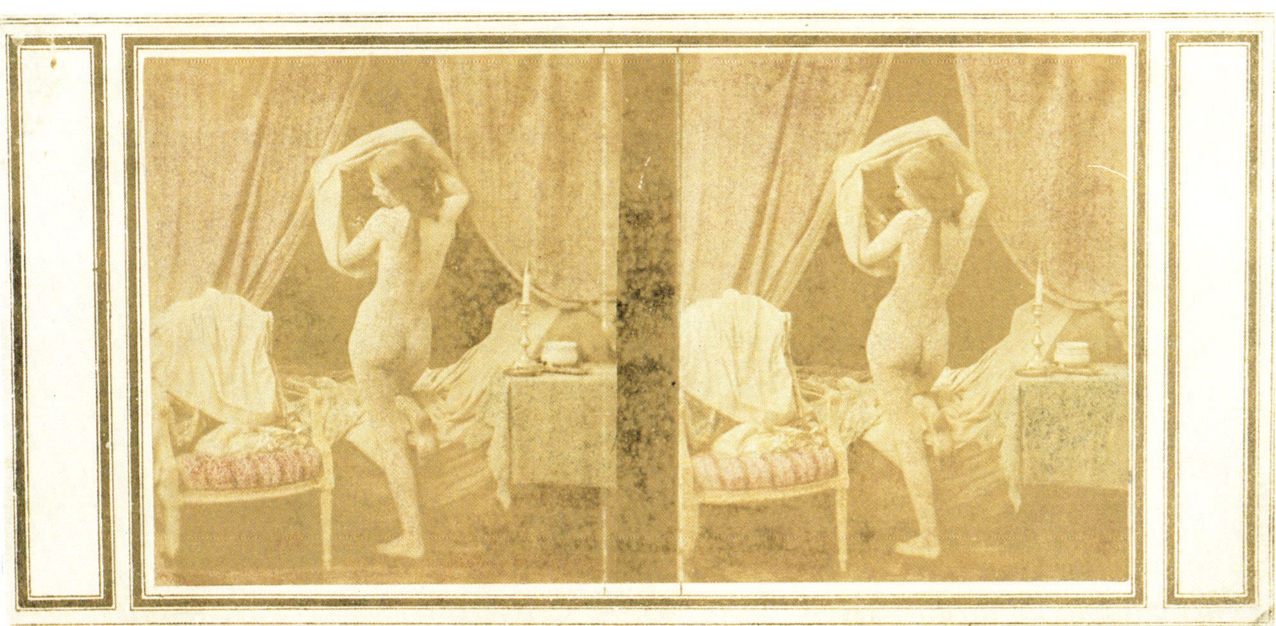

93. *F. Jacques Moulin (vers 1853).*

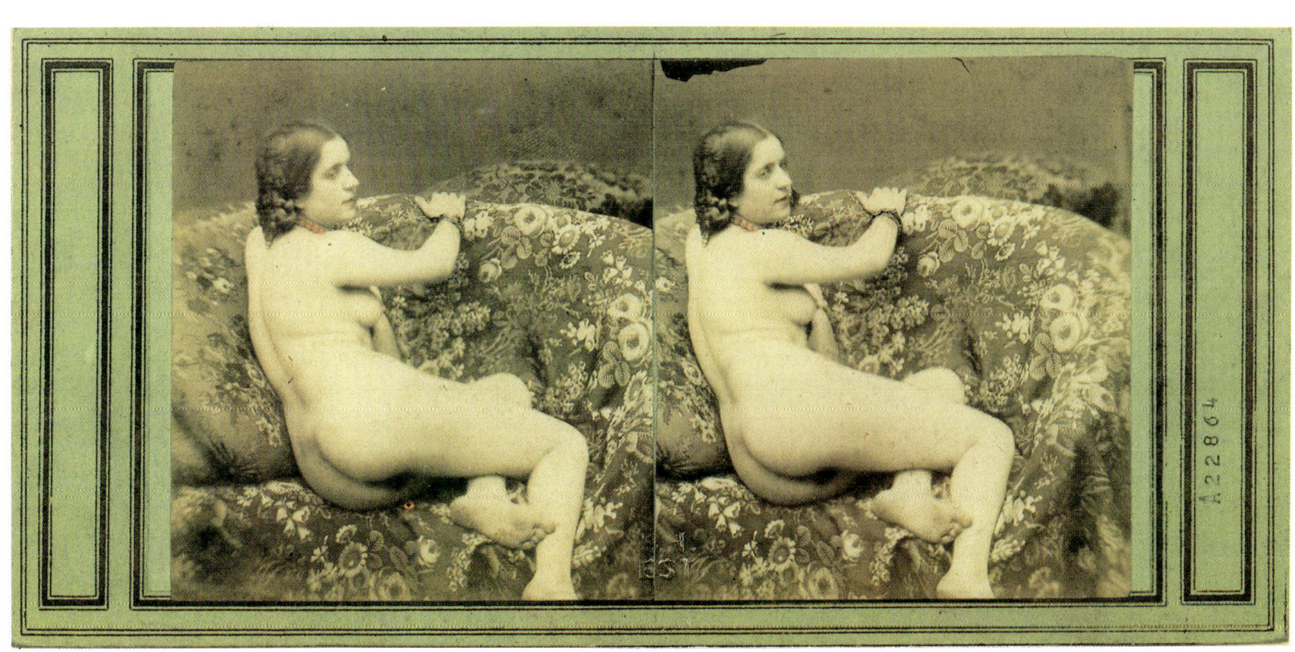


94. *Attribué à F. Jacques Moulin (vers 1853).*

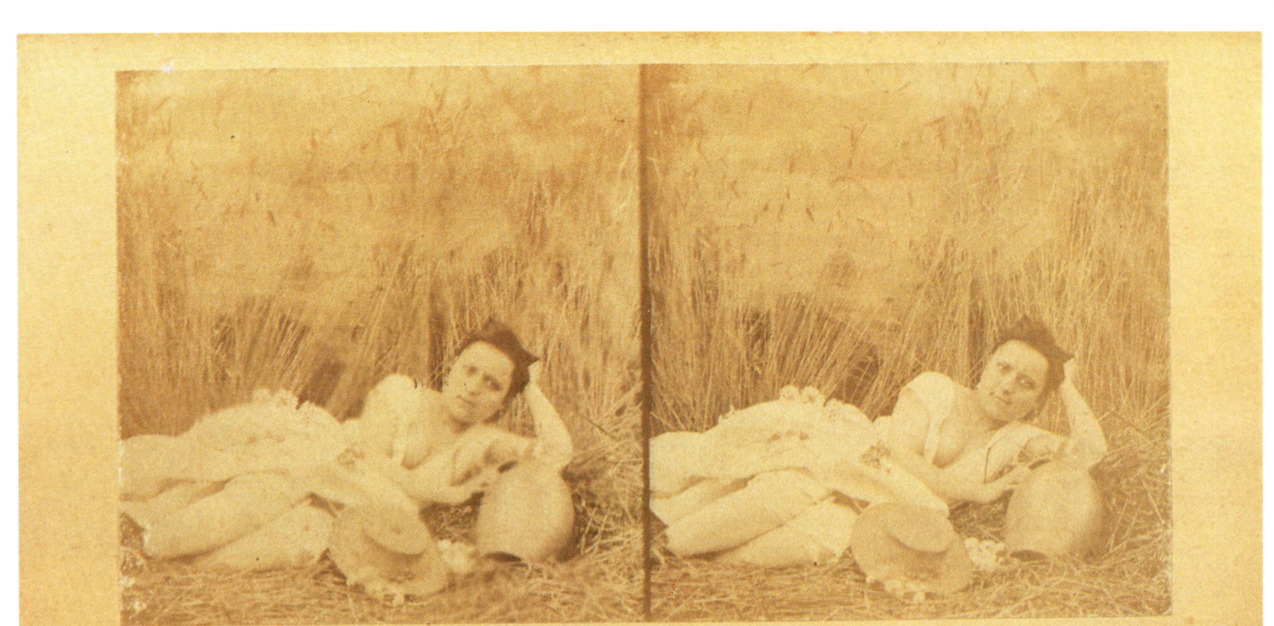

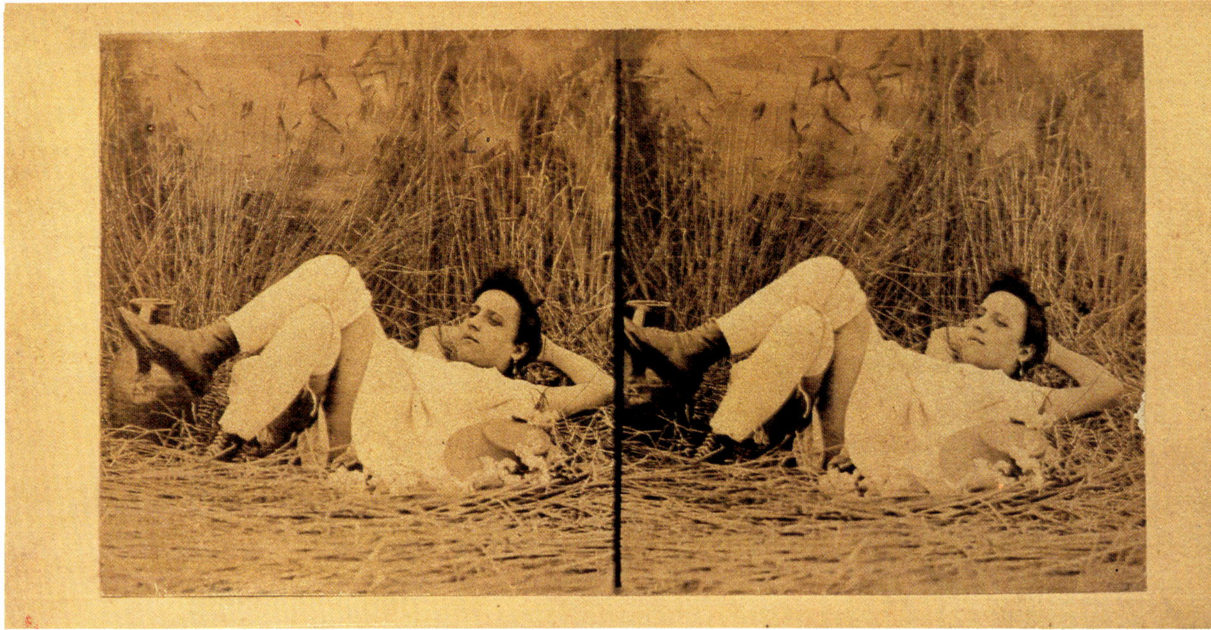

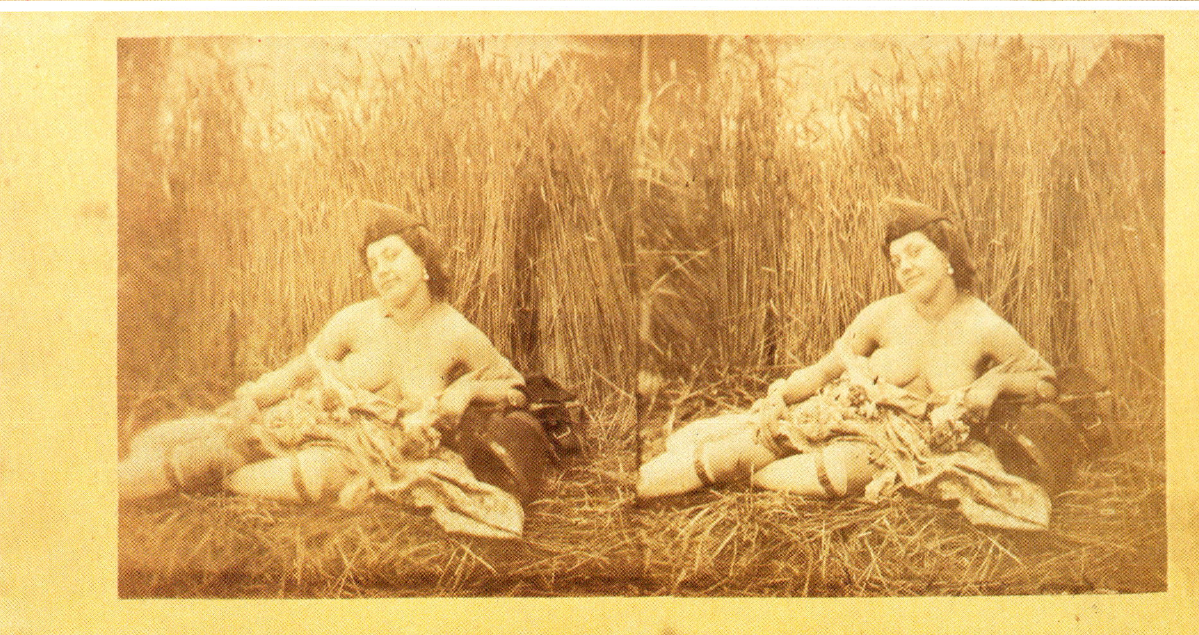

*95.96.97. F. Jacques Moulin (vers 1854).*

*Ci-contre : F. Jacques Moulin (vers 1854).*

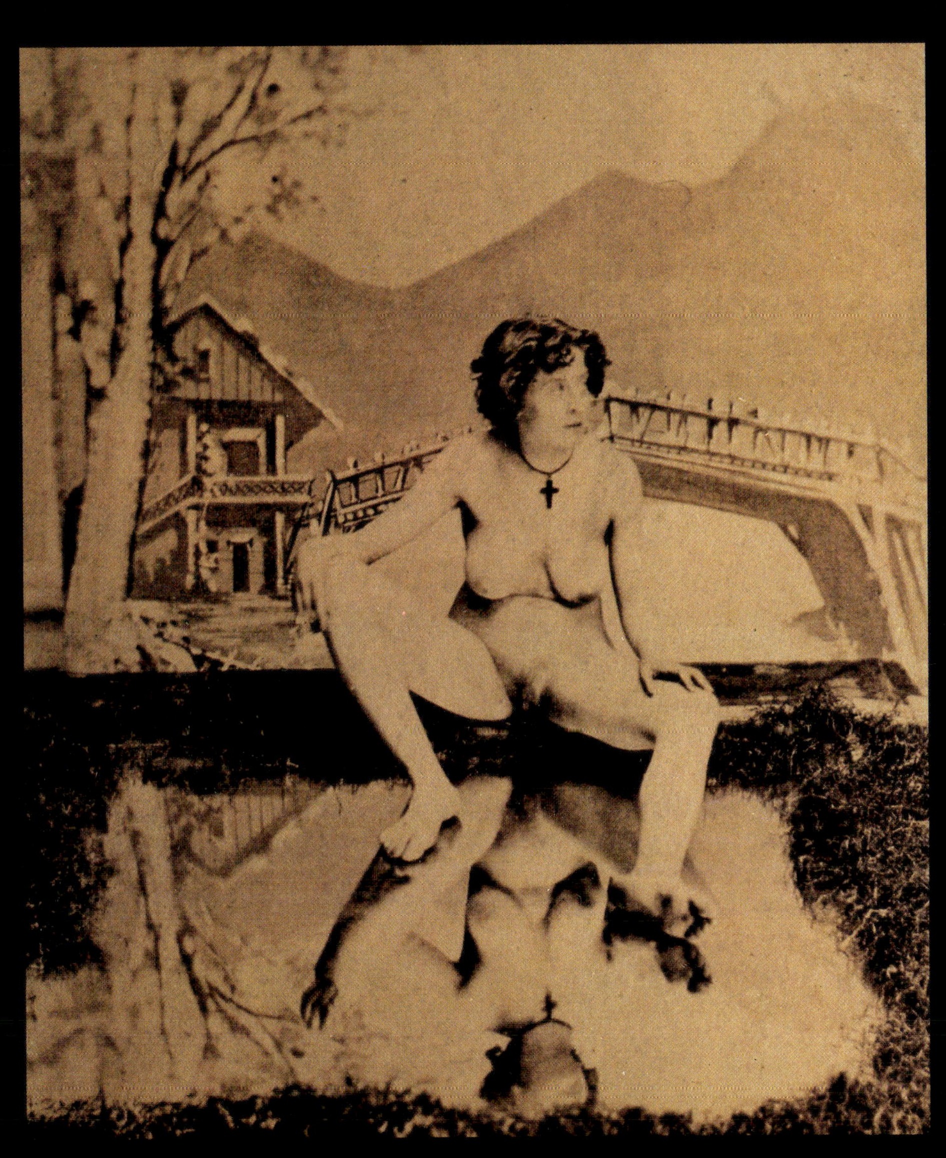

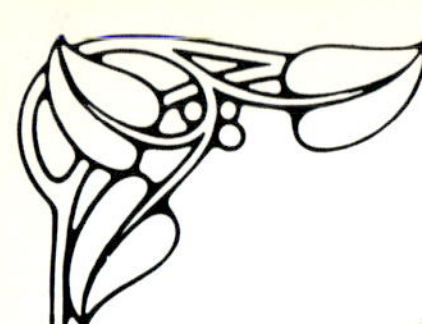

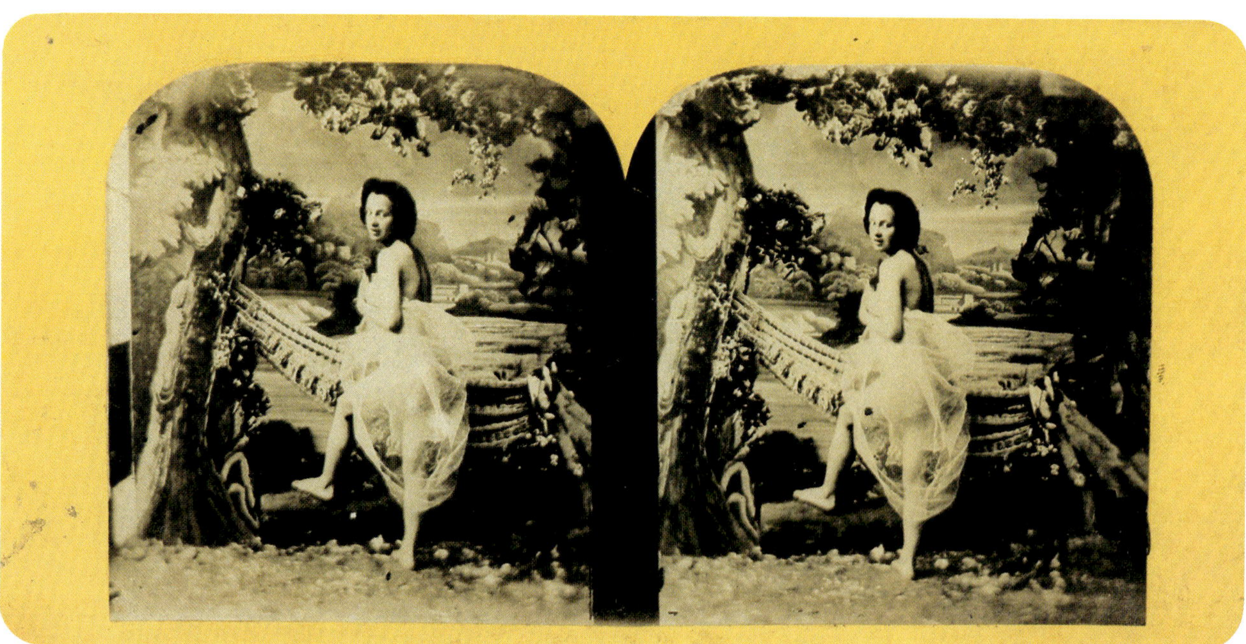

98. *F. Jacques Moulin (vers 1854).*

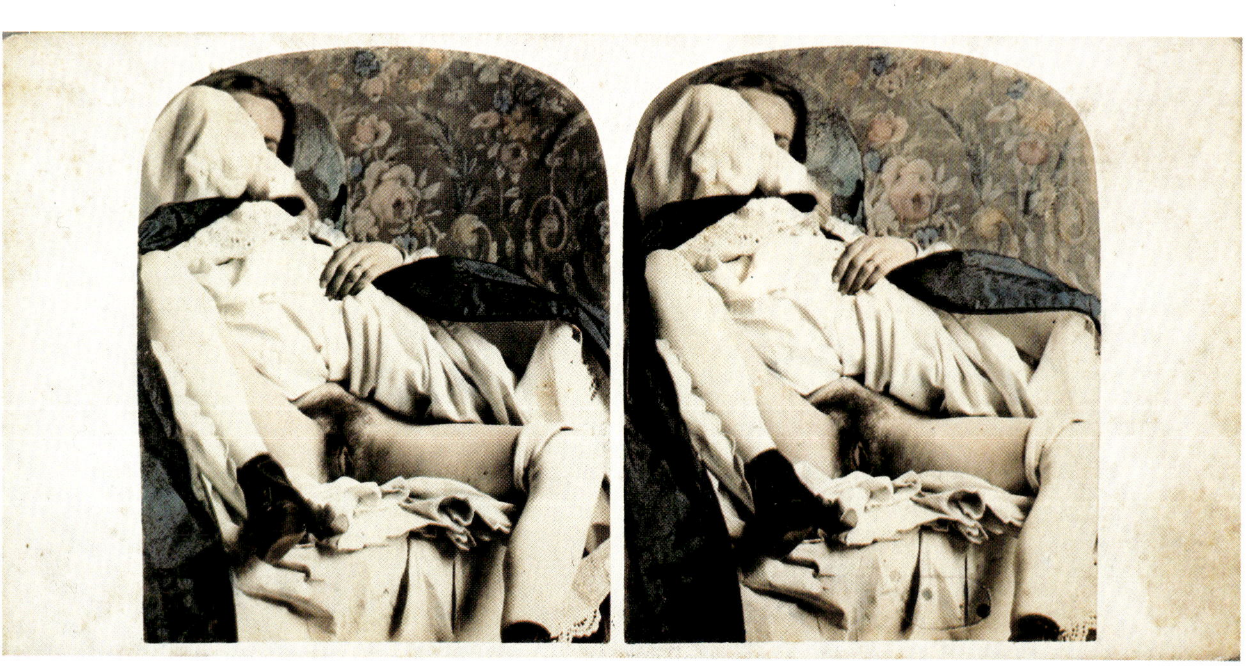

99. *F. Jacques Moulin ? (vers 1854).*

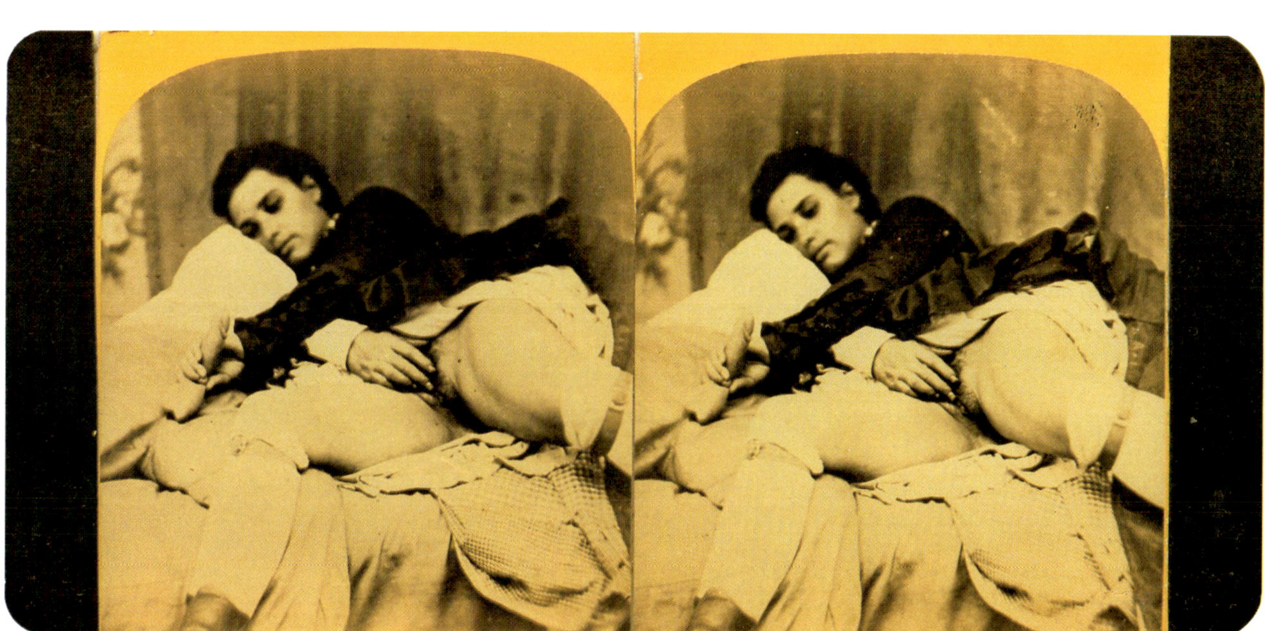

*100. F. Jacques Moulin ? (vers 1854).*

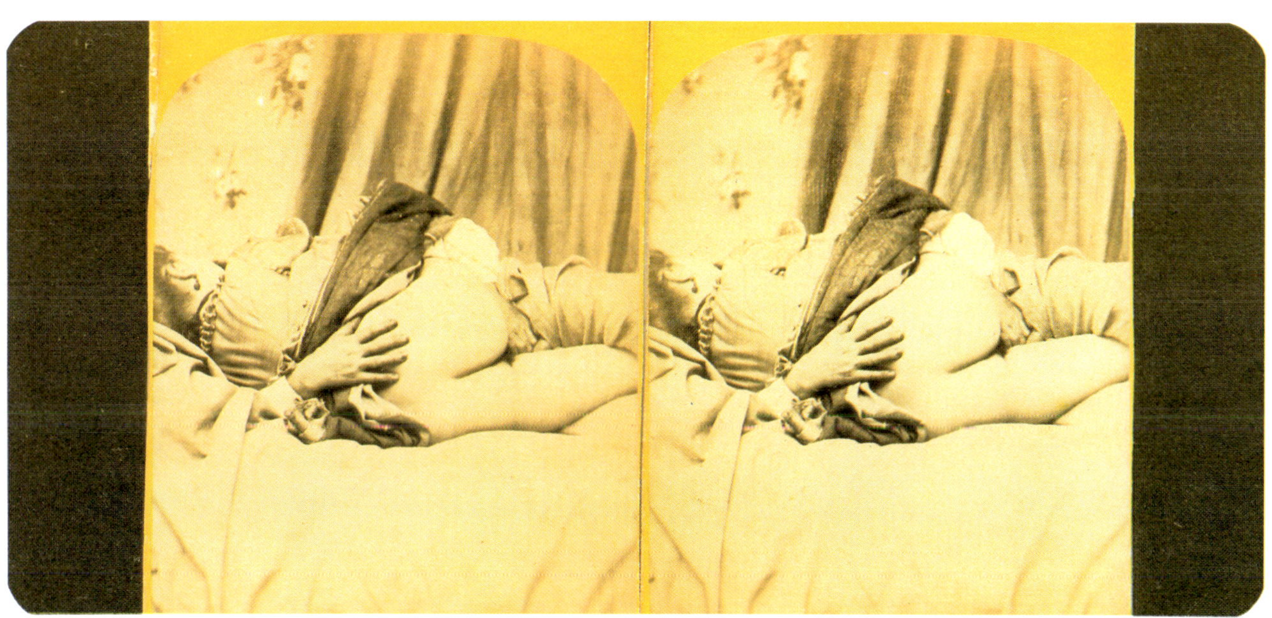

*101. F. Jacques Moulin ? (vers 1854).*

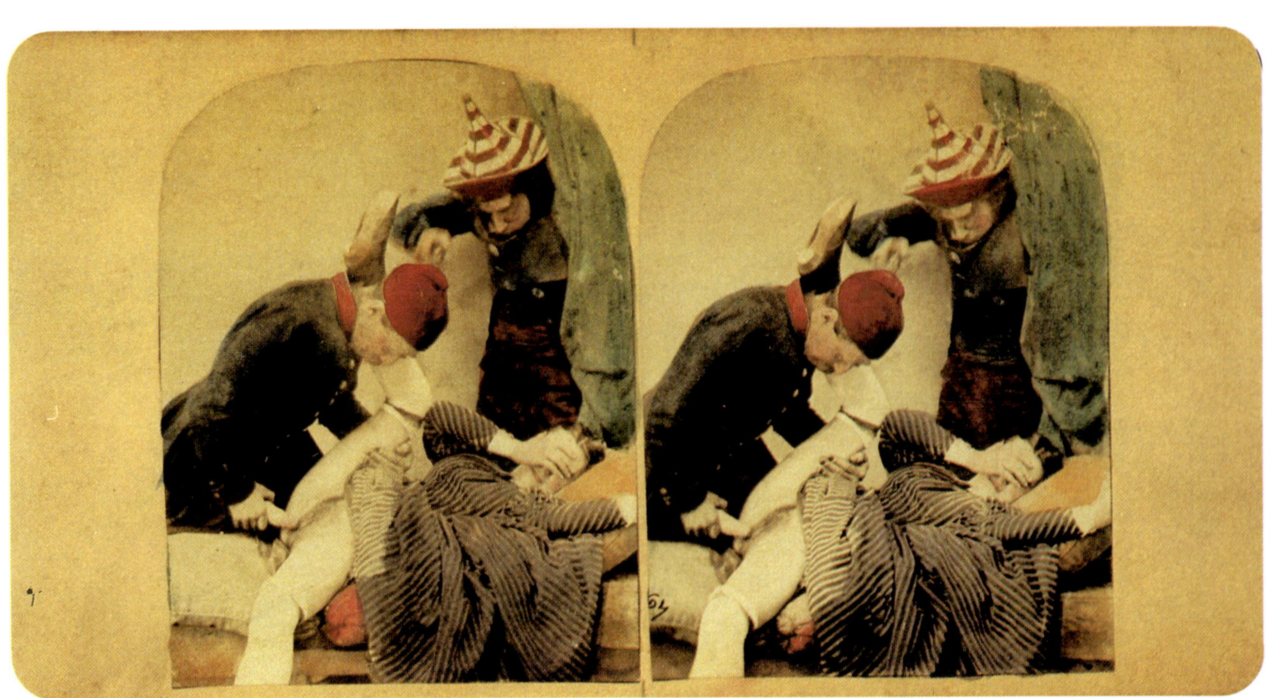

*102. Attribué à F. Jacques Moulin (1852-1853).*

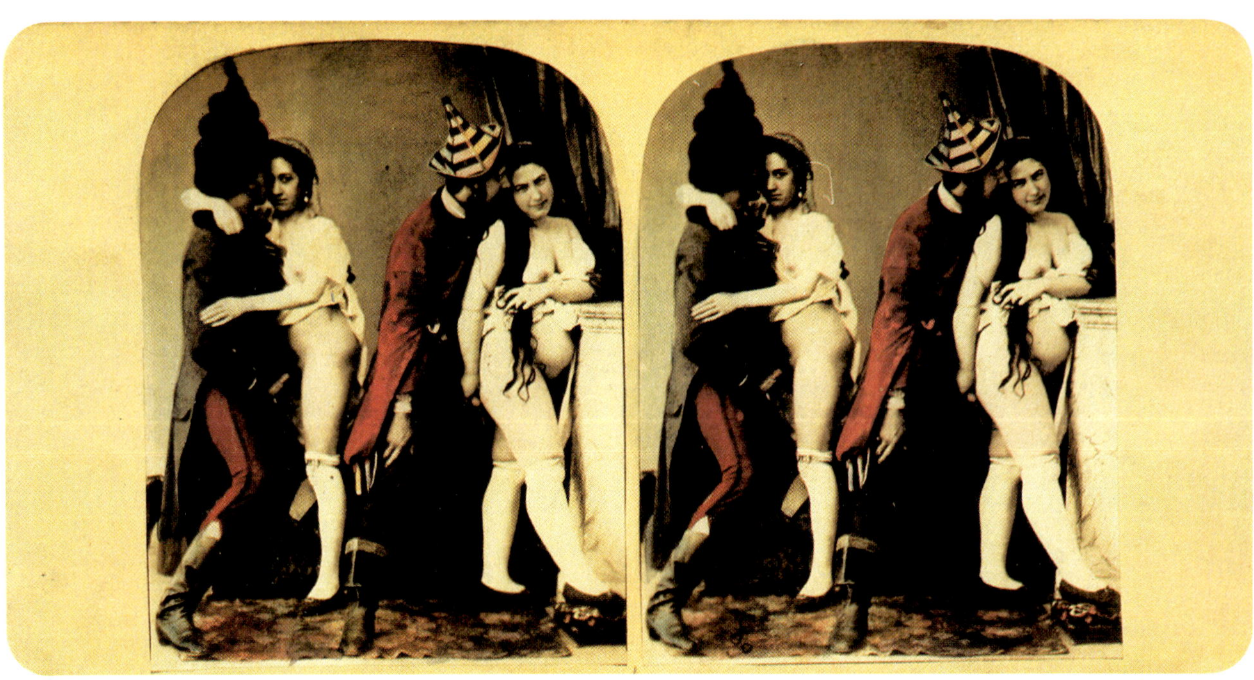

*103. Attribué à F. Jacques Moulin (vers 1852-1853).*

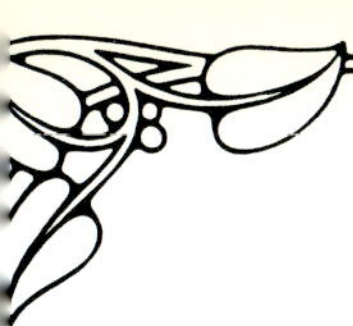

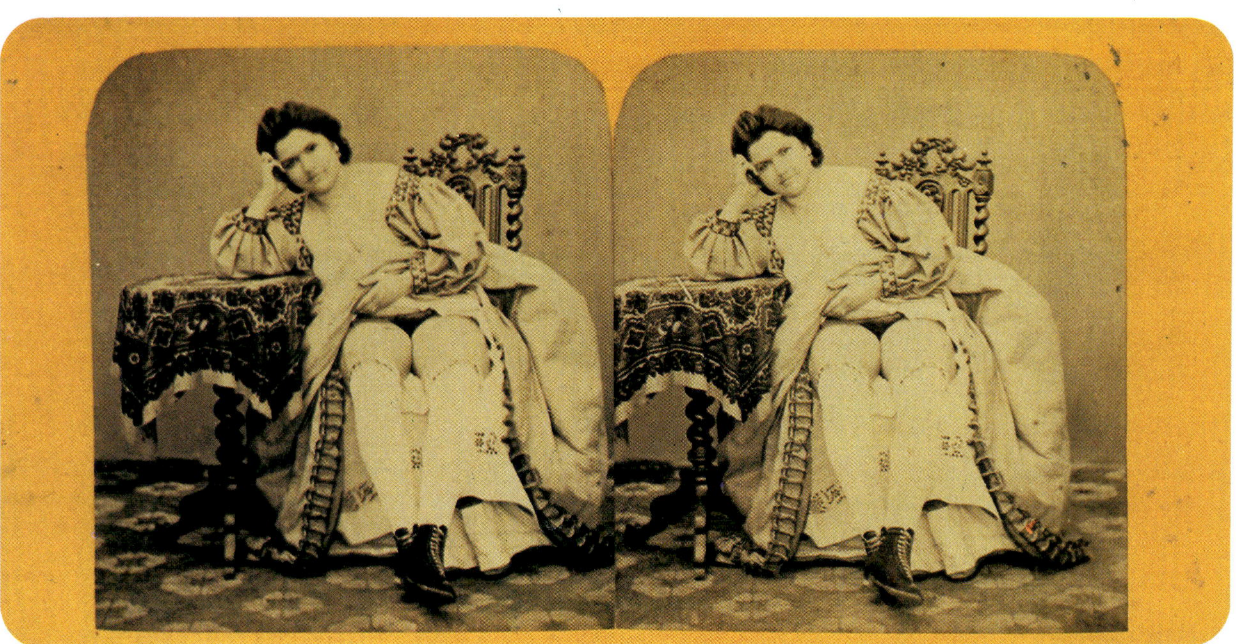

*104. Louis-Camille d'Olivier (vers 1854).*

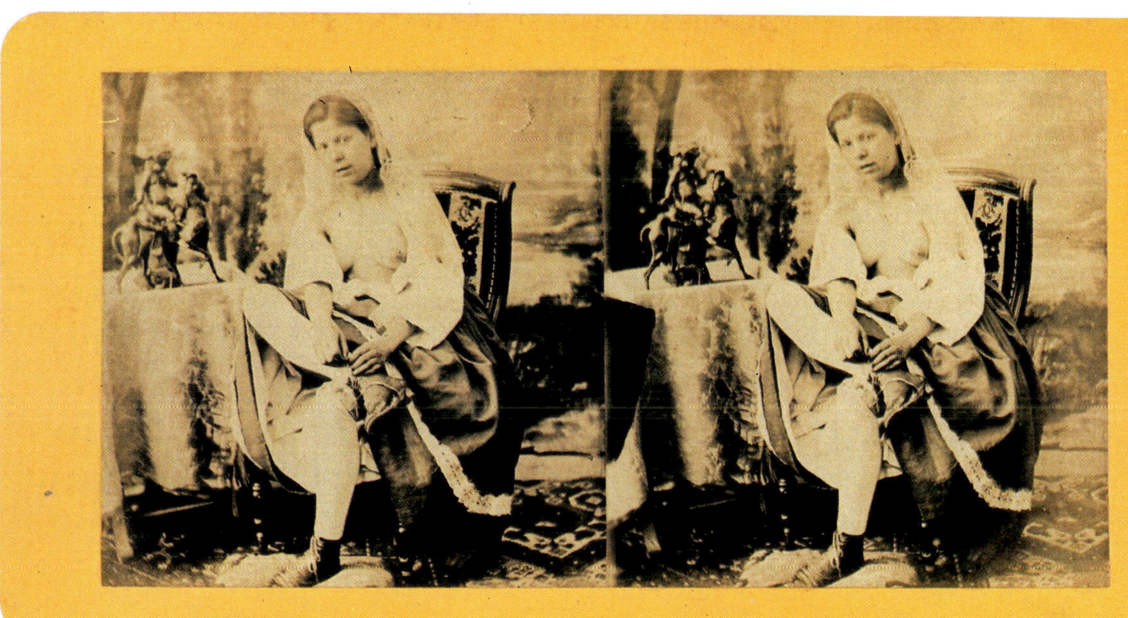

*105. Louis-Camille d'Olivier ? (vers 1854).*

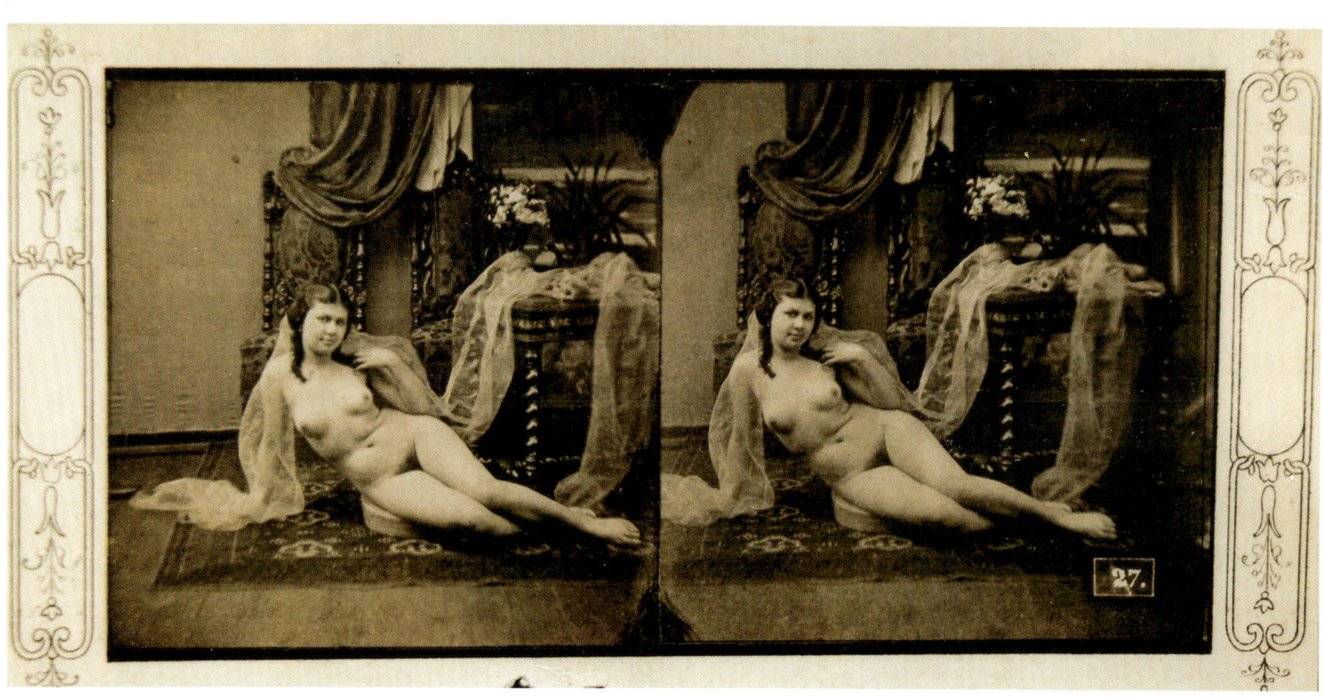


*106. Louis-Camille d'Olivier (1855-1856).*

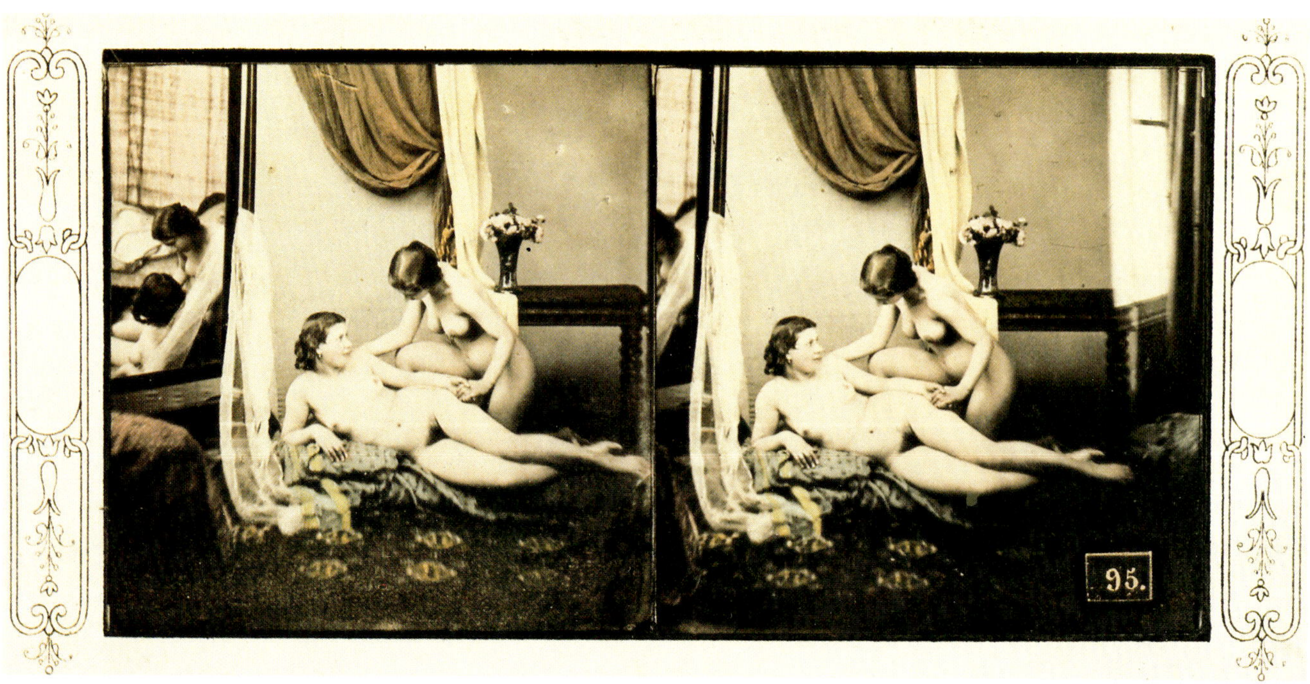


*107. Louis-Camille d'Olivier (1855-1856).*

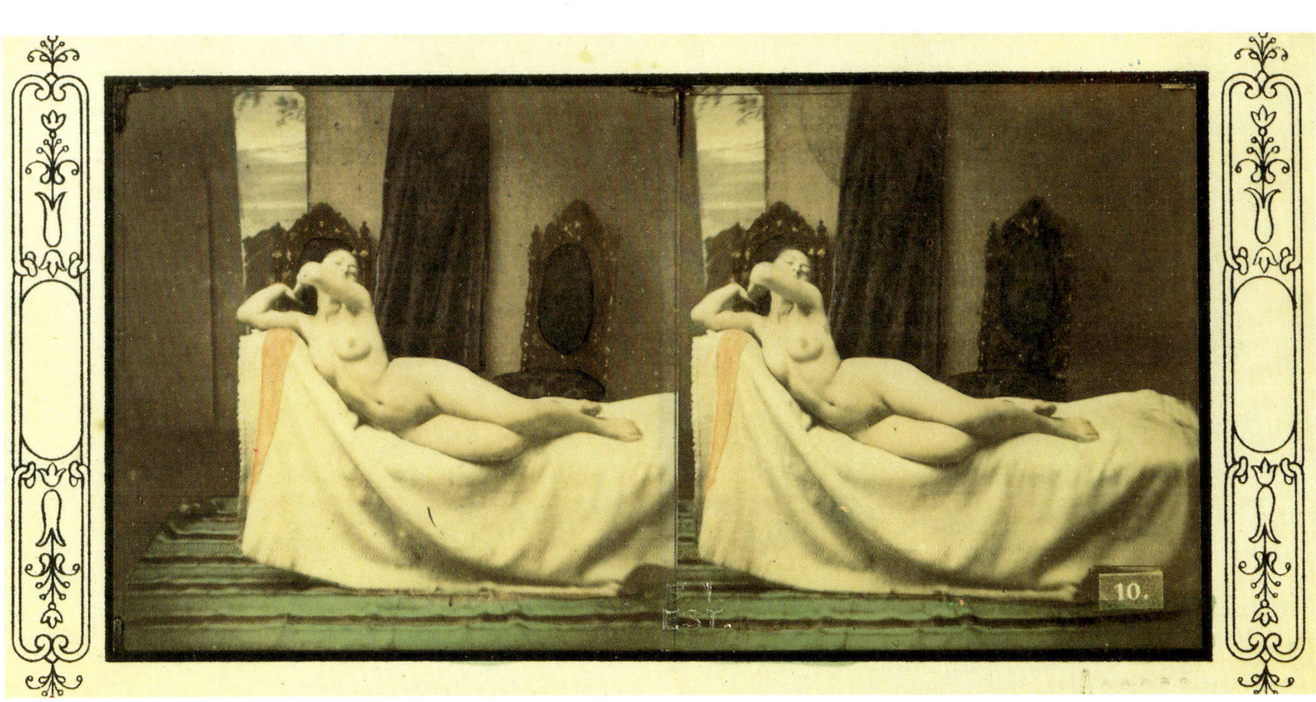


108. *Louis-Camille d'Olivier (1855-1856).*

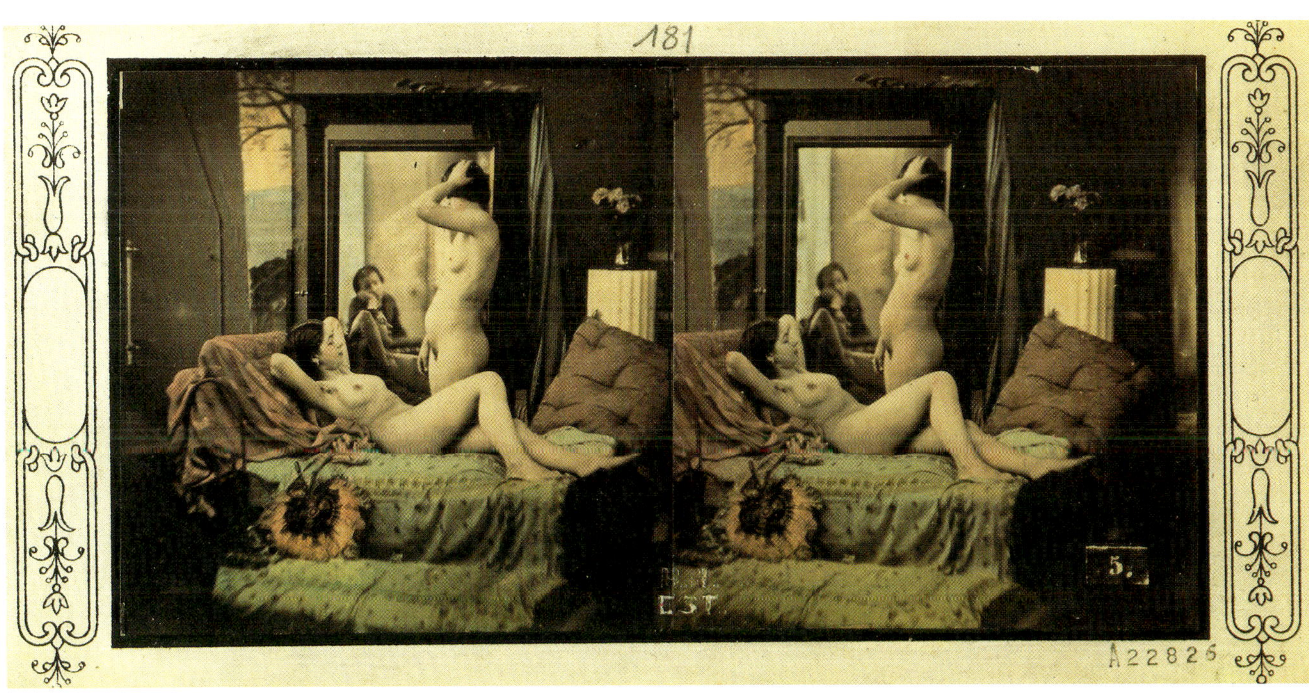


109. *Louis-Camille d'Olivier (1855-1856).*

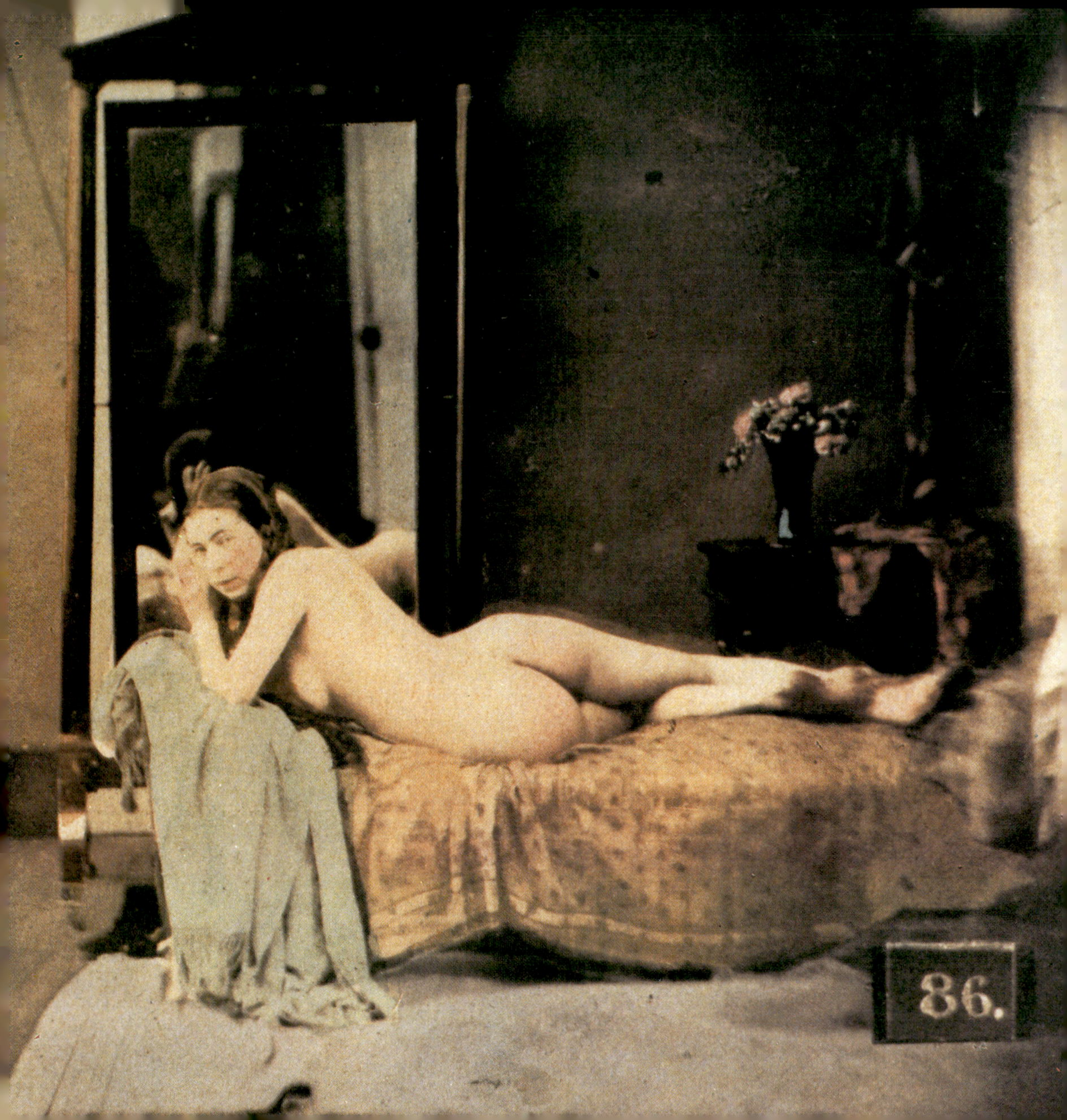
86.

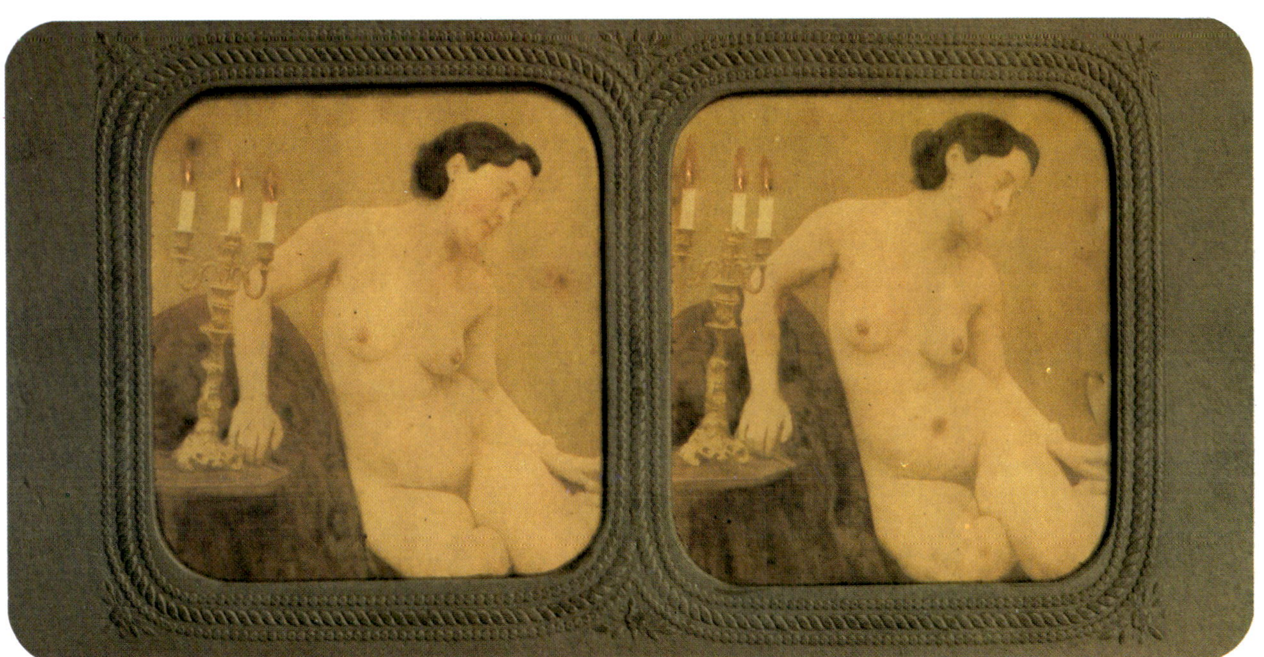

*111 à 116. Auguste Belloc ou attribués à Belloc (1855-1865).*

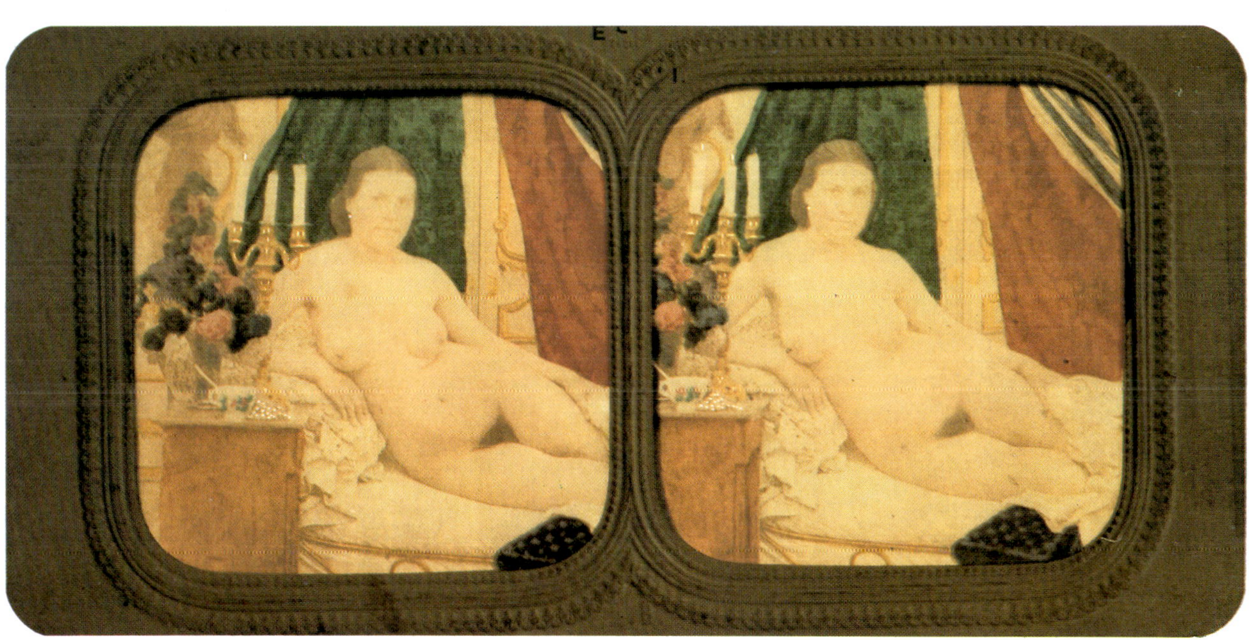

*112.*
*Ci-contre : 110. Louis Camille d'Olivier (1855-1856).*

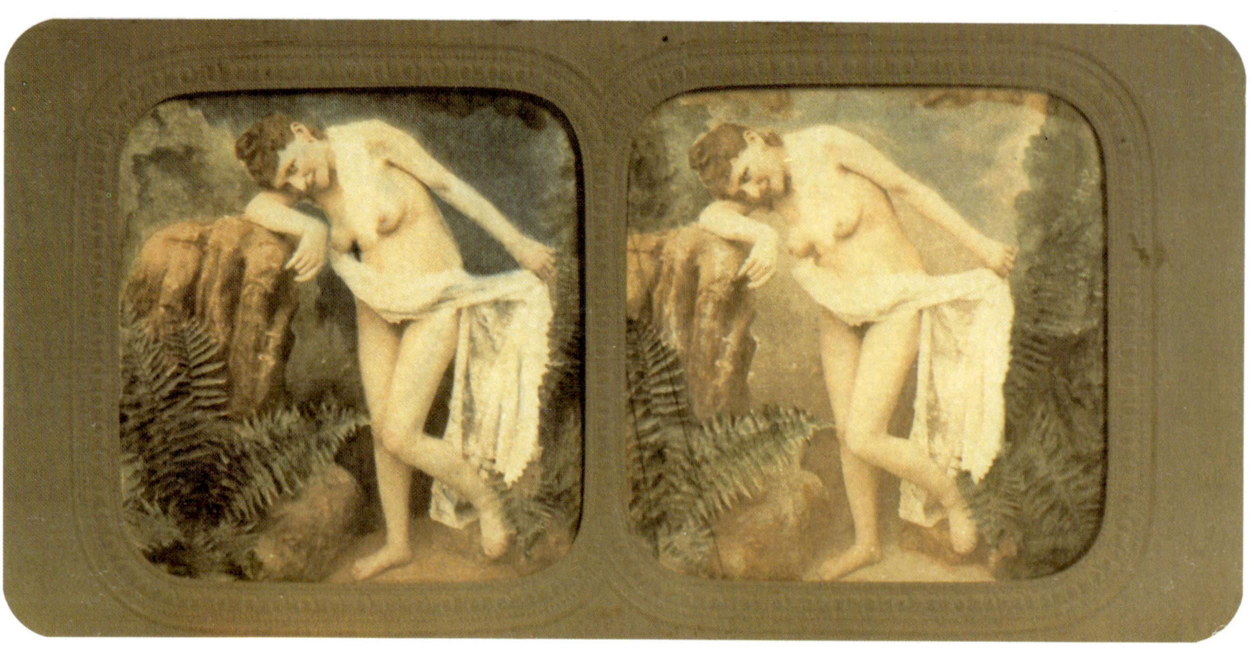

*113.*

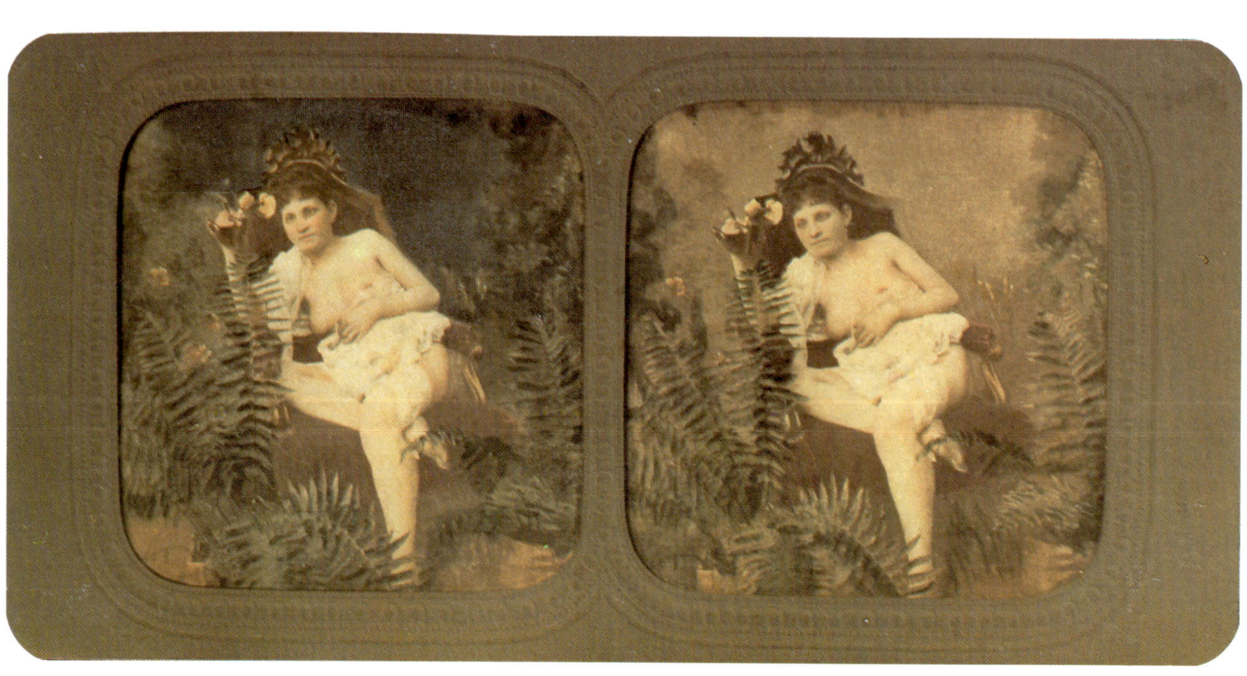

*114.*

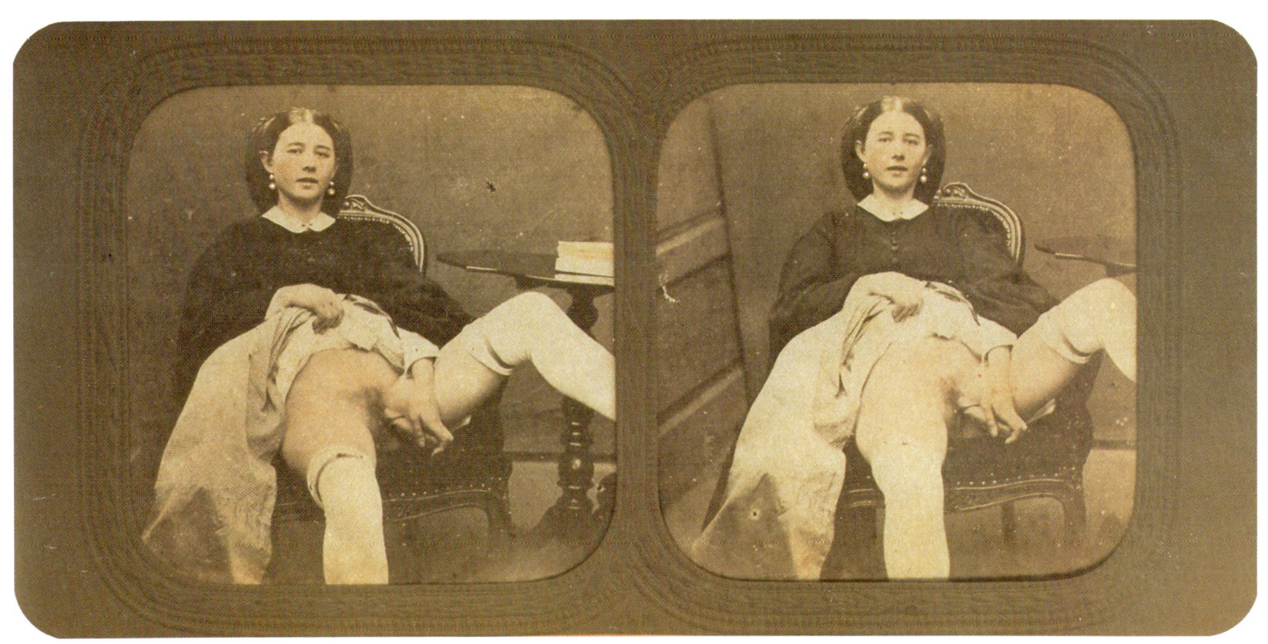

*115.*

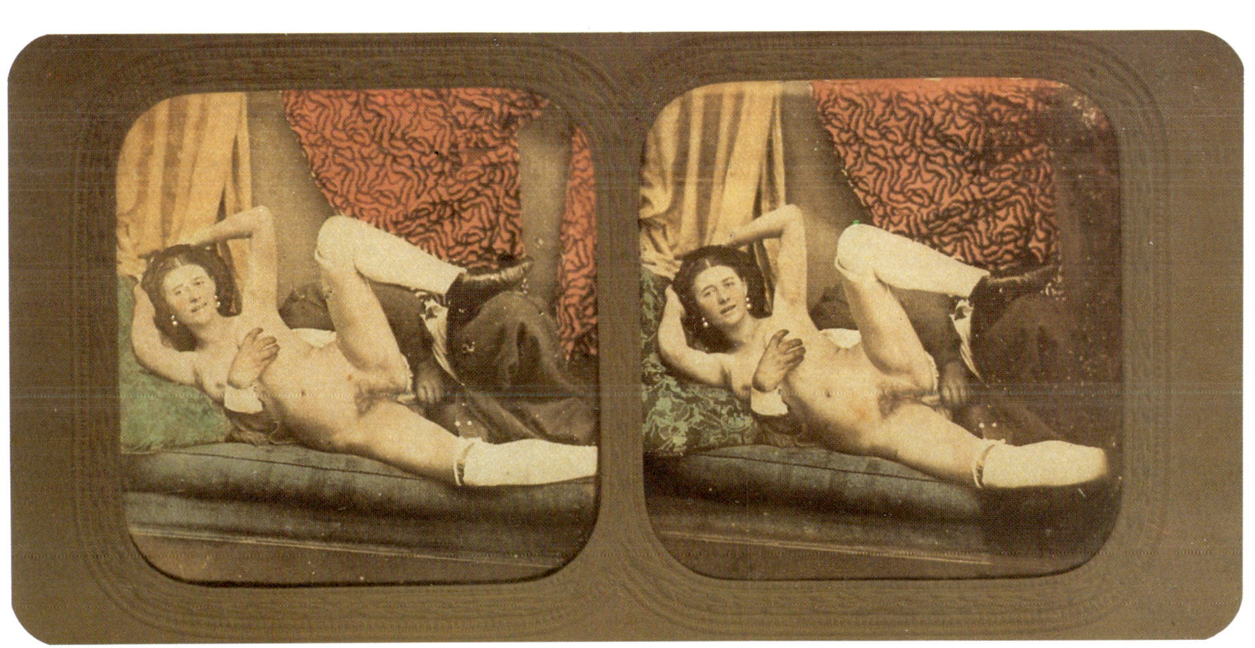

*116.*

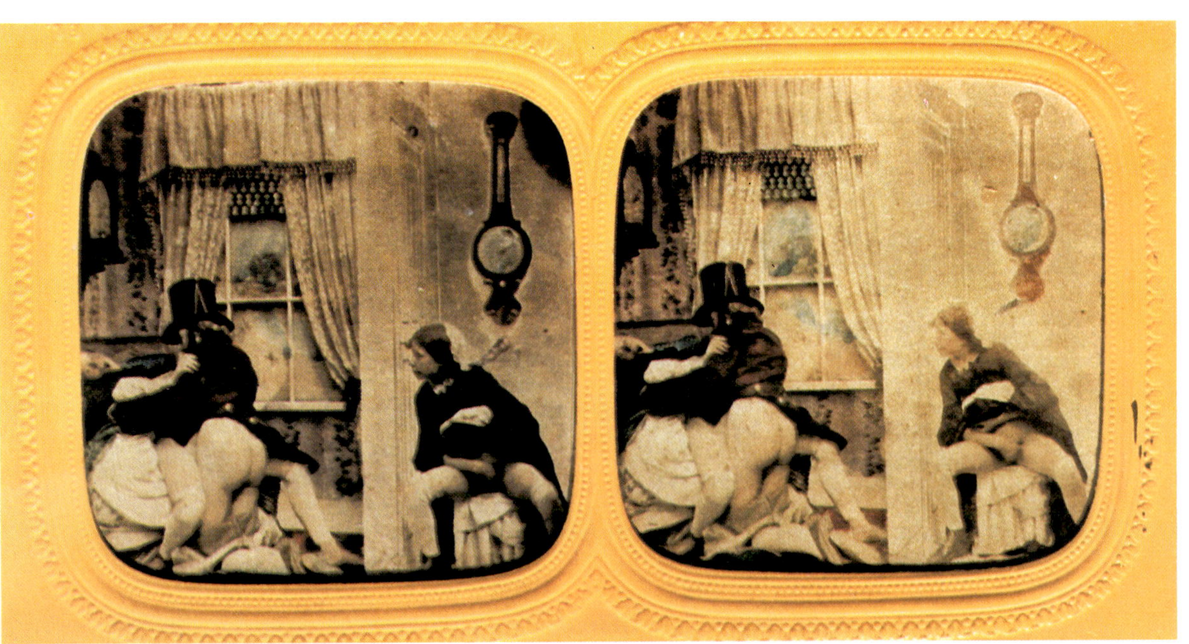

*117. F. Jacques Moulin ? (vers 1860).*

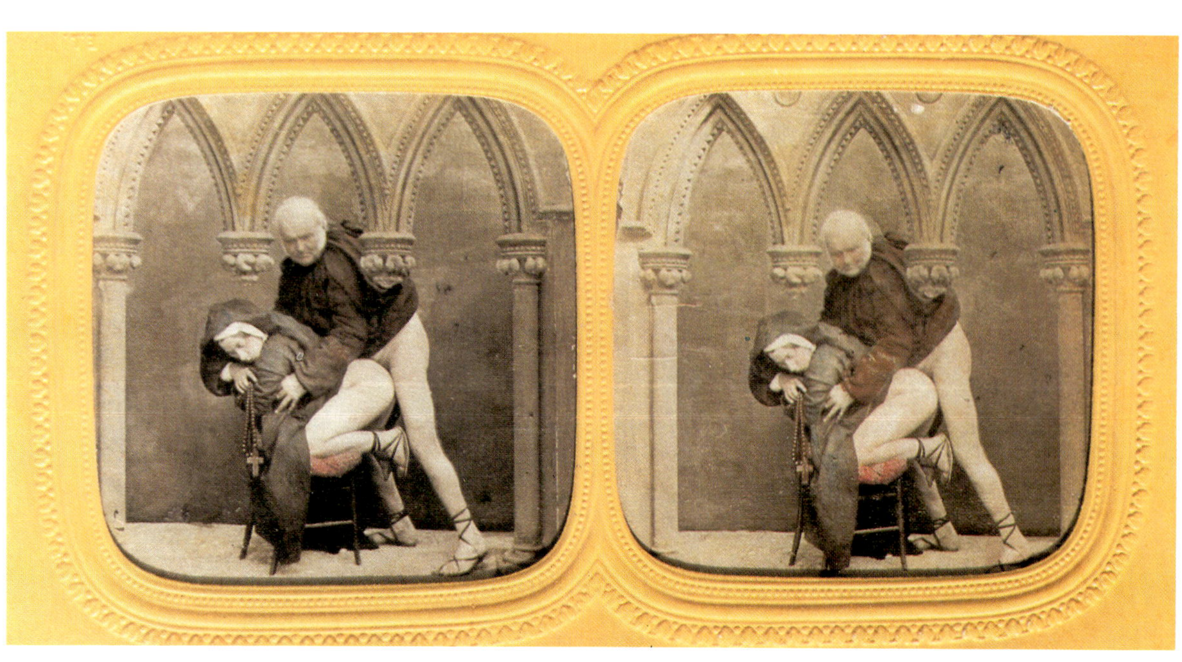

*118. F. Jacques Moulin ? (vers 1860).*

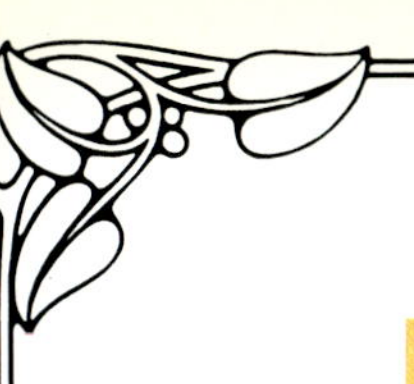

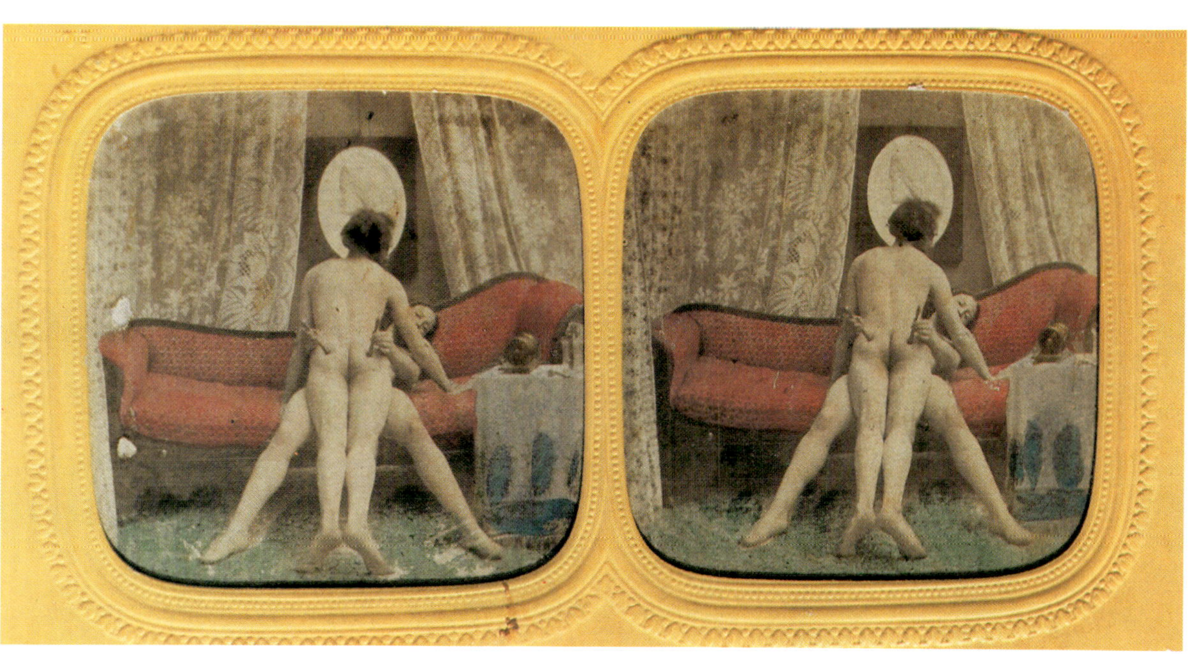

*119. F. Jacques Moulin ? (vers 1860).*

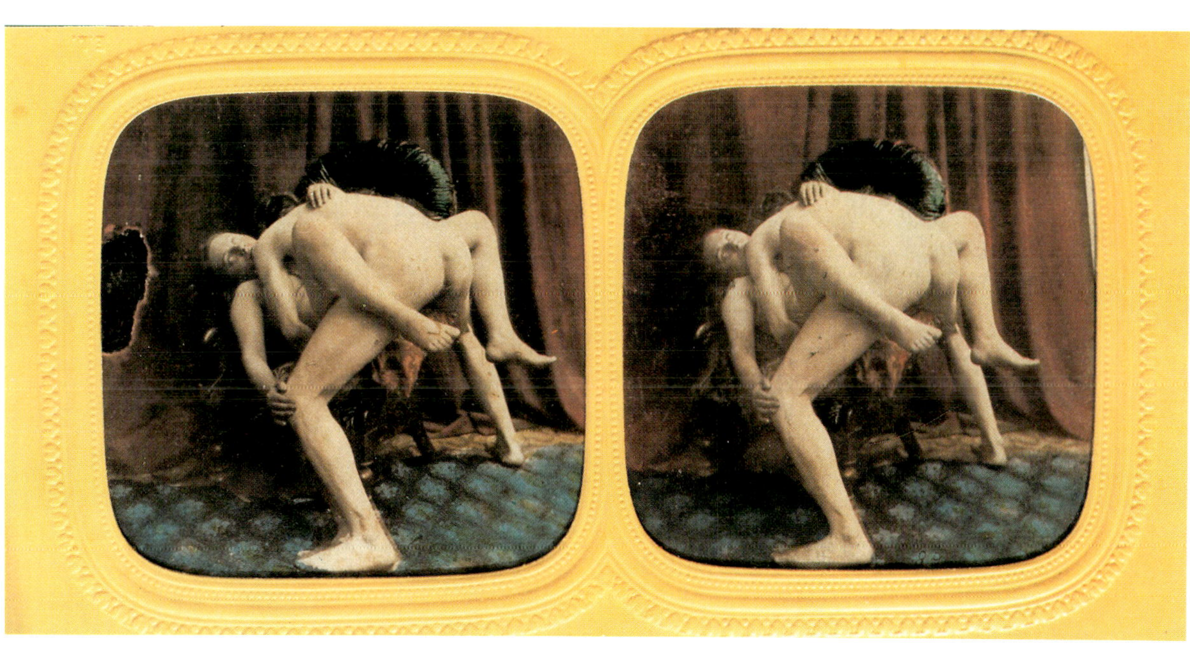

*120. F. Jacques Moulin ? (vers 1860).*

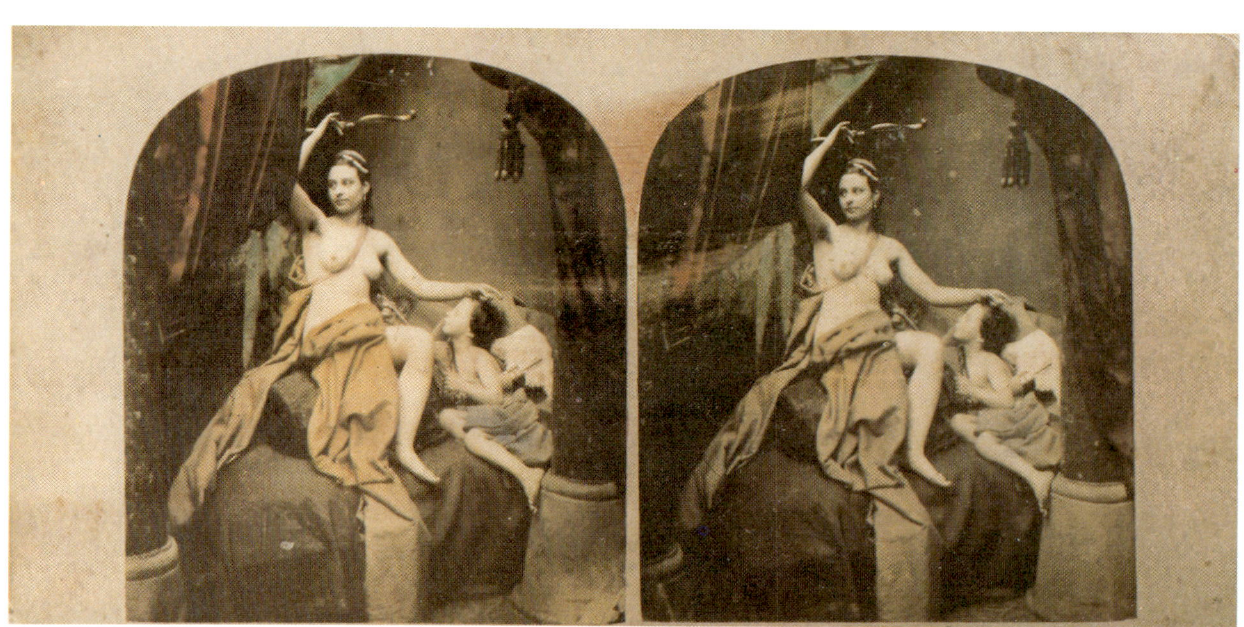

*121. John Eastlake (1856-1858).*

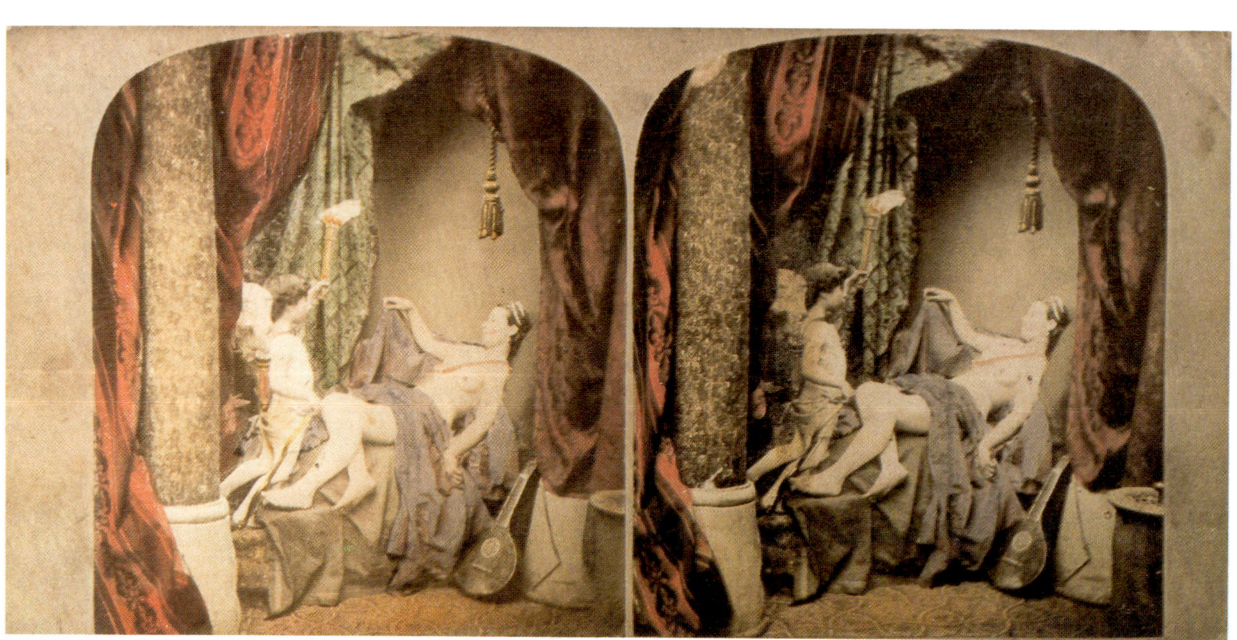

*122. John Eastlake (1856-1858).*

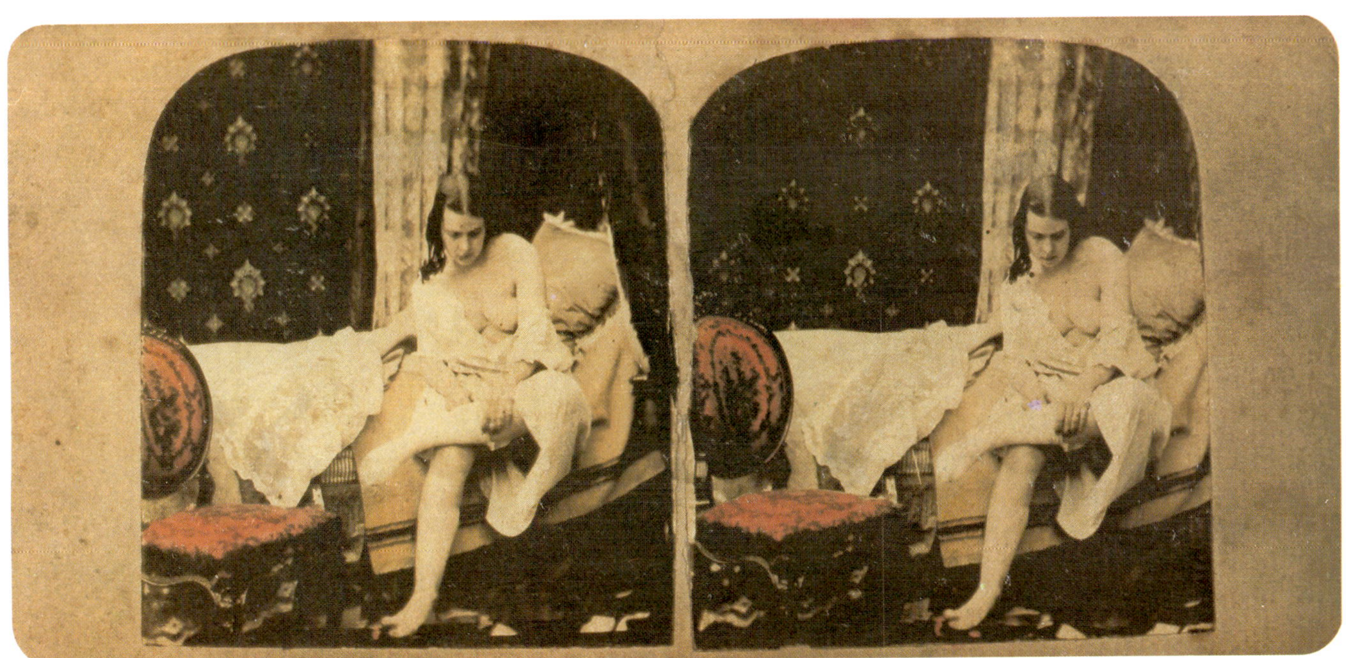

*123. Anonyme (vers 1853).*

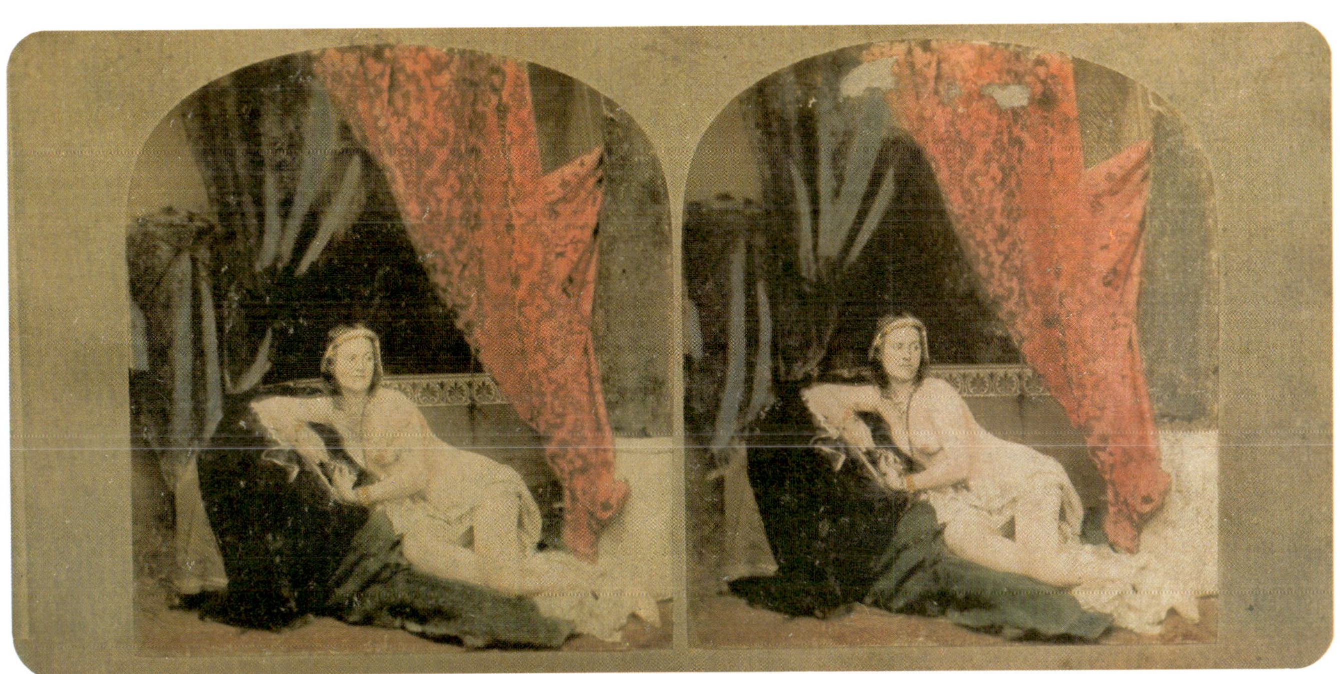

*124. Anonyme (vers 1853).*

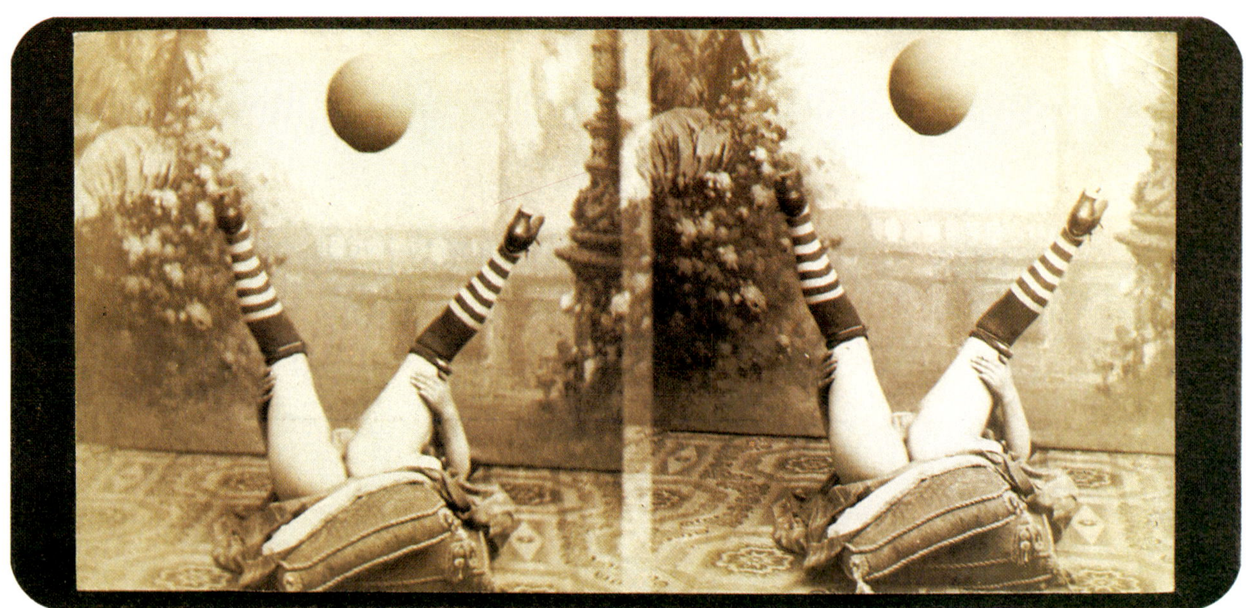

*125. Anonyme (1860-1865).*

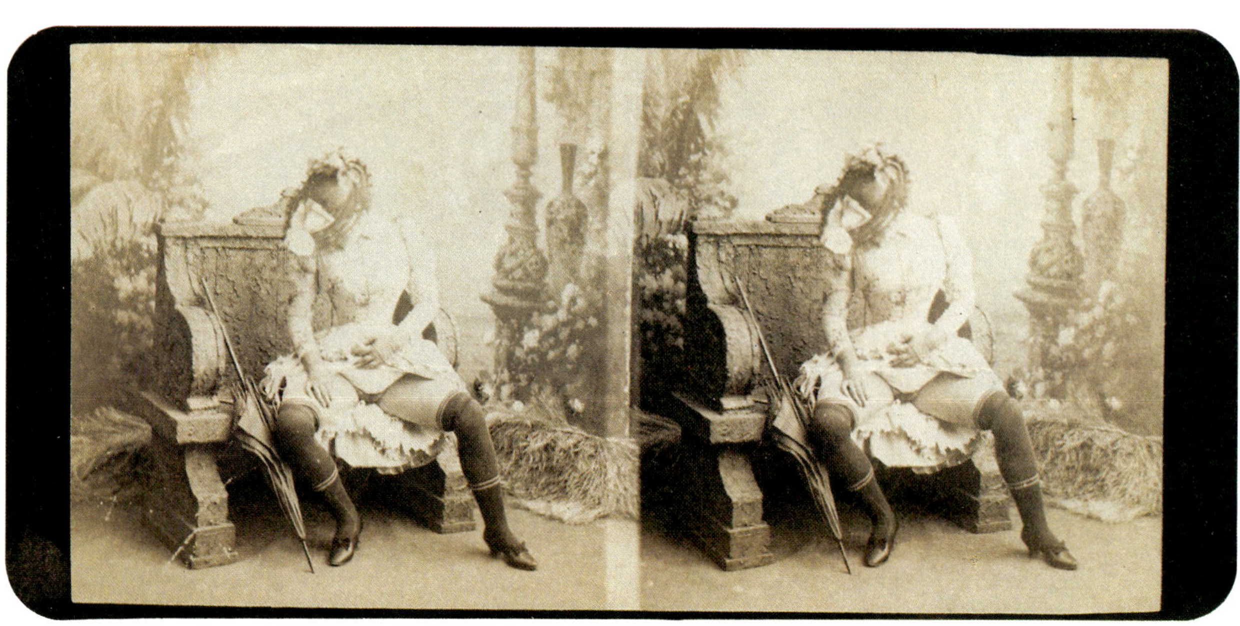

*126. Anonyme (1860-1865).*

*Ci-contre : 127. Anonyme (1860-1865).*

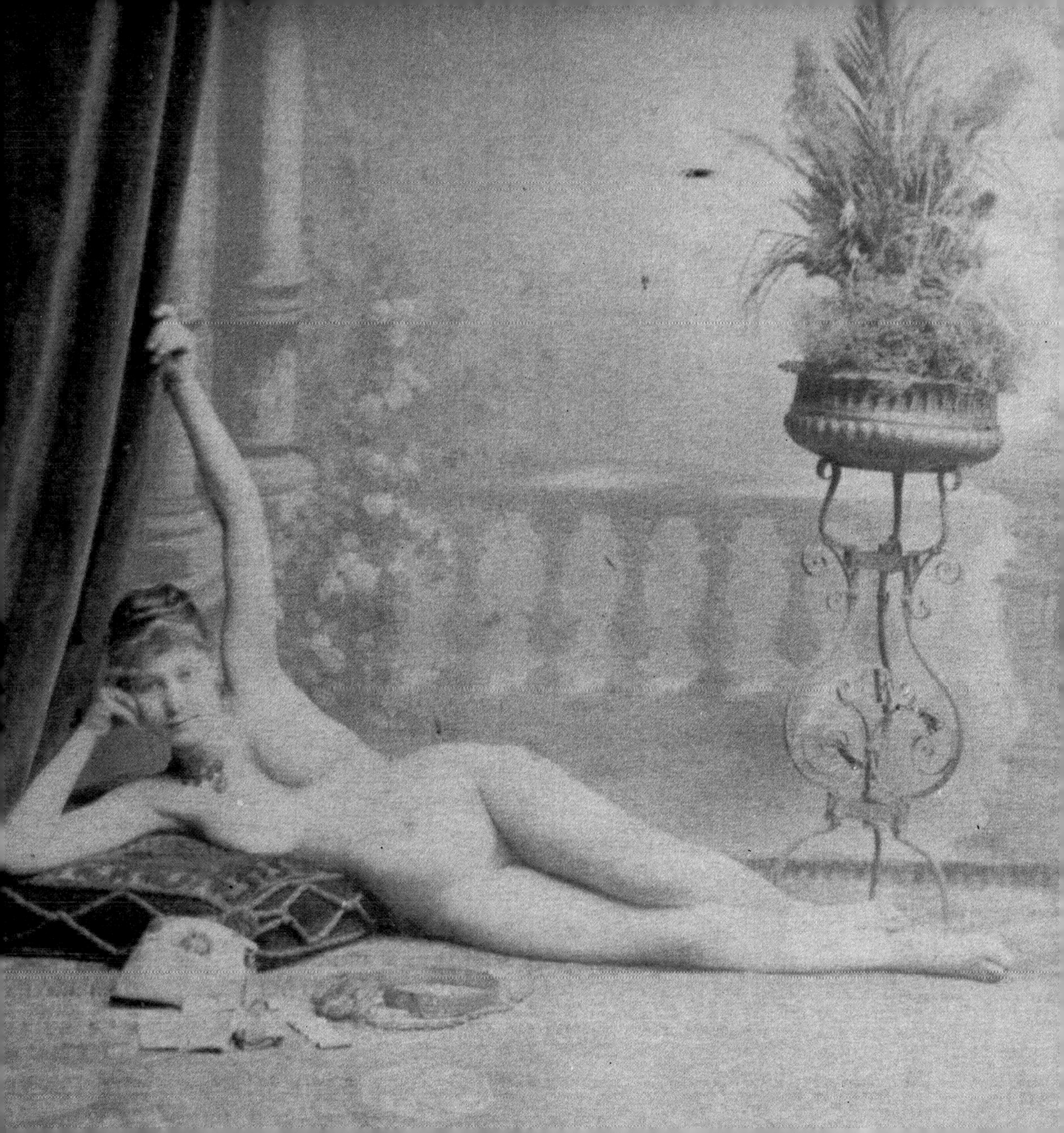

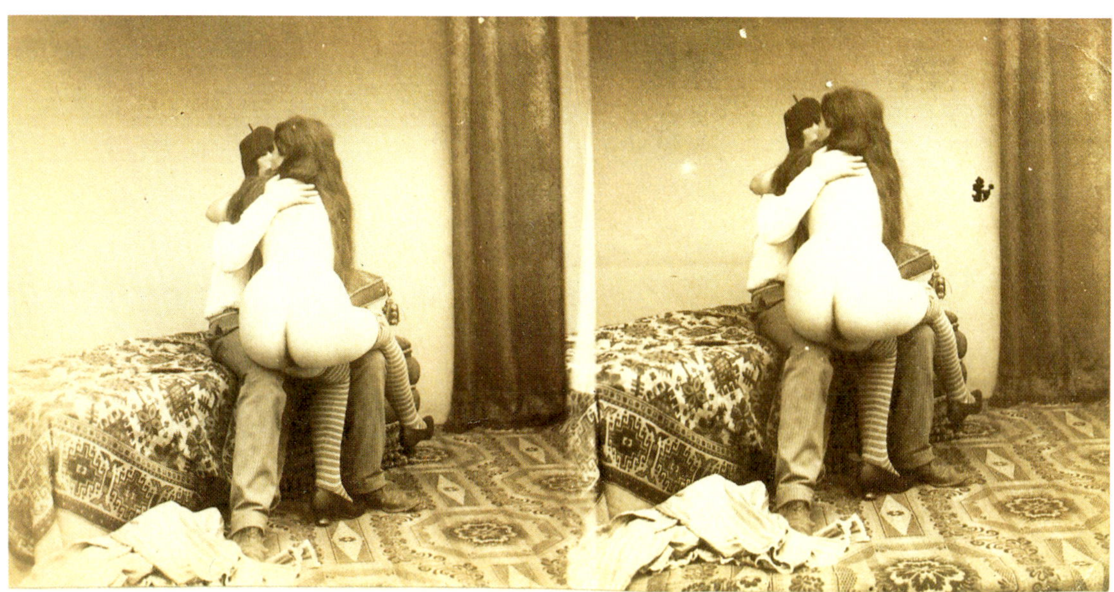

*128. Anonyme (1860-1865).*

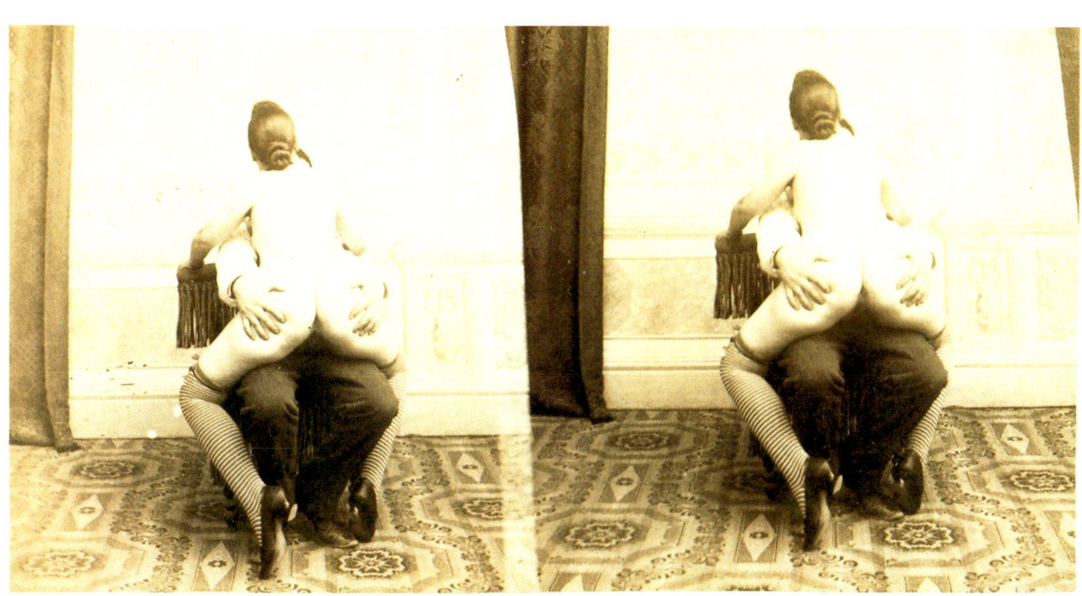

*129. Anonyme (1860-1865).*

*Ci-contre : 130. Anonyme (1860-1865).*

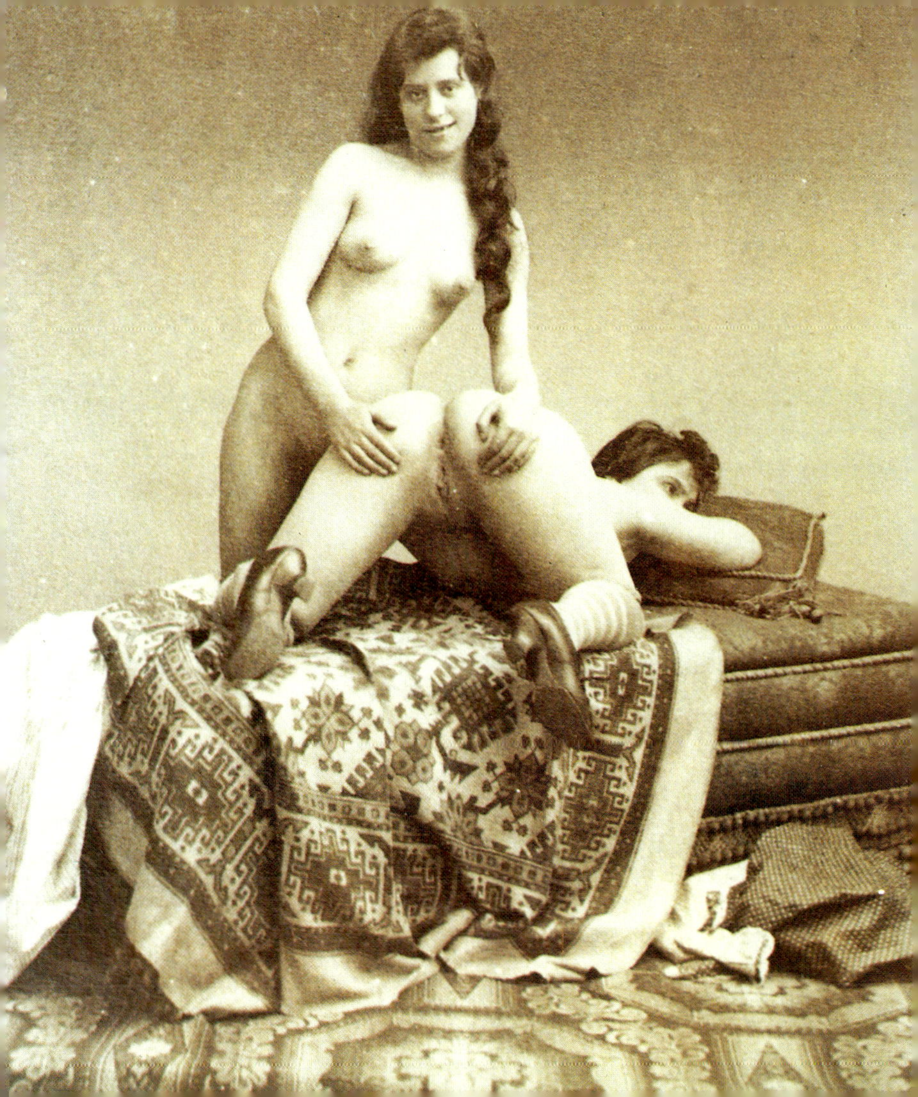

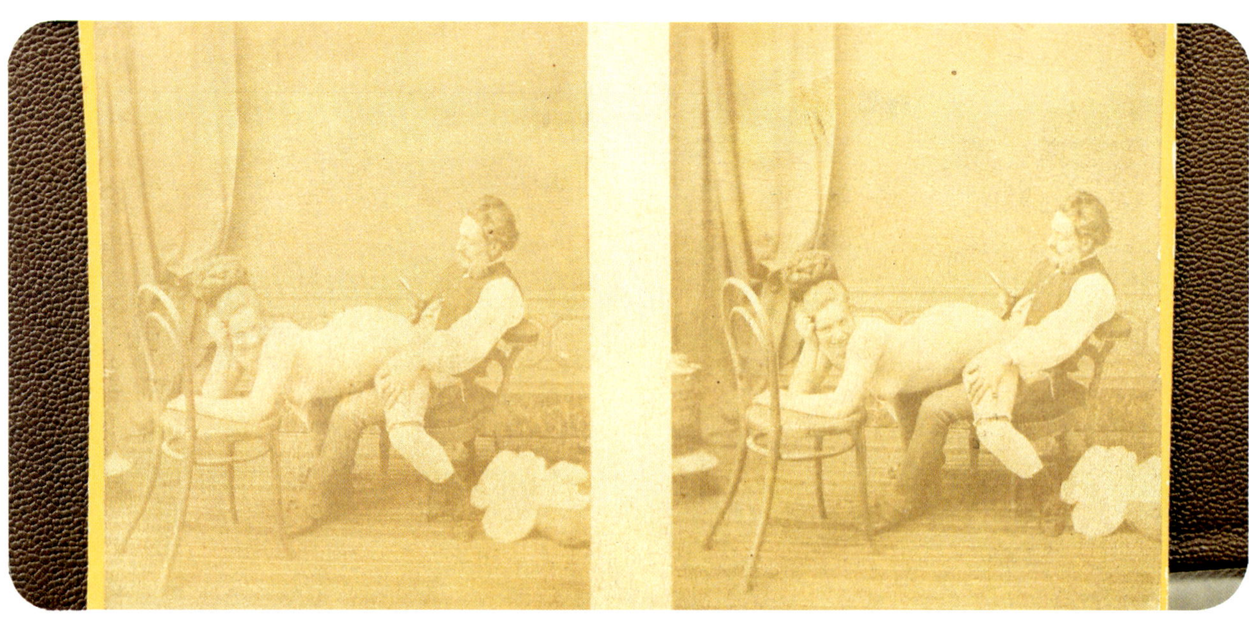

*131. Anonyme (vers 1860).*

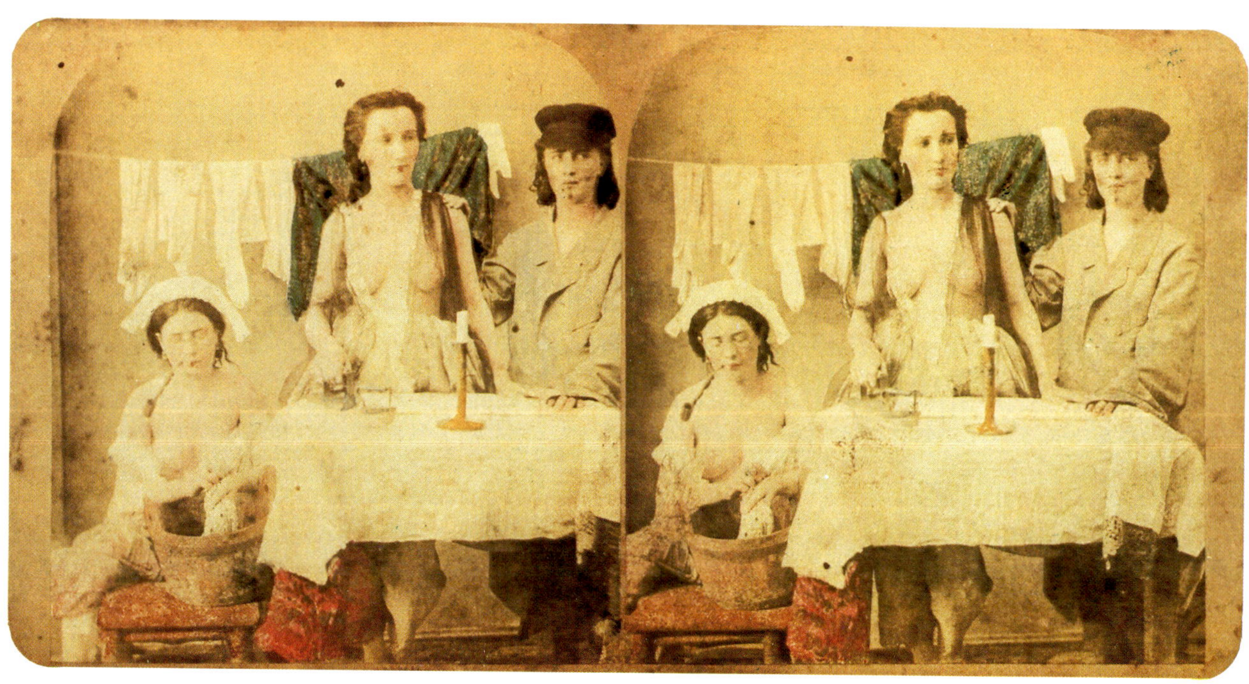

*132. Anonyme (vers 1860 ?).*

# LA BELLE EPOQUE
## (1885 – 1910)
## TRIUMPH DES VOYEURISMUS

---

# THE BELLE EPOQUE
## (1885 – 1910)
## THE TRIUMPH OF VOYEURISM

---

# LA BELLE EPOQUE
## (1885 – 1910)
## LE TRIOMPHE DE VOYEURISME

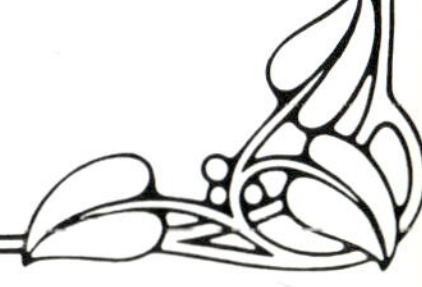

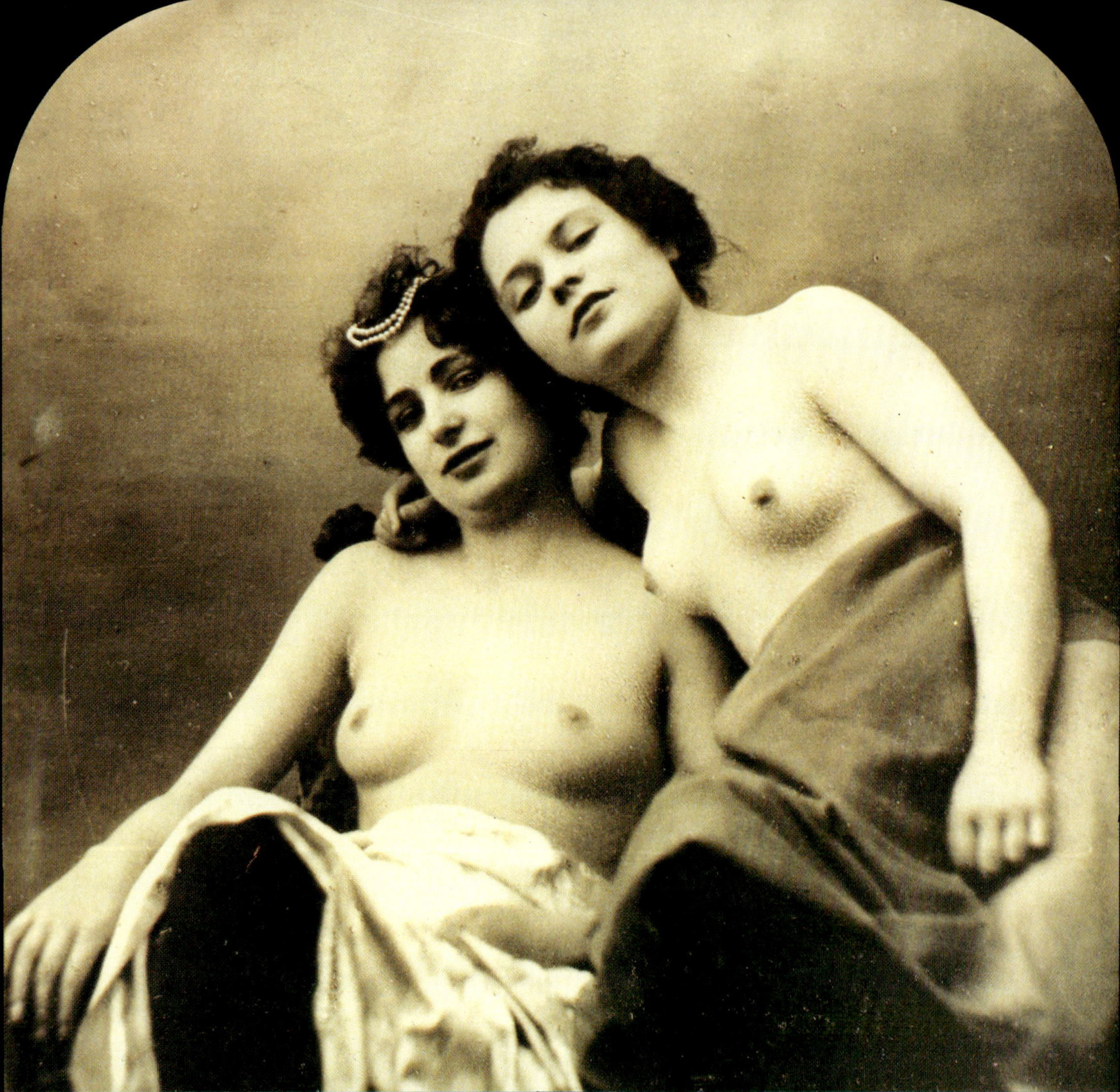

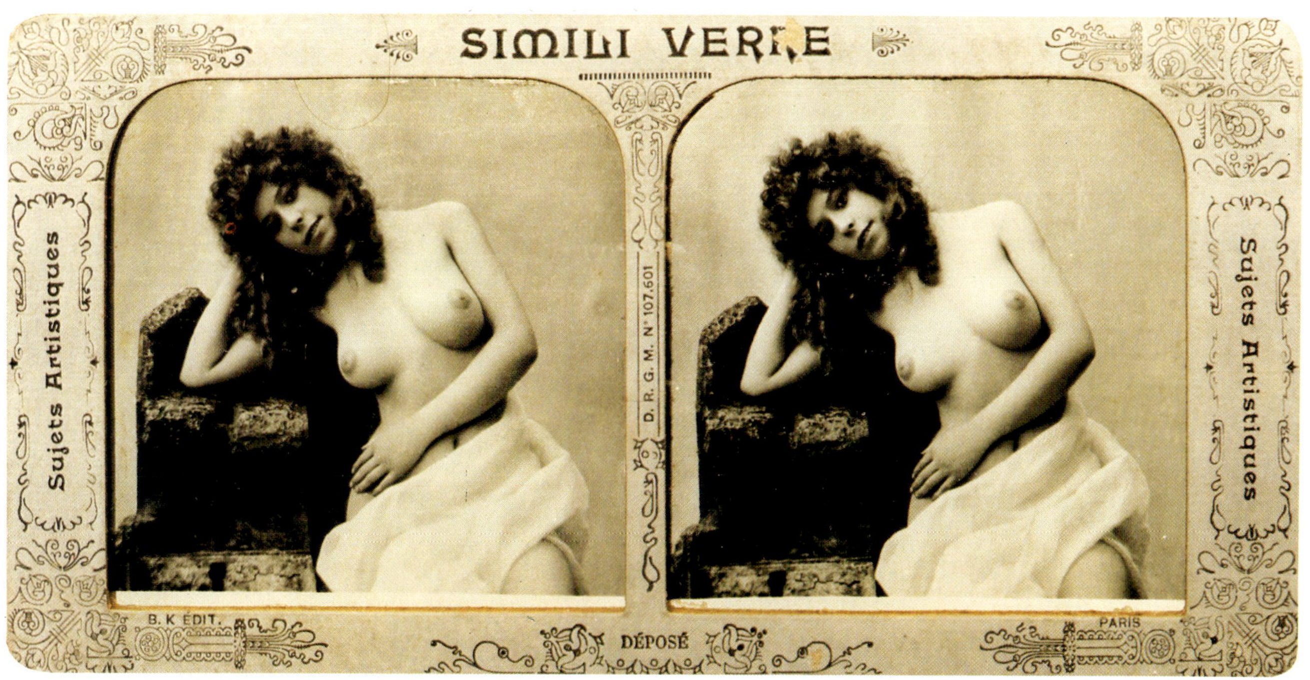


*134. Anonyme (vers 1887).*

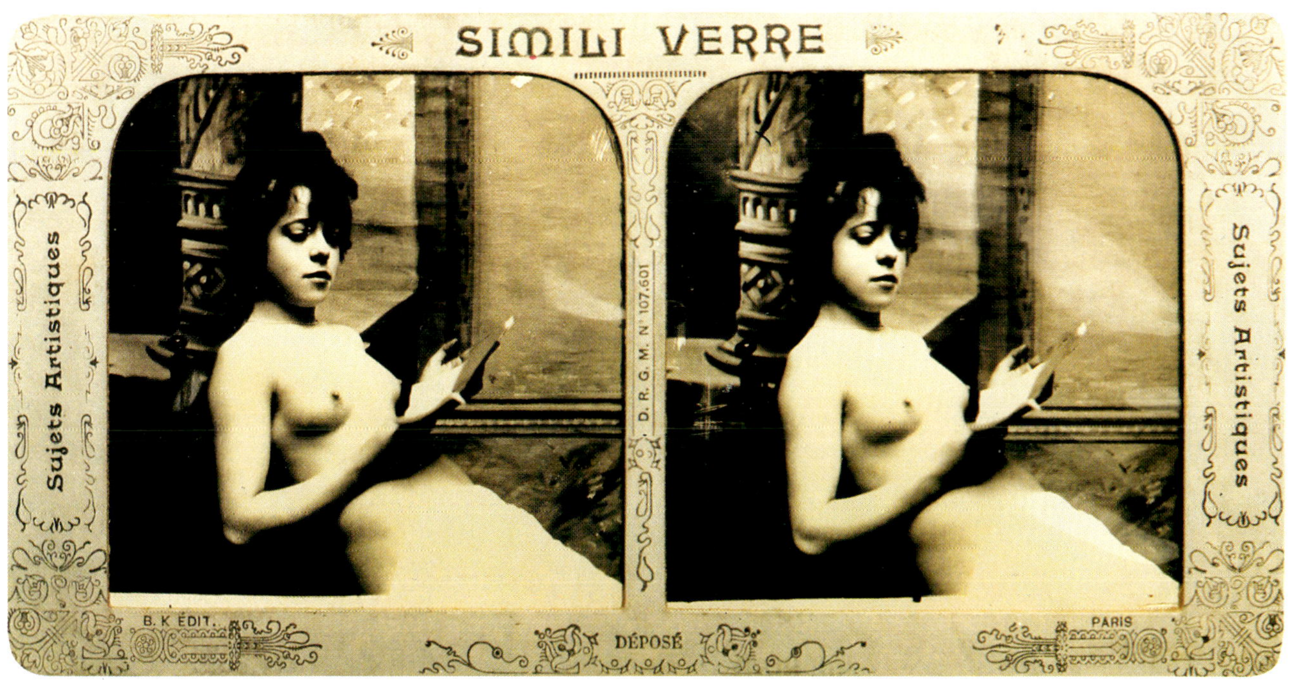


*135. Anonyme (vers 1887).*

*Ci-contre : 133. Anonyme (vers 1887).*

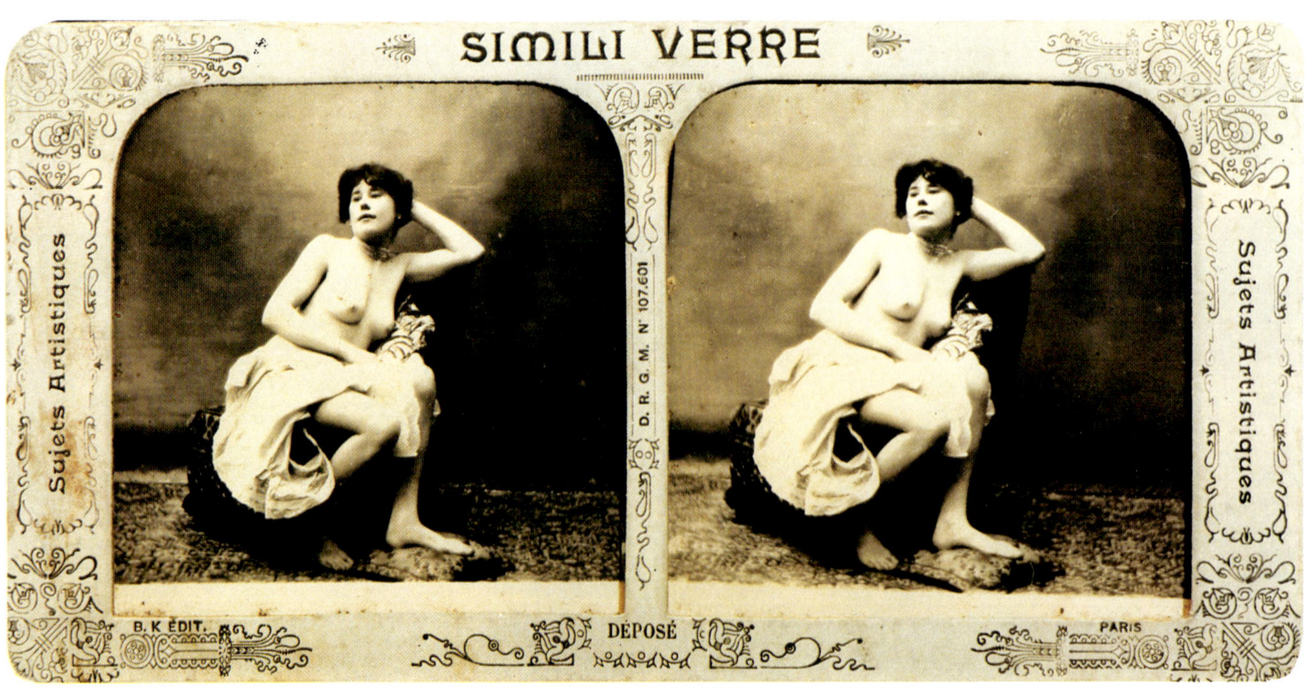


*136. Anonyme (vers 1887).*

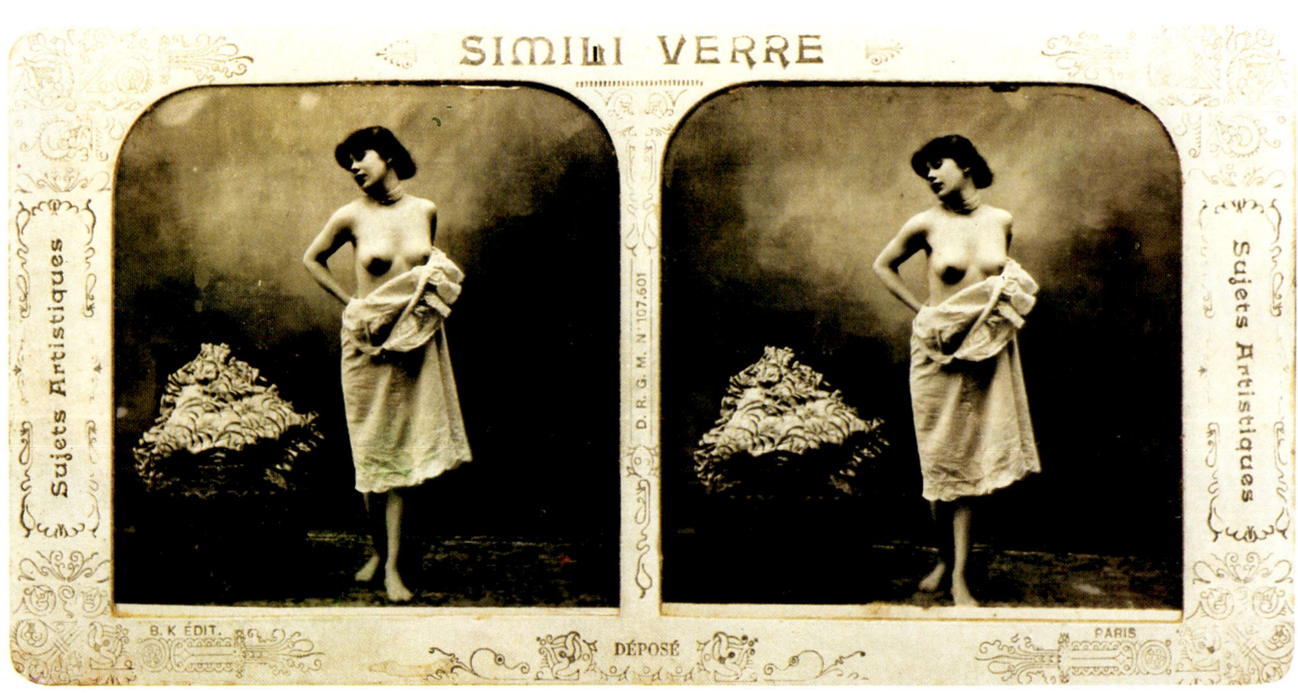


*137. Anonyme (vers 1887).*

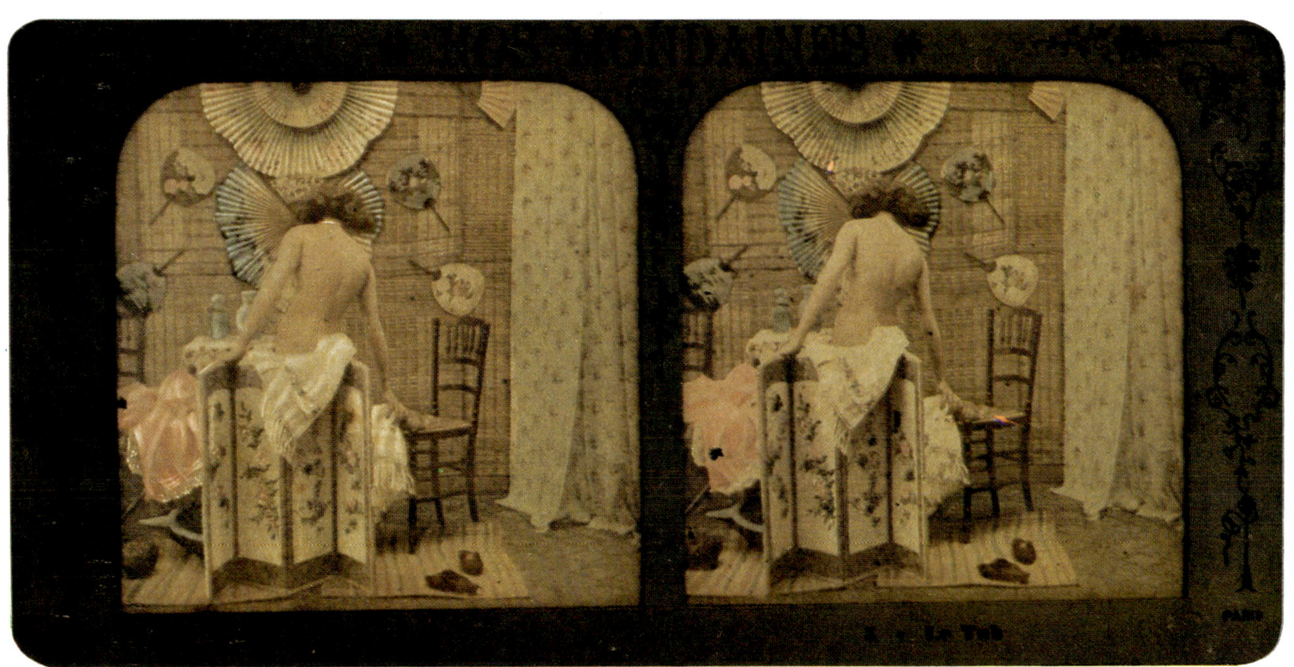


*138. Anonyme (vers 1895).*

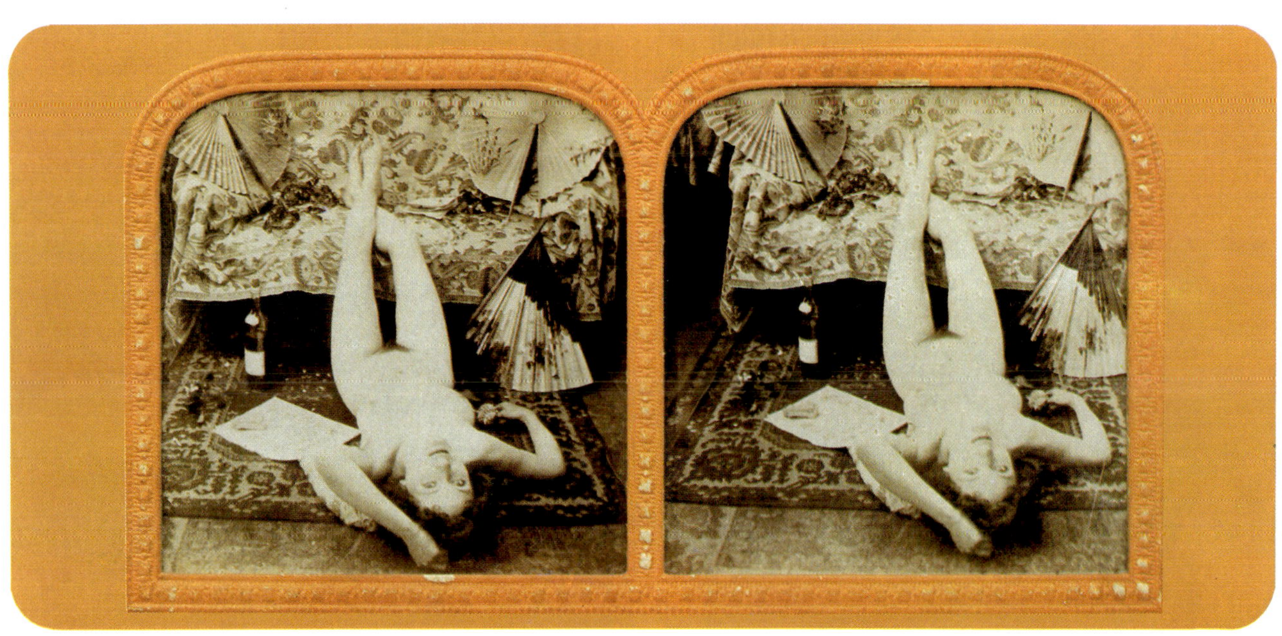

*139. Anonyme (vers 1895).*

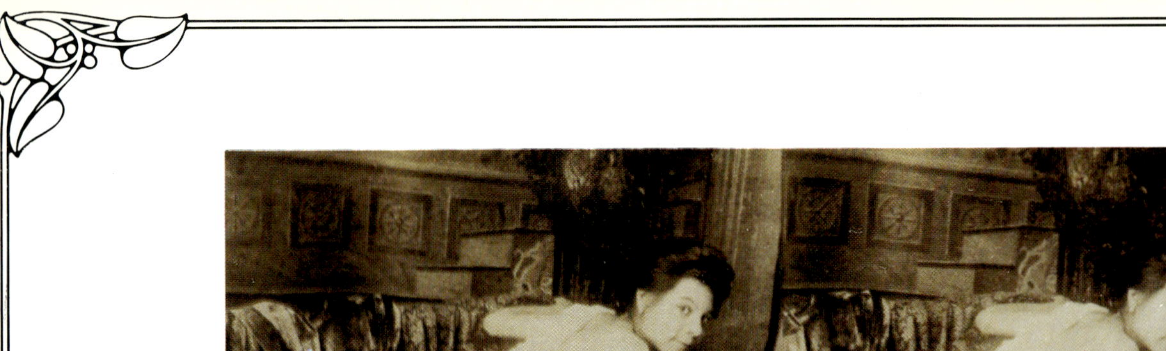

*140. Anonyme (vers 1890).*

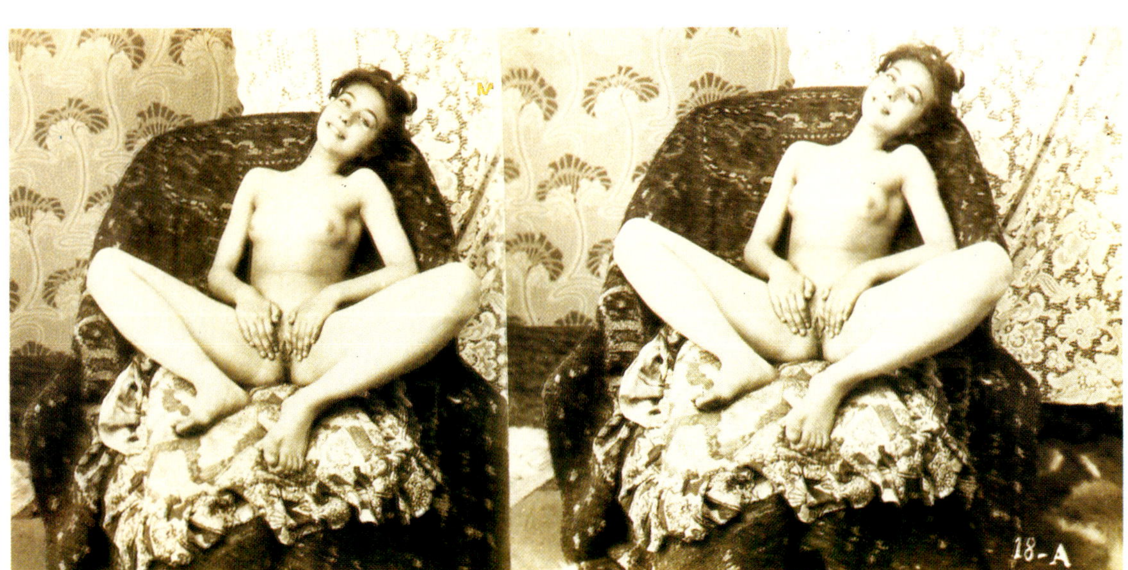


*141. Pierre Louÿs (vers 1895).*

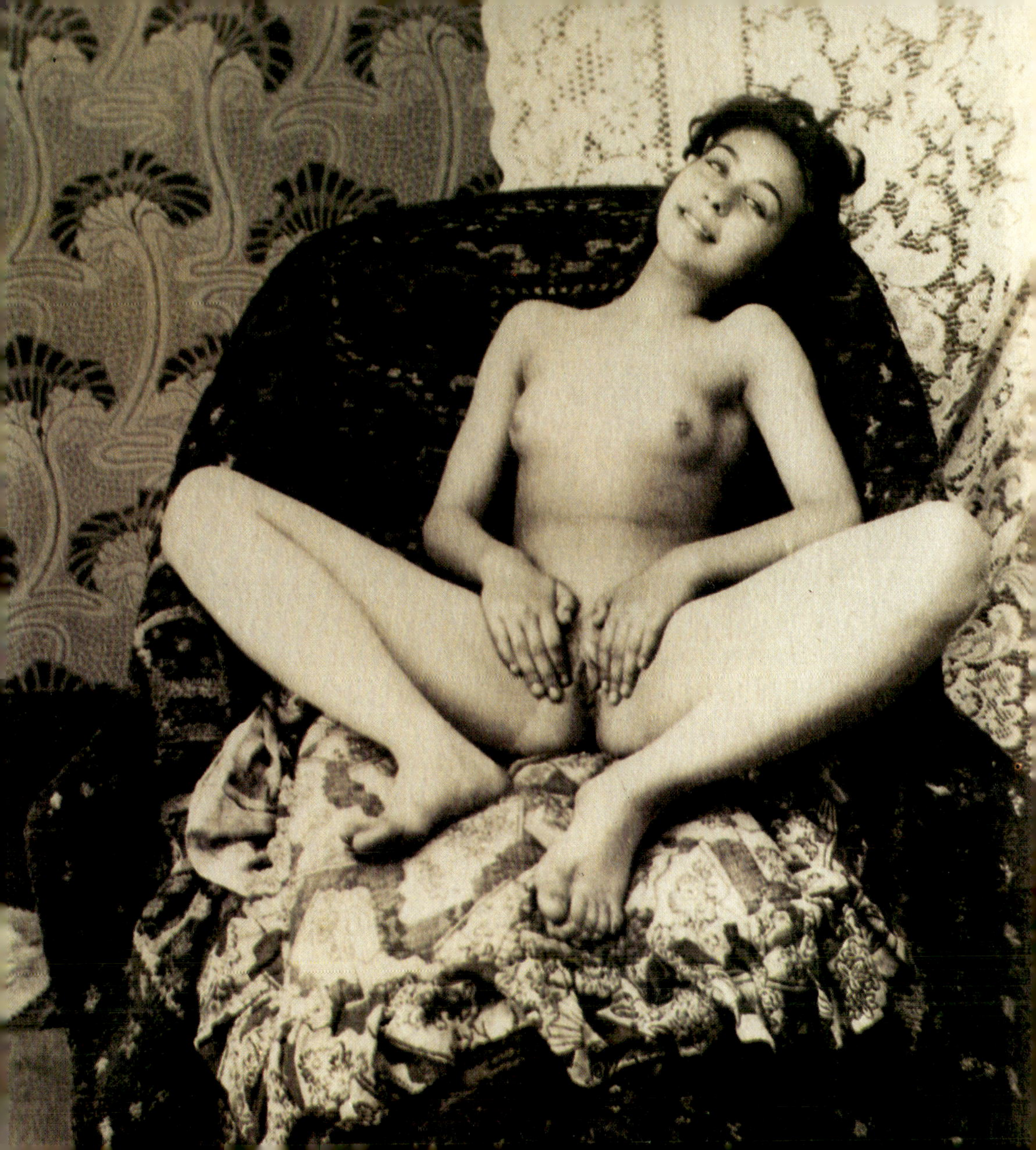

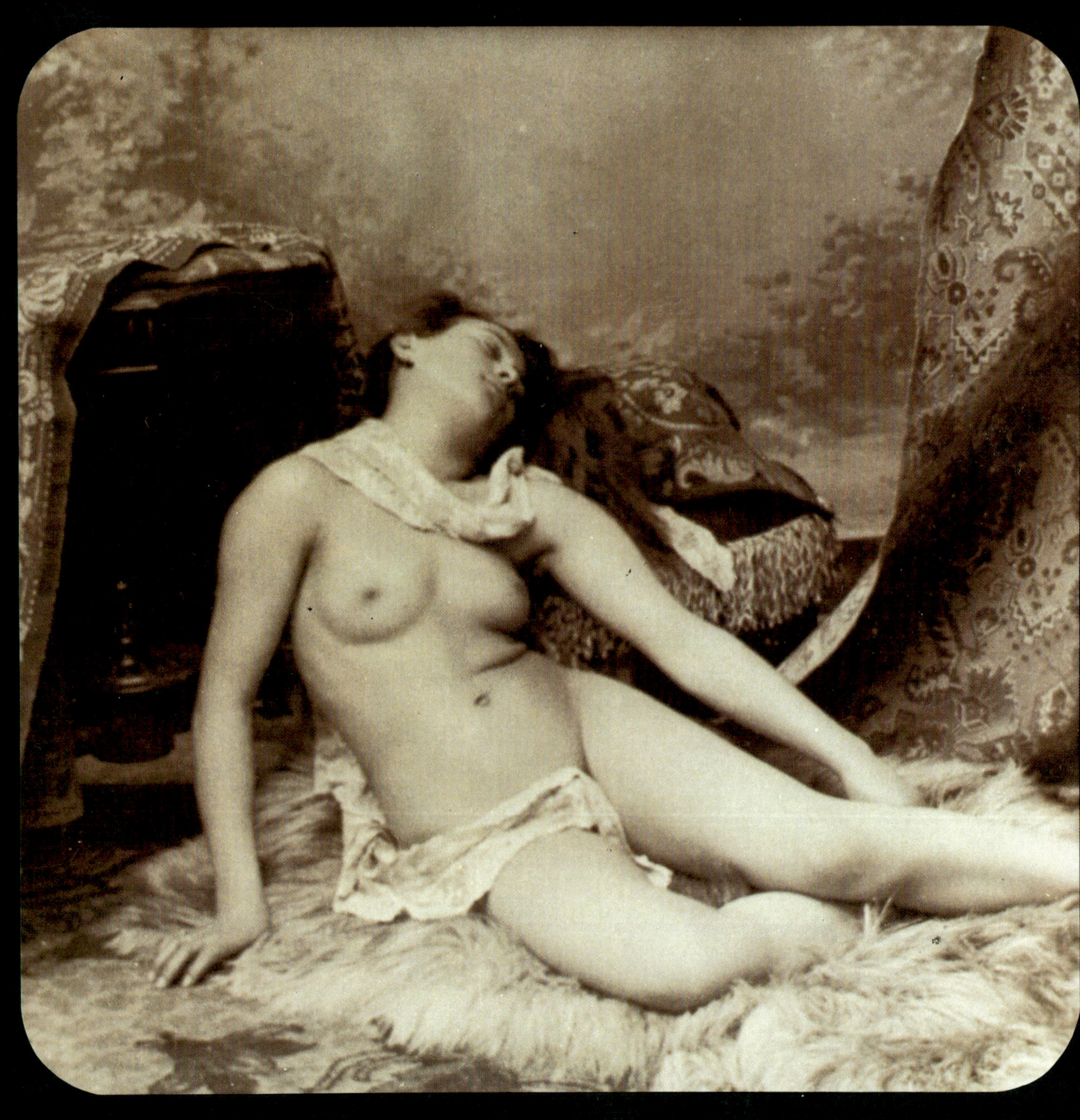

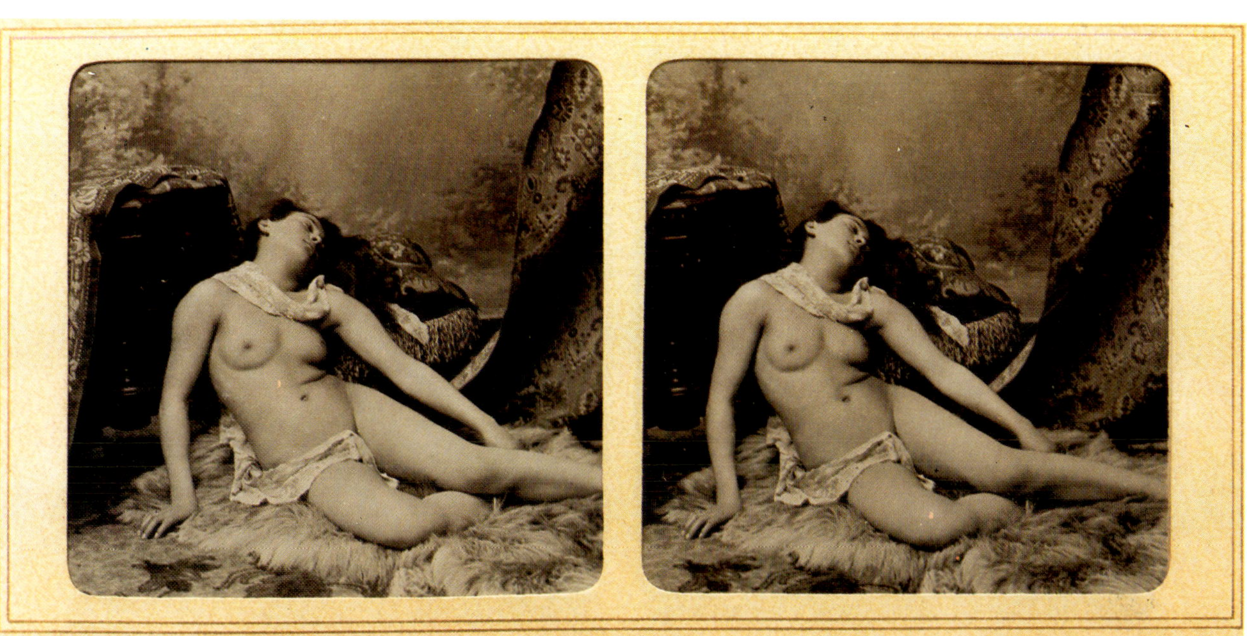

142. *Anonyme (vers 1895).*

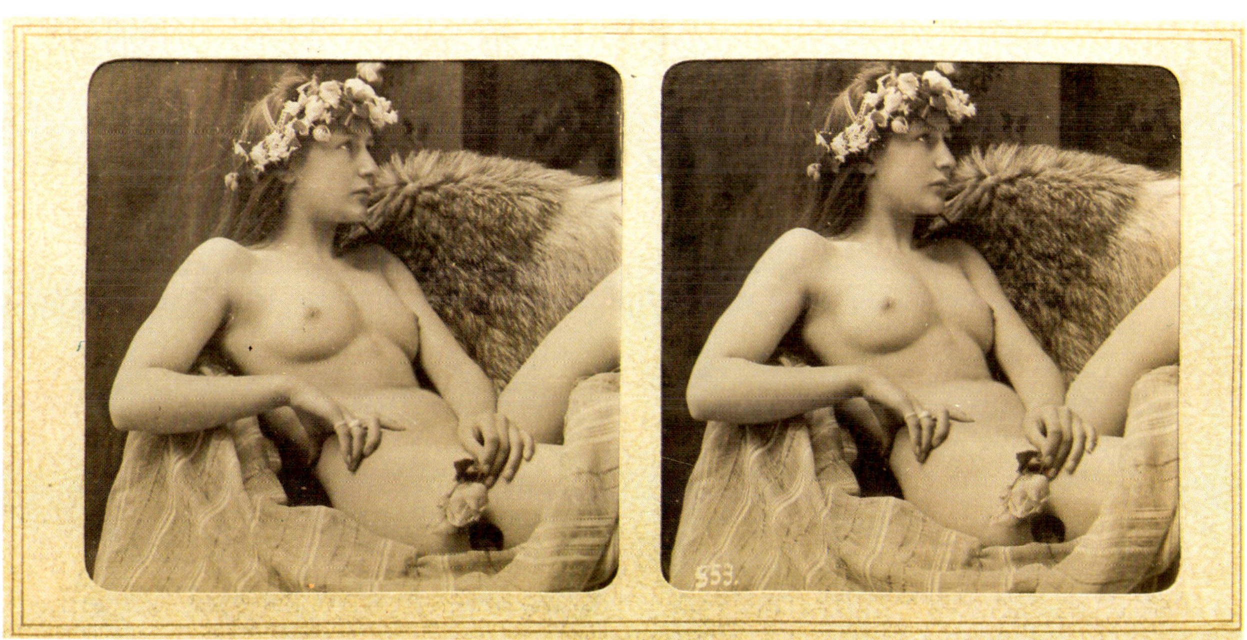


143. *Anonyme (vers 1895).*

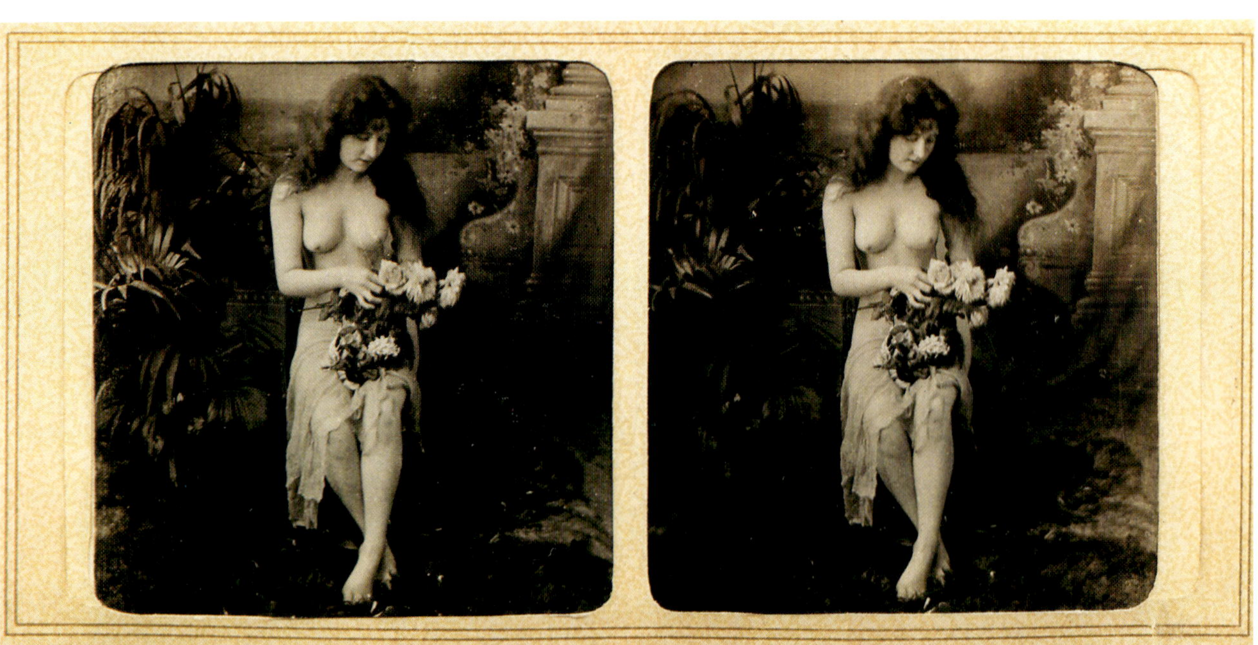

*144. Anonyme (vers 1895).*

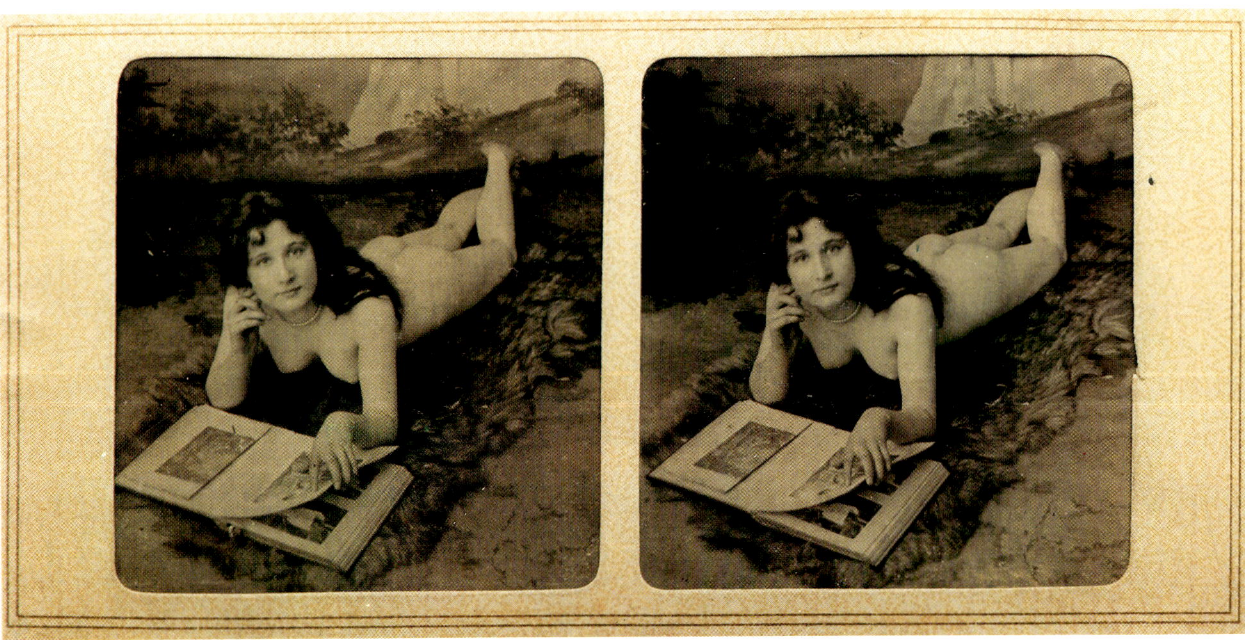

*145. Anonyme (vers 1895).*

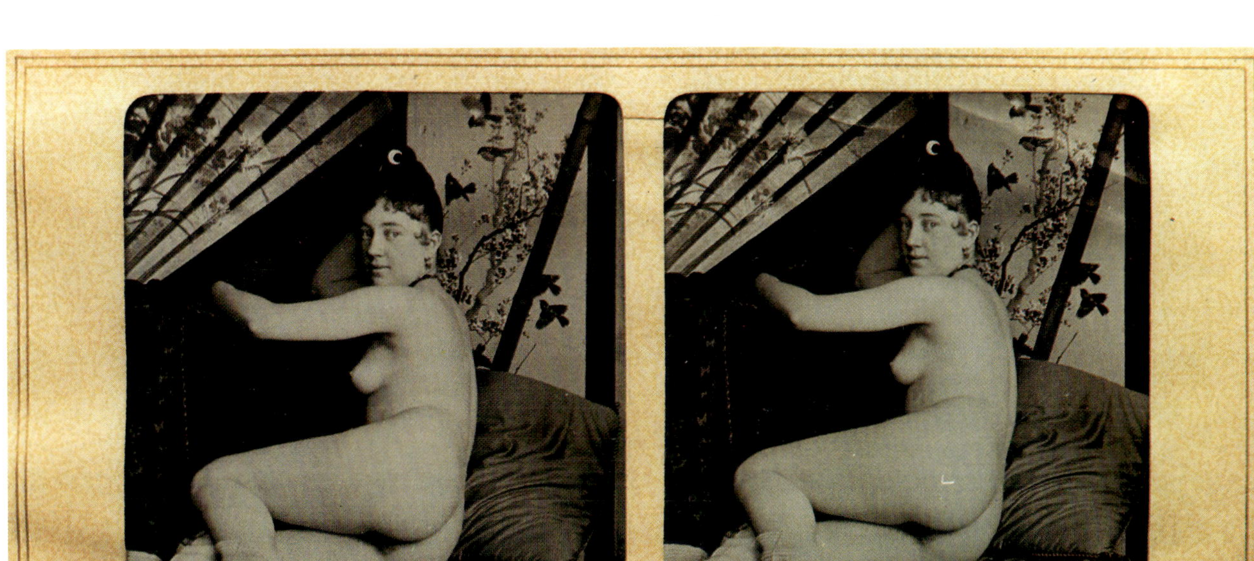

*146. Anonyme (vers 1895).*

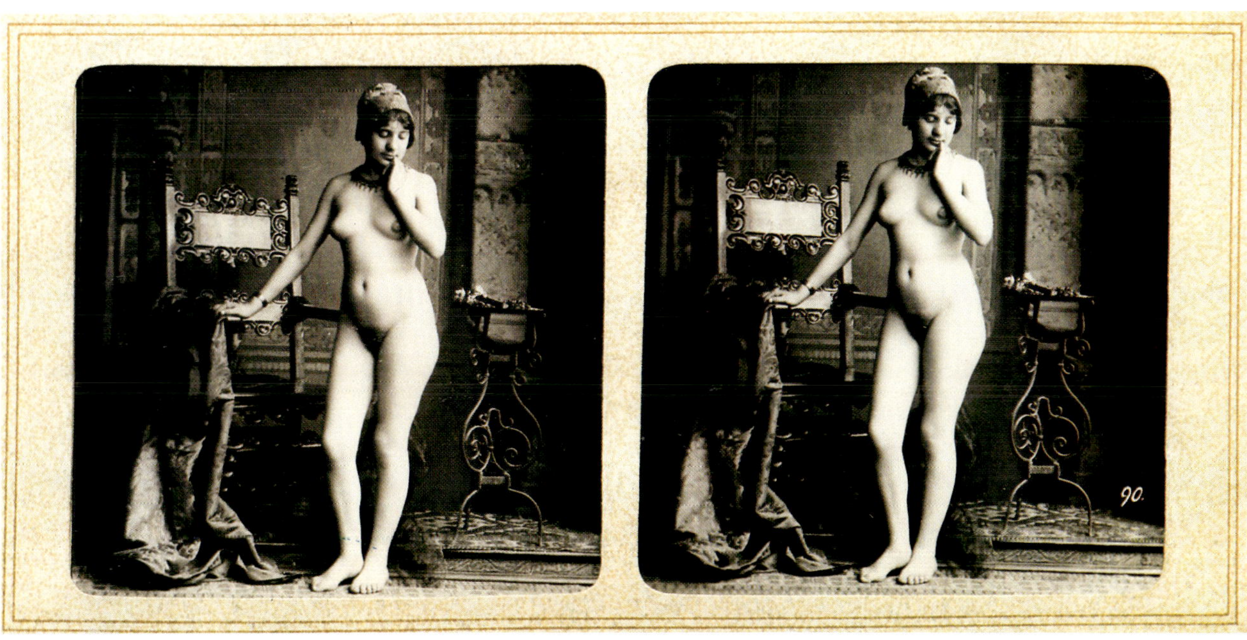


*147. Anonyme (vers 1895).*

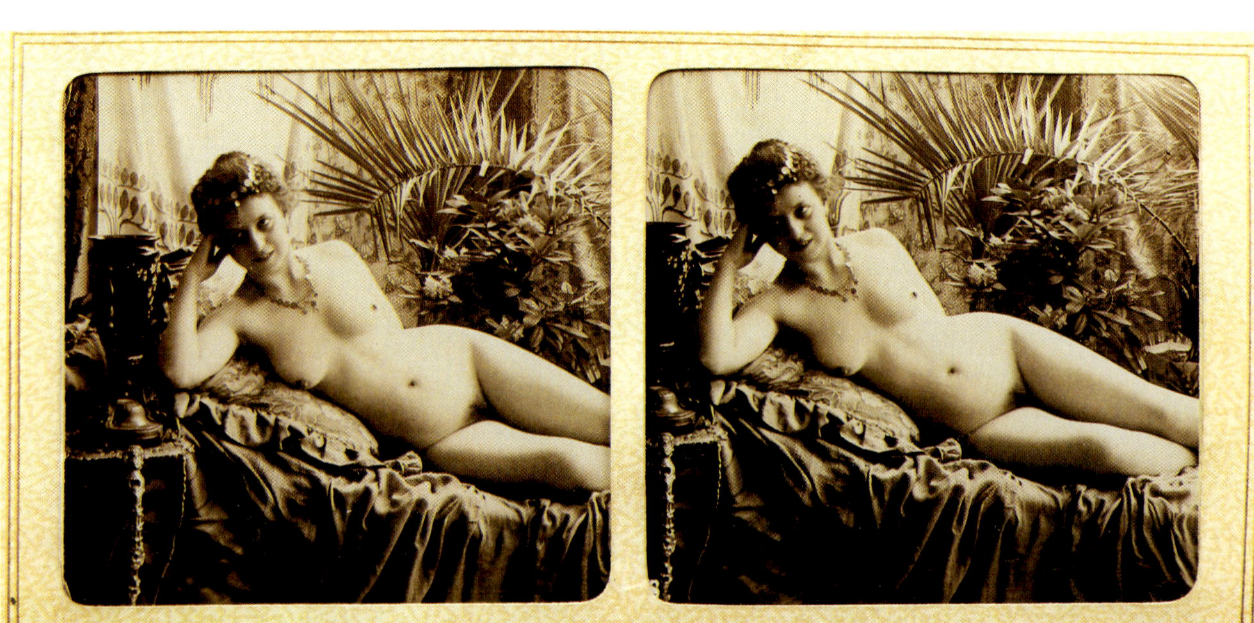

*148. Anonyme (vers 1895).*

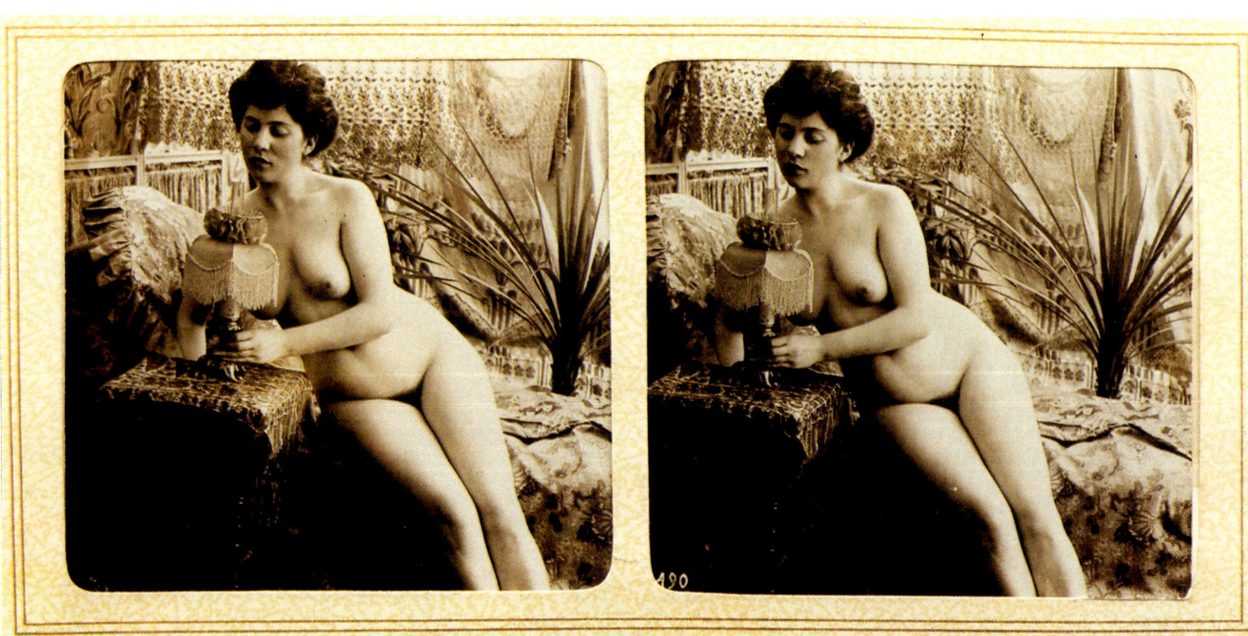


*149. Anonyme (vers 1895).*

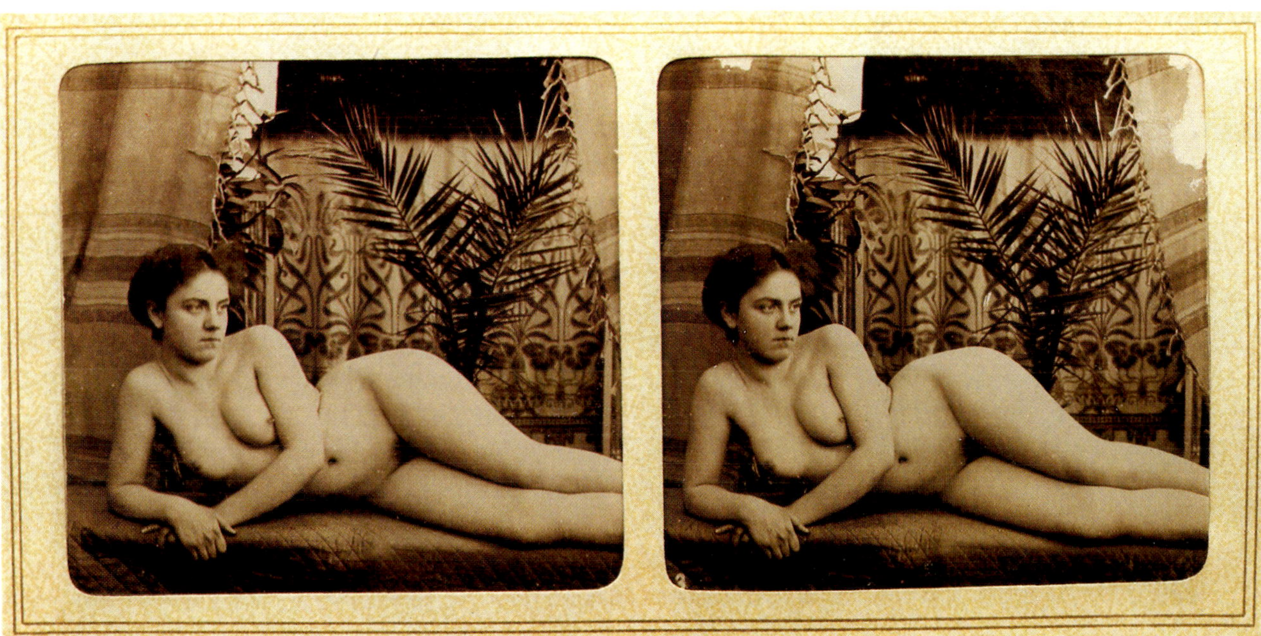

*150. Anonyme (vers 1895).*

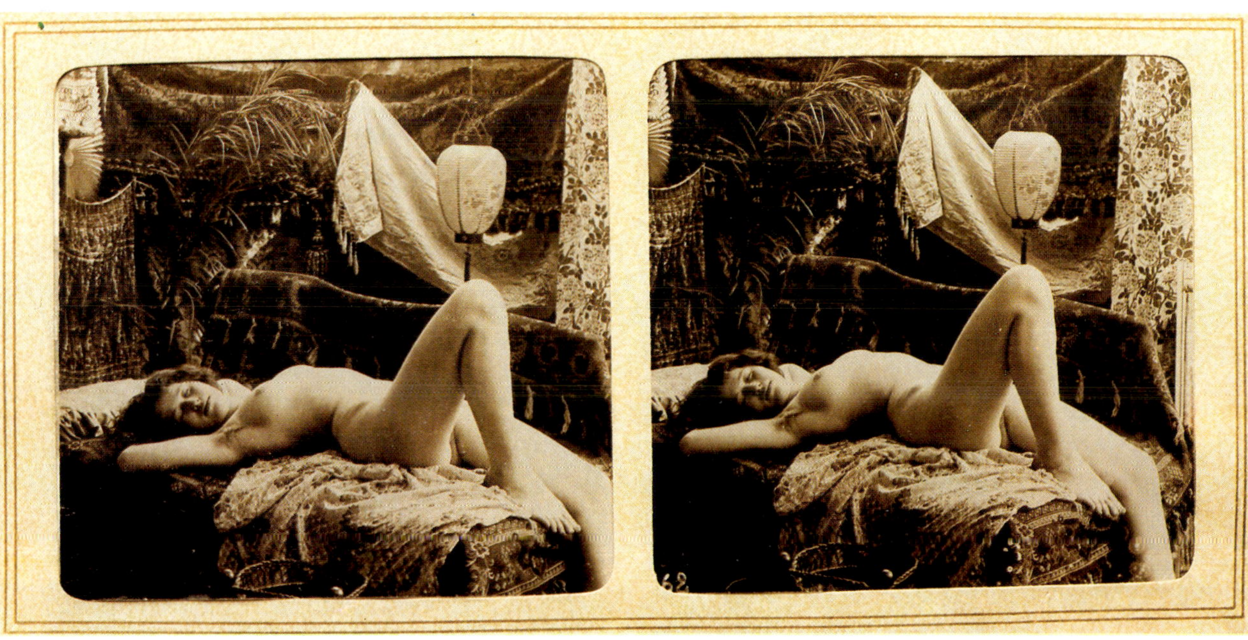

*151. Anonyme (vers 1895).*

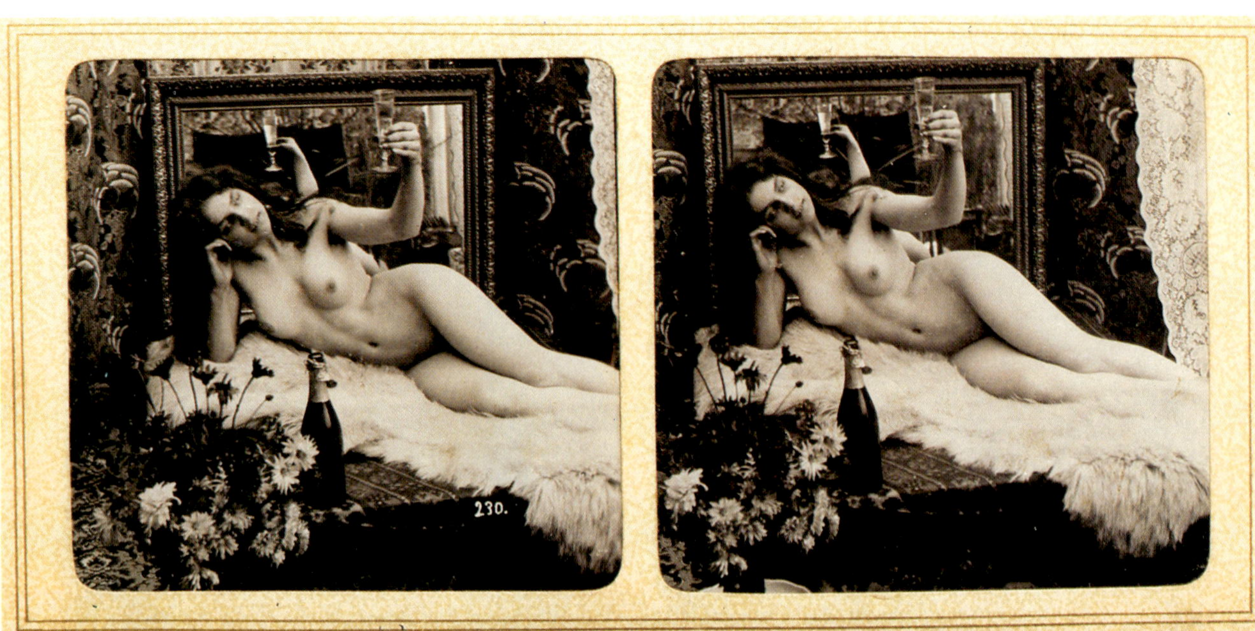


152. *Anonyme (vers 1895).*

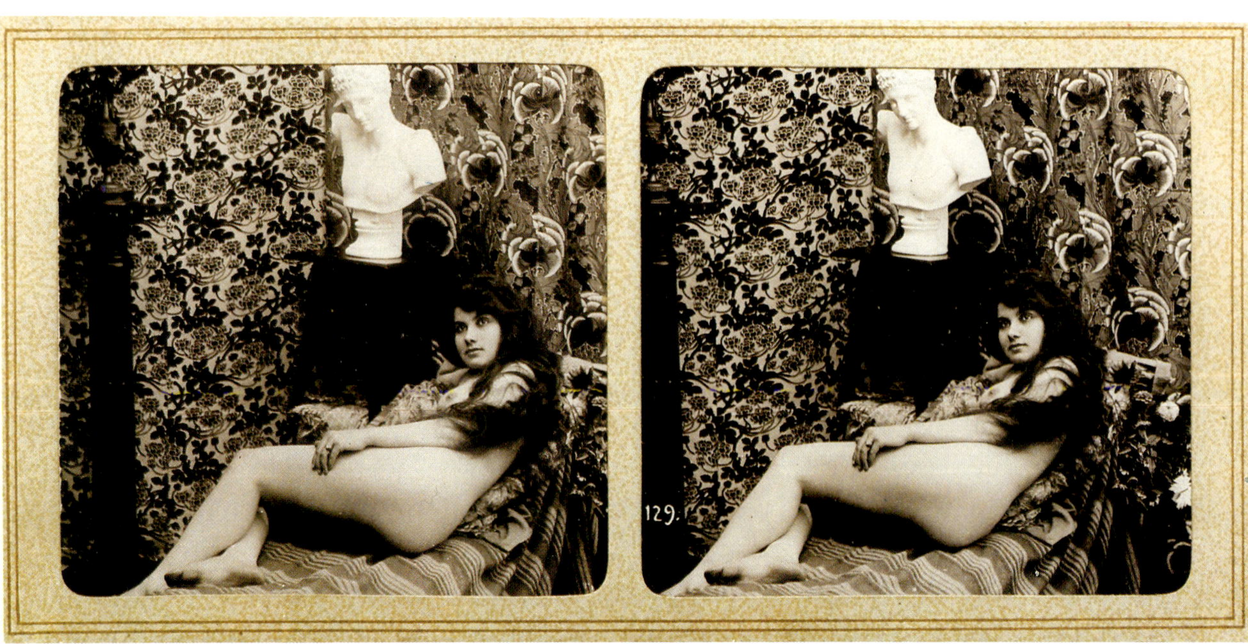


153. *Anonyme (vers 1895).*

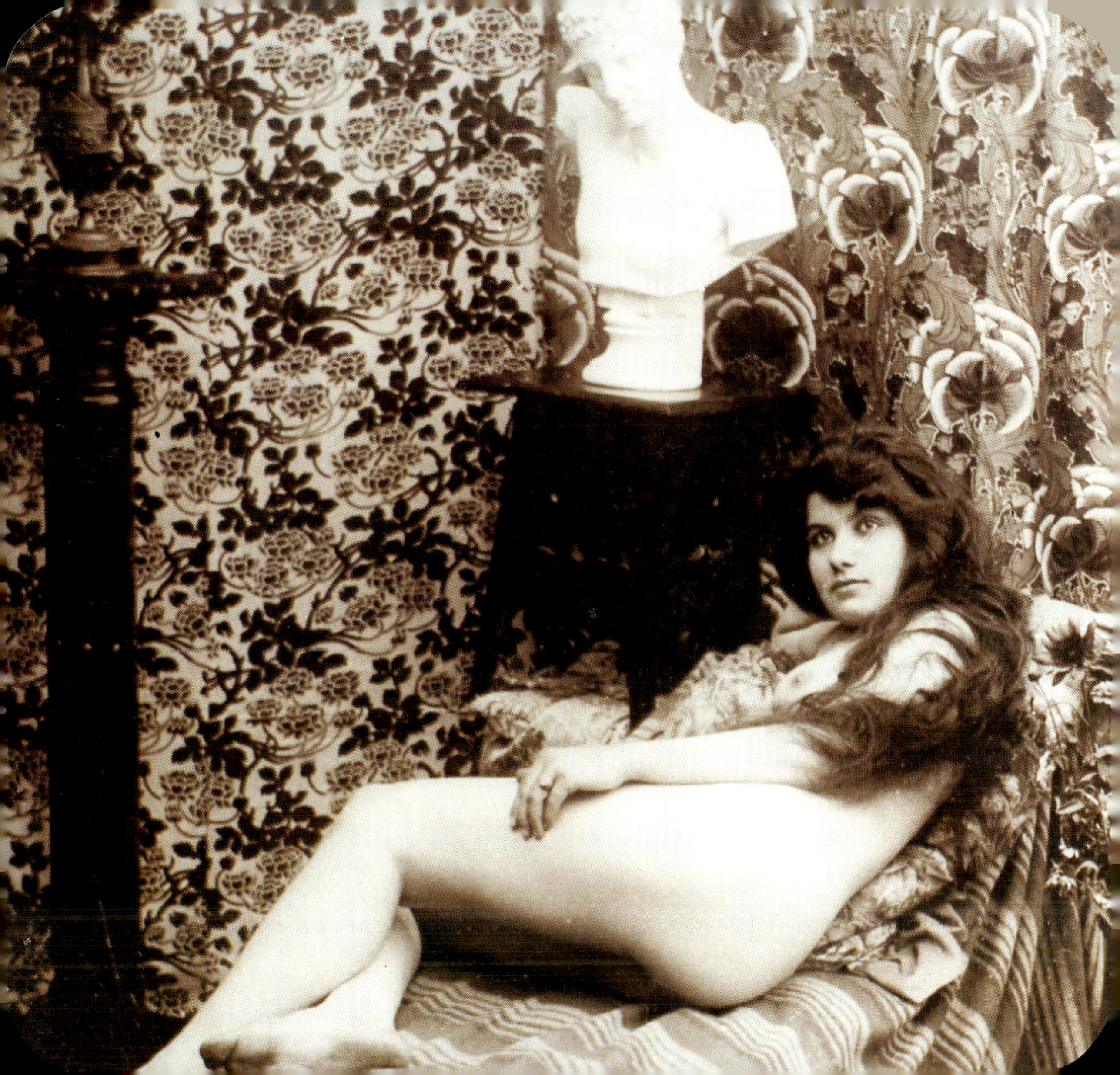

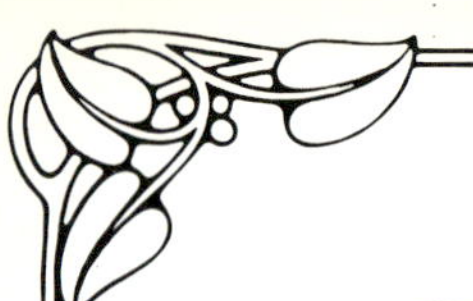

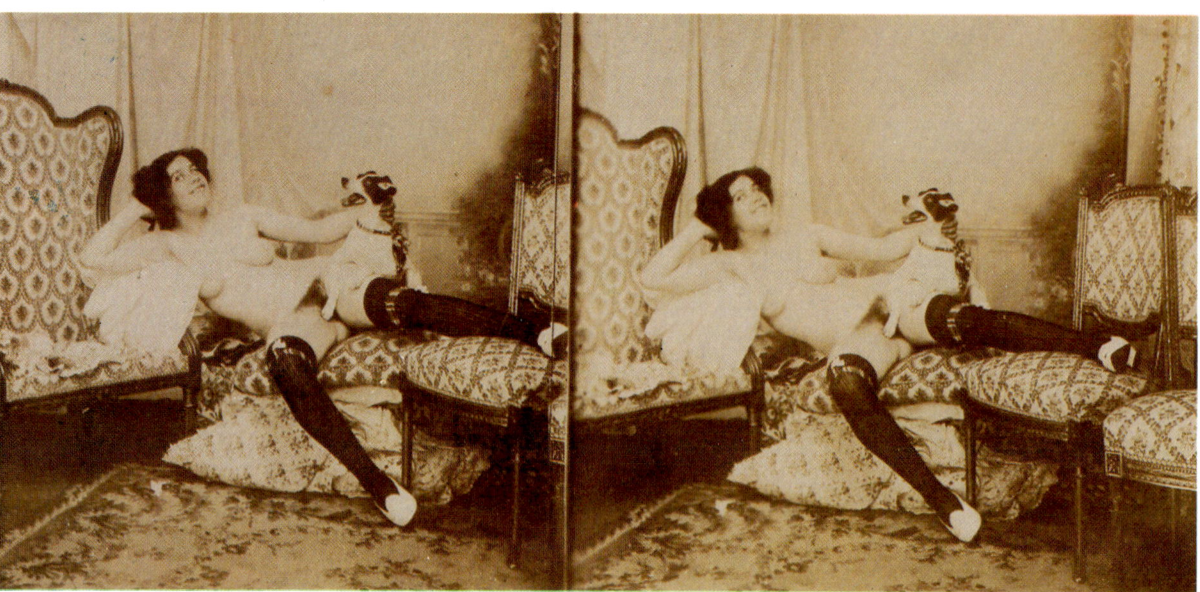

*154. Anonyme (vers 1890).*

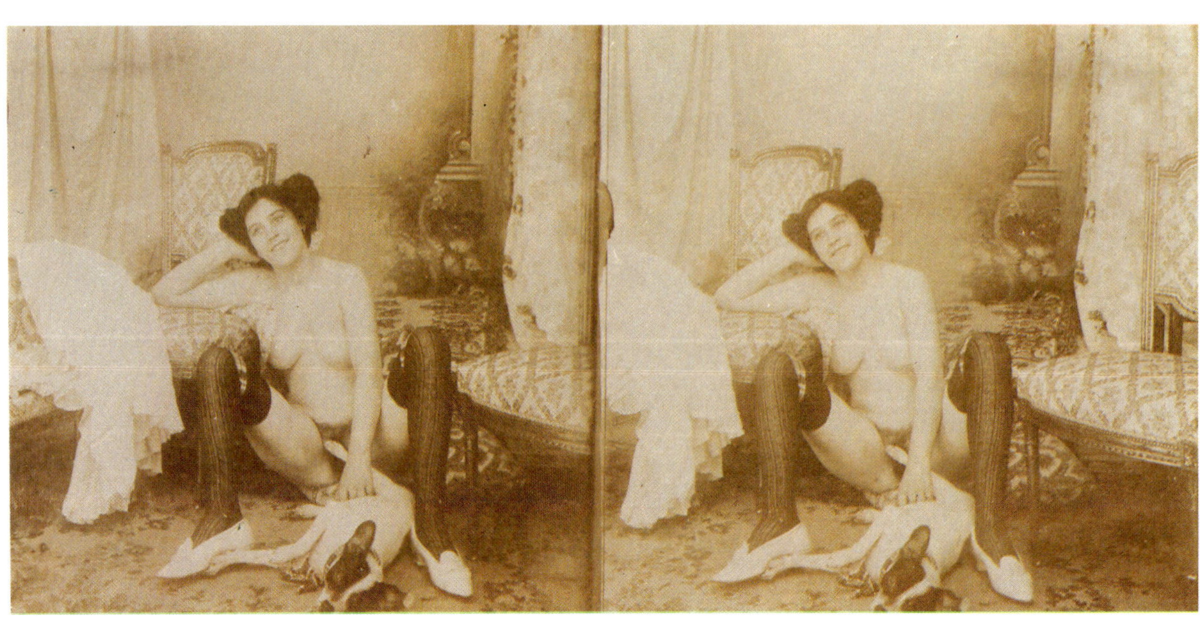

*155. Anonyme (vers 1890).*

*Ci-contre : 156. Anonyme (vers 1890).*

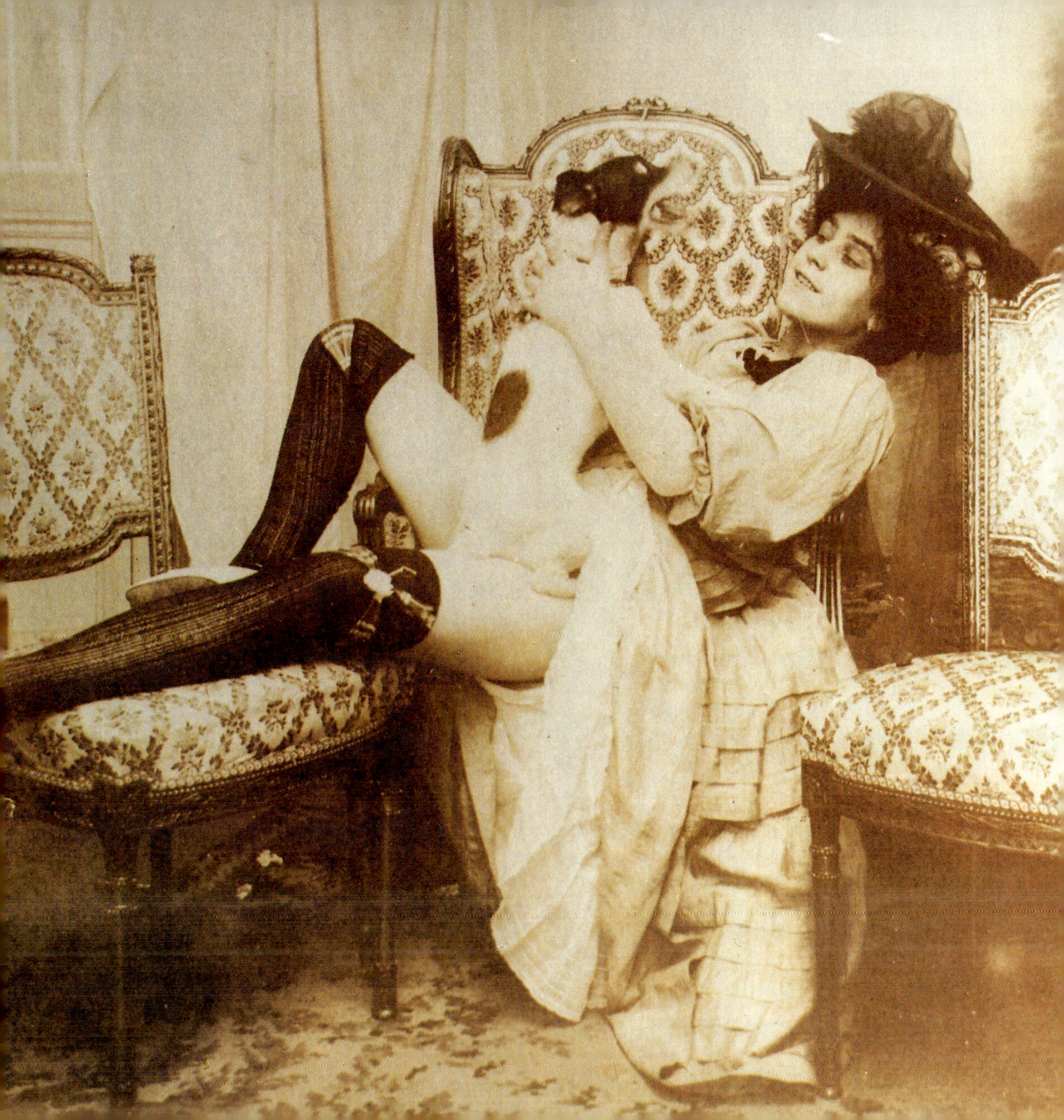

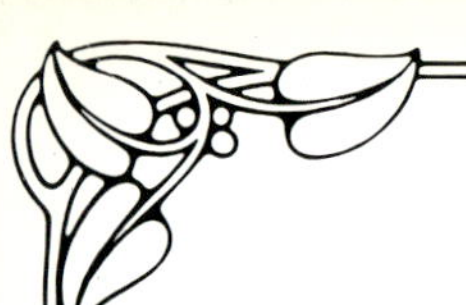

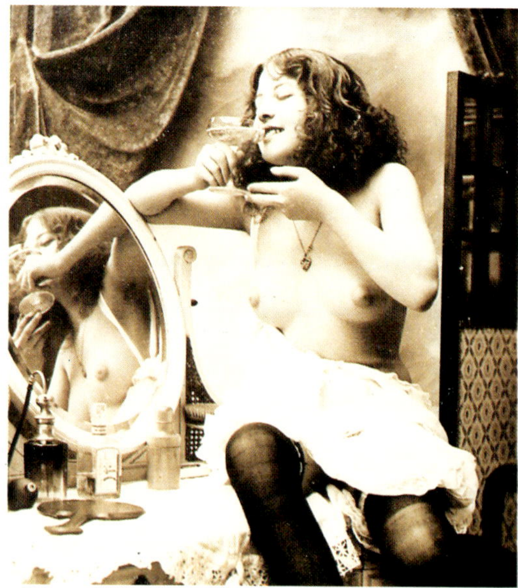

157. *E. Agelou (vers 1900).*

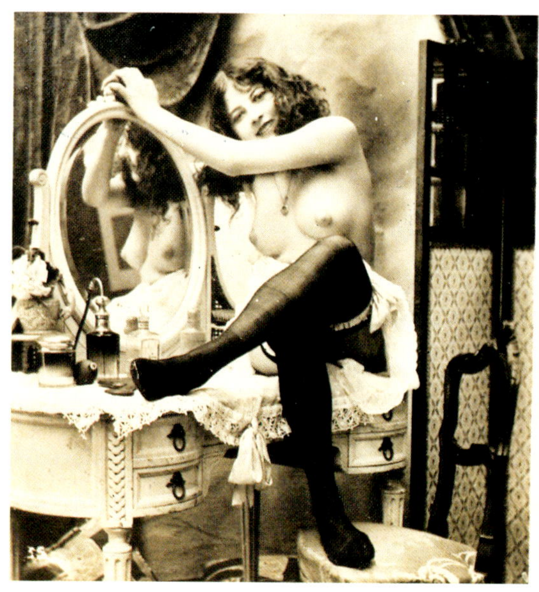

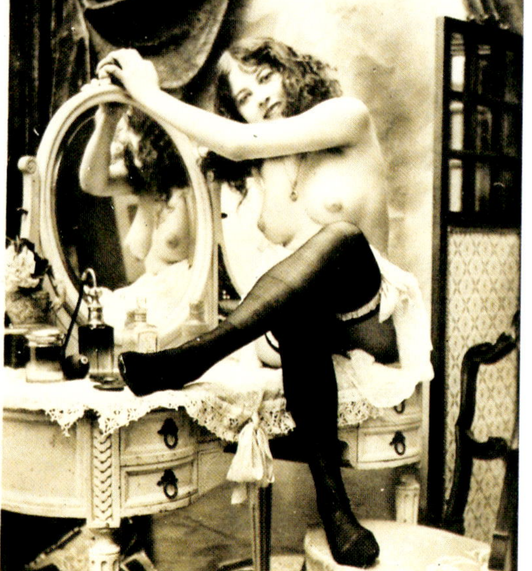

158. *E. Agelou (vers 1900).*

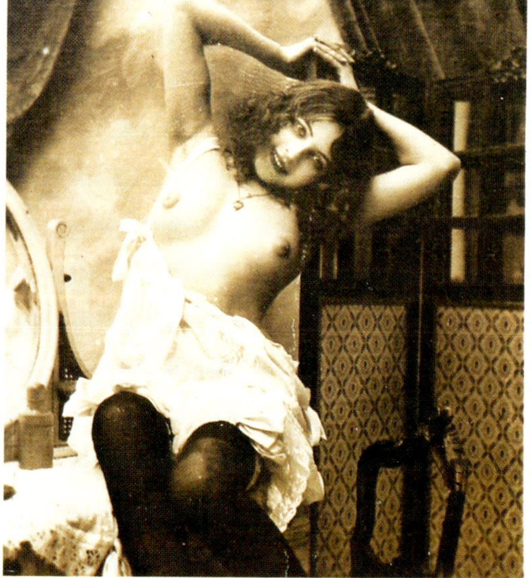

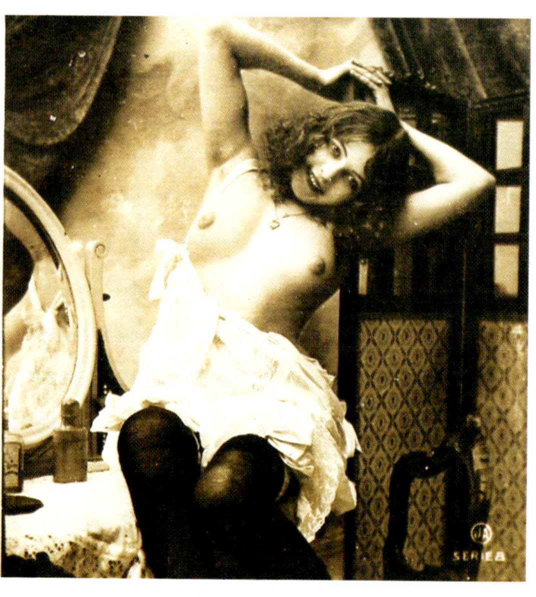

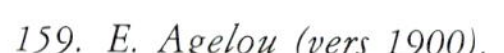

159. *E. Agelou (vers 1900).*

*Ci-contre : 160. E. Agelou (vers 1900).*

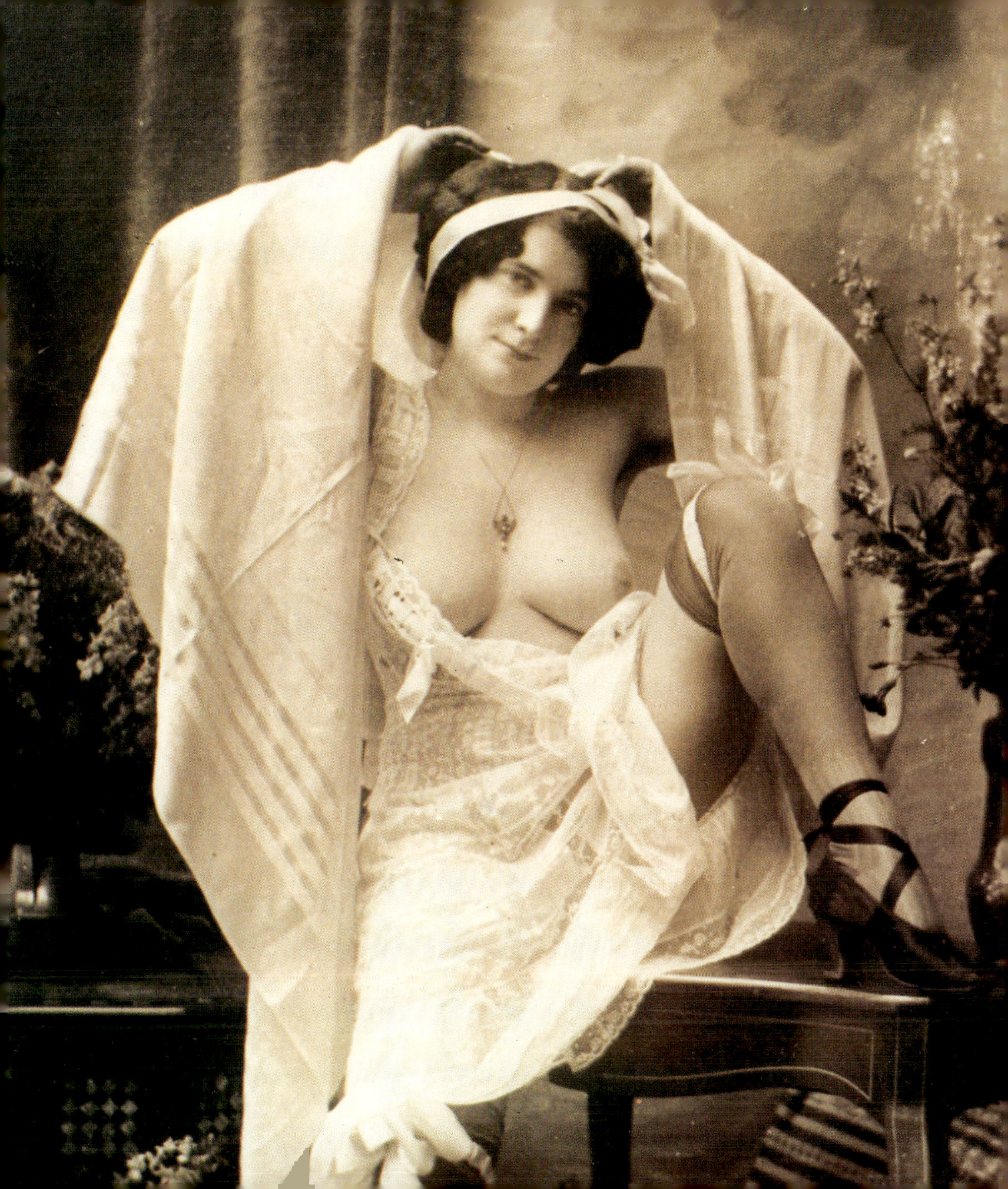

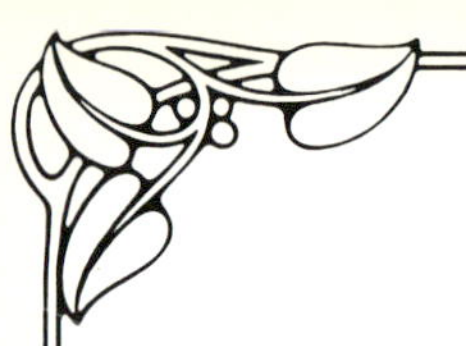

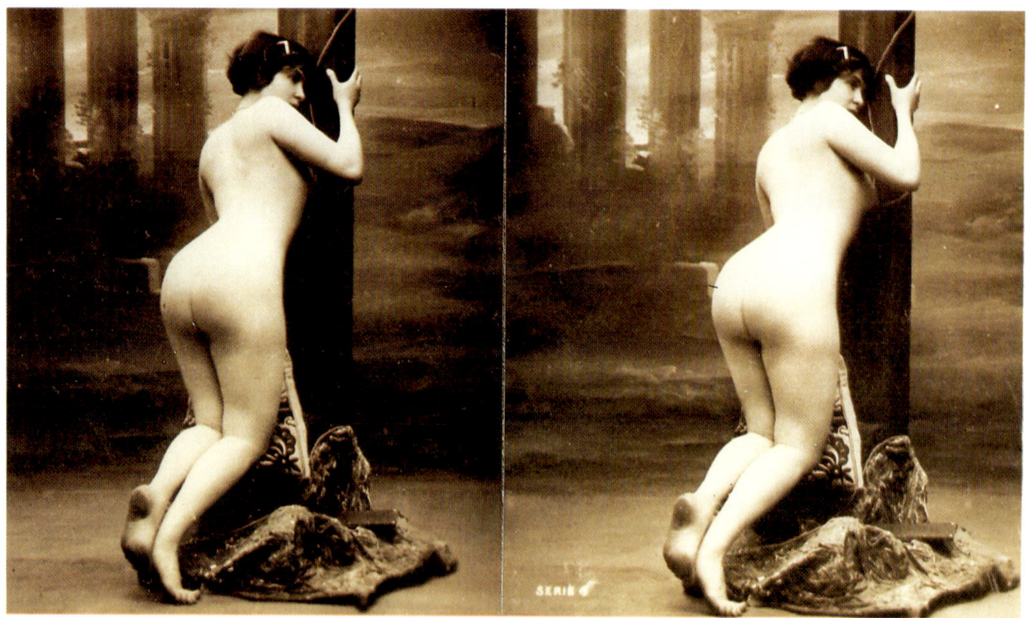

*161. E. Agelou (vers 1890).*

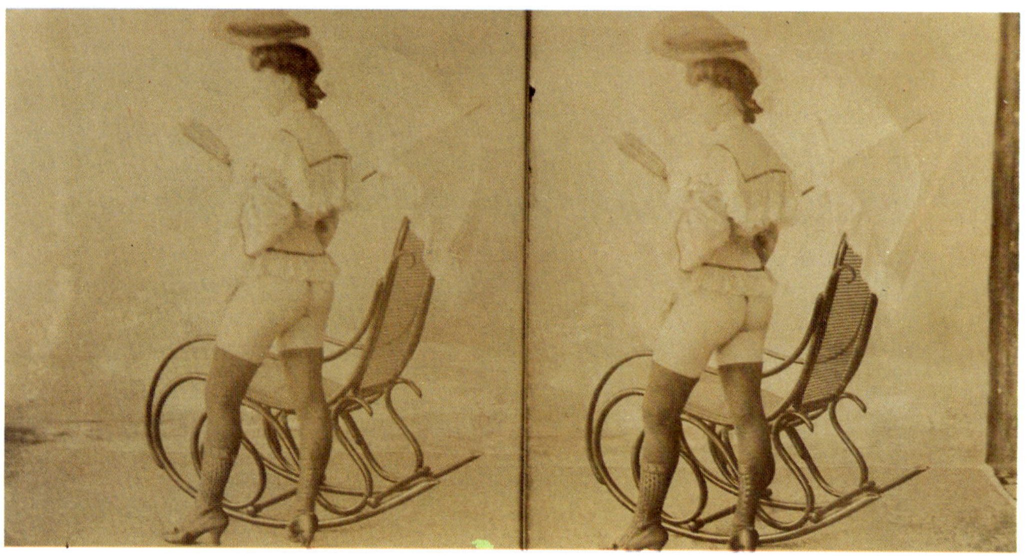

*162. Anonyme (vers 1890).*

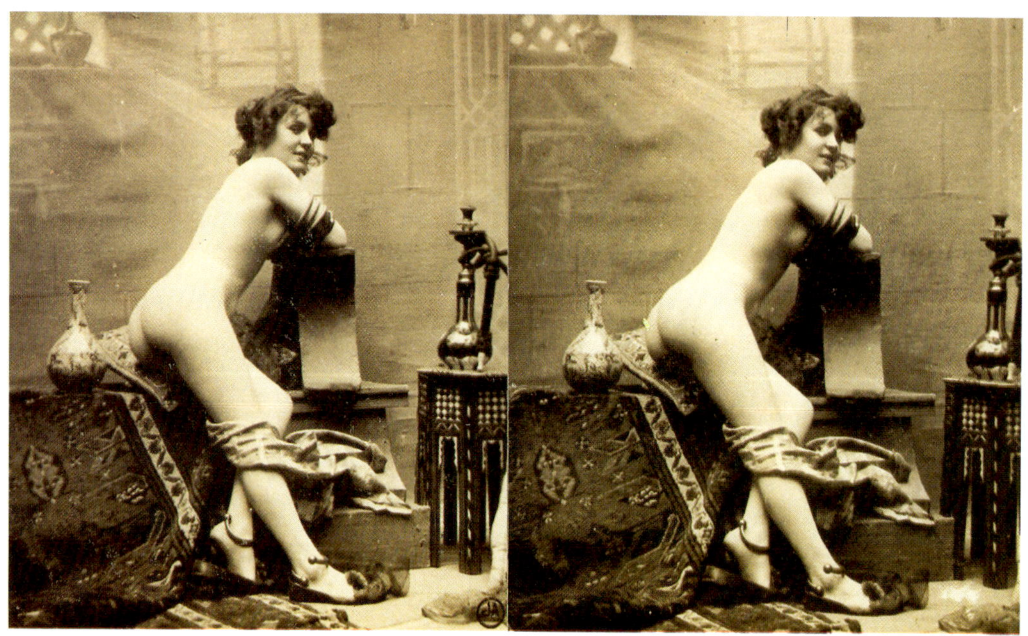

*163. E. Agelou (vers 1900).*

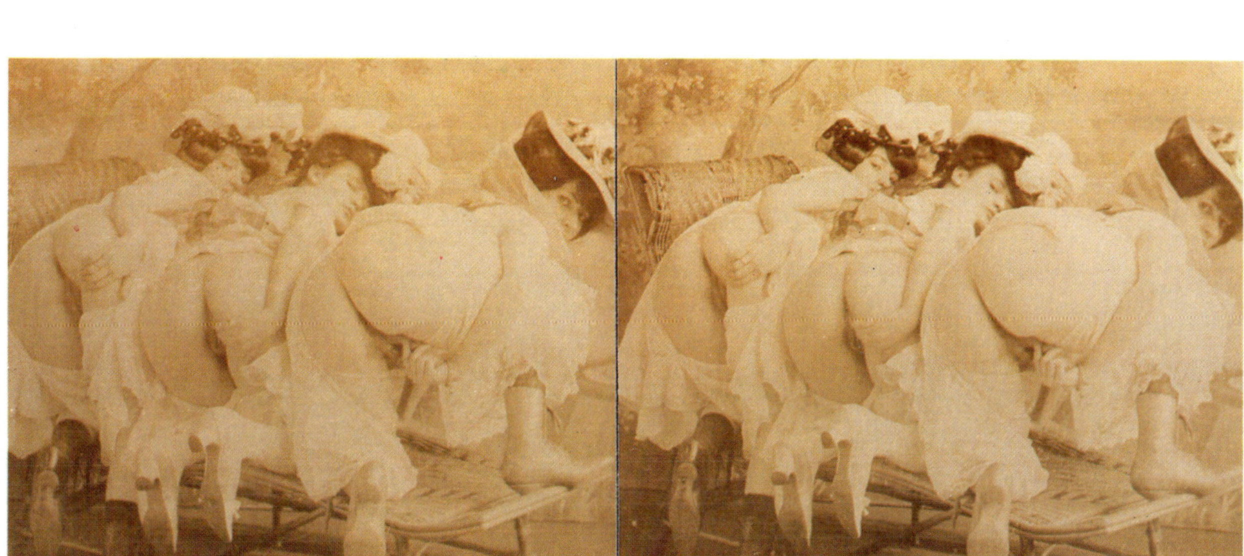

164. *Anonyme (vers 1900).*

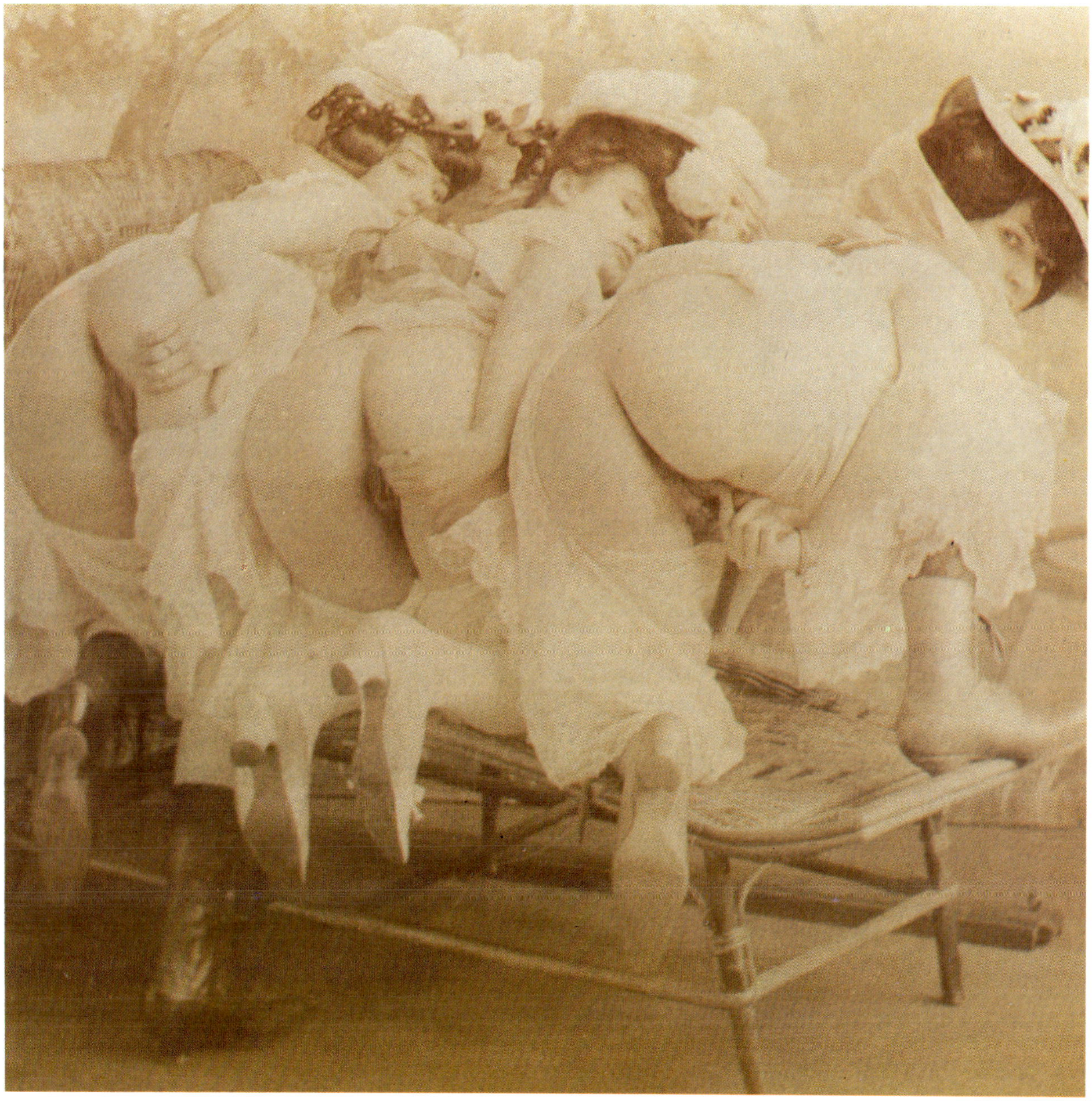

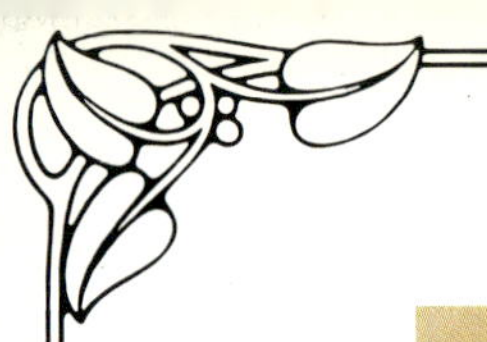

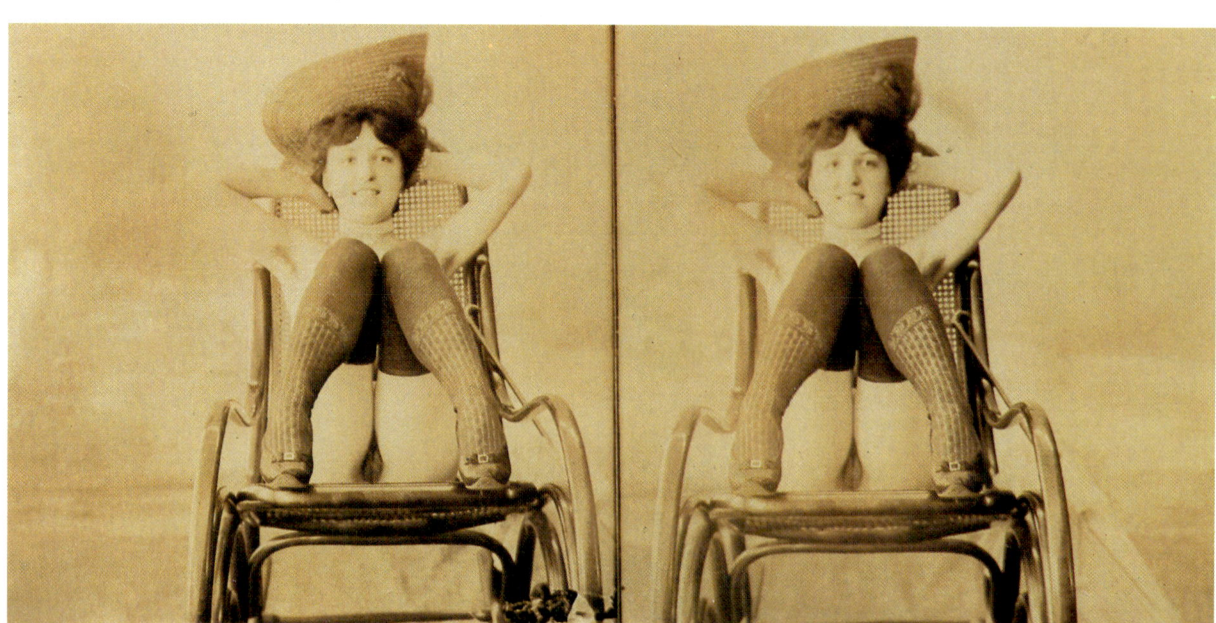

*165. Attribué à E. Agelou (vers 1900).*

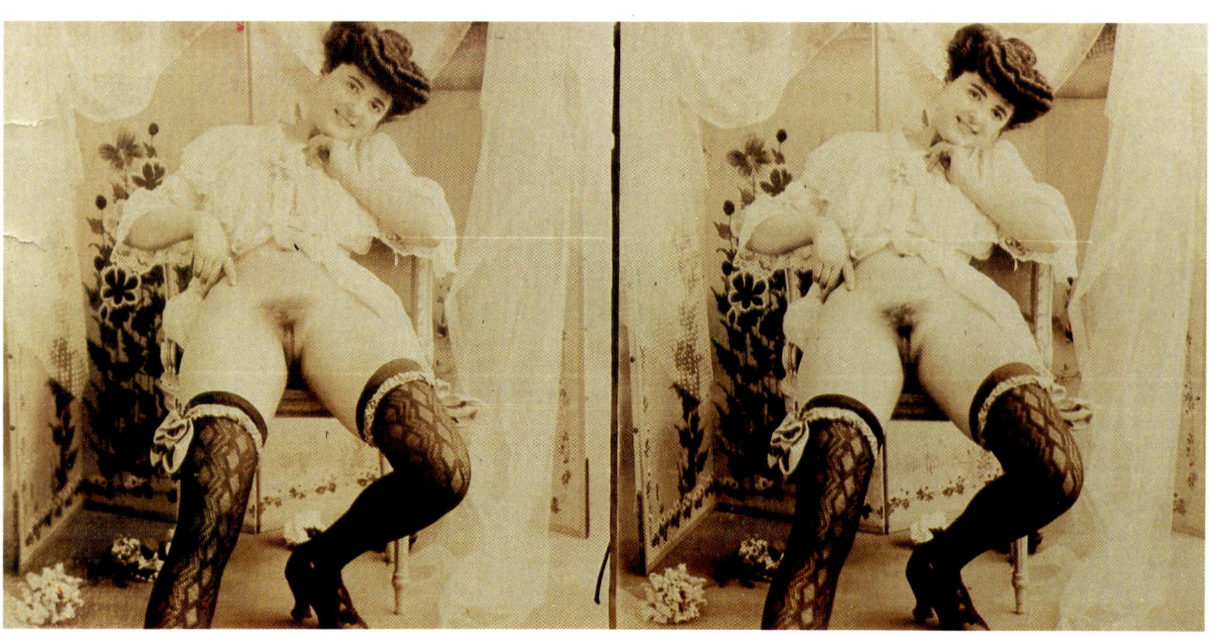

*166. Attribué à E. Agelou (vers 1900).*

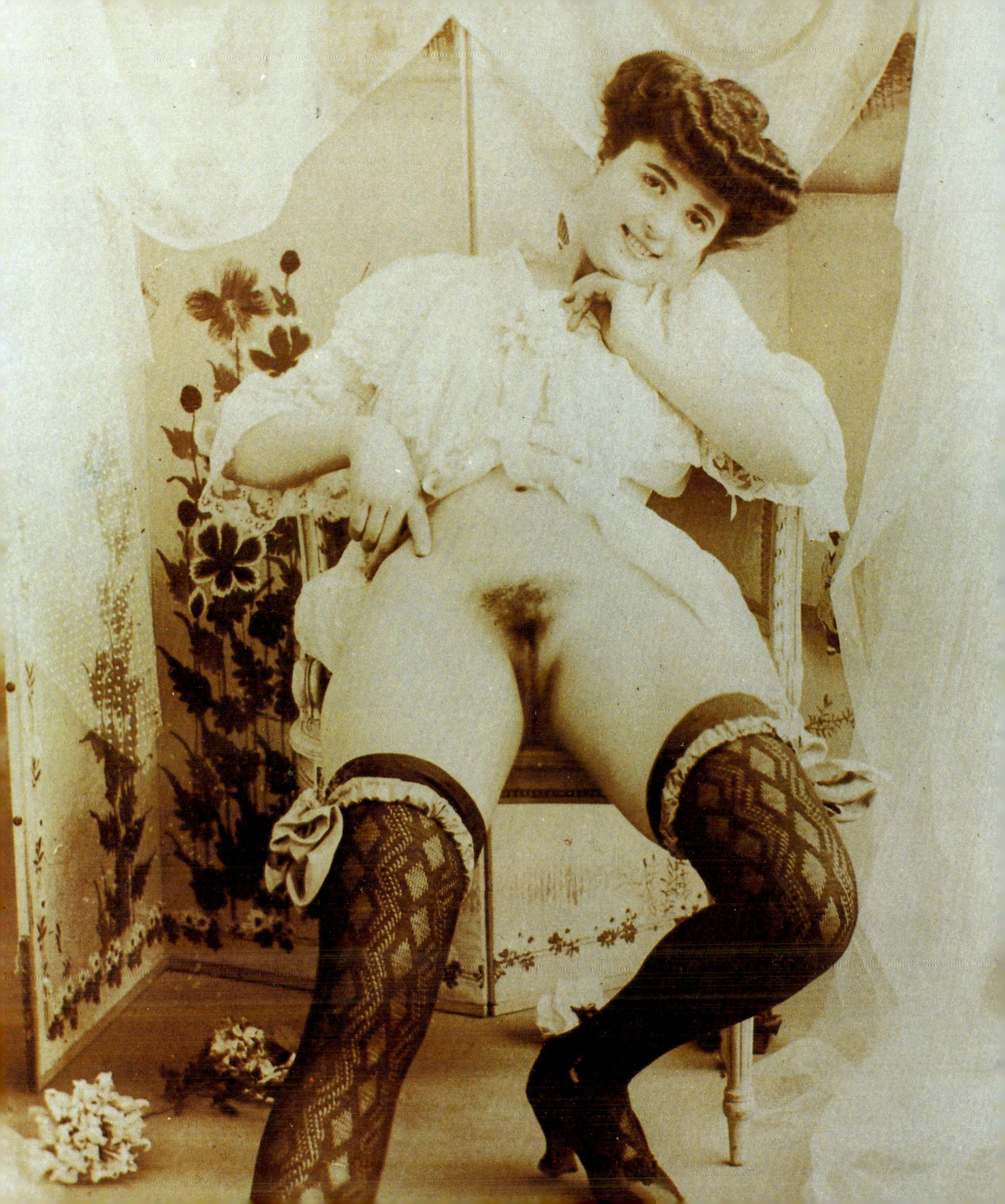

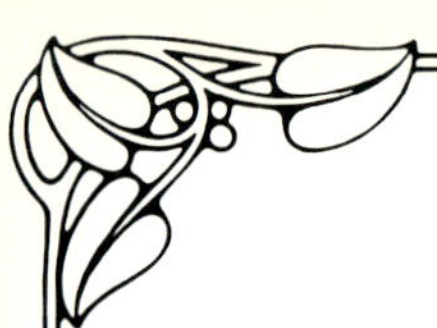

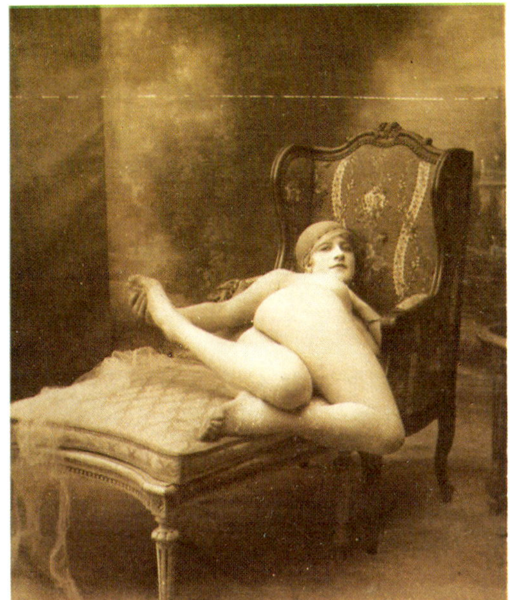

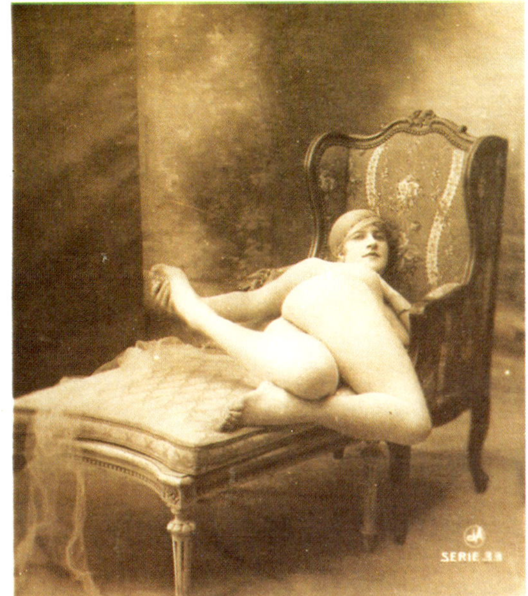

*167. E. Agelou (vers 1900).*

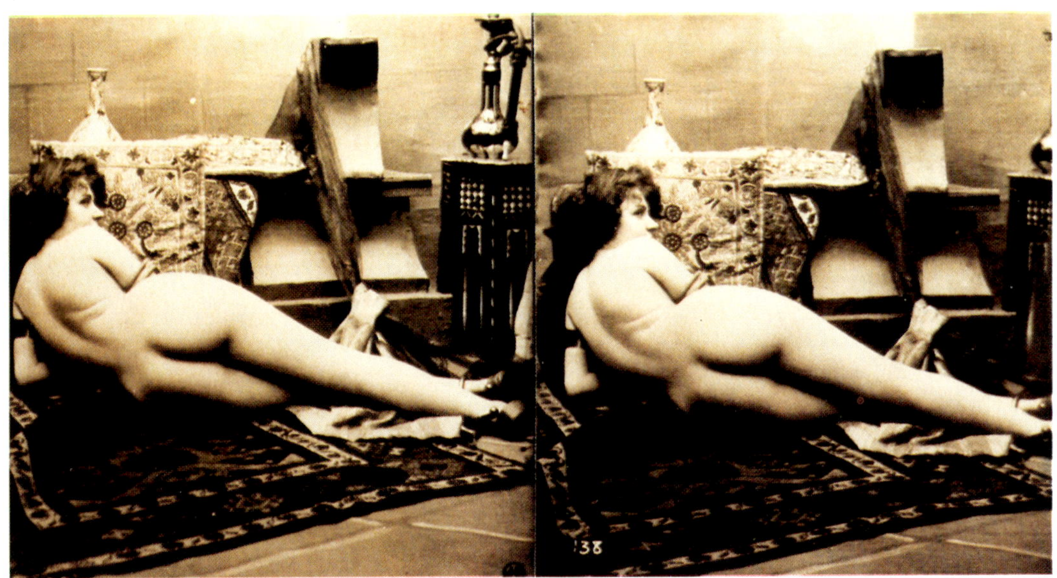

*168. E. Agelou (vers 1900).*

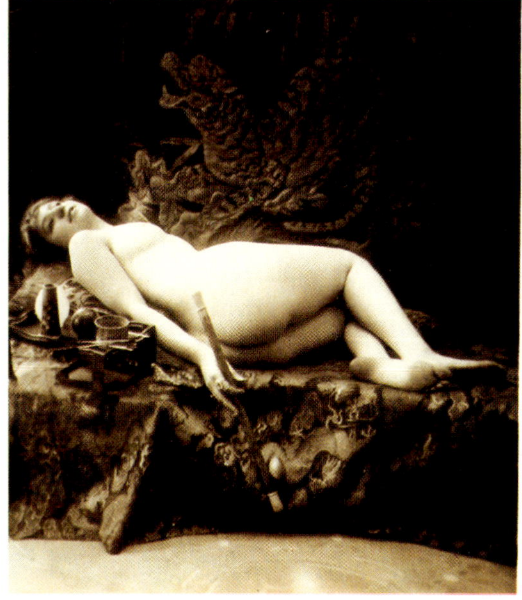

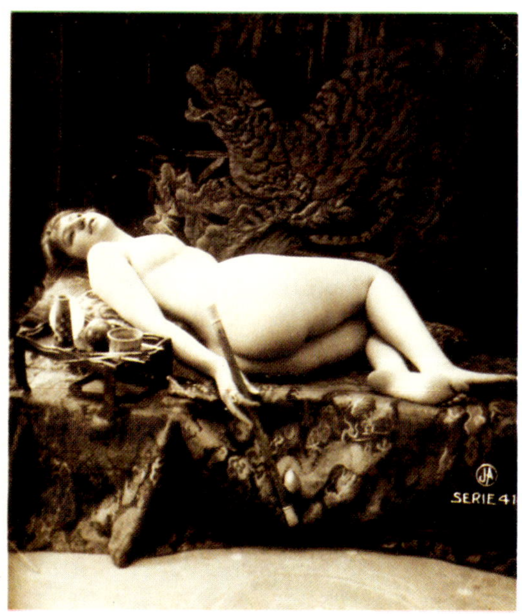


*169. E. Agelou (vers 1900).*

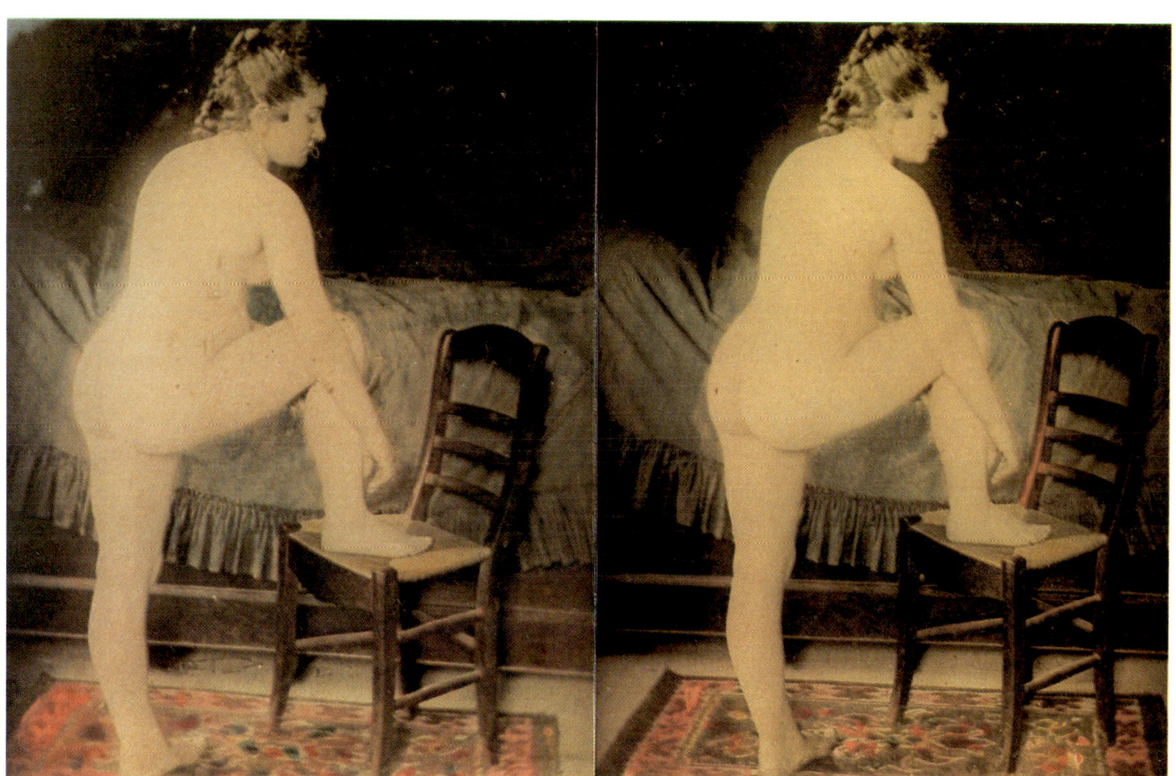

*170. Anonyme (vers 1900).*

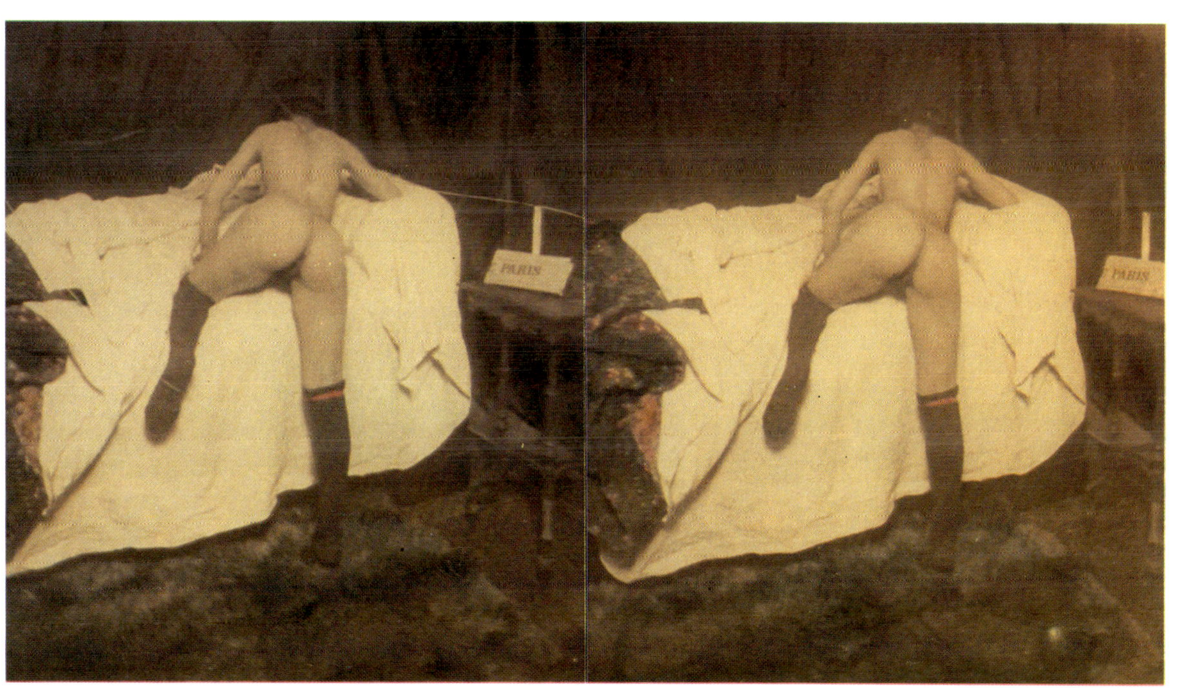


*171. Anonyme (vers 1900).*

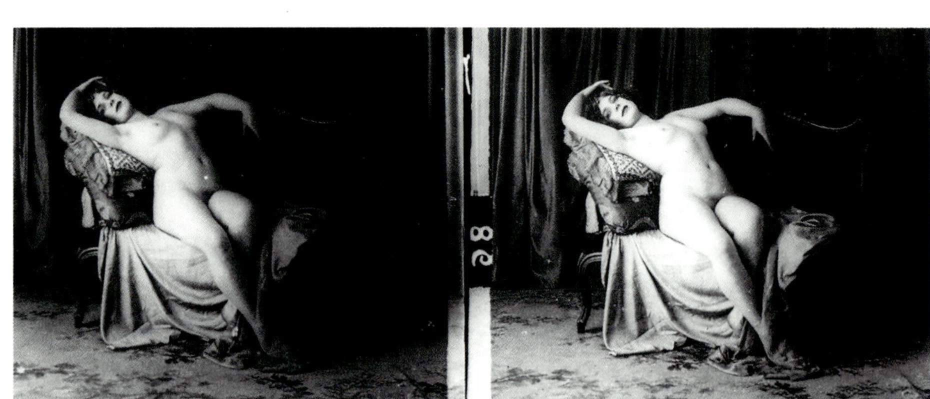

*172. E. Agelou (vers 1905).*

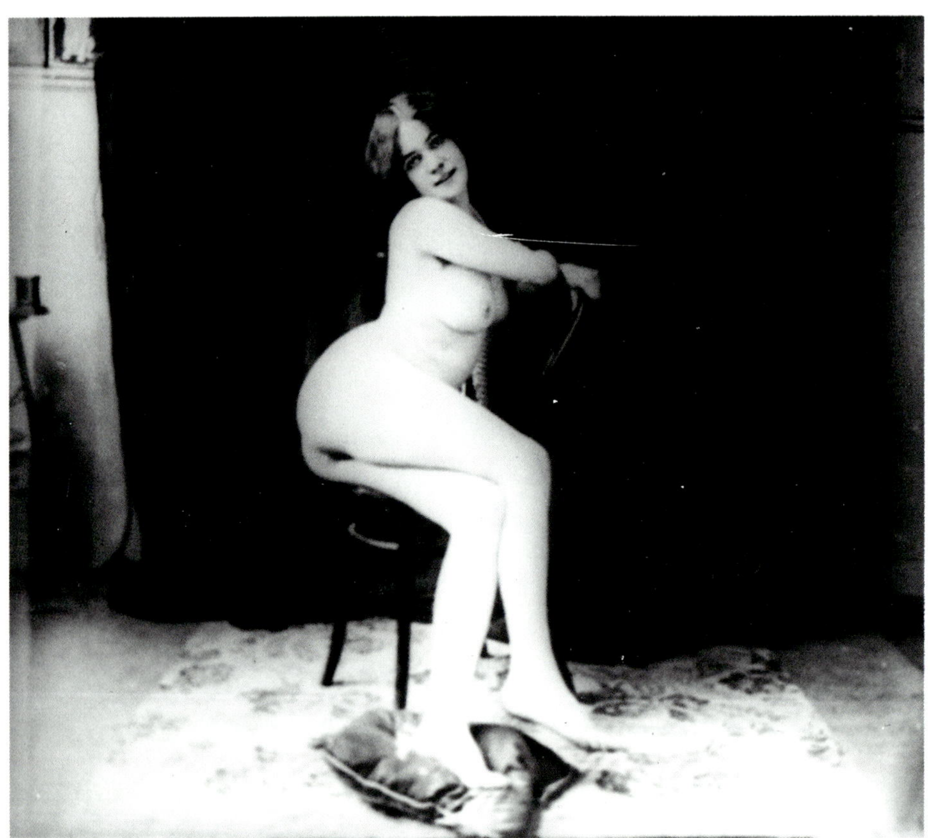

*173. E. Agelou (vers 1905).*

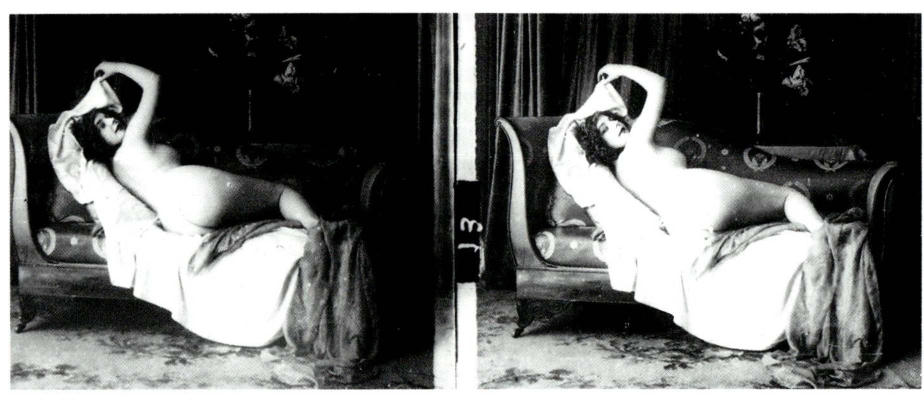

*174. E. Agelou (vers 1905).*

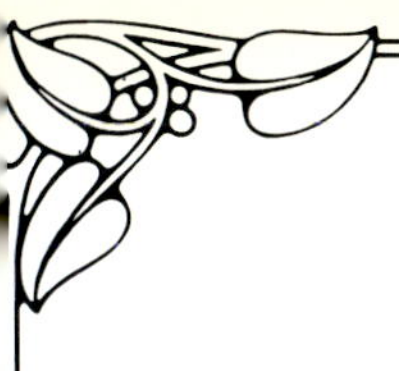

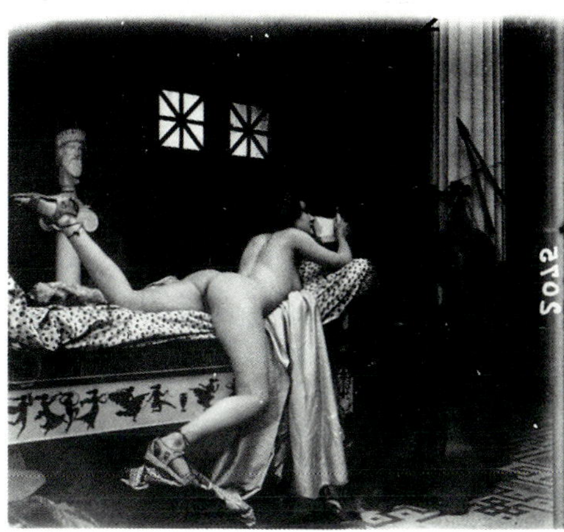
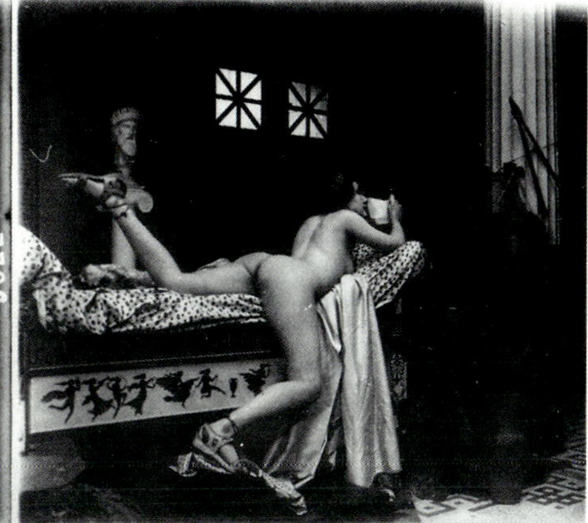

*175. Mante & Goldschmidt (vers 1905).*

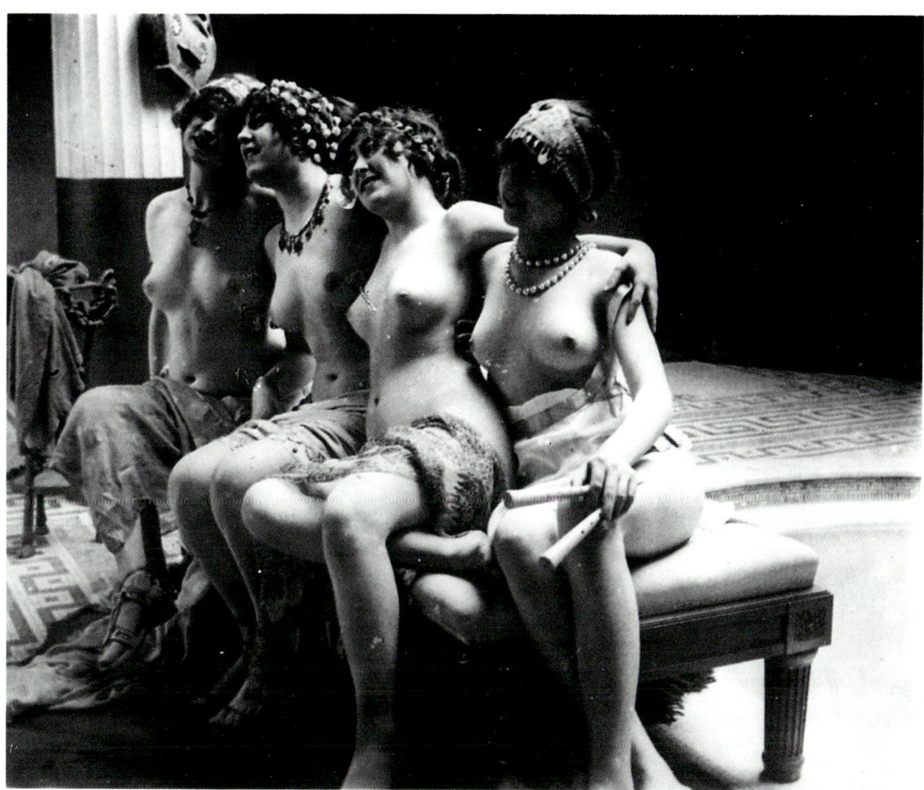

*176. Mante & Goldschmidt (vers 1905).*

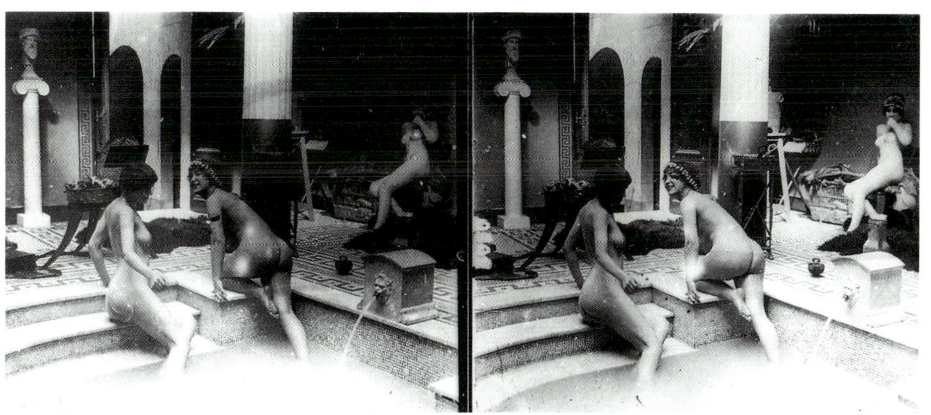

*177. Mante & Goldschmidt (vers 1905).*

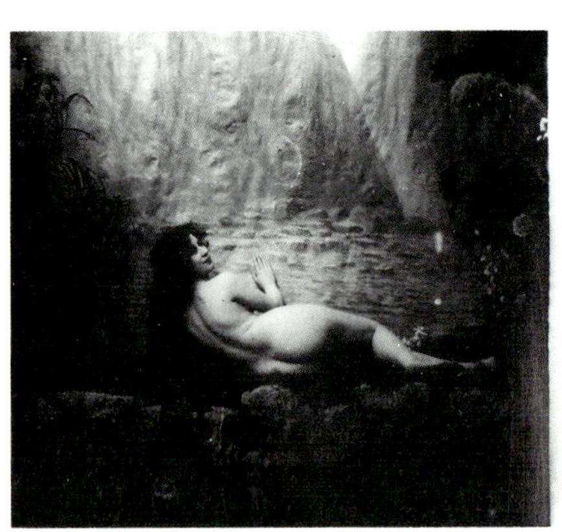
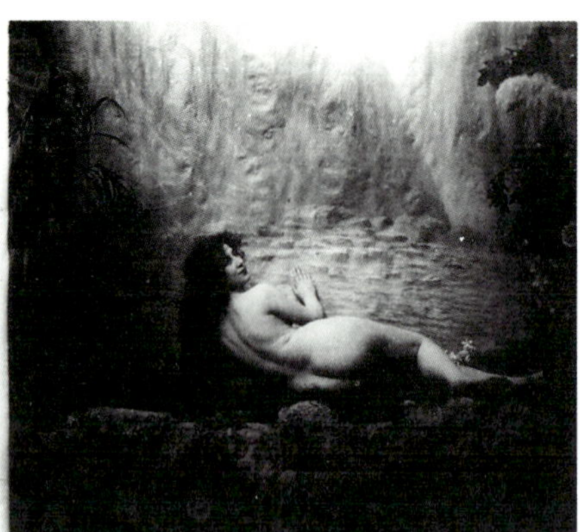

*178. Anonyme (vers 1905).*

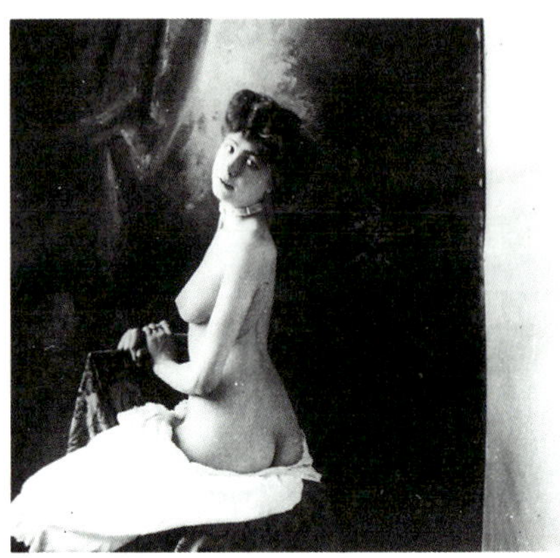
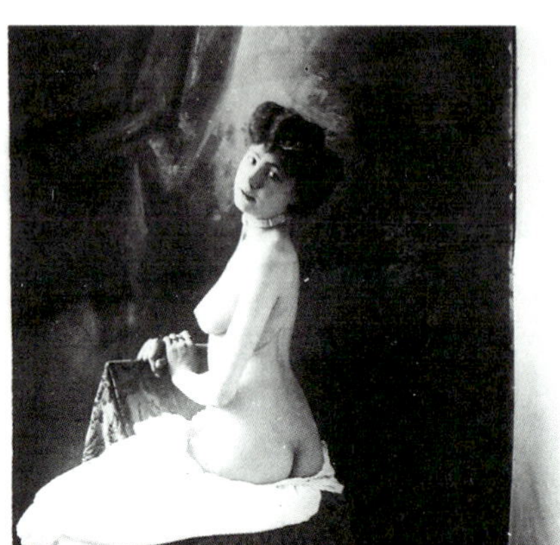

*179. Anonyme (vers 1905).*

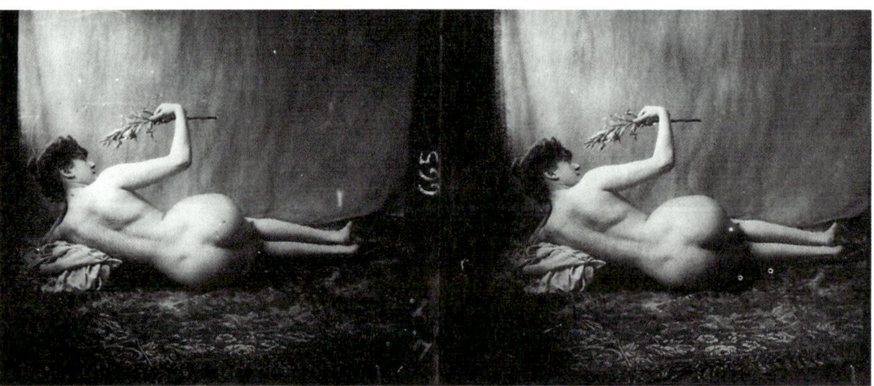

*180. Anonyme (vers 1905).*

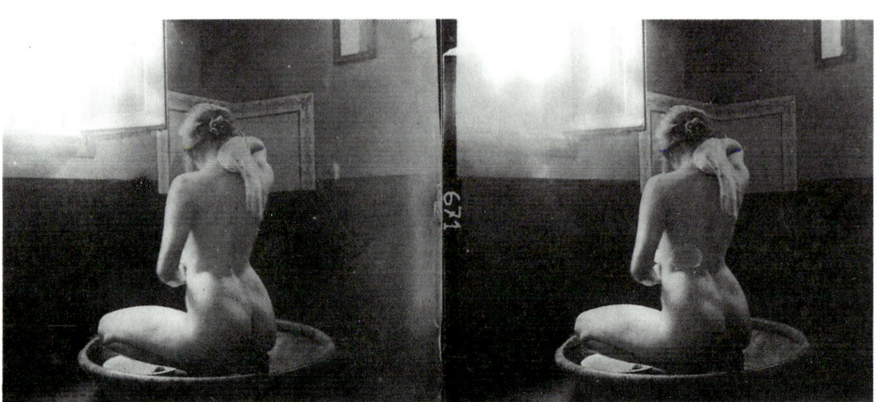

*181. Anonyme (vers 1905).*

# DIE GOLDENEN ZWANZIGER JAHRE
## (1920 – 1935)
## AUFKOMMEN VON FETISCHISMUS

---

# THE ROARING TWENTIES
## (1920 – 1935)
## THE APPEARANCE OF FETISHISMS

---

# LES ANNÉES FOLLES
## (1920 – 1935)
## L'APPARITION DES FÉTICHISMES

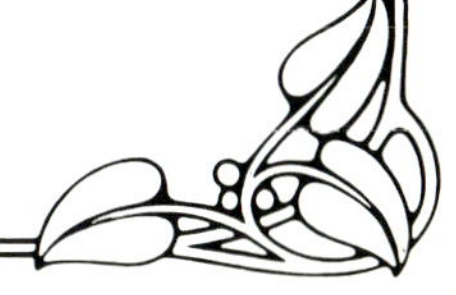

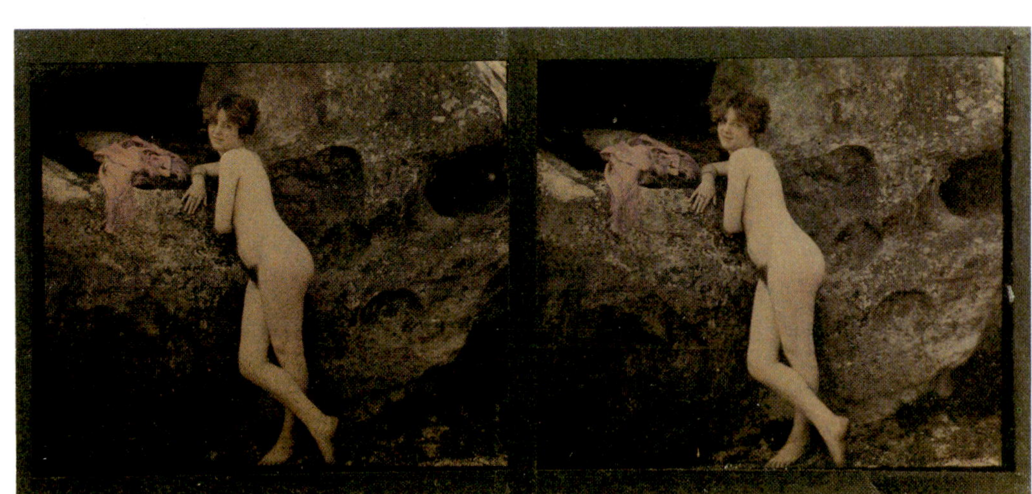

*182. Jean-Camille Duprat (vers 1928-1930).*

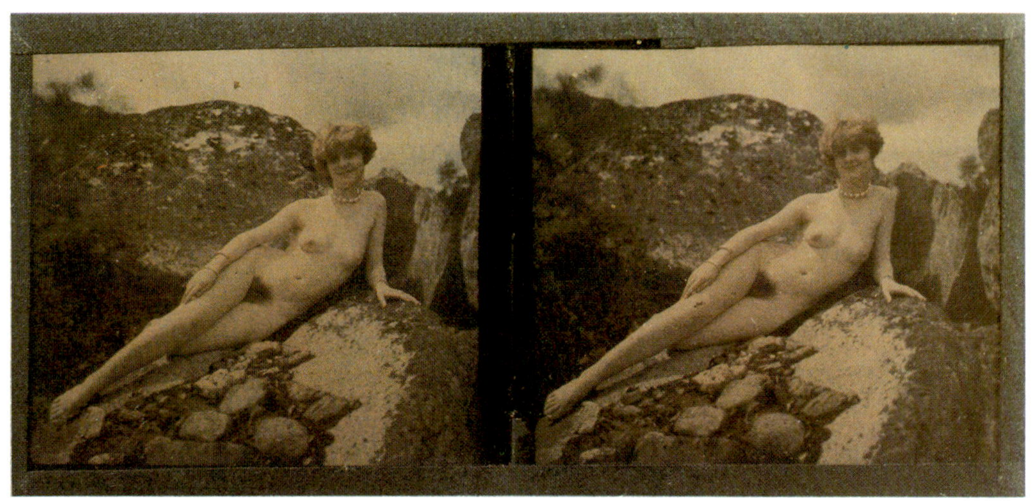

*183. Jean-Camille Duprat (vers 1928-1930).*

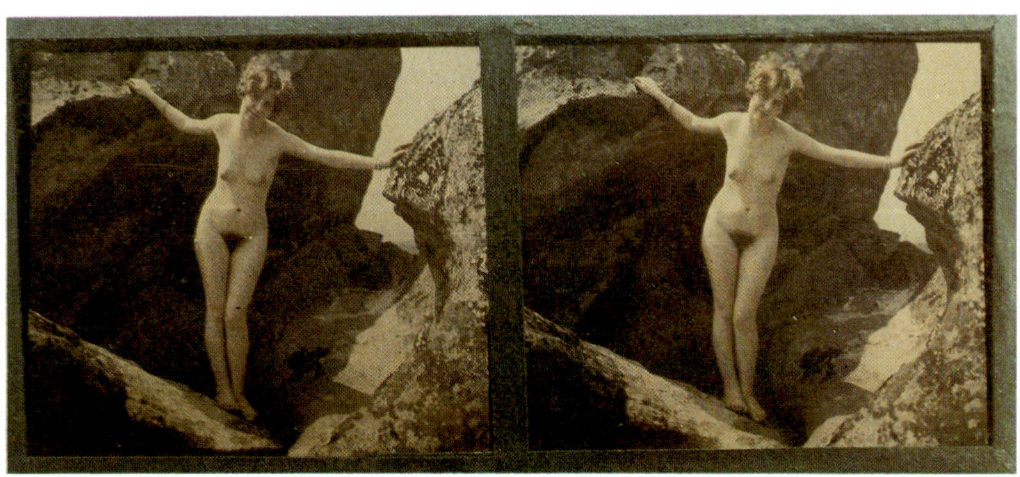

*184. Jean-Camille Duprat (vers 1928-1930).*

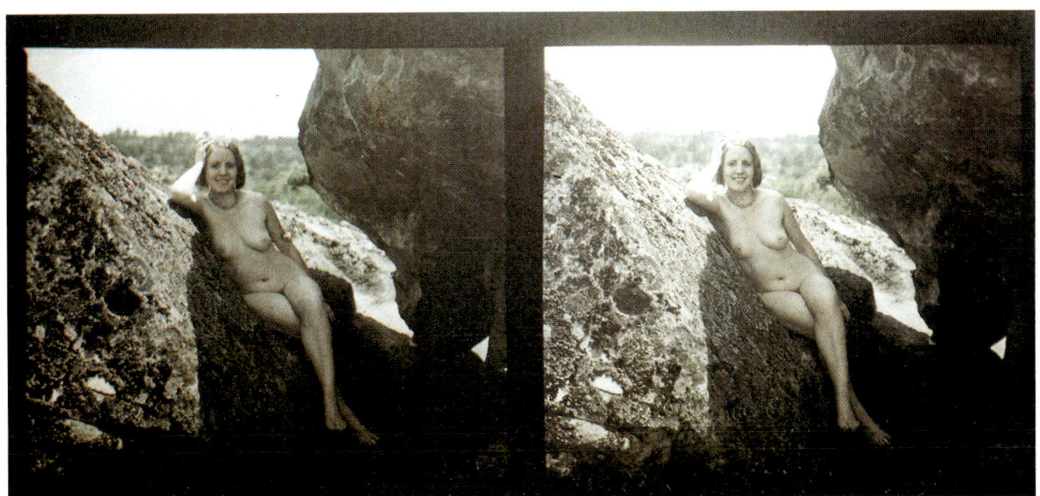

*185. Jean-Camille Duprat (vers 1928-1930).*

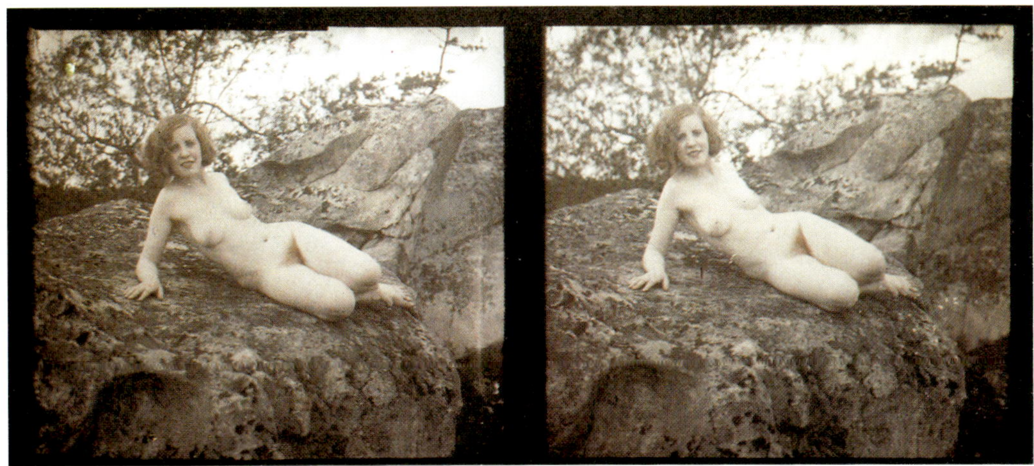

*186. Jean-Camille Duprat (vers 1928-1930).*

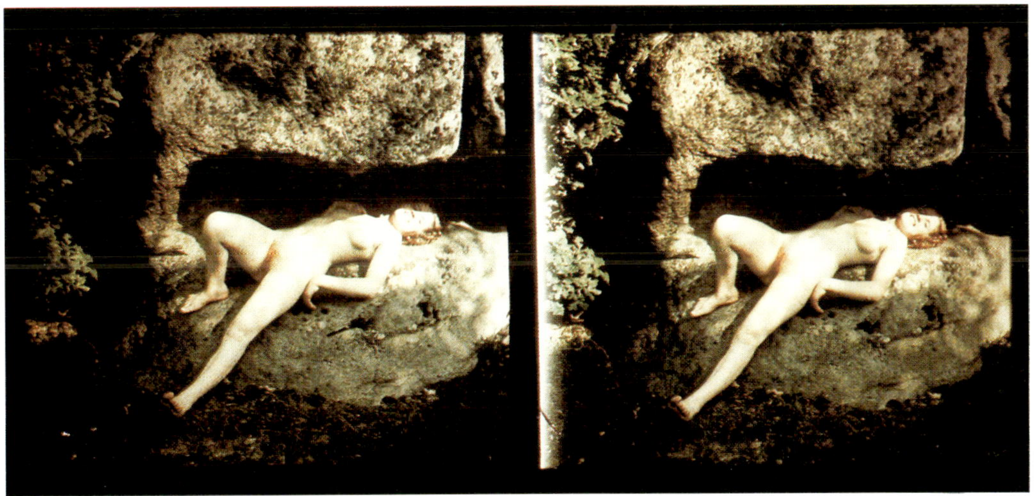

*187. Jean-Camille Duprat (vers 1928-1930).*

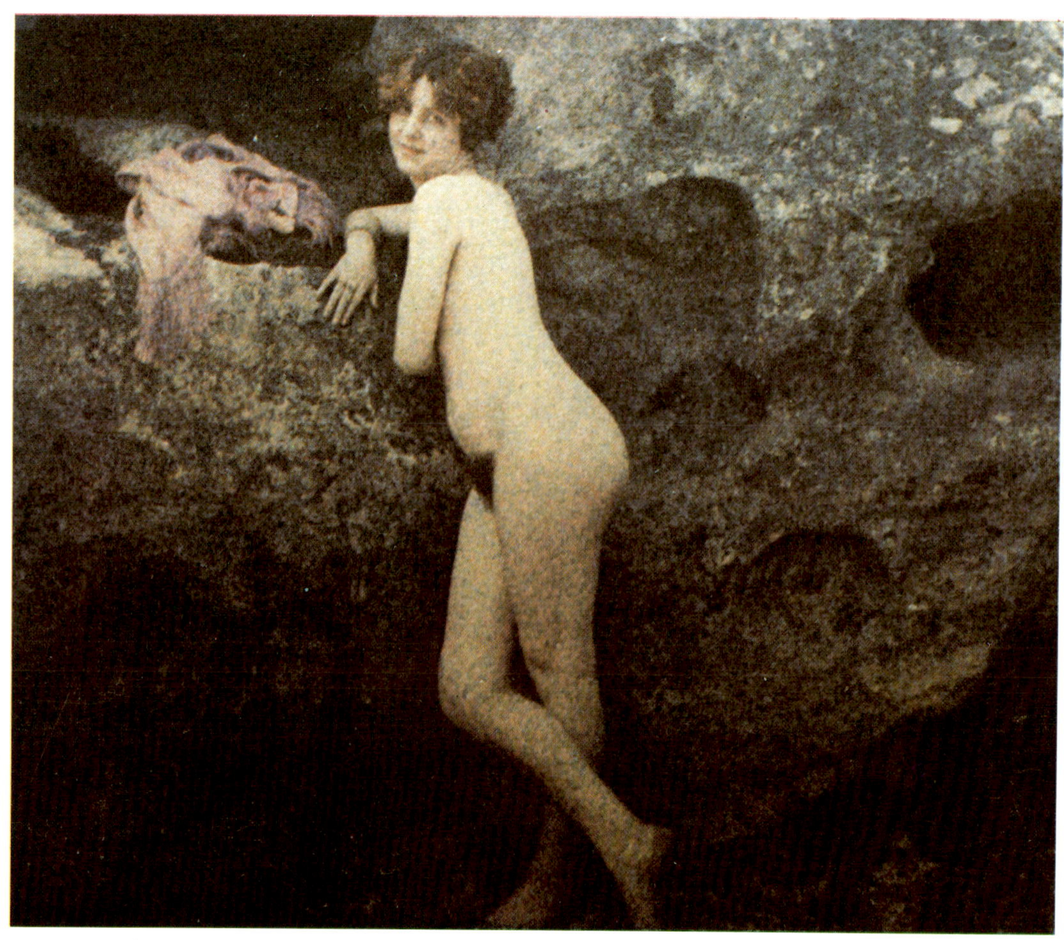

*188. Jean-Camille Duprat (vers 1928-1930).*

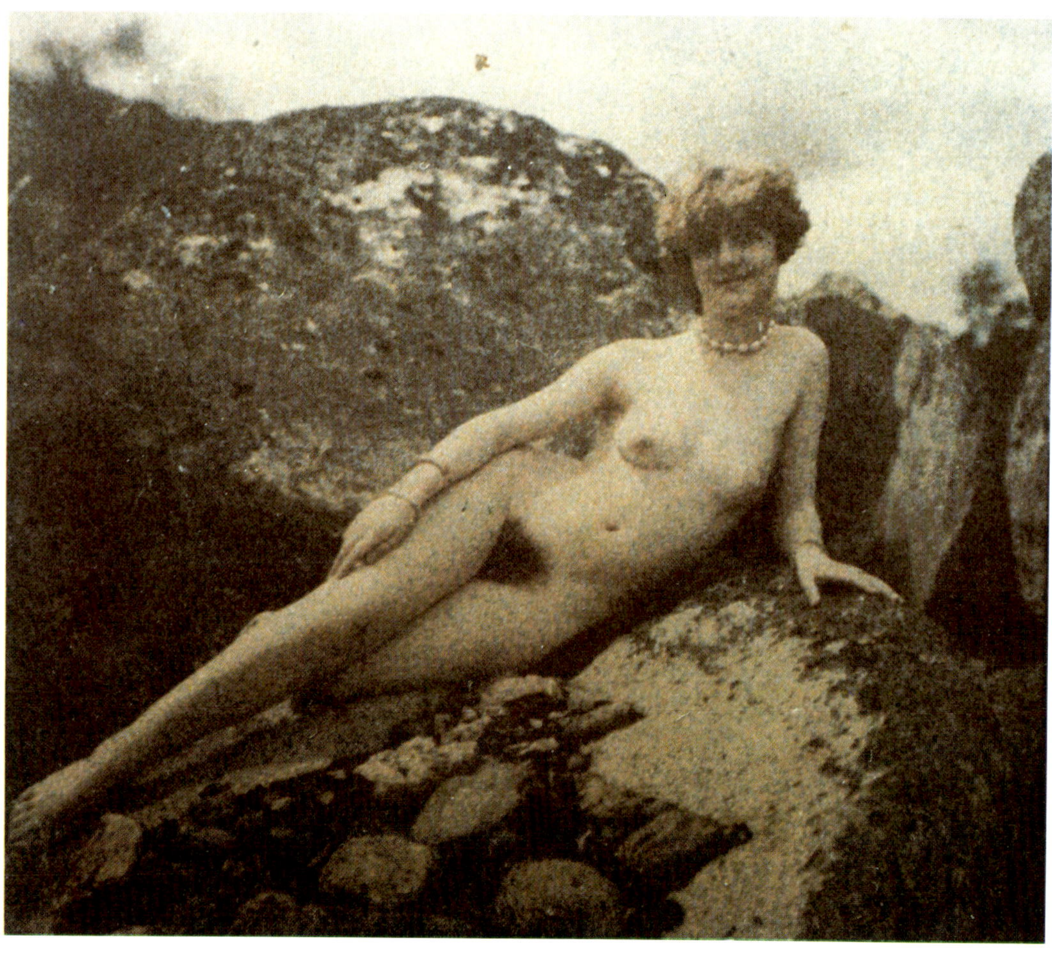

*189. Jean-Camille Duprat (vers 1928-1930).*

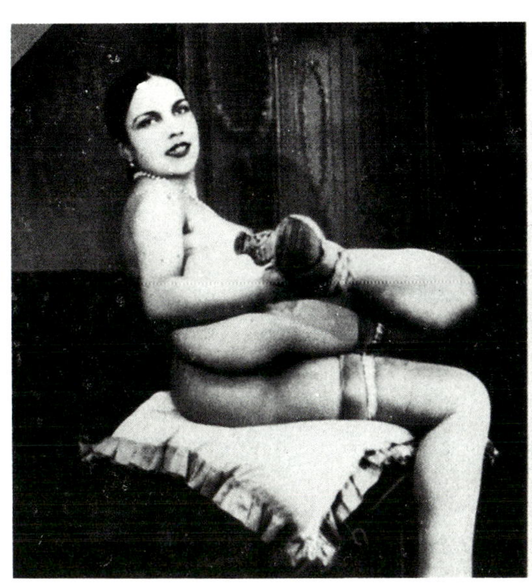
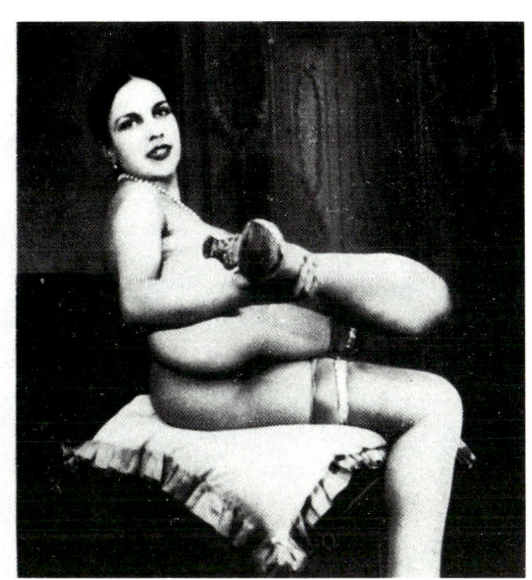

*190. Anonyme (vers 1925).*

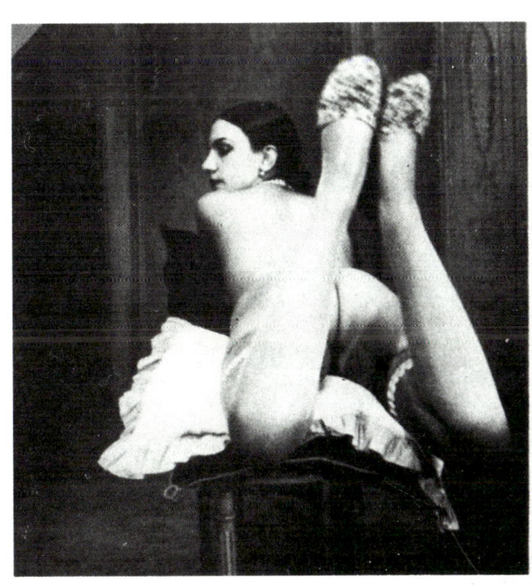
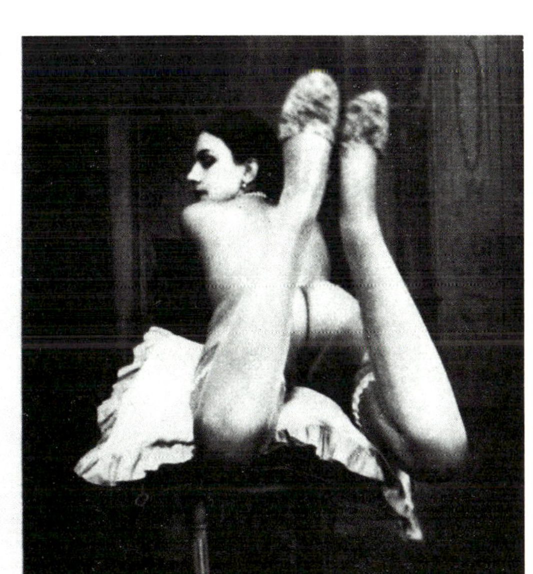

*191. Anonyme (vers 1925).*

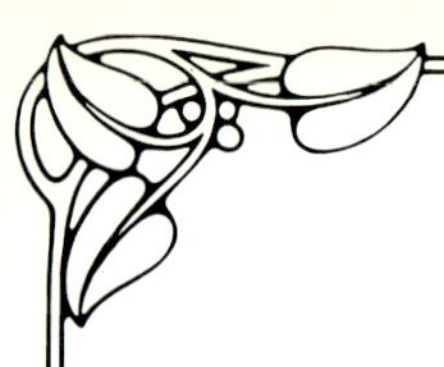

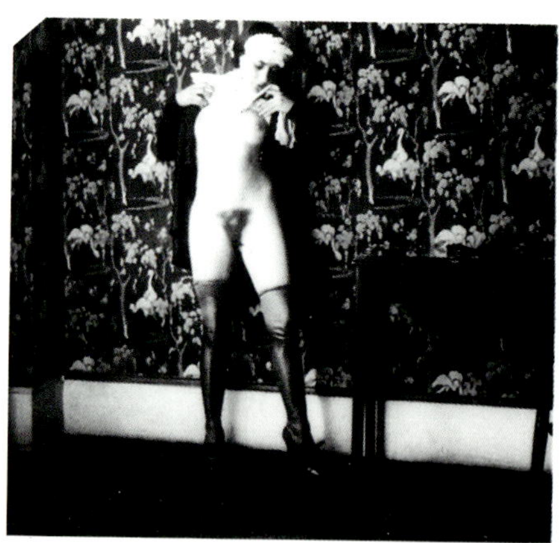

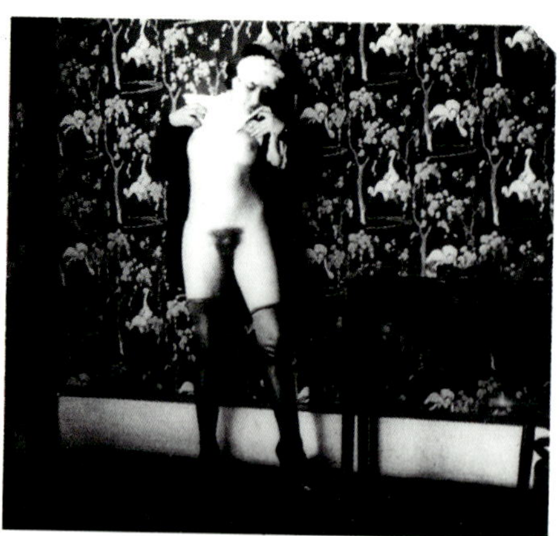

*192. M. X. (1924-1930).*

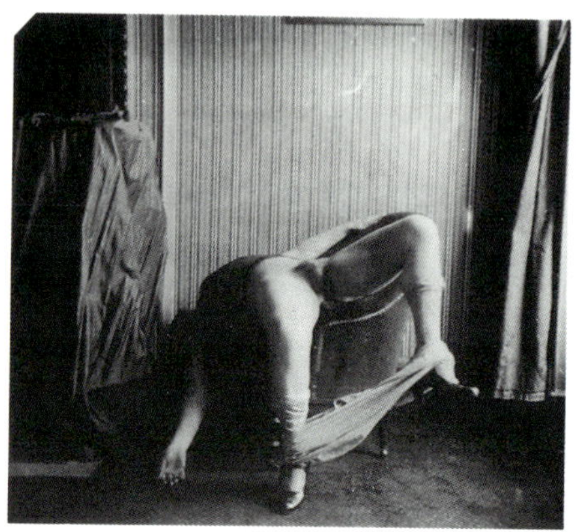

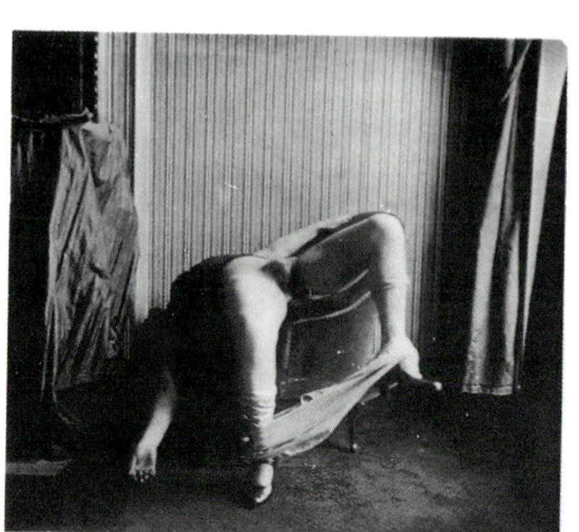

*193. M. X. (1924-1930).*

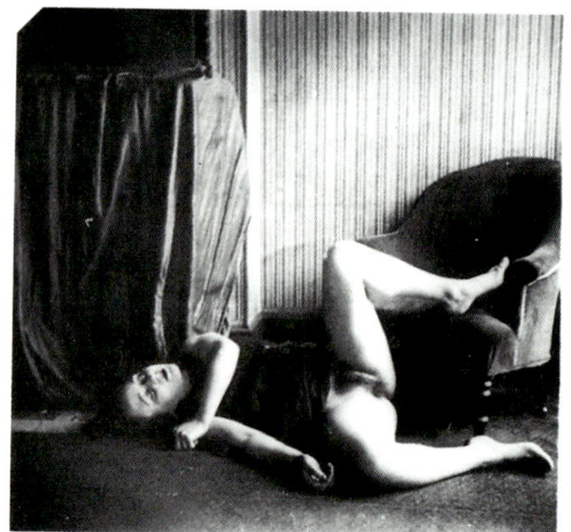

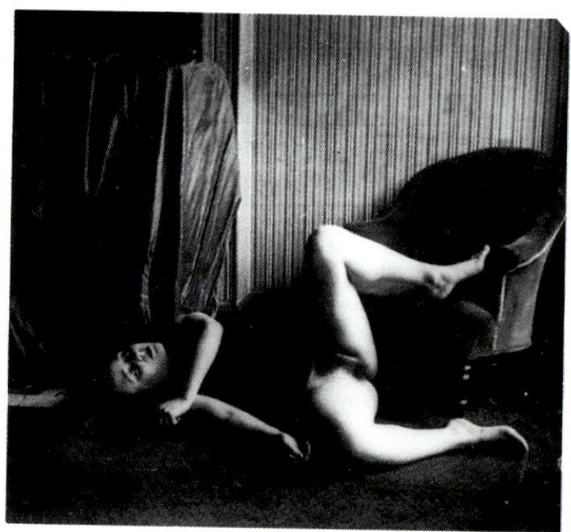

*194. M. X. (1924-1930).*

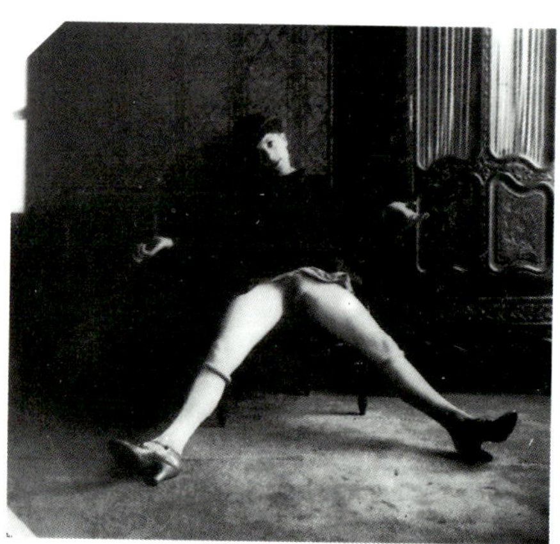

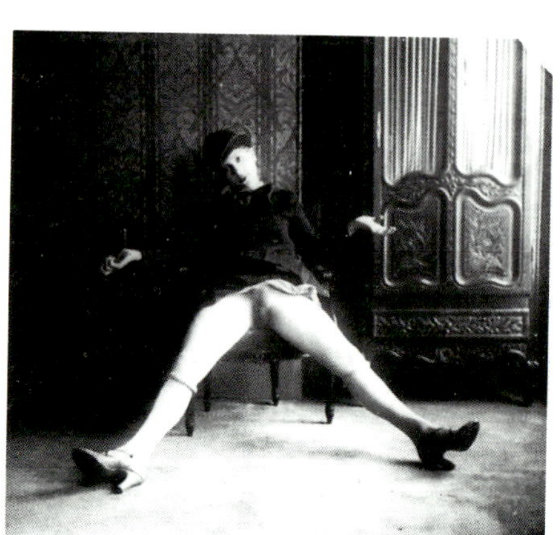

*195. M. X. (1924-1930).*

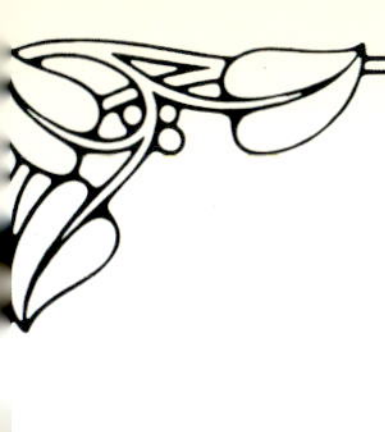

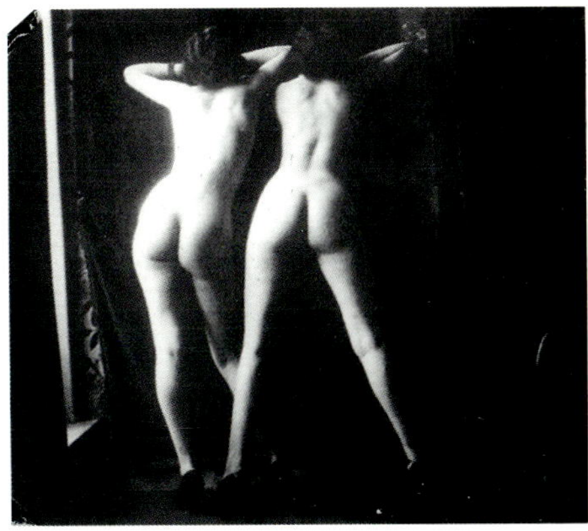
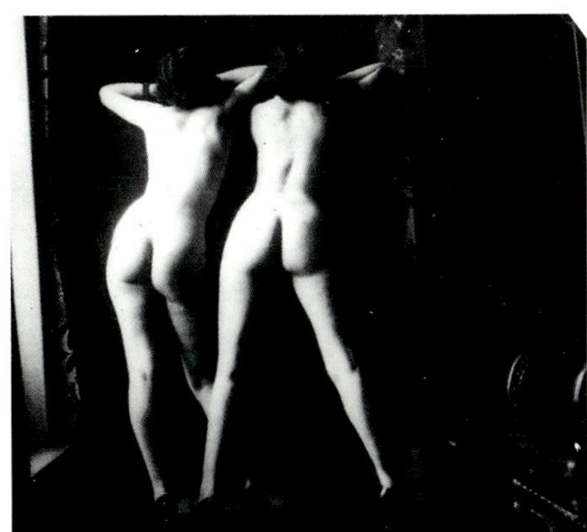

*196. M. X. (1924-1930).*

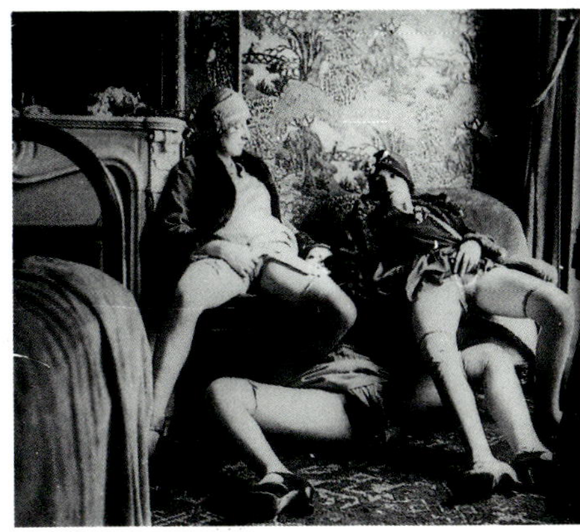
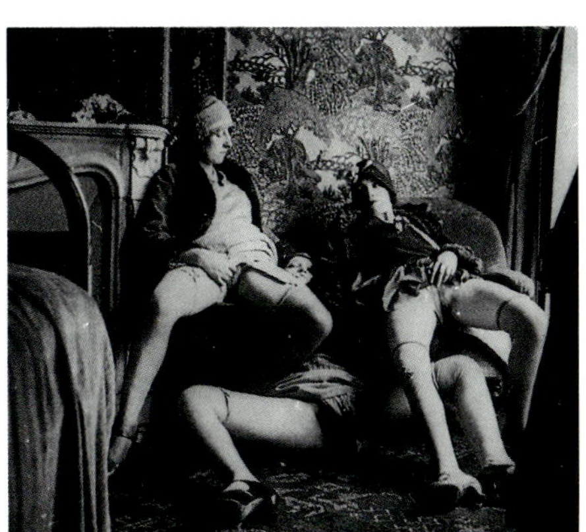

*197. M. X. (1924-1930).*

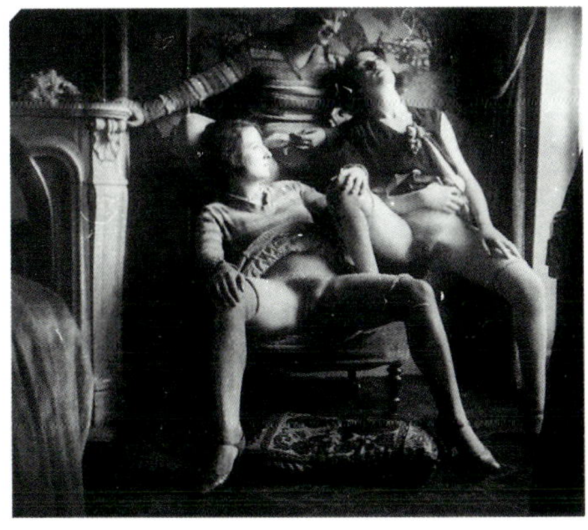
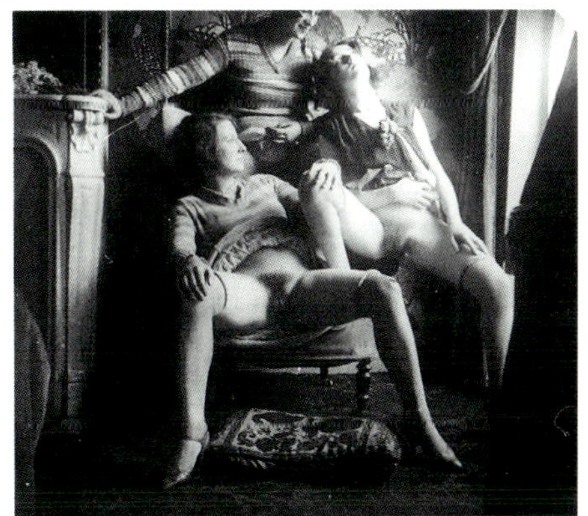

*198. M. X. (1924-1930).*

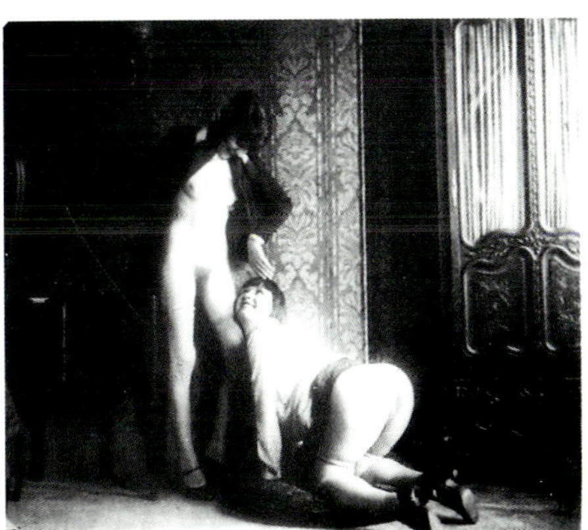
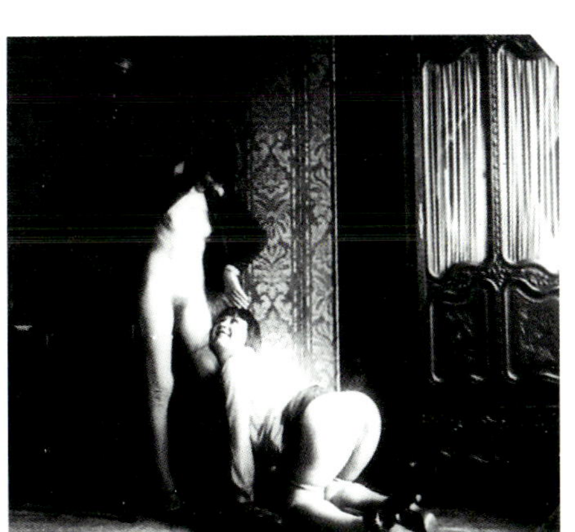

*199. M. X. (1924-1930).*

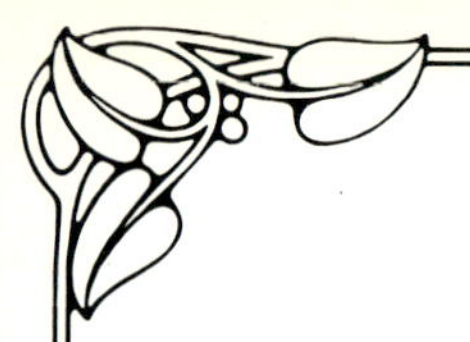

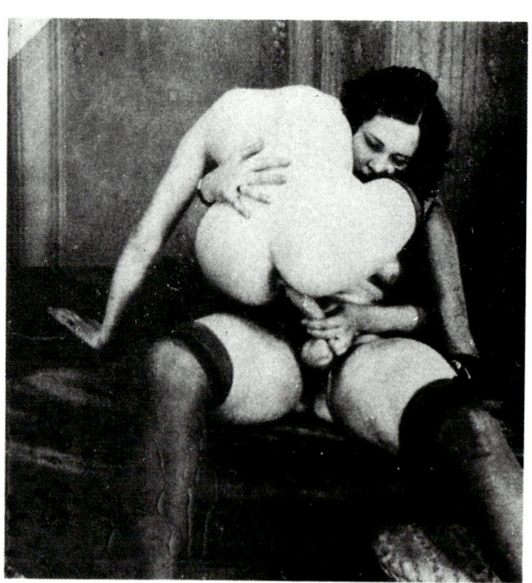

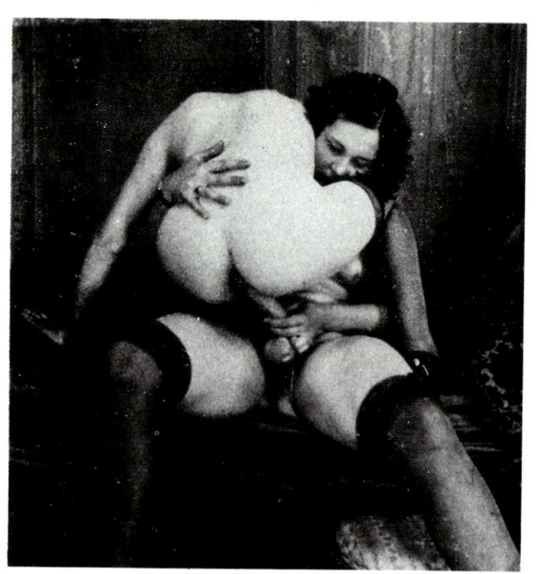

*200. Anonyme (vers 1925).*

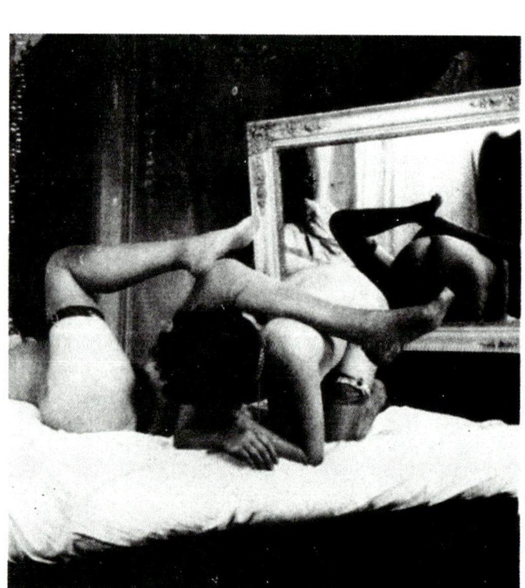

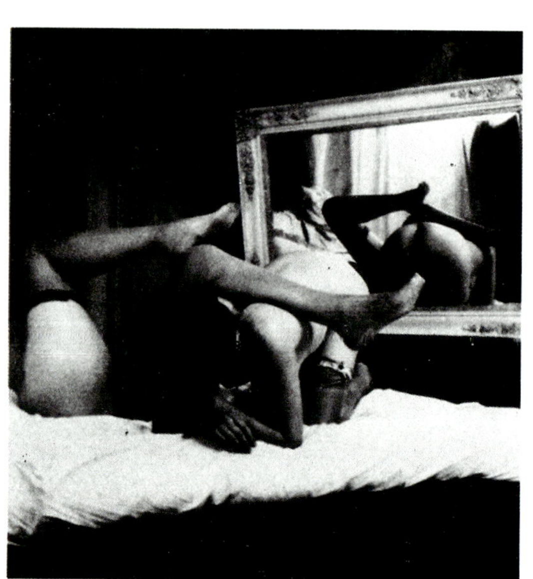

*201. Anonyme (vers 1925).*

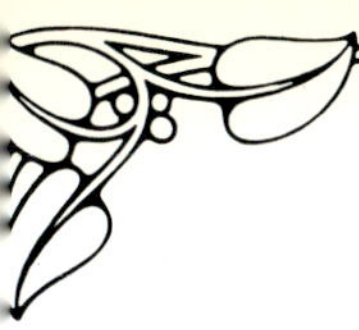

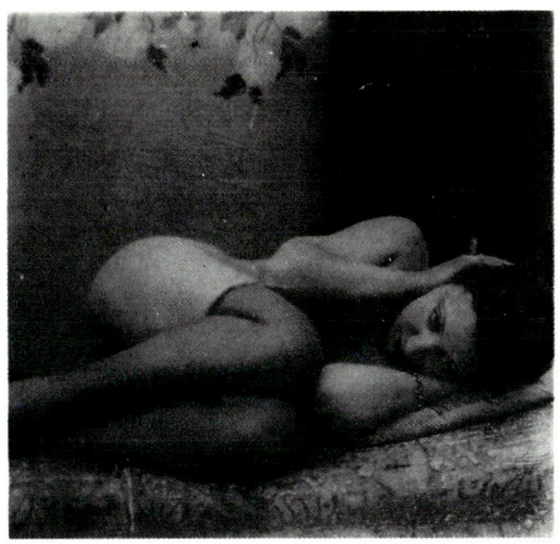

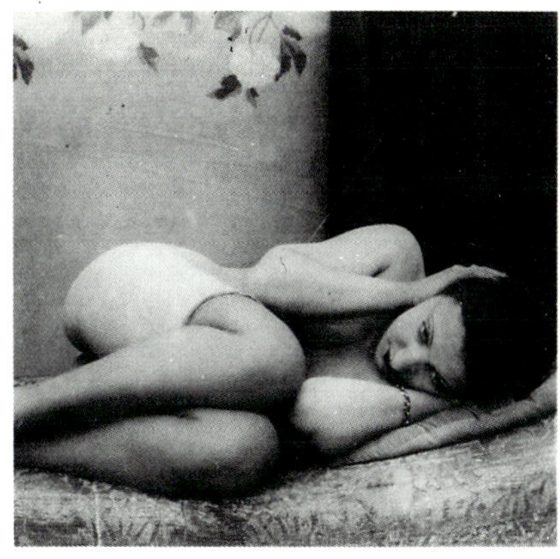

202. *Anonyme (1930-1935).*

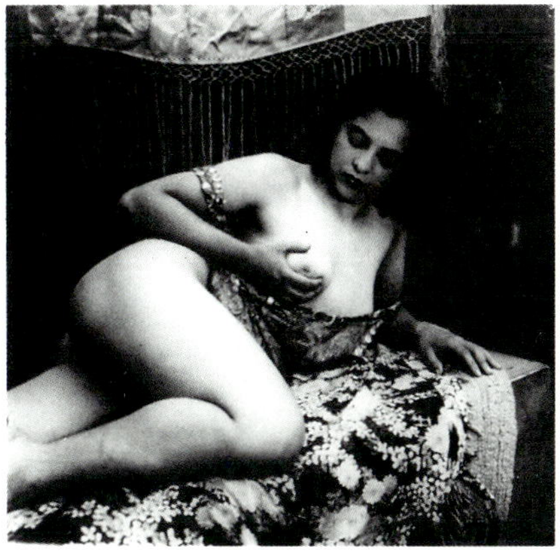

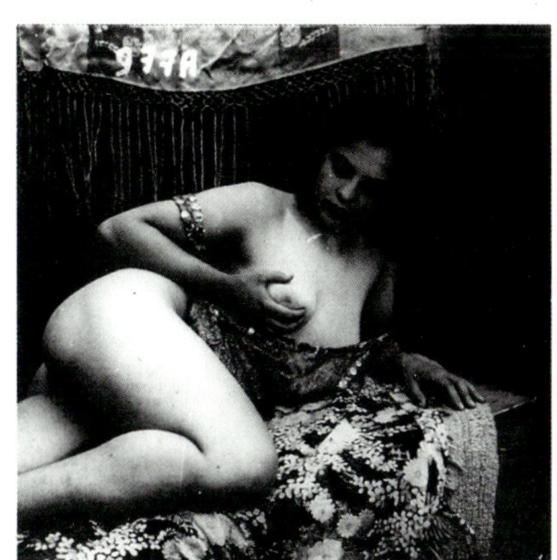

203. *Anonyme (1930-1935).*

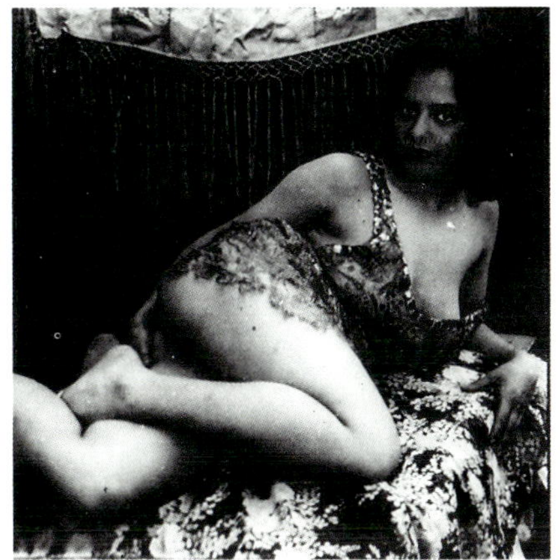

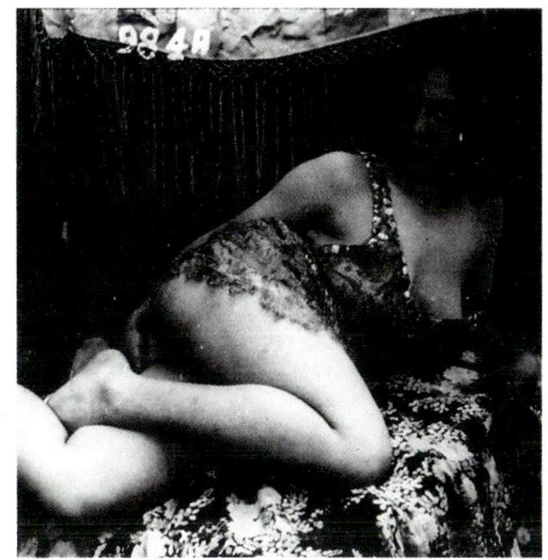

204. *Anonyme (1930-1935).*

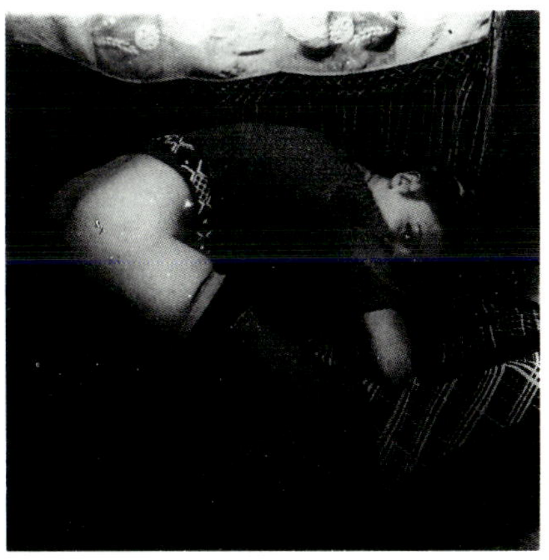

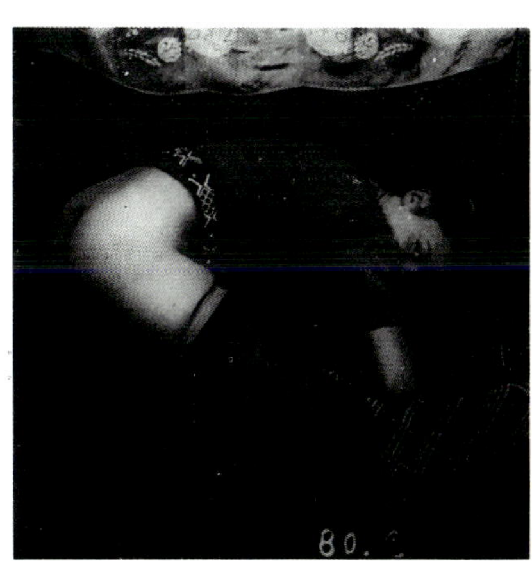

205. *Anonyme (1930-1935).*

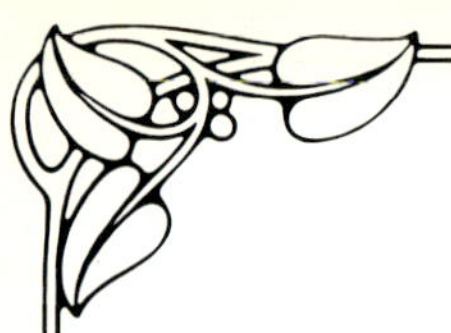

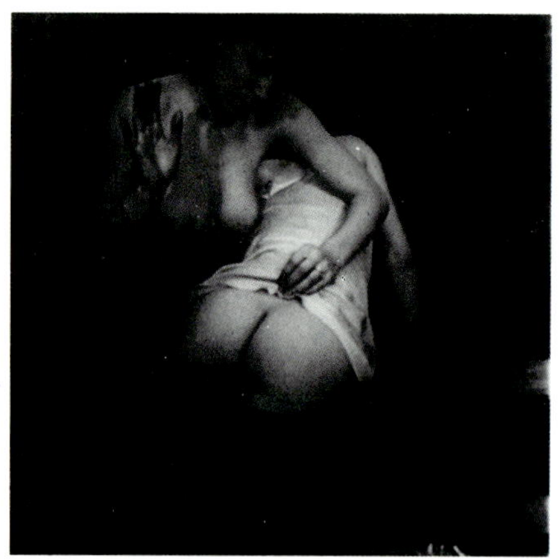

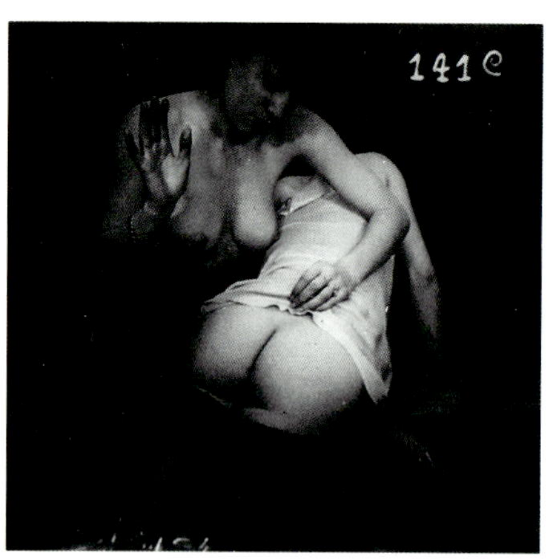


206. *Anonyme (1930-1935).*

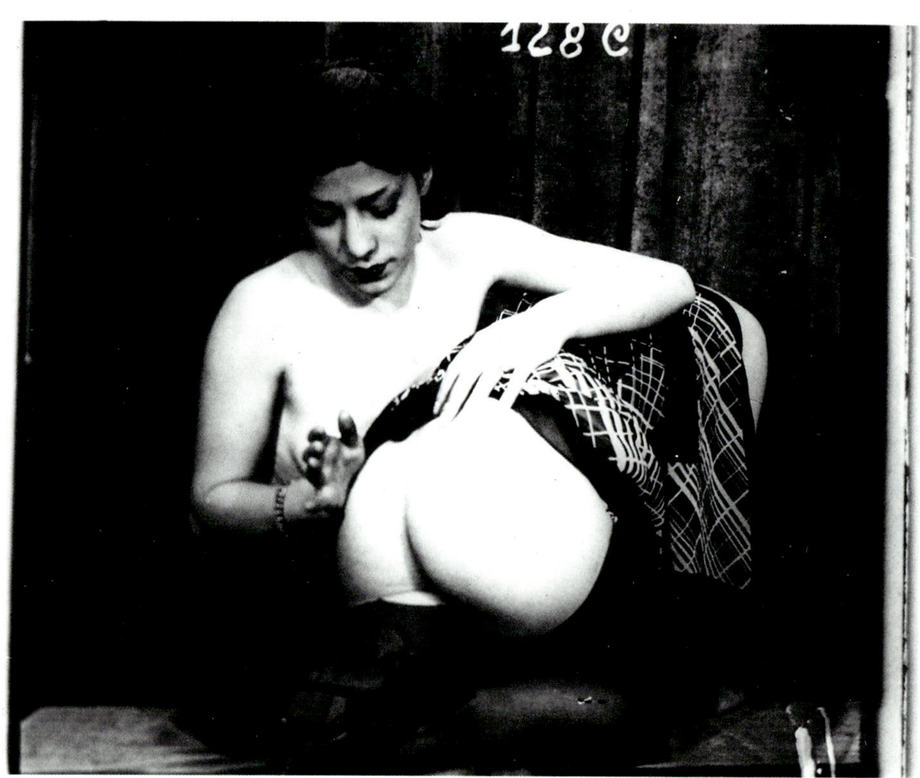


207. *Anonyme (1930-1935).*

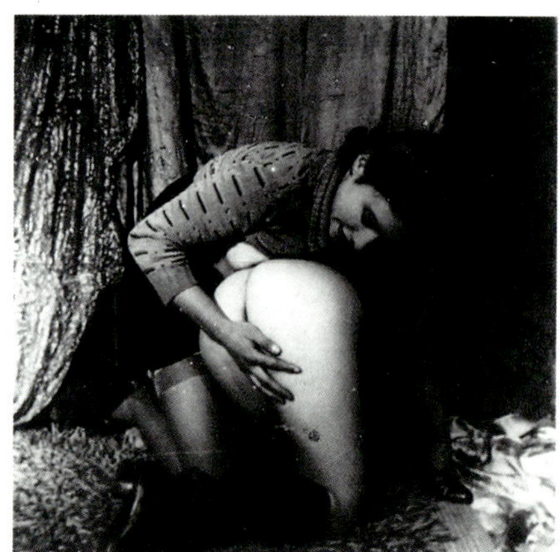

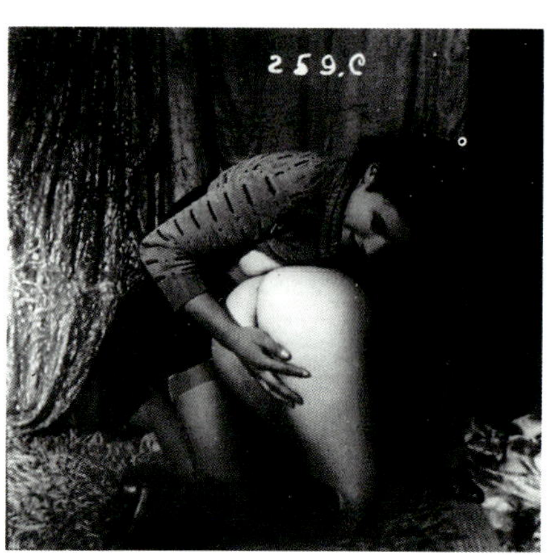


208. *Anonyme (1930-1935).*

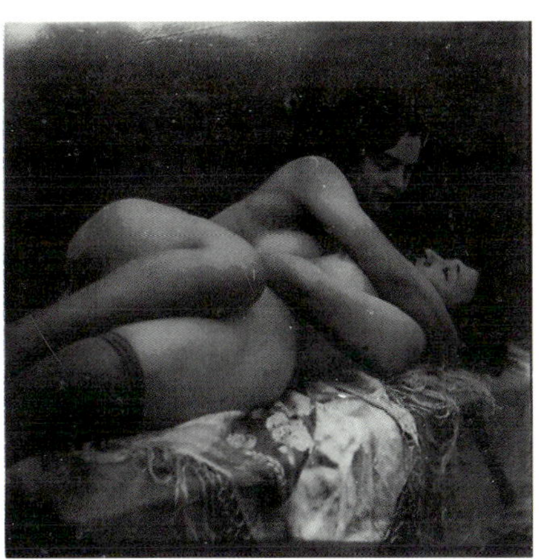

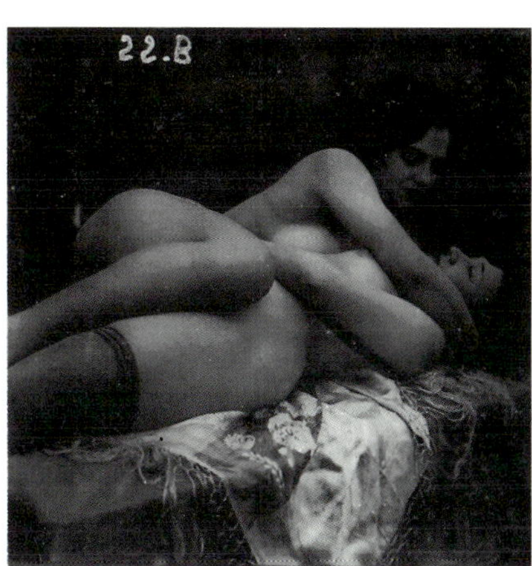


209. *Anonyme (1930-1935).*

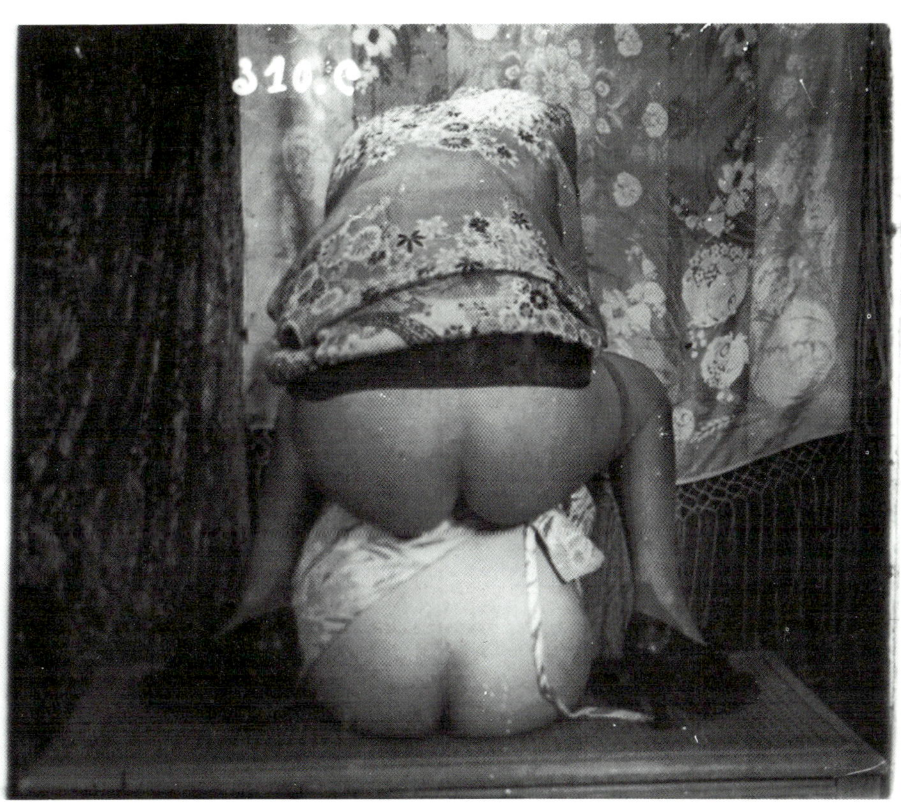


210. *Anonyme (1930-1935).*

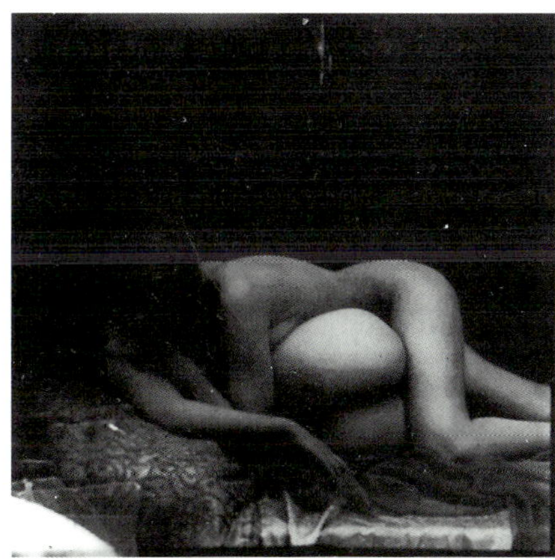

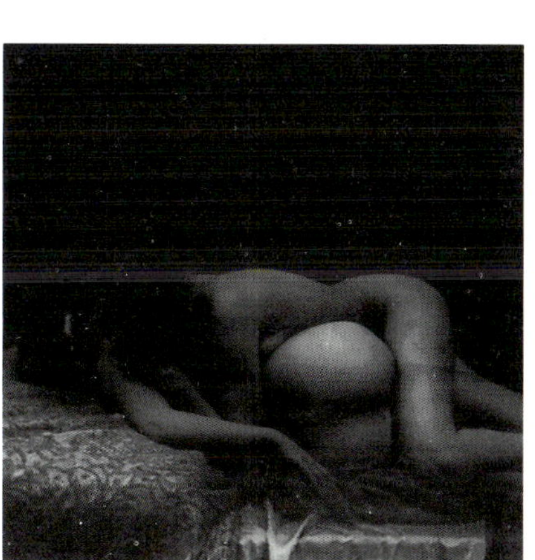

211. *Anonyme (1930-1935).*

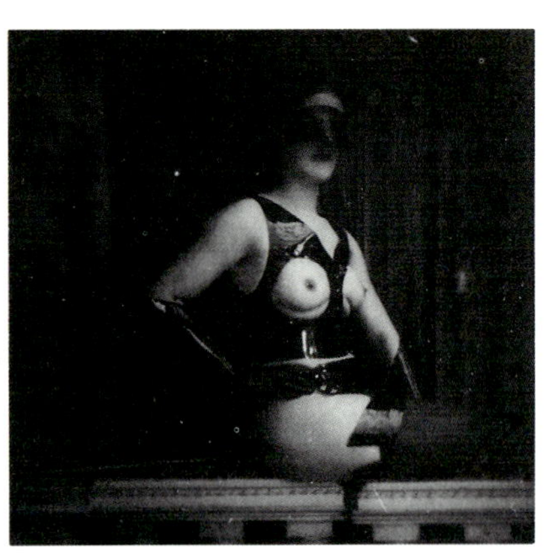
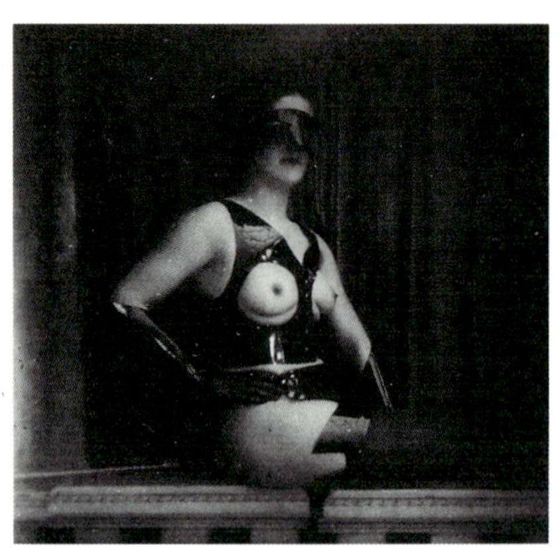

*212. Yves Richard (vers 1935).*

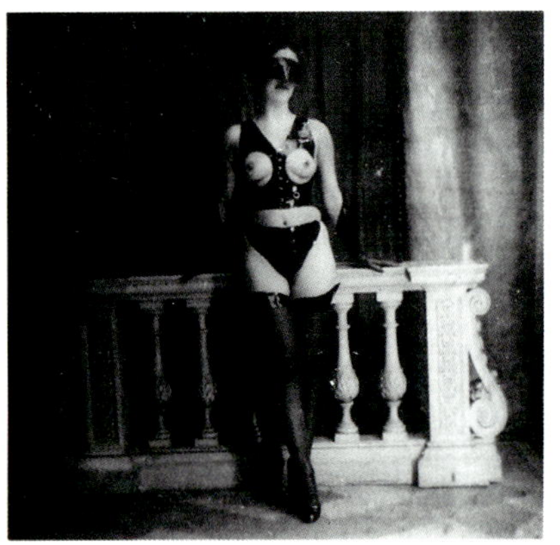
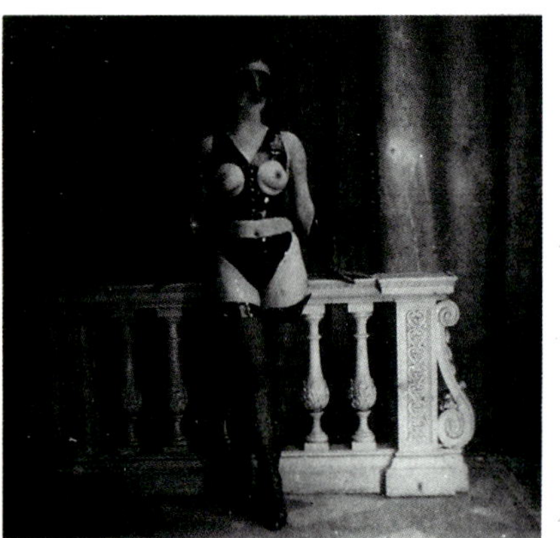

*213. Yves Richard (vers 1935).*

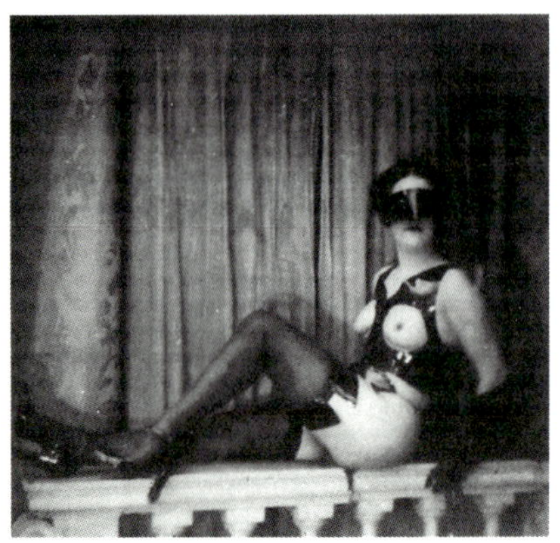
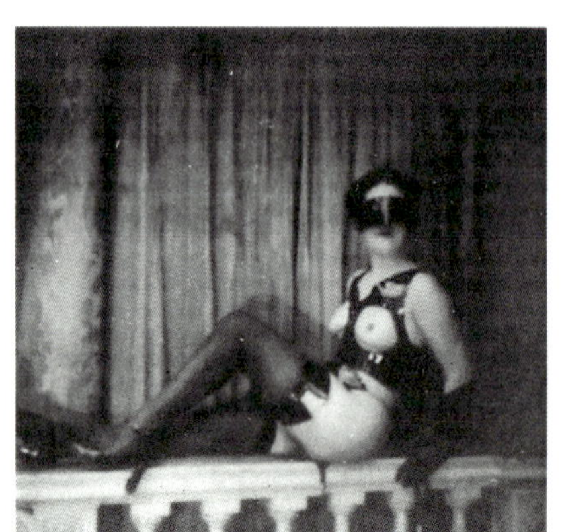

*214. Yves Richard (vers 1935).*

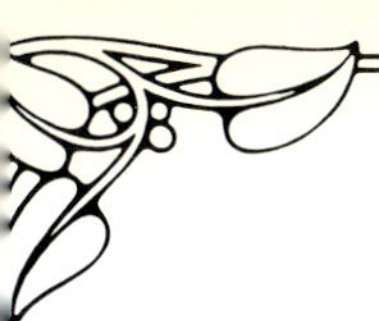

# BIOGRAPHISCHE ANMERKUNGEN ZU DEN WEGBEREITENDEN PHOTOGRAPHEN

# BIOGRAPHICAL NOTES ON THE EARLY PHOTOGRAPHERS

# NOTICES BIOGRAPHIQUES SUR LES PREMIERS PHOTOGRAPHES

Auguste BELLOC (tätig von 1850 bis 1868). Anfang des 19. Jahrhunderts geboren, malt er zunächst Aquarelle, bevor er Photograph wird, was seine Vorliebe für die Daguerreotypie erklären mag, ein Verfahren, das er bis 1855 anwendet und das der Miniatur sehr verwandt ist. 1851 läßt er sich am Boulevard de Monmatre 5 nieder, wo er Photographie unterrichtet. 1854 zieht er in die Rue de Lancry 16, wo er sehr schöne Aktphotographien mit Abzügen auf silbersalzbeschichtetem Papier aufnimmt; ein Teil erscheint in dem Album, das er seinem Freund Humbert de Mollard widmet, worüber er 1855 eine bibliographische Notiz schreibt. Im selben Jahr veröffentlicht er das Buch **„Les quatres branches de la photographie"**. Dieses Album und Marconi Band IV in der Nationalbibliothek, der einige von Belloc aufgenommene Bilder auf silbersalzbeschichtetem Papier enthält sowie Neuabzüge auf albuminiertem Papier, die Marconi von Bellocs Negativen gemacht hat, dienen als Hauptbelege (Ablieferung der Pflichtexemplare 1869, nach dem Tode Bellocs, durch Marconi). Aufgrund dieser Bilder können wir das Studio in der Rue de Lancry erkennen und die von ihm verwendete, häufig barock gehaltene Kulisse.

Belloc scheint im Bereich der Aktphotographie jedes Genre praktiziert zu haben: Aktstudien, malerische Akte, die sich auf bekannte Werke bezogen, erotische Aktphotographien und sogar Pornographie. Die geöffneten Daguerreotypplatten tragen im allgemeinen die Initialen L. B., die sich auch auf den Papprahmen der Transparentbilder wiederfinden. Er ist ein Porträtist des weiblichen Körpers. Angesichts der durchgängigen Zartheit der Farben läßt sich annehmen, daß er seine Stereoskopaufnahmen selbst koloriert hat. Sein Werk ist bislang noch recht wenig bekannt.

Bruno BRAQUEHAIS (tätig von 1850 bis 1874). Er arbeitet zunächst in der Rue de la Madeleine 10 und zieht 1852 in die Rue de Richelieu 110, wo er von Daguerreotypien zu Arbeiten auf Papier gemeinsam mit Despaquis übergeht, der die Abzüge macht. Er legt unter dem Titel **„Musée daguerrien"** eine Sammlung von Akstudien vor, die stark von der Ästhetik des Daguerreotyps beeinflußt sind. 1856 heiratet er die Tochter des Photographen A. Gouin und arbeitet im Atelier seines Schwiegervaters in der Rue Louis-le-Grand 37. Die Sammlung der Aktstudien, das **„Musée daguerrien"**, das in der Nationalbibliothek geführt ist (Hinterlegung des Pflichtexemplars 1854), bildet die Hauptreferenz.

AUGUSTE BELLOC (active between 1850 – 1868). Born at the beginning of the twentieth century, Belloc was a watercolourist before he became a photographer. His background as a painter may explain his taste for the daguerreotypes, similar in form to the miniatures. He worked with daguerreotypes until 1855. In 1851, he moved to 5, Boulevard de Montmartre where he gave lessons in photography. In 1854, he moved again to 16, rue de Lancry where he produced beautiful prints of nudes on salted paper. Some of these prints were included in the album which he dedicated to his friend Humbert de Mollard on whom he wrote a bibliographical note in 1855. In the same year, he published a book entitled „Les quatre branches de la photographie" (The four aspects of photography). The two principal sources for examples of his work are the above mentioned album and, at the Bibliothèque nationale, Marconi's **Tome IV** which contains both salted paper prints by Belloc and reprints on albumen paper which Marconi produced using Belloc's negatives (registration of copyright in 1869, after Belloc's death, in Marconi's name). It is these prints which introduced us to the rue de Lancry studio and the painted canvasses which he used – often exhibiting a taste for the baroque.

Belloc seems to have produced portraits of nudes in every possible style: formal studies, pictorial works referring to other known works, erotic and even pornographic representations. His daguerreotype plates and the cardboard frames of his transparencies are usually signed with the initials L.B. He was a portraitist of the female body. It is probable that he coloured his stereoscopic prints himself as they all exhibit the same delicate tones. His work is not yet widely recognised.

BRUNO BRAQUEHAIS (active between 1850 and 1874). Braquehais worked initially at 10, place de la Madeleine, then in 1852 moved to 110, rue de Richelieu where, after having worked with daguerreotypes, he started working with paper. Despaquis produced the prints. He put together a collection of nudes entitled „Musée daguerrien" (Daguerrian Museum) which was strongly influenced by the daguerreotype aesthetic. In 1856, he married the daughter of the photographer A. Govin and worked in his father-in-law's studio at 37, rue Louis-le Grand. The main source of his work is the above-mentioned collection of formal studies, the „Musée daguerrien", at the Bibliothèque nationale (registration of copyright in 1854). In Braquehais' prints one is particularly

Auguste BELLOC (actif entre 1850 et 1868). Né au début du XIXe siècle, il est d'abord peintre aquarelliste avant de devenir photographe, ce qui peut expliquer son goût pour la daguerréotypie, proche de la miniature, qu'il pratique jusqu'en 1855. Dès 1851, il est installé au 5, boulevard de Montmartre où il donne des leçons de photographie. En 1854, il déménage au 16, rue de Lancry où il réalise de très beaux nus tirés sur papier salé dont une partie figure dans l'album qu'il dédie à son ami Humbert de Mollard sur lequel il écrit en 1855 une note bibliographique. Cette même année, il publie un livre: «Les quatre branches de la photographie». Les deux principales références sont cet album et , à la Bibliothèque nationale, le tome IV de Marconi qui contient quelques papiers salés réalisés par Belloc et les retirages sur papier albuminé que Marconi a faits à partir des négatifs de Belloc (dépôt légal en 1869, après la mort de Belloc, au nom de Marconi). Ce sont ces images qui nous font connaître le studio de la rue de Lancry e les toiles peintes qu'il a utilisées, d'un goût souvent baroque.
Dans le domaine du nu, Belloc semble avoir pratiqué tous les genres: académies, nus picturaux qui se réfèrent à des œuvres connues, érotisme et même pornographie. Les plaques des daguerréotypes ouverts portent généralement les initiales L.B., que l'on retrouve sur les cadres en carton des transparences. Il est un portraitiste du corps féminin. On peut imaginer, devant la constance dans la délicatesse des couleurs, qu'il a colorié lui-même ses vues stéréoscopiques. Son œuvre est encore assez mal connue.

Bruno BRAQUEHAIS (actif entre 1850 et 1874). Il travaille d'abord au 10, place de la Madeleine puis en 1852 déménage au 110, rue de Richelieu où, après avoir fait des daguerréotypes, il travaille sur papier avec Despaquis qui réalise les tirages. Il propose un ensemble de nus intitulé «Musée daguerrien», très influencé par l'esthétique du daguerréotype. En 1856, il épouse la fille du photographe A. Gouin et travaille dans l'atelier de son beau-père, au 37, rue Louis-le-Grand. La principale référence est cet ensemble d'études académiques, le «Musée daguerrien» déposé à la Bibliothèque nationale (dépôt légal en 1854).

Ce qui frappe d'emblée, dans les images de Braquehais, c'est l'habileté avec laquelle il a ménagé ses lumières, et l'encombrement d'objets hétéroclites: armures, poteries, statues en plâtre, voiles posés artificiellement sur le modèle. Ses mises

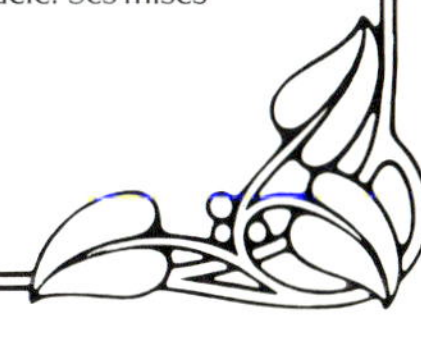

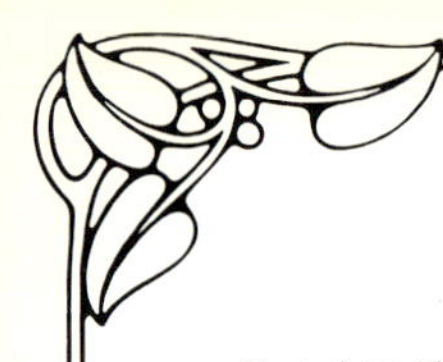

Was bei den Bildern von Braquehais sofort ins Auge fällt, sind das Geschick, mit dem er seine Bilder ausleuchtet, und die Überfülle bunt zusammengewürfelter Gegenstände: Waffen und Rüstzeug, Steinzeug, Gipsfiguren, kunstvoll über das Modell gebreitete Schleier. Seine Szenen wirken angestrengt und erwecken häufig den Eindruck, daß der Photograph einen Vorwand brauchte, um seine Akte zu rechtfertigen.
Jean-Louis-Marie-Eugène DURIEU (tätig von 1850 bis 1857). 1848 zum Kultusdirektor ernannt, gründet er eine Kommission für Kunst und religiöse Bauwerke; am 20. Februar 1850 läßt er den Maler Eugène Delacroix zu sich kommen, sicher um seine Meinung zu erfahren. Aus dieser Begegnung entstand eine Freundschaft. Durieu wohnt in der Rue des Beaux-Arts, wo er höchstwahrscheinlich um 1850 auch seine ersten Aktphotographien macht. Er gehört zu den Gründungsmitgliedern der Société Française de Photographie.
Aus dem Journal Delacroix' wissen wir, daß er 1853 von Durieu photographische Akte besitzt, und 1854 wendet sich der Maler mit der Bitte an Durieu, die Aktstudien für das Album zu machen, das sich heute in der Nationalbibliothek befindet.
In den Bildern Durieus mit ihren durchdachten, häufig gezwungenen Posen glaubt man den Einfluß des Malers zu spüren, den diese noch neue Entdeckung begeisterte. Die Körper drängen sich auf Kosten der Gesichter in den Vordergrund oder umgekehrt, und manchmal erwecken Unschärfen den Eindruck, daß der Photograph eine Bewegung erfassen wollte. Es scheint, daß Durieu ebenso wie Braquehais niemals gemalte Kulissen verwendet hat.
F. Jacques MOULIN (tätig von 1850 bis 1869). Er arbeitet zunächst in der Rue du Faubourg-Montmartre 31, zieht dann 1852 in die Rue Richer 23, wo seine Frau und seine Tochter dazu beitragen, daß das Haus gut geführt ist. Er gibt Unterricht in Photographie und macht nach einer von Louis-Amédée Mante, mit dem er anscheinend zusammengearbeitet hat, vorgeschlagenen Methode Versuche auf künstlichem Elfenbein. Er gehört zu den ersten der Wegbereiter, die sich auf Aktphotographien und Szenen aus dem erotischen Genre spezialisieren. 1856–1857 unternimmt er eine Reise nach Algerien und in den Vorderorient, auf die er eine Tonne Material und den Photographen A. Quinet jun. als Assistenten mitnimmt. Es ist anzumerken, daß Moulin und der Optiker Malacrida – der seine Bilder verkaufte – 1851 vom Schwurgericht Paris zu Geld- und Gefängnisstrafen verurteilt worden waren; man hatte in ihren Wohnungen so obszöne Bilder sichergestellt, daß der Prozeß unter Ausschluß der Öffentlichkeit stattfand. Die Bilder Moulins sind im allgemeinen sehr sorgfältig aufgebaut und lassen den geschickten Praktiker erkennen, der auf dem Gebiet der Stereoskopie sorgsam mit den Effekten umzugehen weiß und sich der Faszination bewußt ist, die das räumliche Sehen besitzt. Das Modell ist von horizontalen und vertikalen Linien umgeben, die es räumlich einordnen. Wenn er gemalte Kulissen verwendet, begnügt er sich nicht damit, das Modell vor dem Hintergrund posieren zu lassen; er fügt eine Mauer ein, eine Balustrade, Bäume, zwischen denen eine Hängematte hängt, und erreicht so eine größere Tiefenwirkung des Bildes, das sich aus einer Aufeinanderfolge mehrerer Ebenen aufbaut, wobei die Modelle meist den Vordergrund einnehmen. Wenn er zwei Frauen zusammen aufnimmt, gelingt es ihm oft, eine Welle der Zärtlichkeit durch das Bild gehen zu lassen, die Humor nicht ausschließt.
Louis-Camille d'OLIVIER (tätig von 1852 bis 1857). Er ist Maler und Photograph. 1853 gründet er unter den Auspizien eines gewissen Léon Coignet eine Handelsgesellschaft mit dem Namen „Société Photographique". Sie besitzt ein Handelskontor, Aufnahmestudios und Photolabors in der Rue de la Pépinière 18. Es scheint, daß er, begeistert von der Stereoskopie, viele Aufnahmen machte: Aktphotographien, Genrebilder und 1857 eine monumentale und anschauliche Geschichte Frankreichs. Von Natur aus vorsichtig, liefert d'Olivier, der seine Aktphotographien mit Sicherheit kommerzialisieren wollte, mehrere Pflichtexemplare in der Nationalbibliothek ab, weshalb wir heute seine Arbeit recht gut kennen.
Anläßlich der Ablieferung des Pflichtexemplars von stereoskopischen Halbakten im Jahr 1856, die er für den Verkauf auf Glanzpapyrus abzog, äußert sich ein Redakteur der photographischen Zeitschrift „La Lumière" lobend darüber: „In den Aktstudien von Monsieur d'Olivier findet man wohldurchdachte Linien, natürliche Haltungen, Überlegung. Zudem sind diese Arbeiten nicht schlecht gemacht."
A. RICHEBOURG (tätig von 1844 bis 1872). Er ist zunächst Optiker, ausgebildet von Vincent Chevalier, und erscheint 1844 im „Bottin" als Daguerreotypist. In seinem Studio am Quai de l'Horloge 69 (woraus später 29 wurde) unterrichtet er Photographie. Er ist bei Hofe so gut eingeführt, daß er 1856 den kaiserlichen Prinzen in seiner Wiege photographieren darf. Später vermerkt er auf seinen Photographien „Richebourg Phot. de la Coronne" (Richebourg Hofphotograph).
Es ist schwer nachzuweisen, daß die Aktphotographien, die seinen Stempel tragen, auch von ihm stammen. Ein stereoskopisches Aktdaguerreotyp, das gleichzeitig seinen Namen auf dem Schutzglas und auf der Rückseite seinen Stempel eingeprägt trägt, macht seine Urheberschaft für die Aktphotographie glaubhaft. (Nationalbibliothek, Bild veröffentlicht in „Photographies" Nr. 6, Seite 52, Bild 2.)
William THOMPSON (tätig in Frankreich von 1851 bis 1855). Dieser englische Photograph hat in Paris in der Rue de Choiseul 22 ein Studio für Photographie eröffnet, wo er zahlreiche Daguerreotypen aufnahm: Aktphotographien, Porträts und Genrebilder

struck by his skilful use of light and the presence of assorted objects such as armour, pieces of pottery, plaster statues and veils draped artificially around the model. His sets look rather contrived, as if the photographer was seeking a pretext to justify his nudes.

JEAN-LOUIS-MARIE-EUGENE DURIEU (active between 1850 and 1857). Durieu was named „Directeur des cultes" in 1848 and set up a commission for the arts and religious buildings. On February 20, 1850, he invited the painter Eugene Delacroix to speak to the commission and a friendship formed between the two men. Durieu lived at 10, rue des Beaux-Arts where he almost certainly produced his first nude works around 1850. He was a founding member of the Société Française de Photographie.
We know from Delacroix's journal that in 1853 he owned photographs of nudes by Durieu. In 1854 the painter commissioned Durieu to produce the formal nude studies which now constitute the album of his work available at the Bibliothèque national.
In the rather studied, reflective poses characteristic of Durieu's prints one can sometimes sense the influence of the painter on the photographer. Either the body is emphasised to the detriment of the face, or vice versa, and the blurred contours imply that the photographer was trying to capture the appearance of movement. It would appear that Durieu, like Braquehais, never used painted backdrops.

F. JAQUES MOULIN (active between 1850 and 1869). Moulin worked first of all at 31, rue du Faubourg-Montmartre, then in 1852 moved to 23, rue Richer where his wife and daughter helped with the running of the household. He gave lessons in photography and attempted to print on imitation ivory using a method developed by Louis-Amédée Mante with whom Moulin seems to have worked. Among the other precursors of this form of photography, Moulin was one of the first to specialize in nudes and eroticism. Between 1856 and 1857, he travelled to Algeria and the Middle East, taking along a great quantity of material and the photographer A. Quinet, jr. to act as his assistent.
It is also worth nothing that in 1851, Moulin and the optician Malacrida who sold his prints were both fined and sentenced to prison by the Crown Court. Prints seized from their homes were considered to be so obscene the court case was held in camera.
Moulin's photographs are, in general, rigorously constructed and reveal great skill in the area of stereoscopy. He understood the fascination exerted by the three dimensional image and created his effects with care. For example, the model is framed by horizontal and vertical lines which situate her in space. Instead of simply placing her in front of a backdrop, he used a wall, a balustrade or a hammock strung between two trees to give an added sense of depth, the whole image being constructed as a series of receding planes with the model usually in the foreground. When he photographed two women together he often managed to introduce a sense of tenderness mixed with a sense of humour.

LOUIS-CAMILLE D'OLIVIER (active between 1852 and 1857). D'Olivier was both painter and photographer. In 1853, under the patronage of a certain Leon Coignet, he founded a commercial firm called the "Société Photographique". The firm, located at 18, rue de la Pépinière, had a sales counter, photographic studios and print rooms. D'Olivier was fascinated by stereoscopy and apparently produced a great number of prints ranging from nudes to genre compositions to a vast, picturesque history of France in 1857. He was a prudent man who no doubt planned to commercialize his nudes and therefore registered several copyrights. These are now at the Bibliothèque national and allow us a fairly good overview of his work. In 1856 he registered his copyright to stereoscopic **"demi vues"**, printed for commercial purposes on glossy papyrus. A critic for the photography magazine "La Lumière" (The Light) praised him highly with the words: "In the formal studies of M. d'Olivier one finds skilfully executed lines, naturalness and thought. Further, the prints are made in an honest fashion".

A. RICHEBOURG (active between 1844 and 1872). Richebourg was initially an optician, trained by Vincent Chevalier and is mentioned in the "directory" as a daguerretypist in 1844. He gave photography lessons in his studio at 69 (now 29), quai de l'Horloge. He was well enough known at court to be asked to photograph the imperial prince in his cradle in 1856 and later registered his photographs under the name "Richebourg Phot. de la Couronne" (Richebourg, Photographer to the Royal Family). It is difficult to confirm whether or not the nudes marked by his stamp are indeed his. A stereoscopic daguerreotype of a nude which has his name both on the glass cover and on the stamp affixed to the back demonstrates that he did produce nude photographs. (Bibliothèque nationale, photograph published in "Photographies", No. 6, page 52, print 2).

WILLIAM THOMPSON (active in France between 1851 and 1855). This English photographer opened a photographic studio in Partis at 22, rue de Choiseul where he produced a fair number of daguerreotypes – nudes, portraits and genre scenes.

en scène sentent l'effort et donnent souvent l'impression que le photographe a eu besoin de prétextes pour justifier ses nus.

Jean-Louis-Marie-Eugène DURIEU (actif entre 1850 et 1857). Nommé directeur des cultes en 1848, il crée une Commission des arts et édifices religieux et, le 20 février 1850, convoque le peintre Eugène Delacroix, sans doute pour avoir son avis. De cette rencontre naît une amitié. Durieu habite au 10, rue de Beaux-Arts où il réalise sans doute ses premiers nus vers 1850. Il est membre fondateur de la Société Française de Photographie.
Par le journal de Delacroix, nous savons qu'en 1853, celui-ci possède des nus photographiés par Durieu et c'est vers celui-ci que le peintre se tournera en 1854 pour lui demander de réaliser les académies de l'album qui se trouve aujourd'hui à la Bibliothèque nationale.
Dans les images de Durieu, à la pose réfléchie, souvent forcée, on croit sentir l'influence du peintre, passionné par cette encore nouvelle découverte. Les corps s'imposent au détriment des visages ou vice versa, et des flous donnent parfois l'impression que le photographe a voulu saisir un mouvement. Il semble que Durieu, comme Braquehais, n'a jamais utilisé de toiles de fond peintes.

F. Jacques MOULIN (actif entre 1850 et 1869). Il travaille d'abord au 31, rue du Faubourg-Montmartre, puis déménage en 1852 au 23, rue Richer où sa femme et sa fille participent à la bonne marche de la maison. Il donne des leçons de photographie et tente de réaliser des épreuves sur ivoire factice selon une méthode proposée par Louis-Amédée Mante avec lequel il semble avoir travaillé. Il est, parmi les précurseurs, l'un des premiers à s'être spécialisé dans l'image du nu et la scène de genre érotique. En 1856–1857, il entreprend un voyage en Algérie et au Proche-Orient … emmenant avec lui une tonne de matériel et le photographe A. Quinet fils pour lui servir d'assistant. Il faut mentionner qu'en 1851, Moulin et l'opticien Malacrida – qui vendait ses images – ont été condamnés par la cour d'assises de la Seine à des peines de prison et à des amendes, car on a saisi à leurs domiciles des images tellement obscènes que le procès a eu lieu à huis-clos. Les images de Moulin sont généralement rigoureusement construites et révèlent un praticien habile qui, dans le domaine de la stéréoscopie, soigne ses effets, conscient de la fascination qu'exerce la vision en trois dimensions. Le modèle est cadré par des lignes horizontales et verticales qui le situent dans l'espace. Quand il utilise des toiles de fond peintes, il ne se contente pas de faire poser son modèle devant la toile, il intercale un mur, une balustrade, des arbres entre lesquels est tendu un hamac, ce qui a pour effet d'augmenter la profondeur de l'image qui se structure sur une suite de plans, les modèles occupant généralement le devant de la scène. Lorsqu'il photographie deux femmes ensemble, il réussit souvent à faire passer dans l'image un courant de tendresse qui n'exclut pas l'humour.

Louis-Camille d'OLIVIER (actif entre 1852 et 1857). Il est peintre et photographe. En 1853, sous les auspices d'un certain Léon Coignet, il fonde une entreprise commerciale qui se nomme «Société Photographique». Elle a un comptoir de vente, des studios de pose et des ateliers de tirages au 18, rue de la Pépinière. Passionné de stéréoscopie, il semble qu'il a produit beaucoup de vues: nus, compositions de genre et, en 1857, une histoire monumentale et pittoresque de la France. De nature prudente, d'Olivier, qui voulait sans doute commercialiser ses nus, a fait plusieurs dépôts légaux qui sont à la Bibliothèque nationale et nous permettent aujourd-hui de connaître assez bien sa production.
Lors du dépôt légal en 1856 de demi-vues stéréoscopiques qu'il tirera pour le commerce sur papyrus glacé, un chroniqueur de la revue photographique «La lumière» en parle de manière élogieuse: «Dans les académies de M. d'Olivier, on trouve des lignes habilement calculées, des attitudes naturelles, de la pensée. De plus, ce sont des épreuves honnêtment faites.»

A. RICHEBOURG (actif entre 1844 et 1872). Il est d'abord opticien, formé par Vincent Chevalier, et apparaît dans le «Bottin» comme daguerréotypiste en 1844. Il donne des leçons de photographie dans son studio, au 69 (devenu par la suite 29), quai de l'Horloge. Il est assez bien introduit à la Cour pour photographier le prince impérial dans son berceau en 1856. Plus tard, il enregistrera ses photographies: «Richebourg Phot. de la Couronne».
Il est difficile d'assurer que les nus qui portent son timbre soient de lui. Un daguerréotype stéréoscopique de nu qui porte à la fois son nom sur le verre de protection et sur un timbre collé au dos rend crédible sa paternité de nus. (Bibliothèque nationale, image publiée dans «Photographies» n° 6, page 52, image 2).

William THOMPSON (actif en France entre 1851 et 1855). Ce photographe anglais a ouvert un studio de photographie à Paris, au 22, rue de Choiseul, où il réalise bon nombre de daguerréotypes: nus, portraits et scènes de genre.

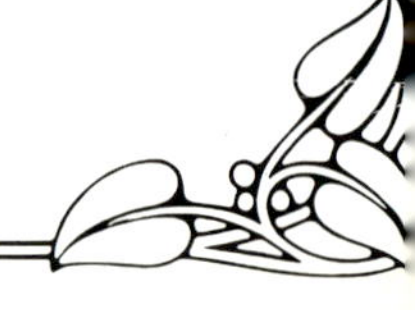

# PHOTOGRAPHISCHE HINWEISE

# FOOTNOTES TO PHOTOGRAPHS

# RÉFÉRENCES PHOTOGRAPHIQUES

Aus praktischen Gründen werden folgende Abkürzungen verwandt:
S.D.: Stereoskopisches Daguerreotyp
S.A.P.: Stereoskopaufnahme auf Papier
S.A.G.: Stereoskopaufnahme auf Glas

1. S.D. von Auguste Belloc (um 1854). Vgl. die S.A.P. Nr. 89 und 90. Der Vorhang und der Teppich kehren auf vielen Abzügen wieder, die von Bellocs Negativen gemacht wurden. Siehe Vergrößerung auf der Nebenseite. (Sammlung Serge Nazarieff, Genf).
2. S.D. von Auguste Belloc (um 1854). Erotischer Versuch in der gleichen Kulisse wie in Bild 1. (Sammlung Georges Aboucaya, Paris)
3. S.D. von Auguste Belloc (um 1854). Vgl. S.A.P. Nr. 87, wo sich die Wandverzierung, die hier links im Bild zu sehen ist, auf der rechten Seite wiederfindet. Verweis auf Fragonard: „La Gimblette". Siehe Vergrößerung auf der Nebenseite. (Sammlung Raymond Mary, Nizza).
4. S.D. von Auguste Belloc (um 1854). Akt mit Tuch in der gleichen Kulisse. (Sammlung Raymond Mary, Nizza).
5. S.D. Auguste Belloc zugeschrieben (um 1854). Vgl. „Das Aktfoto", Seite 57, dasselbe Modell. (Privatsammlung, Paris).
6. S.D. Auguste Belloc zugeschrieben (um 1854). (Sammlung Serge Nazarieff, Genf).
   Nebenseite: Vergrößerung der linken Seite eines S.D. von Auguste Belloc (um 1854). Vgl. die S.D. Nr. 7 und 8, die denselben Hintergrund haben. (Sammlung Raymond Mary, Nizza).
7. S.D. von Auguste Belloc (um 1854). Vgl. die von Marconi gemachten Abzüge: Nationalbibliothek, 1869 abgelieferte Pflichtexemplare Nr. 1894, 1897, 1898 und 1902. Siehe Vergrößerung auf der Nebenseite. (Sammlung Raymond Mary, Nizza).
8. S.D. von Auguste Belloc (um 1854). Hier sieht man den rechten Teil des Hintergrundes aus Bild 7. Er erscheint seitenverkehrt auf S.A.P. Nr. 75. (Sammlung Raymond Mary, Nizza).
9. S.D. von Auguste Belloc (um 1855). Verweis auf Proudhon: „La Source". Das Modell erscheint auch auf einem Abzug von Marconi: Nationalbibliothek, aaO, Nr. 1895. Siehe Vergrößerung auf der folgenden Seite. (Sammlung Serge Nazarieff, Genf).
10. S.D. von Auguste Belloc (um 1855). Der Hintergrund findet sich auch auf Papierabzügen wieder (Sammlung Brian May, London).
11. S.D. Auguste Belloc zugeschrieben (um 1854). Der Stoff von Kissen und Kanapee erscheint auch auf den Papierabzügen. Siehe Vergrößerung auf der folgenden Seite. (Sammlung Serge Nazarieff, Genf).
12. S.D. Auguste Belloc zugeschrieben (um 1854). Das rechte Modell ist das von Bild Nr. 11. (Sammlung Brian May, London).
13. S.D. von Auguste Belloc (um 1854). Der Sessel, auf dem man goldene Mondsicheln und Punkte hinzugefügt hat, ist derselbe wie auf S.D. Nr. 1. (Sammlung Brian May, London).
14. S.D. Auguste Belloc zugeschrieben (um 1854). Dasselbe Modell wie auf Bild Nr. 13. (Sammlung Brian May, London).
15. S.D. Auguste Belloc zugeschrieben (um 1854). Vgl. „Agfa Historama, Leverkusen", ein Bild aus der gleichen Serie. (Sammlung Raymond Mary, Nizza).
16. S.D. von Auguste Belloc (um 1854). (Sammlung Raymond Mary, Nizza).
17. S.D. von Bruno Braquehais (um 1852). Vgl. „Le Musée daguerrien", Bild Nr. 3: diesselbe Kulisse. Siehe Vergrößerung auf der Nebenseite. (Sammlung Serge Nazarieff, Genf).
18. S.D. von Bruno Braquehais (um 1852). Bild aus derselben Serie. (Sammlung Uwe Scheid, Berus/Saar).
19. S.D. von Eugène Durieu (um 1851). Goldtönung. Hier

In the interest of simplicity, we have adopted the following abbreviations:
S.D.: Stereoscopic daguerreotype
S.I.P.: Stereoscopic Image on Paper
S.I.G.: Stereoscopic Image on Glass

1. S.D. by Auguste Belloc (around 1854). Cf. S.I.P. Nos. 89 and 90. The same curtain and carpet can be seen on many of the prints obtained from Belloc negatives. See enlargement on right-hand page. (Coll. Serge Nazarieff, Geneva).
2. S.D. by Auguste Belloc (around 1854). Erotic study created using the same setting as above.
3. S.D. by Auguste Belloc (around 1854). Cf. S.I.P. No. 87, where the mural decoration shwon here on the left is to be seen on the right. Reference to Fragonard's "La Gimblette". See enlargement on right-hand page. (Coll. Raymond Mary, Nice).
4. S.D. by Auguste Belloc (around 1854). Draped nude, same setting. (Coll. Raymond Mary, Nice).
5. S.D. attributed to Auguste Belloc (around 1854). Cf. "Das Aktfoto", page 57, same model. (Coll. private, Paris).
6. S.D. attributed to Auguste Belloc (around 1854). (Coll. Serge Nazarieff, Geneva).
   Right-hand page: enlargement of the left side of an Auguste Bellocs S.D. (around 1854). Cf. S.D. Nos. 7 and 8 using the same backdrop. (Coll. Raymond Mary, Nice).
7. S.D. by Auguste Belloc (around 1854). Cf. the prints produced by Marconi: Bibliothèque nationale, copyright registration 1869, Nos. 1894, 1897, 1898 and 1902. See enlargment, left-hand page. (Coll. Raymond Mary, Nice).
8. S.D. by Auguste Belloc (around 1854). One can see here the right side of the backdrop used in the previous S.D. This backdrop appears, inverted, on the S.I.P. No. 75. (Coll. Raymond Mary, Nice).
9. S.D. by Auguste Belloc (around 1855). Reference to Prudhon's "La Source". The model is seen on a paper print produced by Marconi: Bibliothèque nationale idem No. 1895. See enlargement following page. (Coll. Serge Nazarieff, Geneva).
10. S.D. by Auguste Belloc (around 1855). The same backdrop can be seen on paper prints. (Coll. Brian May, London).
11. S.D. attributed to Auguste Belloc (around 1854). The cloth on the sofa and the cushions can be seen on paper prints. See enlargement on right-hand page. (Coll. Serge Nazarieff, Geneva).
12. S.D. attributed to Auguste Belloc (around 1854). The model on the right also appears on the S.D. no. 11. (Coll. Brian May, London).
13. S.D. by Auguste Belloc (around 1854). The chair on which croissants have been laid is the same one as appears on the right of the S.D. No. 1. (Coll. Brian May, London).
14. S.D. attributed to Auguste Belloc (around 1854). Same model as in the preceeding image. (Coll. Brian May, London).
15. S.D. attributed to Auguste Belloc (around 1854). Cf. "Agfa Historama, Leverkusen", an image from the same series. (Coll. Raymond Mary, Nice).
16. S.D. by Auguste Belloc (around 1854). (Coll. Raymond Mary, Nice).
17. S.D. by Bruno Braquehais (around 1852). Cf. "Le Musée daguerrien", (The Daguerrien Museum), print No. 3: same setting. See enlargement on right-hand page. (Coll. Serge Nazarieff, Geneva).
18. S.D. by Bruno Braquehais (arround 1852). Image from the same serie. (Coll. Uwe Scheid, Berus, F.R.G.).
19. S.D. by Eugène Durieu (arround 1851). Gold toning. One sees here how the photographer has concentrated on the facial expression at the expense of the body out-

Pour des raisons pratiques:
nous avons adopté les abréviations suivantes:
D.S.: daguerréotype stéréoscopique.
V.S.P.: vue stéréoscopique sur papier.
V.S.V.: vue stéréoscopique sur verre.

1. D.S. d'Auguste Belloc (vers 1854). Cf. les V.S.P. nos 89 et 90. Le rideau et le tapis de sol apparaissent sur beaucoup de tirages réalisés à partir des négatifs de Belloc. Voir agrandissement page de droite. (Coll. Serge Nazarieff, Genève).
2. D.S. d'Auguste Belloc (vers 1854). Essai d'érotisme réalisé avec le même décor que le premier. (Coll. Georges Aboucaya, Paris)
3. D.S. d'Auguste Belloc (vers 1854). Cf. la V.S.P. n° 87, où l'on retrouve à droite la décoration murale ici à gauche. Référence à Fragonard: «La Gimblette». Voir agrandissement page de droite. (Coll. Raymond Mary, Nice).
4. D.S. d'Auguste Belloc (vers 1854). Nu drapé réalisé avec le même décor. (Coll. Raymond Mary, Nice).
5. D.S. attribué à Auguste Belloc (vers 1854). Cf. „Das Aktfoto", page 57, le même modèle. (Coll. particulière, Paris).
6. D.S. attribué à Auguste Belloc (vers 1854). (Coll. Serge Nazarieff, Genève).
   Page de droite: agrandissement de la partie gauche d'un D.S. d'Auguste Belloc (vers 1854). Cf. les D.S. n° 7 et 8 utilisant la même toile de fond. (Coll. Raymond Mary, Nice)
7. D.S. d'Auguste Belloc (vers 1854). Cf. les tirages réalisés par Marconi: Bibliothèque nationale, dépôt légal de 1869, nos 1894, 1897, 1898 et 1902. Voir agrandissement page de gauche. (Coll. Raymond Mary, Nice).
8. D.S. d'Auguste Belloc (vers 1854). On voit ici la partie droite de la toile de fond du précédent. Celle-ci apparaît, inversée, sur la V.S.P. n° 75. (Coll. Raymond Mary, Nice).
9. D.S. d'Auguste Belloc (vers 1855). Référence à Prudhon: «La Source». Le modèle apparait sur un tirage papier réalisé par Marconi: Bibliothèque nationale, idem n° 1895. Voir agrandissement page suivante (Coll. Serge Nazarieff, Genève).
10. D.S. d'Auguste Belloc (vers 1855). On retrouve la toile de fond sur des tirages papier. (Coll. Brian May, Londres).
11. D.S. attribué à Auguste Belloc (vers 1854). Le tissu du canapé et des coussins apparaît sur les tirages papier. Voir agrandissement page de droite. (Coll. Serge Nazarieff, Genève).
12. D.S. attribué á Auguste Belloc (vers 1854). Le modèle de droite est celui du D.S. n° 11. (Coll. Brian May, Londres).
13. D.S. d'Auguste Belloc (vers 1854). La chaise sur laquelle on a rajouté des croissants et des points or est celle qui apparait sur la droite du D.S. n° 1. (Coll. Brian May, Londres).
14. D.S. attribué à Auguste Belloc (vers 1854). Même modèle que sur l'image précédente. (Coll. Brian May, Londres).
15. D.S. attribué à Auguste Belloc (vers 1854). Cf. «Agfa Historama, Leverkusen», une image de la même série. (Coll. Raymond Mary, Nice).
16. D.S. d'Auguste Belloc (vers 1854). (Coll. Raymond Mary, Nice).
17. D.S. de Bruno Braquehais (vers 1852). Cf. «Le Musée daguerrien», épreuve n° 3: même décor. Voir agrandissement page de droite. (Coll. Serge Nazarieff, Genève).
18. D.S de Bruno Braquehais (vers 1852). Image de la même série. (Coll. Uwe Scheid, Berus, R.F.A.).
19. D.S. d'Eugène Durieu (vers 1851). Virage aux sels d'or. Ici, le photographe a sacrifié les rendus du corps à l'expression du visage. Tirage agrandi en bas. (Coll. Serge Nazarieff, Genève).
20. D.S. attribué à Eugène Durieu (vers 1852). Le tissu semble identique à celui du D.S. précédent. Tirage

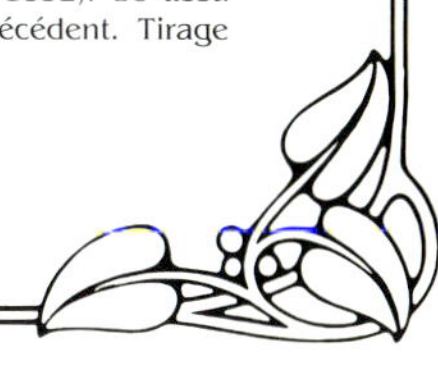

hat der Photograph die Wiedergabe des Körpers dem Ausdruck des Gesichts untergeordnet. Siehe Vergrößerung darunter. (Sammlung Serge Nazarieff, Genf).

20. S.D. Eugène Durieu zugeschrieben (um 1852). Der Stoff scheint derselbe zu sein wie auf S.D. Nr. 19. Siehe Vergrößerung unten. (Sammlung Serge Nazarieff, Genf).

21. S.D. von F. Jacques Moulin (um 1853). Vgl. Nationalbibliothek Moulin Nr. 4 973 und S.A.P. Nr. 7. (Sammlung Serge Nazarieff, Genf).

22. S.D. von F. Jacques Moulin (um 1853). Die Kulisse ist identisch mit der von zwei weiteren Bildern. Siehe Vergrößerung auf der Nebenseite. (Sammlung Gérard-Lévy, Paris).

23. S.D. von F. Jacques Moulin (um 1854). Vgl. das Bild aus der Sammlung Gérard-Lévy, veröffentlicht in „Das Aktphoto", Seite 56. Vergrößerung auf der Nebenseite. (Sammlung Serge Nazarieff, Genf).

24. S.D. F. Jacques Moulin zugeschrieben (um 1852). „Die drei Grazien". (Sammlung Brian May, London).

25. S.D. von F. Jacques Moulin (um 1852). Der Stoff von Bett und Kissen findet sich auf den S.D. Nr. 26, 27 und 29 wieder. (Sammlung Serge Nazarieff, Genf).

26. S.D. von F. Jacques Moulin (um 1852). Der Teppich erscheint auch auf Papierabzügen von Moulin. (Sammlung Stefan Richter, Reutlingen).

27. S.D. von F. Jacques Moulin (um 1852). Der Stoff, der auf S.D. Nr. 25 von Kordeln gehalten ist, liegt hier lose über einem Divan. Vergrößerung auf der folgenden Seite. (Sammlung Serge Nazarieff, Genf).

28. S.D. von F. Jacques Moulin (um 1852). Akt in derselben Kulisse. (Sammlung Uwe Scheid, Berus/Saar).

29. S.D. von F. Jacques Moulin (um 1852). Auch auf S.D. Nr. 38 ist ein Besen zu finden. Vergrößerung auf der vorhergehenden Seite. (Sammlung Serge Nazarieff, Genf).

30. S.D. von F. Jacques Moulin (um 1854). Vgl. die S.A.P. Nr. 95 und 96. (Sammlung Serge Nazarieff, Genf).

31. S.D. F. Jacques Moulin zugeschrieben (1851). Stammt das Bild aus der Zeit vor seinem Prozeß? Es scheint, daß Moulin niemals aufgehört hat, pornographische Bilder zu machen. Vgl. die S.A.P. Nr. 117 bis 120. Auch Belloc hat auf diesem Gebiet gearbeitet: Vgl. die S.A.P. Nr. 115 und 116. (Sammlung Uwe Scheid, Berus/Saar).

32. S.D. F. Jacques Moulin zugeschrieben (um 1851?). Sehr aggressive Pornographie, von der man annehmen kann, daß sie auf Bestellung gemacht wurde. (Sammlung Uwe Scheid, Berus/Saar).

33. S.D. von F. Jacques Moulin (um 1854). Der kleine Standspiegel findet sich auf einer Bildreihe von Moulin wieder, und doch ist dieses Bild vom Stil her vielen Bildern von d'Olivier näher. Vgl. S.D. Nr. 37 (Sammlung Uwe Scheid, Berus/Saar).

34. S.D. von F. Jacques Moulin (um 1854). Akt vor demselben Standspiegel wie auf Bild 33. (Sammlung Brian May, London).
Nebenseite: Vergrößerung der linken Bildhälfte eines S.D. von F. Jacques Moulin aus der gleichen Serie (um 1854). (Sammlung Jonathan Steel, London).

35. S.D. von Louis-Camille d'Olivier (um 1854). Die Kissen finden sich auf zahlreichen Papierabzügen wieder. Vgl. Nationalbibliothek: d'Olivier, Exemplar Nr. 571. Siehe untenstehende Vergrößerung. (Sammlung Serge Nazarieff, Genf).

36. S.D. von Louis-Camille d'Olivier (um 1855). Vgl. Nationalbibliothek: d'Olivier, Akt Nr. 24 (Pflichtexemplar Nr. 4 304), wo man im Hintergrund des Spiegelbildes dieselbe Fensterwand sieht. (Sammlung Gérard de Reinach-Cessac, Genf).

37. S.D. von Louis-Camille d'Olivier (um 1855). Vgl. Nationalbibliothek: d'Olivier, Akt Nr. 94. (Sammlung Brian May, London).

38. S.D. mit dem Namen von A. Richebourg (um 1854). Obwohl es mit dem Stempel: „Photographie von A. Richebourg" versehen ist, ist es möglich, daß er nur der Verkäufer war und das Bild von Belloc stammt. Vgl. die S.A.P. Nr. 76 und 77 im gleichen Stil, wo man links denselben Nachttisch und rechts dieselbe Bettdecke sieht. Vergrößerung auf der Nebenseite. (Sammlung Serge Nazarieff, Genf).

39. S.D. anonym, vom selben Photographen (um 1854). Dieselbe Bettdecke wie auf Bild 38. Vergrößerung auf der folgenden Seite. (Sammlung Serge Nazarieff, Genf).

40. S.D. anonym, vom selben Photographen (um 1854). Vermutlich dieselbe Bettdecke wie auf Bild 38 und 39. Vergrößerung auf der vorigen Seite. (Sammlung Serge Nazarieff, Genf).

41. S.D. anonym, sehr wahrscheinlich vom selben Photographen (um 1854). (Sammlung Brian May, London).

42. S.D. anonym (um 1854). Das Spiegelbild ist erstaunlich gut gelungen. Vergrößerung unten. (Sammlung Serge Nazarieff, Genf).

43. S.D. von William Thompson (um 1853). Vergrößerung auf der Nebenseite. (Privatsammlung, Paris).

44. S.D. von William Thompson (um 1853). Interessant an diesem Bild ist, daß es uns ein kleines Photoatelier mit den Daguerreotypen an der Wand zeigt. (Sammlung Uwe Scheid Berus/Saar).

45. – 50. S.D. anonym, vom selben Photographen aufgenommen (zwischen 1852 und 1853). Der neutrale Hintergrund, die Technik der Ausleuchtung, die Absicht, einzig das Modell im Bild zu haben, all das erinnert an Papierabzüge von Vallou de Villeneuve. Wir wissen, daß er um 1850 Photograph wurde, doch ist nicht bekannt, ob line. Enlargement below. (Coll. Serge Nazarieff, Geneva).

20. S.D. attributed to Eugène Durieu (around 1852). The fabric appears to be identical to that used for the preceeding S.D. Enlargement below. (Coll. Serge Nazarieff, Geneva).

21. S.D. by F. Jacques Moulin (around 1853). Cf. Bibliothèque nationale: Moulin, No. 4973 und S.I.P. No. 7. (Coll. Serge Nazarieff, Geneva).

22. S.D. by F. Jacques Moulin (around 1853). Identical setting with two different models. Enlargement on right. (Coll. Gérard-Lévy, Paris).

23. S.D. by F. Jacques Moulin (around 1854). Cf. Image from the Gérard-Lévy collection published in "Das Aktphoto", page 56. Enlarged print on right. (Coll. Serge Nazarieff, Geneva.)

24. S.D. attributed to F. Jacques Moulin (around 1852). "Les trois Grâces" (The three Graces). (Coll. Brian May, London).

25. S.D. by F. Jacques Moulin (arround 1852). The fabric on the bed and on the cushions can be seen on the S.D. Nos. 26, 27 and 29. (Coll. Serge Nazarieff, Geneva).

26. S.D. by F. Jacques Moulin (around 1852). This carpet can be seen on paper prints by Moulin. (Coll. Stefan Richter, Reutlingen, F.R.G.).

27. S.D. by F. Jacques Moulin (around 1852). The cloth suspended by cords on the S.D. No. 25 is here simply draped over a divan. Enlarged print on following page. (Coll. Serge Nazarieff, Geneva).

28. S.D. by F. Jacques Moulin (around 1852). Nude in the same setting. (Coll. Uwe Scheid, Berus, F.R.G.).

29. S.D. by F. Jacques Moulin (around 1852). A broom can also be seen in the S.D. No. 38. Enlarged print on preceeding page. (Coll. Serge Nazarieff, Geneva).

30. S.D. by F. Jacques Moulin (around 1854). Cf. S.I.P. Nos. 95 and 96. (Coll. Serge Nazarieff, Geneva).

31. S.D. attributed to F. Jacques Moulin (1851). From before or after his court case? Moulin seems never to have stopped producing pornographic images. Cf. S.I.P. Nos. 117 to 120. Belloc created similar images: Cf. S.I.P. Nos. 115 and 116. (Coll. Uwe Scheid, Berus, F.R.G.).

32. S.D. attributed to F. Jacques Moulin (um 1851?). Agressive pornography which was probably commissioned. (Coll. Uwe Scheid, Berus, F.R.G.).

33. S.D. by F. Jacques Moulin (around 1854). This small psyche can be seen in a collection of Moulin images and yet the style is very similar to that of d'Olivier. Cf. S.D. No. 37. (Coll. Uwe Scheid, Berus, F.R.G.).

34. S.D. by F. Jacques Moulin (around 1854). Nude in front of the same psyche as in the previous S.D. (Coll. Brian May, London.)
Right-hand page: enlargement of the left section of a S.D. by F. Jacques Moulin from the same series (around 1854). (Coll. Jonathan Steel, London).

35. S.D. by Louis-Camille d'Olivier (around 1854). The same cushions can be seen on a large number of paper prints. Cf. Bibliothèque nationale: d'Olivier, numbered print 571. Enlargement below. (Coll. Serge Nazarieff, Geneva).

36. S.D. by Louis-Camille d'Olivier (around 1855). Cf. Bibliothèque nationale: d'Olivier: Nude No. 24 (copyright No. 4304) in which the same reflection of the window can be seen behind the psyche. (Coll. Gérard de Reinach-Cessac, Geneva).

37. S.D. by Louis-Camille d'Olivier (around 1855). Cf. Bibliothèque nationale: d'Olivier: Nude No. 94. (Coll. Brian May, London).

38. S.D. under the name of A. Richebourg (around 1854). Although the stamp reads "Photograph by A. Richebourg", it is possible that he only sold the photograph and that it is actually Belloc's work. Cf. S.I.P. Nos. 76 and 77, in the same style, where one can see the same night-table on the left and the same bedspread on the right. Enlarged print on following page. (Coll. Serge Nazarieff, Geneva).

39. S.D. anonymous. by the same photographer (around 1854). Same bedspread as in preceeding image. Enlarged print on following page. (Coll. Serge Nazarieff, Geneva).

40. S.D. anonymous, by the same photographer (around 1854). Probably the same bedspread as on the S.D. Nos. 38 and 39. Enlarged print on previous page. (Coll. Serge Nazarieff, Geneva).

41. S.D. anonymous, probably by the same photographer (around 1854). (Coll. Brian May, London).

42. S.D. anonymous (around 1854). The reflection in the mirror is extraordinarily successful. Enlarged print below. (Coll. Serge Nazarieff, Geneva).

43. S.D. by William Thompson (around 1853). Enlarged print on right-hand page. (Coll. private, Paris).

44. S.D. by William Thompson (around 1853). The image is of interest as it shows us a small photographic studio with daguerreotypes on the wall. (Coll. Uwe Scheid, Berus, F.R.G.).

45. to 50. S.D. anonymous, by the same photographer (between 1852 and 1853). The neutral background, the lighting technique, the practice of making the model the sole focus of the image, all these factors remind one of Vallou de Villeneuve's salted prints. We know that he started work as a photographer around 1850. But no one can say if he made daguerreotypes, much less stereoscopic agrandi en bas. (Coll. Serge Nazarieff, Genève).

21. D.S. de F. Jacques Moulin (vers 1853). Cf. Bibliothèque nationale: Moulin n° 4973 et V.S.P. n° 7. (Coll. Serge Nazarieff, Genève).

22. D.S. de F. Jacques Moulin (vers 1853). Décor identique avec deux autres modèles. Tirage agrandi à droite. (Coll. Gérard-Lévy, Paris).

23. D.S. de F. Jacques Moulin (vers 1854). Cf. l'image de la collection Gérard-Lévy publiée dans „Das Aktphoto", page 56. Tirage agrandi à droite. (Coll. Serge Nazarieff, Genève.)

24. D.S. attribué à F. Jacques Moulin (vers 1852). «Les trois Grâces». (Coll. Brian May, Londres).

25. D.S. de F. Jacques Moulin (vers 1852). Le tissu du lit et des coussins se retrouve sur les D.S. nos 26, 27 et 29. (Coll. Serge Nazarieff, Genève).

26. D.S. de F. Jacques Moulin (vers 1852). Ce tapis apparaît sur des tirages papier de Moulin. (Coll. Stefan Richter, Reutlingen, R.F.A.).

27. D.S. de F. Jacques Moulin (vers 1852). Le tissu retenu par des cordons sur le D.S. n° 25 est ici simplement posé sur un divan. Tirage agrandi page suivante. (Coll. Serge Nazarieff, Genève).

28. D.S. de F. Jacques Moulin (vers 1852). Nu dans le même décor. (Coll. Uwe Scheid, Berus, R.F.A.).

29. D.S. de F. Jacques Moulin (vers 1852). On retrouve la présence d'un balai sur le D.S. n° 38. Tirage agrandi page précédente. (Coll. Serge Nazarieff, Genève).

30. D.S. de F. Jacques Moulin (vers 1854). Cf. les V.S.P. nos 95 et 96. (Coll. Serge Nazarieff, Genève).

31. D.S. attribué à F. Jacques Moulin (1851). L'image est-elle antérieure à son procès? Il semble que Moulin n'a jamais cessé de faire des images pornographiques. Cf. les V.S.P. nos 117 à 120. Belloc a aussi donné dans le genre: Cf. les V.S.P. nos 115 et 116. (Coll. Uwe Scheid, Berus, R.F.A.).

32. D.S. attribué à F. Jacques Moulin (1851?). Pornographie très agressive, que l'on peut imaginer faite sur commande. (Coll. Uwe Scheid, Berus, R.F.A.).

33. D.S. de F. Jacques Moulin (vers 1854). Cette petite psyché se trouve sur un ensemble d'images de Moulin et pourtant le style se rapproche beaucoup des images de d'Olivier. Cf. le D.S. n° 37. (Coll. Uwe Scheid, Berus, R.F.A.).

34. D.S. de F. Jacques Moulin (vers 1854). Nu devant la même psyché que le D.S. précédent. (Coll. Brian May, Londres). Page de droite: agrandissement de la partie gauche d'un D.S. de F.d Jacques Moulin de la même série (vers 1854). (Coll. Jonathan Steel, Londres).

35. D.S. de Louis-Camille d'Olivier (vers 1854). Ces coussins se retrouvent sur un grand nombre de tirages papier. Cf. Bibliothèque nationale: d'Olivier, épreuve numérotée 571. Tirage agrandi en bas. (Coll. Serge Nazarieff, Genève).

36. D.S. de Louis-Camille d'Olivier (vers 1855). Cf. Bibliothèque nationale: d'Olivier: Nu n° 24 (dépôt légal n° 4304) où l'on voit le même reflet de la verrière au fond de la psyché. (Coll. Gérard de Reinach-Cessac, Genève).

37. D.S. de Louis-Camille d'Olivier (vers 1855). Cf. Bibliothèque nationale: d'Olivier: Nu n° 94. (Coll. Brian May, Londres).

38. D.S. au nom de A. Richebourg (vers 1854). Bien que le timbre soit libellé «Photographie de A. Richebourg», il est possible qu'il n'ait été que le vendeur et que l'image soit de Belloc. Cf. les V.S.P. nos 76 et 77, du même style, où l'on aperçoit à gauche la même table de nuit et à droite le même couvre-lit. Tirage agrandi page suivante. (Coll. Serge Nazarieff, Genève).

39. D.S. anonyme, du même photographe (vers 1854). Même couvre-lit que sur l'image précédente. Tirage agrandi page suivante. (Coll. Serge Nazarieff, Genève).

40. D.S. anonyme, du même photographe (vers 1854). Probablement le même couvre-lit que sur les D.S. nos 38 et 39. Tirage agrandi page précédente. (Coll. Serge Nazarieff, Genève).

41. D.S. anonyme, vraisemblablement du même photographe (vers 1854). (Coll. Brian May, Londres).

42. D.S. anonyme (vers 1854). Le reflet dans le miroir est une étonnante réussite. Tirage agrandi en bas. (Coll. Serge Nazarieff, Genève).

43. D.S. de William Thompson (vers 1853). Tirage agrandi page de droite. (Coll. particulière, Paris).

44. D.S. de William Thompson (vers 1853). L'intérêt de l'image est de nous montrer un petit studio de photographe avec les daguerréotypes au mur. (Coll. Uwe Scheid, Berus, R.F.A.).

45. à 50. D.S. anonymes réalisés par le même photographe (entre 1852 et 1853). Le fond neutre, la technique de l'éclairage, ce parti pris d'avoir le modèle comme unique but de l'image, tout cela fait penser aux tirages sur papier salé de Vallou de Villeneuve. Nous savons qu'il est devenu photographe vers 1850, mais personne ne nous a dit s'il a fait ou non des daguerréotypes et surtout de la stéréoscopie.
Toujour est-il que l'on retrouve dans ces images ce qui fait l'originalité du photogaphe: mouvements suspendus qui créent l'impression de l'instantané et surtout cette extraordinaire vie de la chair. Nos 45 et 46 (Coll. Serge Nazarieff, Genève). N°. 47 (Coll. Giorgio Ginestra, Turin). N° 48 (Coll. Uwe Scheid, Berus, R.F.A.). Nos 49 et 50 (Coll. Giorgio Ginestra, Turin). Les deux dernières images sont une référence à Ingres. Les nos 45, 47 et 49

er Daguerreotypien und vor allem Stereoskopaufnahmen gemacht hat.
Immer wieder findet man in diesen Bildern das für die Originalität dieses Photographen Charakteristische: schwebende Bewegungen, die den Eindruck einer Momentaufnahme vermitteln, und vor allem eine außerordentliche Lebendigkeit des Körpers. Nr. 45 und 46 (Sammlung Serge Nazarieff, Genf). Nr. 47 (Sammlung Giorgio Ginestra, Turin). Nr. 48 (Sammlung Uwe Scheid, Berus/Saar). Nr. 49 und 50 (Sammlung Giorgio Ginestra, Turin). Die beiden letzten Bilder sind eine Referenz an Ingres. Vergrößerungen von Bild 45, 47 und 49.

51. S.D. anonym (um 1852). Vergrößerung auf der folgenden Seite. (Sammlung Serge Nazarieff, Genf).
52. S.D. anonym (um 1853). Es könnte zu den Bildern 45 – 50 gehören. (Sammlung Serge Nazarieff, Genf).
53. – 56. S.D. anonym, alle vom selben Photographen, eventuell Moulin (1852 – 1854). Die Löwenmaske findet sich auch auf Papierabzügen von Moulin; die beiden letzten Bilder sind im Aufbau wie die Moulins. Vergrößerungen auf den folgenden Seiten. Nr. 53 (Sammlung Stefan Richteer, Reutlingen). Nr. 54 (Sammlung Brian May, London). Nr. 55 und 56 (Sammlung Serge Nazarieff, Genf).
57. S.D. anonym (um 1854). (Sammlung Uwe Scheid, Berus/Saar).
58. S.D. anonym (um 1854). Eventuell vom selben Photographen wie Bild 57. (Sammlung Uwe Scheid, Berus/Saar).
59. – 60. S.D. anonym, vom selben Photographen in derselben Kulisse aufgenommen. Nr. 59 (Sammlung Brian May, London). Nr. 60 (Sammlung Serge Nazarieff, Genf).
61. S.D. anonym (um 1852). Das Modell ist schwanger. Vergrößerung unten. (Sammlung Serge Nazarieff, Genf).
62. S.D. anonym (um 1853). Vergrößerung unten. (Sammlung Brian May, London).
63. S.D. anonym (um 1854). (Sammlung Stefan Richter, Reutlingen).
65. S.D. anonym (um 1854). (Privatsammlung, Paris).
66. S.D. anonym (um 1854). Vgl. „Der erotische Augenblick", Seite 22, dasselbe Modell. (Privatsammlung, Paris).
67. S.D. anonym (um 1853). (Sammlung Serge Nazarieff, Genf).
68. S.D. anonym (um 1854. Das Bild könnte von Belloc sein. (Sammlung Brian May, London).
69. S.D. anonym (um 1854). (Sammlung Giorgio Genestra, Turin).
70. S.D. anonym (um 1854). (Sammlung Giorgio Genestra, Turin).
71. S.D. anonym (um 1854). Das Bild könnte von Belloc sein. Vgl. Sullivan „Nude Photographs 1850 – 1950" Nr. 7 (dieselbe Serie). Vergrößerung auf der folgenden Seite. (Sammlung Serge Nazarieff, Genf).
72. S.D. anonym (um 1853?). Das Bild könnte von Moulin sein. Vgl. S.D. Nr. 30 und S.A.P. Nr. 95 und 97. (Sammlung Uwe Scheid, Berus/Saar).
73. S.D. anonym (um 1854). Vergrößerung unten. (Sammlung Brian May, London).
74. – 77. Hälften von S.A.P. von Auguste Belloc (um 1854). Abzüge auf albuminiertem Papier. Nr. 76 und 77 (Sammlung Gérard de Reinach-Cessac, Genf). Nr. 75 (Sammlung Serge Nazarieff, Genf).
78. – 86. S.A.P. von Auguste Belloc (um 1854). Silbersalzbeschichtetes Papier, koloriert und lackiert. Sie gehören zu einem kleinen Buch, das die Nummer 79 auf dem Einband trägt und zehn Stereoskopaufnahmen enthält. (Sammlung Serge Nazarieff, Genf).
87. – 88. S.A.P. von Auguste Belloc (um 1854). Albuminpapier. Die Wandverzierung rechts findet sich auch auf S.D. Nr. 1 (Sammlung Serge Nazarieff, Genf).
89. – 90. S.A.P. von Auguste Belloc (um 1854). Aktstudien. Nr. 89 (Sammlung Serge Nazarieff, Genf). Nr. 90 (Sammlung Michel Auer, Genf).
91. – 92. S.A.P. von Auguste Belloc (um 1855). Albuminpapier koloriert. (Sammlung Nationalbibliothek, Paris).
93. S.A.P. von F. Jacques Moulin (um 1853). Silbersalzbeschichtetes Papier, koloriert und lackiert. Serie: „Le coucher de la Parisienne". (Sammlung Serge Nazarieff, Genf).
94. S.A.P. Jacques Moulin zugeschrieben (um 1853). Silbersalzbeschichtetes Papier, koloriert und lackiert. (Sammlung Nationalbibliothek, Paris).
95. – 97. S.A.P. von F. Jacques Moulin (um 1854). Albuminpapier. (Sammlung Serge Nazarieff, Genf).
Nebenseite: Hälfte einer S.A.P. von F. Jacques Moulin (um 1854). Albuminpapier. (Sammlung Gérard de Reinach-Cessac, Genf).
98. S.A.P. von F. Jacques Moulin (um 1854). Albuminpapier. Vgl. Nationalbibliothek: Moulin, Pflichtexemplar 1854, Nr. 4 973. Derselbe Hintergrund. (Sammlung Serge Nazarieff, Genf).
99. S.A.P. könnte von F. Jacques Moulin sein (um 1854). Silbersalzbeschichtetes Papier, koloriert und lackiert. (Sammlung Uwe Scheid, Berus/Saar).
100. – 101. S.A.P. könnte von F. Jacques Moulin sein (um 1854). Albuminpapier. (Sammlung Serge Nazarieff, Genf).
102. – 103. S.A.P. F. Jacques Moulin zugeschrieben (um 1852 – 1853). Silbersalzbeschichtetes Papier, koloriert. (Sammlung Raymond Mary, Nizza).
104. S.A.P. von Louis-Camille d'Olivier (um 1854). Albuminpaier. (Sammlung Georges Aboucaya, Paris).

prints. The fact remains that these images show great originality: The suspended movement creates an impression of immediacy and the skin is extraordinarily lifelike. Nos. 45 and 46 (Coll. Serge Nazarieff, Geneva). No. 47 (Coll. Giorgio Ginestra, Turin). No. 48 (Coll. Uwe Scheid, Berus, F.R.G.). Nos. 49 and 50 (Coll. Giorgio Ginestra, Turin). The last two images refer to Ingres. Nos 45, 47 and 49 are enlarged.

51. S.D. anonymous (around 1852). Enlarged print on following page. (Coll. Serge Nazarieff, Geneva).
52. S.D. anonymous (around 1853). This image could belong with Nos. 45 to 50. (Coll. Serge Nazarieff, Geneva).
53. to 56. S.D. anonymous, by one photographer, maybe Moulin 1852 – 1854). The lion mask can be seen on other Moulin paper prints and the last two images are composed in the Moulin style. Enlargements on following pages. No. 53 (Coll. Stefan Richter, Reutlingen, F.R.G.). No. 54 (Coll. Brian May, London). Nos. 55 and 56 (Coll. Serge Nazarieff, Geneva).
57. S.D. anonymous (around 1854). (Coll. Uwe Scheid, Berus, F.R.G.).
58. S.D. anonymous (around 1854). Possibly by the same photographer as the preceeding S.D. (Coll. Uwe Scheid, Berus, F.R.G.).
59. to 60. S.D. anonymous, by the same photographer using the same setting. No. 59 (Coll. Brian May, London). No. 60 (Coll. Serge Nazarieff, Geneva).
61. S.D. anonymous (around 1852). The woman is pregnant. Print enlarged below. (Coll. Serge Nazarieff, Geneva).
62. S.D. anonymous (around 1853). Print enlarged below. (Coll. Brian May, London).
63. S.D. anonymous (around 1854). (Coll. Stefan Richter, Reutlingen, F.R.G.).
64. S.D. anonymous (around 1854). The image could be by Belloc. (Coll. Stefan Richter, Reutlingen, F.R.G.).
65. S.D. anonymous (around 1854). (Coll. private, Paris).
66. S.D. anonymous (around 1854). Cf. "Der Erotische Augenblick", page 22, same model. (Coll. private, Paris).
67. S.D. anonymous (around 1853). (Coll. Serge Nazarieff, Geneva).
68. S.D. anonymous (around 1854). The image could be by Belloc. (Coll. Brian May, London).
69. S.D. anonymous (around 1854). (Coll. Giorgio Genestra, Turin.)
70. S.D. anonymous (around 1854). (Coll. Giorgio Genestra, Turin).
71. S.D. anonymous (arround 1854). The image could be by Belloc. Cf. Sullivan "Nude Photographs 1850 – 1950" No. 7 (same series). Enlarged print following page. (Coll. Serge Nazarieff, Geneva).
72. S.D. anonymous (around 1853?). The image could be by Moulin. Cf. S.D. Nr. 30 and the S.I.P. Nos. 95 and 97. (Coll. Uwe Scheid, Berus, F.R.G.).
73. S.D. anonymous (around 1854). Enlarged print below. (Coll. Brian May, London).
74. to 77. Halves of S.I.P. by Auguste Belloc (around 1854). Prints on albumen paper. Nos. 76 and 77 (Coll. Gérard de Reinach-Cessac, Geneva). No. 75 (Coll. Serge Nazarieff, Geneva).
78. to 86. S.I.P. by Auguste Belloc (around 1854). Salted paper, coloured and lacquered. These images form part of a small book which has image No. 79 on the cover and ten stereoscopic images on the inside. (Coll. Serge Nazarieff, Geneva).
87.- 88. S.I.P. by Auguste Belloc (around 1854). Albumen paper. The mural decoration on the right can be seen on the S.D. No. 1 (Coll. Serge Nazarieff, Geneva).
89.- 90. S.I.P. by Auguste Belloc (around 1854). Formal studies. No. 89 (Coll. Serge Nazarieff, Geneva). No. 90 (Coll. Michel Auer, Geneva).
91.- 92. S.I.P. by Auguste Belloc (around 1855). Albumen Paper, coloured. (Coll. Bibliothèque nationale, Paris).
93. S.I.P. by F. Jacques Moulin (around 1853). Salted paper, coloured and lacquered. Series: "Le coucher (Bedtime) de la Parisienne". (Coll. Serge Nazarieff, Geneva).
94. S.I.P. attributed to F. Jacques Moulin (around 1853). Salted paper, coloured and lacquered. (Coll. Bibliothèque nationale, Paris).
95. to 97. S.I.P. by F. Jacques Moulin (around 1854). Albumen paper. (Coll. Serge Nazarieff, Geneva).
Right-hand page: half of a S.I.P. by F. Jacques Moulin (around 1854). Albumen paper. (Coll. Gérard de Reinach-Cessac, Geneva).
98. S.I.P. by F. Jacques Moulin (around 1854). Albumen paper. Cf. Bibliothèque nationale: Moulin, registration of copyright 1854, No. 4973. Same backdrop. (Coll. Serge Nazarieff, Geneva).
99. S.I.P., possibly by F. Jacques Moulin (around 1854). Salted paper, coloured and lacquered. (Coll. Uwe Scheid, Berus).
100.- 101. S.I.P. possibly by F. Jacques Moulin (around 1854). Albumen paper. (Coll. Serge Nazarieff, Geneva).
102.- 103. S.I.P. attributed to F. Jacques Moulin (around 1852 – 1853). Coloured salted paper. (Coll. Raymond Mary, Nice).
104. S.I.P. by Louis-Camille d'Olivier (around 1854). Albumen paper. (Coll. Georges Aboucaya, Paris).
105. S.I.P. possibly by Louis-Camille d'Olivier (around 1854). Cf. Bibliothèque nationale: d'Olivier, registration of copyright 1854, Nr. 5627. (Coll. Georges Aboucaya, Paris).

sont agrandis.

51. D.S. anonyme (vers 1852). Tirage agrandi page suivante. (Coll. Serge Nazarieff, Genève).
52. D.S. anonyme (vers 1853). L'image pourrait se rattacher à celles des n$^{os}$ 45 à 50. (Coll. Serge Nazarieff, Genève).
53. à 56. D.S. anonymes d'un même photographe, peut-être Moulin (1852 – 1854). Le masque de lion se retrouve sur des tirages papier de Moulin et les deux dernières images sont composées comme celles de ce photographe. Agrandissement pages suivantes. N° 53 (Coll. Stefan Richter, Reutlingen, R.F.A.). N°54 (Coll. Brian May, Londres). N$^{os}$ 55 et 56 (Coll. Serge Nazarieff, Genève).
57. D.S. anonyme (vers 1854). (Coll. Uwe Scheid, Berus)
58. D.S. anonyme (vers 1854). Peut-être du même photographe que le précédent. (Coll. Uwe Scheid, Berus, R.F.A.).
59. et 60. D.S. anonymes du même photographe, réalisés dans le même décor. N° 59 (Coll. Brian May, Londres). N° 60 (Coll. Serge Nazarieff, Genève).
61. D.S. anonyme (vers 1852). La femme est enceinte. Tirage agrandi en bas. (Coll. Serge Nazarieff, Genève).
62. D.S. anonyme (vers 1853). Tirage agrandi en bas. (Coll. Brian May, Londres).
63. D.S. anonyme (vers 1854). (Coll. Stefan Richter, Reutlingen, R.F.A.).
64. D.S. anonyme (vers 1854). L'image pourrait être de Belloc. (Coll. Stefan Richter, Reutlingen, R.F.A.).
65. D.S. anonyme (vers 1854). (Coll. particulière, Paris).
66. D.S. anonyme (vers 1854). Cf. „Der Erotische Augenblick", page 22, le même modèle. (Coll. particulière, Paris).
67. D.S. anonyme (vers 1853). (Coll. Serge Nazarieff, Genève).
68. D.S. anonyme (vers 1854). L'image pourrait être de Belloc. (Coll. Brian May, Londres).
69. D.S. anonyme (vers 1854). (Coll. Giorgio Ginestra, Turin.)
70. D.S. anonyme (vers 1854). (Coll. Giorgio Ginestra, Turin).
71. D.S. anonyme (vers 1854). L'image pourrait être de Belloc. Cf. Sullivan «Nude Photographs 1850 – 1950» n° 7 (même série). Tirage agrandi page suivante. (Coll. Serge Nazarieff, Genève).
72. D.S. anonyme (vers 1853?). L'image pourrait être de Moulin. Cf. le D.S. n° 30 et les V.S.P. n$^{os}$ 95 et 97. (Coll. Uwe Scheid, Berus, R.F.A.).
73. D.S. anonyme (vers 1854). Tirage agrandi en bas. (Coll. Brian May, Londres).
74. à 77. Moitiés de V.S.P. d'Auguste Belloc (vers 1854). Tirages sur papier albuminé. N$^{os}$ 76 et 77 (Coll. Gérard de Reinach-Cessac, Genève). N° 75 (Coll. Serge Nazarieff, Genève).
78. à 86. V.S.P. d'Auguste Belloc (vers 1854). Papiers salés, coloriés et laqués. Ces images font partie d'un petit livre qui porte le n° 79 sur la couverture et dix vues stéréoscopiques à l'intérieur. (Coll. Serge Nazarieff, Genève).
87. à 88. V.S.P. d'Auguste Belloc (vers 1854). Papiers albuminés. On retrouve la décoration murale à droite sur le D.S. n° 1. (Coll. Serge Nazarieff, Genève).
89. à 90. V.S.P. d'Auguste Belloc (vers 1854). Académies. N° 89 (Coll. Serge Nazarieff, Genève). N° 90 (Coll. Michel Auer Genève).
91. à 92. V.S.P. d'Auguste Belloc (vers 1855). Papiers albuminés coloriés. (Coll. Bibliothèque nationale, Paris).
93. V.S.P. de F. Jacques Moulin (vers 1853). Papier salé colorié et laqué. Série: «Le coucher de la Parisienne». (Coll. Serge Nazarieff, Genève).
94. V.S.P. attribuée à F. Jacques Moulin (vers 1853). Papier salé colorié et laqué. (Coll. Bibliothèque nationale, Paris).
95. à 97. V.S.P. de F. Jacques Moulin (vers 1854). Papiers albuminés. (Coll. Serge Nazarieff, Genève).
Page de droite: moitié d'une V.S.P. de F. Jacques Moulin (vers 1854). Papier albuminé. (Coll. Gérard de Reinach-Cessac, Genève).
98. V.S.P. de F. Jacques Moulin (vers 1854). Papier albuminé. Cf. Bibliothèque nationale: Moulin, dépôt légal 1854, n° 4973. Même toile de fond. (Coll. Serge Nazarieff, Genève).
99. V.S.P., qui pourrait être de F. Jacques Moulin (vers 1854). Papier salé colorié et laqué. (Coll. Uwe Scheid, Berus).
100. à 101. V.S.P. qui pourraient être de F. Jacques Moulin (vers 1854). Papiers albuminés. (Coll. Serge Nazarieff, Genève).
102. à 103. V.S.P. attribuées à F. Jacques Moulin (vers 1852 – 1853). Papiers salés coloriés. (Coll. Raymond Mary, Nice).
104. V.S.P. de Louis-Camille d'Olivier (vers 1854). Papier albuminé. (Coll. Georges Aboucaya, Paris).
105. V.S.P. qui pourrait être de Louis-Camille d'Olivier (vers 1854). Cf. Bibliothèque nationale: d'Olivier, dépôt légal 1854: n° 5627. (Coll. Georges Aboucaya, Paris).
106. à 110. V.S.P. de Louis-Camille d'Olivier (1855 – 1856). Tirage sur papyrus glacé. N° 106 (Coll. Michel Auer, Genève). N° 107 (Coll. Serge Nazarieff, Genève). N$^{os}$ 108 et 109 (Coll. Bibliothèque nationale, Paris). N° 110 (Coll. Serge Nazarieff, Genève).
111. à 116. V.S.P. à voir par transparence. Belloc et attribuées à Belloc. Ces vues ont été réalisées entre 1855 et 1865 à partir de négatifs faits en 1854 et 1855. Dans la collec-

105. S.A.P. könnte von Louis-Camille d'Olivier sein (um 1854). Vgl. Nationalbibliothek: Pflichtexemplar 1854, Nr. 5 627. (Sammlung Georges Aboucaya, Paris).

106. – 110. S.A.P. von Louis-Camille d'Olivier (1855 – 1856). Abzüge auf Glanzpapyrus. Nr. 106 (Sammlung Michel Auer, Genf). Nr. 107 (Sammlung Serge Nazarieff, Genf). Nr. 108 und 109 (Sammlung Nationalbibliothek, Paris). Nr. 110 (Sammlung Serge Nazarieff, Genf).

111. – 116. S.A.P. transparent, von Belloc und Belloc zugeschrieben. Die Abzüge wurden zwischen 1855 und 1865 von Negativen gemacht, die 1854 und 1855 entstanden sind. In der Sammlung von Dietmar Siegert, München, gibt es von S.A.P. Nr. 111 einen Abzug auf silbersalzbeschichtetem Papier, koloriert und lackiert (um 1854). Vgl. S.A.P. Nr. 112 mit den S.D. Nr. 3 und 4 und der S.A.P. Nr. 87. (Sammlung Serge Nazarieff, Genf).

117. – 120. S.A.P., könnte von Moulin sein (um 1860). Albuminpapier, koloriert. Pornographische Imitation der Genrebilder vom T. R. Williams. (Privatsammlung, Paris).

121. – 122. S.A.P. von John Eastlake (1856 – 1858). „Venus und Cupido". (Sammlung Jonathan Steel, London).

123. – 124. S.A.P. anonym (um 1853). (Sammlung Jonathan Steel, London).

125. – 130. S.A.P. anonym (1860 – 1865). Albuminpapier. Die Bilder stammen alle vom selben Photographen. (Sammlung Serge Nazarieff, Genf).

131. S.A.P. anonym (um 1860). Albuminpapier. (Sammlung Serge Nazarieff, Genf).

132. S.A.P. anonym (um 1860?). Albuminpapier, koloriert. (Sammlung Georges Aboucaya, Paris).

133. – 137. S.A.G. anonym, auf Nitrozellulose (um 1887). Versuch, nach der Entdeckung von Godwin die Stereoskopaufnahme, die um 1870 in Vergessenheit geriet, auf diesem neuen Träger wiederzubeleben. (Sammlung Serge Nazarieff, Genf).

138. – 139. S.A.P. anonym (um 1895). Rückkehr zu den Transparentbildern des Zweiten Kaiserreichs. Albuminpapier. (Sammlung Serge Nazarieff, Genf).

140. S.A.P. anonym (um 1890). Albuminpapier. (Sammlung Serge Nazarieff, Genf).

141. S.A.P. von Pierre Louys (um 1895). Vergrößerung auf der folgenden Seite. (Sammlung Serge Nazarieff, Genf).

142. – 153. Zwölf S.A.P. anonym (um 1895). Wahrscheinlich von verschiedenen Photographen. Luxusabzüge mit Platinsalzen. Vergrößerung von Bild 153 auf der Nebenseite. (Sammlung Serge Nazarieff, Genf).

154. – 155. S.A.P. anonym, vom selben Photographen, Teil einer Serie (um 1890). Bromsilbergelatine. (Sammlung Serge Nazarieff, Genf).

156. Vergrößerung der linken Hälfte einer S.A.P. vom selben Photographen wie Bild 154 und 155. (Sammlung Serge Nazarieff, Genf).

157. – 160. S.A.P. von E. Agelou (um 1900). Chlorbromidabzug um 1910. (Sammlung Serge Nazarieff, Genf).

161. S.A.P. von E. Agelou (um 1890). Chlorbromid. (Sammlung Jean-Pierre Bourgeron, Paris).

162. S.A.P. anonym (um 1890). Vom selben Photographen wie Bild 165 und 166. Bromsilbergelatine. (Sammlung Serge Nazarieff, Genf).

163. S.A.P. von E. Agelou (um 1900). Abzüge um 1910. Chlorbromid. (Sammlung Jean-Pierre Bourgeon, Paris).

164. S.A.P. anonym (um 1900). Bromsilbergelatine. (Sammlung Serge Nazarieff, Genf).

165. – 166. S.A.P. E. Angelou zugeschrieben (um 1900). Bromsilbergelatine. (Sammlung Serge Nazarieff, Genf). Vergrößerung von Bild 166 auf der Nebenseite.

167. – 169. S.A.P. von E. Agelou (um 1900). Kohleabzüge. (Sammlung Serge Nazarieff, Genf).

170. – 171. S.A.G. anonym (um 1900). Die Glasplatten sind wie Ambrotypen koloriert, das Originalbild entstand wahrscheinlich früher (um 1885). (Privatsammlung, Paris).

172. – 174. S.A.G. von E. Agelou (um 1905). (Sammlung Gérard de Reinach-Cessac, Genf).

178. – 181. S.A.G. anonym (um 1905). Bilder von verschiedenen Photographen. Nr. 178 (Sammlung Gérard de Reinach-Cessac, Genf). Nr. 179 (Sammlung Niklaus Ferrari, Zürich). Nr. 180 und 181 (Sammlung Gérard de Reinach-Cessac, Genf).

182. – 189. S.A. von Jean-Camille Duprat (um 1928 – 1930). Autochrom. (Sammlung J.-P. Lagarrigue, Saint-Cheron).

190. – 191. S.A.P. anonym (um 1925). (Sammlung Serge Nazarieff, Genf).

192. – 199. S.A.P. von M. X (1924 – 1930). (Sammlung Gérard de Reinach-Cessac, Genf).

200. – 201. S.A.P. anonym (um 1925). (Sammlung Serge Nazarieff, Genf).

202. – 211. S.A.G. anonym vom selben Photographen (1930 – 1935). (Sammlung Gérard de Reinach-Cessac, Genf).

212. – 214. S.A. auf Zelluloidträger von Yves Richard (um 1935). (Sammlung Gérard de Reinach-Cessacc, Genf).

106. to 110. S.I.P. by Louis-Camille d'Olivier (1855 – 1856). Printed on glossy papyrus paper. No. 106 (Coll. Michel Auer, Geneva). No. 107 (Coll. Serge Nazarieff, Geneva). Nos. 108 and 109 (Coll. Bibliothèque nationale, Paris). No. 110 (Coll. Serge Nazarieff, Geneva).

111. to 116. S.I.P. to be viewed as transparencies. Either by Belloc or attributed to Belloc. The images were produced between 1855 and 1865 from negatives made in 1854 and 1855. In the collection of Dietmar Siegert, Munich, there is a salted print of S.I.P. No. 111, coloured and lacquered (around 1854). Cf. S.I.P. on same page below with S.D. Nos. 3 and 4 and S.I.P. No. 87. (Coll. Serge Nazarieff, Geneva).

117. to 120. S.I.P., possibly by Moulin (around 1860). Coloured albumen paper. Imitation, in pornographic mode, of T. R. Williams' genre scenes. (Coll. private, Paris).

121.-122. S.I.P. by John Eastlake (1856 – 1858). "Véne et Cupudon" (Venus and Cupid). (Coll. Jonathan Steel, London).

123.-124. S.I.P. anonymous (around 1853). (Coll. Jonathan Steel, London).

125. to 130. S.I.P. anonymous (around 1860 – 1865). Albumen paper. These images are all by the same photographer. (Coll. Serge Nazarieff, Geneva).

131. S.I.P. anonymous (around 1860). Albumen paper. (Coll. Serge Nazarieff, Geneva).

132. S.I.P. anonymous (around 1860?). Coloured albumen paper. (Coll. Georges Aboucaya, Paris).

133. to 137. S.I.G. anonymous, on nitrocellulose (around 1887). Around 1870 the stereoscopic image fell in popularity and this was one attempt to relaunch it – following Godwin's discovery – using a new support. (Coll. Serge Nazarieff, Geneva).

138.-139. S.I.P. anonymous (around 1895). Return to the transparencies of the Second Empire. Albumen paper. (Coll. Serge Nazarieff, Geneva).

140. S.I.P. anonymous (around 1890). Albumen paper. (Coll. Serge Nazarieff, Geneva).

141. S.I.P. by Pierre Louÿs (um 1895). Enlarged print following page. (Coll. Serge Nazarieff, Geneva).

142. to 153. Twelve anonymous S.I.P. (around 1895). Probably by several photographers. Luxury prints made using platinum salts. The S.D. No. 153 is enlarged on right-hand page. (Coll. Serge Nazarieff, Geneva).

154.-155. S.I.P. anonymous, by the same photographer and forming part of a series (around 1890). On gelatine bromide paper. (Coll. Serge Nazarieff, Geneva).

156. Enlargement of the left side of a S.I.P. by the same photographer of S.I.P. Nos. 154 and 155. (Coll. Serge Nazarieff, Geneva).

157. to 160. S.I.P. by E. Agelou (around 1900). Chloro-bromide paper, reprinted around 1910. (Coll. Serge Nazarieff, Geneva).

161. S.I.P. by E. Agelou (around 1890). Chloro-bromide. (Coll. Jean-Pierre Bourgeron, Paris).

162. S.I.P. anonymous (around 1890). By the same photographer of S.I.P. Nos. 165 and 166. Gelatine bromide paper. (Coll. Serge Nazarieff, Geneva).

163. S.I.P. by E. Agelou (around 1900). Reprinted around 1910. Chloro-bromide paper. (Coll. Jean-Pierre Bourgeron, Paris).

164. S.I.P. anonymous (around 1900). Gelatine bromide paper. (Coll. Serge Nazarieff, Geneva).

165.-166. S.I.P. attributed to E. Agelou (around 1900). Gelatine bromide paper. (Coll. Serge Nazarieff, Geneva). Right-hand page: enlargement of S.I.P. No. 166.

167. to 169. S.I.P. by E. Agelou (around 1900). Printed using carbon process. (Coll. Serge Nazarieff, Geneva).

170.-171. S.I.G. anonymous (around 1900). The glass plates are coloured like ambrotypes and the original image probably dates from a few years previous (around 1885). (Coll. private, Paris).

172. to 174. S.I.G. by E. Agelou (around 1905). (Coll. Gérard de Reinach-Cessac, Geneva).

175. to 177. S.I.G. by Mante & Goldschmidt (around 1905). (Coll. Gérard de Reinach-Cessac, Geneva).

178. to 181. S.I.G. anonymous (around 1905). Images by different photographers. No. 178 (Coll. Gérard de Reinach-Cessac, Geneva). No. 179 (Coll. Niklaus Ferrari, Zurich). Nos. 180 and 181 (Coll. Gérard de Reinach-Cessac, Geneva).

182. to 189. S.I. by Jean-Camille Duprat (around 1928 – 1930). Autochromes. (Coll. J.-P. Lagarrigue, Saint-Cheron).

190.-191. S.I.P. anonymous (around 1925). (Coll. Serge Nazarieff, Geneva).

192. to 199. S.I.P. by M. X (1924 – 1930). (Coll. Gérard de Reinach-Cessac, Geneva).

200.-201. S.I.P. anonymous (around 1925). (Coll. Serge Nazarieff, Geneva).

202. to 211. S.I.G. anonymous by the same photographer (1930 – 1935). (Coll. Gérard de Reinach-Cessac, Geneva).

212. to 214. S.I. on Celluloid support by Yves Richard (around 1935). (Coll. Gérard de Reinach-Cessac, Geneva).

tion de Dietmar Siegert, Munich, on trouve un tirage de la V.S.P. n° 111, sur papier salé colorié et laqué (vers 1854). Cf. la V.S.P. même page en bas avec les D.S. n$^{os}$ 3 et 4 et la V.S.P. n° 87 (Coll. Serge Nazarieff, Genève).

117. à 120. V.S.P. qui pourraient être de Moulin (vers 1860). Papiers albuminés coloriés. Imitation, sur le mode pornographique, des scènes de genre de T. R. Williams. (Coll. particulière, Paris).

121. à 122. V.S.P. de John Eastlake (1856 – 1858). „Vénus et Cupidon". (Coll. Jonathan Steel, Londres).

123. à 124. V.S.P. anonymes (vers 1853). (Coll. Jonathan Steel, Londres).

125. à 130. V.S.P. anonymes (1860 – 1865). Papiers albuminés. Ces images sont toutes du même photographe. (Coll. Serge Nazarieff, Genève).

131. V.S.P. anonyme (vers 1860). Papier albuminé (Coll. Serge Nazarieff, Genève).

132. V.S.P. anonyme (vers 1860?). Papier albuminé colorié. (Coll. Georges Aboucaya, Paris).

133. à 137. V.S.V. anonymes, sur nitrocellulose (vers 1887). Essai, lors de la découverte de Godwin, de relancer sur ce nouveau support la vue stéréo qui était tombée dans l'oubli vers 1870. (Coll. Serge Nazarieff, Genève).

138. à 139. V.S.P. anonymes (vers 1895). Retour aux transparences du second Empire. Papier albuminés. (Coll. Serge Nazarieff, Genève).

140. V.S.P. anonyme (vers 1890). Papier albuminé. (Coll. Serge Nazarieff, Genève).

141. V.S.P. de Pierre Louÿs (vers 1895). Tirage agrandi page suivante. (Coll. Serge Nazarieff, Genève).

142. à 153. Douze V.S.P. anonymes (vers 1895). Probablement de plusieurs photographes. Tirages luxueux aux sels de platine. Le D.D. n° 153 est agrandi page de droite. (Coll. Serge Nazarieff, Genève).

154. à 155. V.S.P. anonymes du même photographe et faisant partie d'une série (vers 1890). Gélatino-bromure. (Coll. Serge Nazarieff, Genève).

156. Agrandissement de la partie gauche d'une V.S.P. du même photographe que celui des V.S.P. n$^{os}$ 154 et 155. (Coll. Serge Nazarieff, Genève).

157. à 160. V.S.P. de E. Agelou (vers 1900). Chloro-bromure retiré vers 1910. (Coll. Serge Nazarieff, Genève).

161. V.S.P. de E. Agelou (vers 1890). Chloro-bromure. (Coll. Jean-Pierre Bourgeron, Paris).

162. V.S.P. anonyme (vers 1890). Du même photographe que les V.S.P. n$^{os}$ 165 et 166. Gélatino-bromure. (Coll. Serge Nazarieff, Genève).

163. V.S.P. de E. Agelou (vers 1900). Retirages vers 1910. Chloro-bromure. (Coll. Jean-Pierre Bourgeron, Paris).

164. V.S.P. anonyme (vers 1900). Gélatino-bromure. (Coll. Serge Nazarieff, Genève).

165. à 166. V.S.P. attribuées à E. Angelou (vers 1900). Gélatino-bromure (Coll. Serge Nazarieff, Genève). Page de droite: agrandissement de la V.S.P. n° 166.

167. à 169. V.S.P. de E. Agelou (vers 1900). Tirages au charbon. (Coll. Serge Nazarieff, Genève).

170. à 171. V.S.V. anonymes (vers 1900). Les plaques de verre sont coloriées comme des ambrotypes et l'image originale est probablement antérieure (vers 1885). (Coll. particulière, Paris).

172. à 174. V.S.V. de E. Agelou (vers 1905). (Coll. Gérard de Reinach-Cessac, Genève).

175. à 177. V.S.V. de Mante & Goldschmidt (vers 1905). (Coll. Gérard de Reinach-Cessac, Genève).

178. à 181. V.S.V. anonymes (vers 1905). Images de différents photographes. N° 178 (Coll. Gérard de Reinach-Cessac, Genève) N° 179 (Coll. Niklaus Ferrari, Zurich). N$^{os}$ 180 et 181 (Coll. Gérard de Reinach-Cessac, Genève).

182. à 189. V.S. de Jean-Camille Duprat (vers 1928 – 1930). Autochromes. (Coll. J.-P. Lagarrigue, Saint-Cheron).

190. à 191. V.S.P. anonymes (vers 1925). (Coll. Serge Nazarieff, Genève).

192. à 199. V.S.P. de M. X (1924 – 1930). (Coll. Gérard de Reinach-Cessac, Genève).

200. à 201. V.S.P. anonymes (vers 1925). (Coll. Serge Nazarieff, Genève).

202. à 211. V.S.V. anonymes du même photographe (1930 – 1935). (Coll. Gérard de Reinach-Cessac, Genève).

212. à 214. V.S. sur support celluloïd d'Yves Richard (vers 1935). (Coll. Gérard de Reinach-Cessac, Genève).

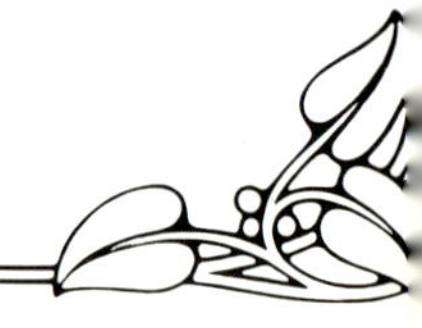